BRÉVIAIRE

DE L'HISTOIRE

DU MATÉRIALISME

PAR

JULES SOURY

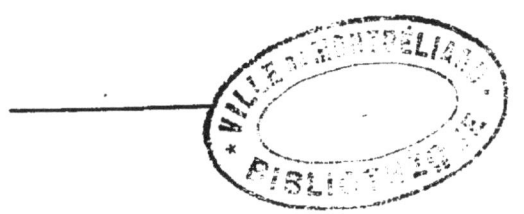

PARIS
G. CHARPENTIER, ÉDITEUR
13, RUE DE GRENELLE-SAINT-GERMAIN, 13

1881
Tous droits réservés

BRÉVIAIRE

DE

L'HISTOIRE DU MATÉRIALISME

DE THALÈS A LA METTRIE

AUTRES OUVRAGES DE M. JULES SOURY

Jésus et les Évangiles. 2e édit. 1 vol. in-12 (Charpentier).

Études historiques sur les religions, les arts, la civilisation de l'Asie occidentale et de la Grèce. 1 vol. in-8 (Reinwald).

Études de psychologie historique :
  I. Portraits de femmes. 1 vol. in-12 (Sandoz et Fischbacher).
  II. Portraits du XVIIIe siècle. 1 vol. in-12 (Charpentier).

Essais de critique religieuse. 1 vol. in-12 (E. Leroux).

De Hylozoismo apud Recentiores. 1 vol. in-8 (Charpentier).

Des Études hébraïques et exégétiques chez les chrétiens d'Occident au moyen âge. Br.

La Bible et l'archéologie. Br

Luther exégète de l'Ancien et du Nouveau Testament. Br.

Histoire littéraire de l'Ancien Testament, par Th. Noeldeke. Traduit de l'allemand par Jules Soury et Hartwig Derenbourg. 1 vol. in-12 (Fischbacher).

Essais de psychologie cellulaire, par Ernest Haeckel. Traduit de l'allemand et précédé d'une préface par Jules Soury. 1 vol. de la *Bibliothèque de philosophie contemporaine* (Germer Baillière et Cie).

Les preuves du transformisme, par Ernest Haeckel. Réponse à Virchow, Traduit de l'allemand et précédé d'une préface par Jules Soury. 1 vol. de la *Bibliothèque de philosophie contemporaine* (Germer Baillière et Cie).

Le règne des protistes. Aperçu sur la morphologie des êtres vivants les plus inférieurs, par Ernest Haeckel. Traduit de l'allemand et précédé d'une préface par Jules Soury. 1 vol. in-8 (Reinwald).

Les sciences naturelles et la philosophie de l'inconscient, par Oscar Schmidt. Traduit de l'allemand par Jules Soury et Edouard Meyer, et précédé d'une étude critique sur la philosophie de l'inconscient. 1 vol. in-12 de la *Bibliothèque de philosophie contemporaine* (Germer Baillière et Cie).

Histoire de l'évolution du sens des couleurs, par Hugo Magnus. Traduit de l'allemand et précédé d'une introduction par Jules Soury. 1 vol. in-12 (Reinwald).

Morbid Psychology. — Studies on Jesus and the Gospels. The Freethought Publishing Co. London. 1881, in-8.

PRÉFACE

Il est d'heureux esprits, des âmes fortes et saines, que n'effraie point le silence éternel de ces espaces infinis où s'anéantissait la raison de Pascal. C'est grâce à ces naïves et robustes natures que notre espèce s'est perpétuée à travers les âges, et s'étend de plus en plus sur la face rugueuse de cette petite planète encroûtée. Il est de mâles et vigoureux penseurs qui gardent toute la vie quelque chose des dons charmants de la jeunesse, de l'enfance même, une foi vive dans le témoignage immédiat de nos sens et de notre conscience, une humeur alerte, toute de joyeuse ardeur, et comme une intrépidité d'esprit que rien n'arrête. Pour eux, tout est clair et uni, ou à peu près, et là où d'aventure ils soupçonnent quelque bas-fond insondable, ils se détournent et poursuivent fièrement leur chemin.

Comme cet épicurien dont parle Cicéron au commencement du *De natura deorum*[1], ils ont toujours l'air de sortir de l'assemblée des dieux et de descendre des intermondes d'Épicure.

Notre point de vue en ces études est un peu différent. Les choses nous semblent infiniment moins claires et plus complexes, et c'est aller un peu bien vite que d'aborder, comme on le fait, l'étude de l'univers et de l'homme, sans daigner même s'enquérir de la nature et des limites de notre intelligence. La critique de la connaissance, voilà quel est aujourd'hui le fondement nécessaire de toute conception du monde et de la vie, voilà la préparation indispensable et comme l'introduction à toute philosophie. Après quoi, la qualité des doctrines nous touche fort peu. On verra, dans ce *Bréviaire de l'Histoire du matérialisme*, que cette noble et antique doctrine, le matérialisme, compte au nombre de ses sages les plus hautes intelligences, les plus sereines figures de tous les siècles, un Démocrite, un Épicure, un Lucrèce,

---

[1]. Tum Velleius, fidenter sane, ut solent isti, nihil tam verens quam ne dubitare aliqua de re videretur, tanquam modo ex deorum concilio et ex Epicuri intermundiis descendisset : « Audite, inquit; ... » *De nat. deor.*, 1, 7.

un Gassendi. Toutes les doctrines philosophiques ont été nécessaires, partant légitimes, à leur heure. Elles ont été vraies aussi longtemps qu'elles ont reflété les divers états de l'esprit humain, qui se contemplait en elles. Puis les hypothèses vieillies ont fait place à de plus jeunes. Nos théories auront le sort de celles qui les ont précédées; elles nous occupent, nous passionnent : nos descendants souriront avec compassion de notre simplicité. Ainsi va le monde. Qu'est-ce que la vérité? Ah! le grand mot qu'a dit Pilate, s'il l'a dit, comme je l'en crois capable, car il était homme d'infiniment d'esprit.

L'esprit, l'ironie vive et légère, le dédain des formules et la défiance des systèmes, le don de sourire de soi-même d'abord, et un peu des autres ensuite, que de qualités charmantes qu'on prisait autrefois chez les philosophes, et chez les plus savants, tels que Gassendi, par exemple, et qu'on n'a plus guère revues ! Spiritualistes et matérialistes se défient, de nos jours, avec des mines d'Ajax, également convaincus de posséder la vérité. On rencontre encore, surtout en France, le matérialiste classique, formé à l'école de La Mettrie, du baron d'Holbach et de Condorcet. Dans cette école du dix-huitième siècle, on exalte la nature, on voue un culte à l'humanité, enfin délivrée de ses chaînes, c'est-à-dire des tyrans et de la superstition; on ne croit qu'au témoignage des sens et de l'expérience ; on n'éprouve plus de haine que contre les sceptiques et les métaphysiciens. Démocrite, l'ancêtre vénéré de la doctrine, doit avoir fondé sa physique sur « l'autorité unique de la sensation et de l'expérience. » Il ne saurait avoir été ni sceptique ni métaphysicien.

Eh bien, pour peu que l'on connaisse Démocrite et ses théories du monde et de la vie, j'ose dire que l'on sera d'un autre sentiment. On sait que toute la doctrine philosophique du philosophe d'Abdère se résume, comme aujourd'hui encore toute science de la nature, en ces deux mots : « Il n'y a que les atomes et le vide. » Mais qui a révélé l'existence de ces deux êtres absolus et infinis? A coup sûr, ce ne sont ni les sens ni l'expérience. Ce n'est pas que les atomes fussent des points mathématiques. Mais, tandis que toute substance sensible est divisible et de nature diverse, les atomes étaient, et sont encore, par définition, physiquement indivisibles, simples et homogènes quant à la substance, mais de formes et de grandeurs différentes.

« Nous dirions aujourd'hui, écrit Duehring, le savant auteur de l'*Histoire critique des principes généraux de la mécanique*, nous dirions que ces dernières particules de Démocrite sont de petites masses tout à fait homogènes qui ne se distinguent les unes des autres que par le volume et la forme[1]. »

Puisque la substance de l'atome est partout et toujours identique, aucune des qualités, au moins des qualités dites secondaires, que nous découvrons dans la matière — la chaleur et le froid, le goût, les couleurs, etc. — ne saurait y exister réellement. Seules, la forme géométrique, l'étendue et la solidité ont paru à quelques-uns des propriétés objectives des éléments. Une force unique, la pesanteur, explique la rencontre des atomes, partant la genèse des mondes, leur évolution et leur dissolution. Les rapports réciproques des atomes dans le vide dépendaient de leur masse (on l'a cru jusqu'à Aristote), et celle-ci de leur volume. Les corps tombent; ils tomberaient éternellement comme des gouttes de pluie si les atomes plus gros et

---

[1] Kritische Geschichte der Philosophie von ihren Anfaengen bis zur Gegenwart. Von Dr. E. Duehring (Leipzig, 1878), p. 60.

plus lourds, rebondissant sur les plus légers, ne faisaient naître des tourbillons, sortes de nébuleuses, d'où résultent, par suite de différenciations et de condensations successives, des mondes analogues au nôtre ou différents de celui-ci.

Car, quoiqu'il n'y ait aucune place pour le hasard dans cette conception des choses, strictement mécanique, tout pourrait être autrement dans l'univers. Ainsi, la forme, la grandeur et la situation des éléments dans l'espace vide, voilà quels seraient les trois facteurs du problème cosmologique. Mais si la pesanteur est un fait, que l'on n'explique pas, d'ailleurs, dans son essence, quoiqu'on la constate, les formes et les grandeurs des particules ultimes de la matière ne sont pas objet d'expérience.

Les philosophes de l'école d'Élée, à qui Leucippe et Démocrite doivent beaucoup, on le sait, avaient enseigné que le monde réel est autre que le monde des phénomènes, le seul que nous connaissions. Là il n'y a que quantités pures, ici que qualités relatives. C'est l'éternel honneur de ces doctes Hellènes d'avoir ramené la qualité à la quantité : nos savants tiennent encore un fait pour expliqué quand ils en ont exprimé la nature dans une formule mathématique, c'est-à-dire dans un nombre. Cette réduction de la qualité à la quantité, de la physique à la mathématique, est l'idéal le plus élevé de la science ; elle n'y atteindra probablement jamais, bien qu'elle s'en soit fort approchée, en optique par exemple. Mais supposons cette perfection réalisée. Outre que les relations mécaniques, comme toutes les autres relations, ne sont pour nous que des modes de sensation, les objets dont nous mesurons les mouvements ne nous en demeureraient pas moins inconnus et inconnaissables.

Toutes les sciences sont réductibles à la mécanique, parce que tous les processus de la nature sont pour nous des mouvements. Mais le mouvement n'est pas un être : c'est l'état d'un être, qu'on appelle la matière. Ainsi la science n'atteint, en dernière analyse, que des relations dans l'espace. Quant à ce qui se meut ou est mû, quant aux corps, elle ne les perçoit que par l'intermédiaire des sens, véritable prison dans laquelle nous sommes enfermés de la naissance à la mort. En poussant encore plus loin l'analyse, comme l'a fait Lewes, on reconnaîtra même que ce n'est que par un artifice logique que l'on sépare de leurs représentations subjectives les processus purement mécaniques de la nature, en d'autres termes, l'aspect quantitatif, des phénomènes de leur aspect qualitatif les propriétés primaires des corps de leurs propriétés secondaires.

Cette fameuse distinction de Locke, qui en réalité remonte aux Éléates et aux atomistes, est donc une concession aux dernières illusions de la sensibilité. Nous ne saurions parler ni de la solidité, ni de l'étendue comme de propriétés objectives de la matière ; car, au fond de ces prétendues propriétés de la substance universelle, il n'y a rien de plus que nos expériences subjectives de force, des états de notre sensibilité musculaire. Quelle est la cause de ces modifications subjectives que nous éprouvons au contact du monde extérieur? Pour les uns, ce sont les atomes et leurs combinaisons; pour les autres, des centres de force. Faraday, l'illustre physicien anglais, a écrit ceci : « Que savons-nous de l'atome indépendamment de sa force ? Vous imaginez un noyau que vous appelez A, et vous l'entourez de forces que vous appelez M. Pour mon esprit le noyau A s'évanouit, et la *substance* consiste dans les *actions* de M. En effet, quelle notion pouvons-nous nous former du noyau, c'est-à-dire de l'atome, indépendamment de ses actions ? quelle pensée restera-t-il à laquelle on puisse suspendre l'idée de A séparé de ses forces ? » Faraday aboutit ainsi à la théorie de Boscowich; il perd de vue l'atome, et ne distingue plus qu'un centre de forces.

Il est évident que nous ne pouvons nous former une idée exacte de la cause de nos sensations. Quelle que soit la conception de cette cause à laquelle on s'arrête, elle sera toujours saturée d'intelligence. Mais n'y a-t-il pas plus de naïveté à se représenter cette cause comme une force que comme un monde d'atomes et de molécules en mouvement ? Point de notion où paraisse plus clairement l'origine toute sensible, tout humaine, de nos idées. Sans doute, nous avons immédiatement conscience de ce qu'on appelle force. Toute contraction musculaire, tout effort pour porter ou soulever un objet, sont pour nous des expériences tellement familières que, transportant ces façons d'être à la nature, nous parlons d'attraction et de répulsion des corps. Ces imaginations puériles, qui ont abaissé tant d'hommes, d'ailleurs fort instruits, au niveau mental des sauvages, ont été de plus en plus abandonnées des savants modernes. Toutes les forces, en effet, ont été trouvées réductibles à des mouvements ; or, un mouvement, je le répète, n'est rien de plus que l'état de quelque chose qui se meut ou qui est mû. Ce quelque chose échappe absolument aux prises de notre sensibilité ; nous n'en pouvons rien dire qu'en manière d'hypothèse. Et si la force se résout en mouvement, il ne reste plus que l'hypothétique atome.

De toutes les questions qui font le tourment de l'homme en lui découvrant sa misère, l'irrémédiable impuissance de son esprit et la vanité de sa science, quelque parfaite qu'elle devienne jamais, il n'en est point qui poursuive d'une obsession plus cruelle l'intelligence des penseurs de notre époque. Au fond, c'est là toute la philosophie ; il n'y en a pas d'autre. Rien ne montre mieux la nature différente de la philosophie et de la science. Le monde est plein de gens, en effet, qui, sous prétexte que la philosophie doit être la plus haute synthèse du savoir humain (ce qui est vrai), confondent la science et la philosophie. C'est peut-être faire à celle-ci beaucoup d'honneur ; mais, quelque honorée qu'elle soit d'être prise parfois pour l'une de ces filles qui sont sorties d'elle (car la philosophie est la mère de toutes les sciences), elle tient à garder son rang d'aïeule, et ne saurait s'accommoder de n'être qu'un résumé de connaissances empiriques.

On le voit, les atomes de Leucippe et de Démocrite, les atomes de la philosophie matérialiste, ne sont, sous un autre nom, que l'être en soi des Éléates : invisibles et situés bien au delà des prises de nos sens, les atomes sont objet de foi, non d'expérience. C'est une hypothèse imaginée pour rendre raison de la réalité inconnue, et sans doute inconnaissable, de l'univers. Cette hypothèse, qu'aucune autre n'a encore pu remplacer, nous sommes loin d'en médire. Nous n'avons fait que rappeler ses titres historiques. Mais nous avons surtout voulu établir, dans ce *Bréviaire de l'Histoire du matérialisme*, livre inspiré par l'œuvre célèbre de Lange, dont nous avons souvent reproduit dans nos pages la forte argumentation, nous avons surtout voulu établir que cette grande discipline de l'esprit humain, le matérialisme, pour être plus que toute autre doctrine en harmonie avec les résultats de la science de notre époque, n'échappe pas plus que l'idéalisme à la métaphysique.

L'atomisme est la métaphysique de la physique. L'homme est par excellence un animal métaphysicien. Ne connaissant en soi ni les corps ni les esprits, mais seulement leurs phénomènes et les relations de ces phénomènes, il essaie, au moyen de ceux-ci, fondement de la science expérimentale, de construire la science idéale.

J. S.

BRÉVIAIRE

DE

L'HISTOIRE DU MATÉRIALISME

DE THALÈS A LA METTRIE

L'HISTOIRE DU MATÉRIALISME

INTRODUCTION

L'homme a longtemps désiré de connaître la vérité ; dans ses rêves grandioses, il a cru concevoir l'absolu et penser l'infini. Déchu de tant d'orgueil, convaincu de son néant, il ne cherche plus dans les choses que le vraisemblable et le relatif. L'histoire de ces ardeurs juvéniles, de ces désespérances et de cette résignation de l'entendement humain est toute l'histoire de la philosophie. Toutes les vues de l'homme sur l'univers ont été nécessaires, partant légitimes, puisqu'elles correspondaient à des états de conscience définis, et qu'il n'y a rien de plus dans la vie intellectuelle de l'espèce comme dans celle de l'individu. Dans la lutte des idées pour l'existence, les théories de notre âge n'ont pu apparaître et vaincre en l'universelle mêlée qu'après la défaite et la ruine des anciennes. Ce qui tombe et se décompose par le progrès naturel du temps est à bon droit condamné, et ne saurait renaître que sous d'autres formes éternellement éphémères et périssables.

De là la vanité, mais aussi la nécessité des doctrines extrêmes dans l'évolution de l'esprit, du matérialisme et de l'idéalisme, de l'empirisme et de la spéculation. La période des grandes constructions métaphysiques, des systèmes *à priori*, paraît être passée. Noter et classer des faits avec exactitude, dans tous les ordres de la connaissance, voilà la plus haute visée des hommes de ce temps. Il faut pourtant convenir qu'une intelligence bien douée ne pénètre dans le détail des choses que pour y découvrir des affinités secrètes et en dégager des lois. La description exacte d'un phénomène est chose délicate; mais un fait bien décrit est-il expliqué? La méthode graphique appliquée à l'étude clinique des maladies présente aux yeux un tableau exact des courbes de la fréquence du pouls et de la température dans les accès de fièvre : nous apprend-elle ce qu'est la fièvre, dont elle montre l'évolution? Substituer l'objet au sujet dans la nature, réduire l'homme au rôle passif d'instrument enregistreur, tel est l'idéal d'une certaine philosophie qui veut qu'on aille, non pas de l'homme aux choses, mais des choses à l'homme. A ne considérer que la place de notre espèce dans le temps et dans l'espace, rien ne paraît plus logique ; cependant, quoi qu'il fasse, l'homme ne connaîtra jamais que lui-même. Ses sensations sont de purs symboles. Des choses qui l'entourent, il ne possède que des signes. C'est lui qui fait ruisseler la lumière et retentir mille bruits terribles ou harmonieux dans cet univers où tout est ténèbres et silence.

Ce qu'on appelle la nature est une création de notre esprit. Certes notre conception du monde répond à quelque chose de réel. On peut avoir pleine confiance dans l'observation et dans l'expérience. Toute notion n'est pourtant qu'une représentation subjective, une fille de l'imagination, et, en croyant connaître les choses, nous ne connaissons que la manière dont elles nous affectent. Il faut laisser à certains philosophes la conviction naïve qu'ils voient le monde tel qu'il est, non tel qu'il leur semble être. La vérité, comme le disait naguère Carpenter après Helmholtz, Spencer, Tyndall, est que, pour le peintre, la nature est ce qu'il voit, pour le poète ce qu'il sent, pour le savant ce qu'il croit. Tous les raisonnements scientifiques reposent sur des images et sur des interprétations intellectuelles d'une réalité inconnue et inaccessible. On aimerait à croire à la nécessité et à l'universalité des grandes lois cosmiques que l'homme a découvertes en son coin d'univers : mais le moyen de les vérifier jamais dans l'infini ?

Qui sait découvrir les vices de l'idéalisme doit apercevoir ceux du matérialisme. Albert Lange, l'éminent historien de cette doctrine, ne les a pas dissimulés : il appartenait à cette grande famille d'esprits judicieux, chaque jour plus nombreux en Europe, qui avouent qu'en toute science le réel et l'idéal ne sont pas plus séparables que dans l'esprit de l'homme. Mais, si dans la science, dans l'art et dans la vie, Lange rendait à l'idéal la part que lui refuse le commun des matérialistes, il savait bien que cet idéal n'a aucune réalité hors de notre esprit, et que l'expérience ne nous révèle d'autre existence dans l'univers que celle de la matière en mouvement. A ses yeux, comme aux nôtres, l'athéisme et le matérialisme étaient encore les essais d'explication des choses le moins éloignés de la réalité inconnue qui nous fuit éternellement. Quand cette belle intelligence s'est éteinte, le 21 novembre 1875, assombrie de tristes pressentiments pour l'humanité, surmenée par de longues souffrances, mais toujours douce et fière, elle rêvait avec complaisance aux destinées d'une nouvelle alliance de la science et de la philosophie.

Le monde reverra l'antique alliance de la science et de la philosophie, car si toute hypothèse n'est qu'une vue de l'esprit, des listes et des catalogues de faits ne constituent pas une science. Il n'y a point de physique sans métaphysique. Quoique distinctes, ces deux disciplines doivent partir du même principe, j'entends de l'expérience, et la méthode doit être la même pour construire la science et la théorie de la science. Néanmoins, toutes les conquêtes de la science accomplies en ces derniers siècles dans le domaine de la nature, de l'intelligence, du langage et de l'histoire, reposent sur quelques notions fondamentales, — l'uniformité de la nature, la conservation et l'équivalence des forces, etc., — qu'il faut admettre comme postulat universel, sans se flatter d'en apporter une preuve qui dépasse notre champ d'expérience. Toute démonstration s'appuie en dernière analyse sur quelque principe qu'on ne peut démontrer.

Les plus grands poèmes ne sont pas ceux d'Homère. Le système atomistique de Démocrite, l'hypothèse newtonienne de la gravitation, l'hypothèse nébulaire de Kant et de Laplace, l'hypothèse darwinienne du transformisme et de la pangenèse, sont de sublimes fictions qui deviendront peut-être des vérités, mais dont la plupart seront à jamais invérifiables. C'est pour élever ces immenses constructions que les hommes pensent depuis des centaines de mille ans ; mais les faits innombrables et laborieusement rassemblés seraient demeurés stériles comme le chaos sans l'imagination créatrice du génie. C'est surtout à cet égard qu'on peut dire que les philosophes de génie sont la conscience vivante de l'humanité, le lieu où elle s'éveille et regarde passer les grandes ombres de ses rêves.

PREMIÈRE PARTIE

LES ORIGINES DU MONDE ET DES ÊTRES VIVANTS
DANS LES TRADITIONS MATÉRIALISTES DE L'ASIE OCCIDENTALE
ET DE LA GRÈCE

———

Ce n'est qu'à un moment assez avancé de son développement intellectuel que l'homme, parvenu en apparence à se détacher de la nature, rapporte tous les phénomèmes qu'il observe, d'abord à des causes surnaturelles, puis à des causes naturelles. Le premier mode de spéculer a nom mythologie; le second s'appelle philosophie. Les cosmogonies présentent la transition. L'état actuel de la science nous permet d'indiquer, avec la nature des idées que les peuples de l'Asie occidentale et de la Grèce se sont faites, il y a trois ou quatre mille ans, des commencements de l'univers et de l'apparition des premiers êtres vivants, la genèse, la filiation et la marche historiques de ces idées, depuis les plaines du bas Euphrate jusqu'aux rivages de l'Asie Mineure et aux îles de la mer d'Ionie.

CHAPITRE PREMIER

La Babylonie et la Chaldée apparaissent de plus en plus comme une sorte de Chine dont la rédaction des livres sacrés était définitivement fixée, de dix-huit à vingt siècles avant notre ère, et dont la civilisation s'est immobilisée à partir de cette époque. L'Assyrie est le Japon de cette Chine : cette nation de rudes conquérants adopta, avec les dieux et les livres saints de la Chaldée, les idées mythologiques et cosmologiques de ce berceau de toute science et de toute civilisation. Au nombre des traités que possédait la bibliothèque palatine d'Assourbanipal, sur ses tablettes d'argile, on a lu des recueils d'hymnes et d'incantations magiques, des fragments d'épopées et de cosmogonies. Ces derniers écrits nous ont paru de beaucoup les plus importants pour l'histoire du matérialisme.

Les grandes et éternelles questions d'origine dominent tous les domaines de la connaissance ; elles s'imposent aux méditations de l'homme de science; elles feront à jamais le tourment des penseurs. Les cosmogonies sémitiques ont un avantage sur celles de toutes les autres races : elles remontent à un passé incomparablement plus reculé et, en dépit des différences, elles présentent toutes un air de famille qu'il est impossible de méconnaître. Sans rechercher si les traditions chaldéo-babyloniennes sont ou non, en dernière analyse, d'origine sémitique, il demeure constant que toutes les nations de Sem, comme on les appelle, se sont fait des commencements de l'univers et de la vie sur cette terre des idées essentiellement semblables. Avec le sang et le langage, cette famille a eu en commun une façon de concevoir le monde et les êtres vivants. Naturellement cette commune façon de penser s'est peu à peu modifiée au cours des émigrations des Sémites dans l'Aramée, la vallée du Jourdain, la Phénicie, l'Asie Mineure et les pays méditerranéens. Ce n'est aussi qu'une imperceptible minorité de prêtres ou de penseurs qui réfléchit à ces matières. Néanmoins, les idées dont nous parlons ont laissé des traces dans les livres et sur les monuments figurés des peuples sémitiques et des Hellènes.

Le caractère fondamental de toutes les cosmogonies sémitiques ou de provenance sémitique peut se résumer en ces deux propositions : 1° Éternité d'une matière primordiale incréée, d'où est sorti l'univers actuel, le cosmos, avec ses cieux étoilés et son soleil ; 2º génération spontanée, au sein de l'élément humide, dans la boue féconde du chaos, non seulement des dieux, mais, avec les dieux mêmes, des premiers êtres vivants, des premiers êtres informes et monstrueux, dont la plupart, incapables de s'adapter aux conditions changeantes de l'évolution du monde, périrent ou furent refoulés dans la lutte pour l'existence.

Les rapprochements qu'on peut faire entre cette antique conception du monde et la nôtre se pressent en foule. Ce ne sont rien de moins que les titres de la théorie de l'évolution qu'on a retrouvés dans les sanctuaires de la Chaldée, dans des livres et sur des bas-reliefs inspirés par des pensées vieilles de quatre mille ans. Les esprits à courte vue, plus frappés d'ordinaire par les différences que par les ressemblances, et auxquels la préoccupation des détails dérobe l'ensemble, verront avec défiance de pareils rapprochements. En traduisant dans une langue moderne des conceptions si lointaines, nous ne prétendons pas identifier des doctrines qui demeurent nécessairement fort diverses d'aspect, sinon de nature. Nous nous servons tous des mêmes mots ; cependant il n'y a pas deux hommes qui donnent à ces mots une acception de tous points identique. Qu'est-ce donc, lorsqu'il s'agit d'exprimer dans la langue courante les idées d'une race étrangère et d'une civilisation disparue depuis des milliers d'années ?

Laissons les mots, je le veux, et ne voyons que les choses. Les anciens peuples sémitiques et les vieux Hellènes ont-ils cru ce monde créé ou éternel ? La matière, c'est-à-dire ce dont les choses sont ou paraissent faites, a-t-elle été considérée par les anciens hommes comme la cause efficiente de tout ce qui existe, et non seulement des animaux et des végétaux, mais des dieux eux-mêmes ? La vie a-t-elle été conçue à ces hautes époques comme un principe distinct des corps vivants, ou l'a-t-on simplement regardée comme un mode de la matière, de l'eau boueuse du chaos, lieu des formations primordiales, où s'engendrèrent spontanément les premiers êtres animés ? Sous l'action fatale du milieu cosmique et de la lutte pour l'existence, ces premiers êtres n'ont-ils pas en partie disparu ? Ceux qui ont vaincu, n'étaient-ils pas les mieux doués, les plus capables de s'adapter aux changements survenus sur la terre, et de transmettre à leurs descendants les caractères avantageux ainsi acquis et fixés par l'hérédité ?

Voilà des faits, et que l'on prononce ou non les mots d'évolution, de descendance, de sélection, de concurrence vitale, il reste que, dans les collèges de prêtres de la Babylonie, dans les livres des Hébreux, sur les stèles des temples de la Phénicie et dans les premières spéculations des poètes et des philosophes grecs, la matière du monde a été considérée comme éternelle et la production des êtres vivants comme une génération spontanée au sein des mers primordiales, comme le résultat d'essais et de tâtonnements séculaires d'une nature aveugle, inconsciente, dominée par les lois d'airain du déterminisme ou de la mécanique.

Qui peut dire dans quelle mesure ces antiques associations d'idées ont survécu et revivent dans la conscience des hommes de ce temps? Si rien ne se perd, il est évident que ces cosmogonies oubliées, rejetées dans une ombre séculaire par les dogmes postérieurs des religions monothéistes, sont demeurées dans nos ancêtres et chez nous à l'état latent jusqu'au jour où les conditions nécessaires à leur réviviscence se sont trouvées réalisées. En ce domaine de la science, comme en tant d'autres, il appartient aux hommes de notre époque d'établir scientifiquement, s'il y a lieu, des conceptions qui ne paraissent avoir été, chez les anciens, que des intuitions plus ou moins vagues. Mais, outre que les problèmes fondamentaux qui nous tourmentent assiégeaient déjà l'âme des anciens, il s'en faut bien que nous soyons mieux placés qu'eux, dans la plupart des cas, pour soumettre à une vérification expérimentale des théories qui échappent par leur nature à ce genre de preuve, et dont il nous est pourtant aussi impossible de nous passer aujourd'hui qu'il y a dix mille ans.

Ainsi, non seulement nous aurions tort de dédaigner l'héritage scientifique de nos plus lointains ancêtres, car nous ne sommes guère, et, vraisemblablement, nous ne serons jamais beaucoup plus avancés qu'eux sur beaucoup de points; mais, que nous le voulions ou non, la forme de notre esprit n'est, comme celle de notre corps, qu'un legs de ces vieux pères des races humaines actuelles, et le réveil des théories évolutionnistes en ce siècle pourrait bien n'être qu'un curieux cas d'atavisme.

« Il y eut un temps où tout était ténèbres et eau, lit-on dans l'un des fragments cosmogoniques de Bérose, et dans ce milieu s'engendrèrent spontanément des animaux monstrueux et des figures les plus particulières : des hommes à deux ailes, et quelques-uns avec quatre, à deux faces, à deux têtes, l'une d'homme et l'autre de femme, sur un seul corps, et avec les deux sexes en même temps; des hommes avec des jambes et des cornes de chèvres ou des pieds de cheval; d'autres avec les membres postérieurs d'un cheval et ceux de devant d'un homme, semblables aux hippocentaures. Il y avait aussi des taureaux à tête humaine, des chiens à quatre corps et à queue de poisson, des chevaux à tête de chien, des hommes également à tête de chien, des animaux à tête et à corps de cheval et à queue de poisson, d'autres quadrupèdes où toutes les formes animales étaient confondues, des poissons, des reptiles, des serpents, et toutes sortes de monstres merveilleux présentant la plus grande variété dans leurs formes, dont on voit les images dans les peintures du temple de Bel à Babylone.

« Une femme nommée Omoroca présidait à toutes ces choses; elle porte, dans la langue des Chaldéens, le nom de Thavatth, qui signifie en grec « la mer »; on l'identifiait aussi à la lune. Les choses étant en cet état, Bel survint et coupa la femme en deux; de la moitié inférieure de son corps il fit la terre, et de la moitié supérieure le ciel, et tous les êtres qui étaient en elle disparurent.

« Ceci est une manière figurée d'exprimer la production de l'univers et des êtres animés, de la matière humide... C'est ainsi que Bel, que les Grecs expliquent par Zeus, ayant divisé les ténèbres, sépara le ciel et la terre et ordonna le monde; et tous les êtres animés qui ne pouvaient pas supporter l'action de la lumière périrent. Bel... façonna les hommes ainsi que les animaux qui peuvent vivre au contact de l'air. Ensuite Bel forma aussi les étoiles, le soleil, la lune et les cinq planètes[1]. »

---

1. Fragm. 1 *ap.* Syncell., p. 29, et Éuseb., *Armen. Chron.*, p. 10.

On le voit, c'est bien de la « matière humide », du chaos ténébreux des mers primordiales, qu'avec le monde tel que nous le voyons sont sortis tous les êtres vivants. Avant que Bel, le démiurge babylonien, qui divisa les ténèbres, sépara le ciel et la terre et ordonna le monde, eût façonné les hommes et les animaux capables de « supporter la lumière » et de « vivre au contact de l'air », il existait déjà, dans les « eaux troubles » de la mer primordiale, dans le ténébreux Chaos de l'univers éternel, des hommes et des animaux aux formes monstrueuses, qui, faute de pouvoir s'adapter aux nouvelles conditions cosmiques du monde, rentrèrent dans le sein de l'abîme : l'air et la lumière les firent reculer, puis disparaître dans la lutte pour l'existence.

A l'époque où Bérose recueillit en grec ces récits qu'on faisait dans l'école sacerdotale de Babylone et de Borsippa, sous les premiers Séleucides, le syncrétisme religieux avait depuis longtemps commencé. Peut-être même ce prêtre chaldéen a-t-il reproduit avec plus de naïveté qu'il ne convient ces peintures du temple de Bel à Babylone, c'est-à-dire d'une des chambres ménagées dans la masse du E-saggal, dans la fameuse pyramide sacrée de cette grande cité. Et, en effet, comme l'a remarqué un archéologue distingué, M. Mansell, M. Lenormant a montré que les types étranges et monstrueux des êtres nés au sein du chaos se retrouvaient presque tous dans les représentations des cylindres babyloniens et assyriens[1].

Il paraît possible de distinguer au moins deux récits soudés bout à bout, à la manière de l'historiographie sémitique, dans ce fragment cosmogonique de Bérose, qui contient au fond deux versions juxtaposées de la production des hommes et des animaux.

Ces versions d'une même légende cosmogonique paraissent avoir été assez nombreuses. Chaque école de prêtres chaldéens avait la sienne. Mais, quelques différences que l'on constate dans les détails, le fond demeure identique en Babylonie comme en Phénicie, en Judée comme chez Hésiode et les philosophes de l'école d'Ionie. Partout et toujours, c'est d'une conception purement matérialiste du monde et des êtres vivants qu'il s'agit; conception au plus haut point exclusive de toute idée d'un dieu créateur, d'une providence, d'une origine surnaturelle de la vie et de la pensée. L'Océan, père des êtres dans les poèmes ioniens homériques, demeura longtemps, aux yeux des nations de l'Asie sémitique, un reste de l'abîme primordial, encore

---

1. *Gazette archéologique. Recueil de monuments pour servir à la connaissance et à l'histoire de l'art antique*, publié par les soins de J. de Witte et François Lenormant. IV, 135. *Les premiers êtres vivants d'après la tradition chaldéo-babylonienne*, par C.-W. Mansell.

2.

rempli de ses créations étranges et monstrueuses, reptiles et poissons énormes, taureaux ailés à tête humaine, personnages à corps de poisson surmonté d'un buste d'homme[1].

Le récit cosmogonique des prêtres chaldéens d'Orchoé s'éloigne de la version babylonienne de Bérose pour se rapprocher de celle des Hébreux, ce qui est assez naturel, puisque les ancêtres de ceux-ci avaient émigré d'Our, en Chaldée, près d'Ourouk ou Orchoé. C'est sur des fragments, retrouvés par Georges Smith, de la bibliothèque palatine de Ninive, que le récit dont nous parlons a été lu. Les scribes d'Assourbanipal l'avaient copié, au septième siècle, sur les antiques tablettes d'Orchoé.

Ici chacun des dieux, issus de la mer primordiale, Tiamat, préside successivement, jour par jour, comme dans la *Genèse*, à la formation de l'univers. Sar sépare le ciel et la terre et établit le firmament; au quatrième jour apparaissent les grands luminaires célestes, œuvre de Bel l'ancien et de Éa; Mardouk produit les hommes et les autres êtres vivants. « Mais Tiamat, la source encore confuse d'où toutes choses sont sorties, jalouse des dieux émanés d'elle, qui ont organisé l'univers et mis fin au chaos où

---

1. Voir, dans Botta, *Mon. de Ninive*, I, pl. 32-34, les bas-reliefs de Khorsabad représentant le transport de bois pour les constructions du roi Saryukin.

elle régnait seule, se déclare leur ennemie. Elle tente les hommes et les induit à désobéir aux préceptes d'Éa. Le péché est ainsi introduit pour la première fois dans le monde. Il faut faire cesser ce désordre ; et pour réduire à l'impuissance Tiamat, il s'engage une grande lutte entre les deux mondes du ciel et des enfers, de la lumière et des ténèbres, lutte qui est comme la Gigantomachie des traditions chaldéennes. Dans cette lutte, Mardouk, suscité par son père, est le champion des dieux. Ceux-ci l'arment du foudre et de la *harpé*, et, à la tête des légions des anges, il va combattre Tiamat, suivie de l'armée des démons et des êtres monstrueux nés dans le chaos. Tiamat est vaincue et rejetée dans l'abîme inférieur. »

M. Mansell a relevé la principale différence qu'offre avec ce récit d'Orchoé celui de Babylone et de Borsippa. Quant à la donnée commune aux deux récits, la voici : bien avant l'apparition des êtres vivants de la création actuelle, il y a eu une génération primitive d'êtres vivants, aux formes monstrueuses, développée au sein du chaos. Ces êtres monstrueux n'ont pas survécu à l'état de confusion dans lequel ils avaient pris naissance ; incapables de supporter l'éclat de la lumière, ils se sont évanouis devant une organisation plus parfaite de l'univers. Tiamat, leur reine et leur mère, les a entraînés avec elle dans l'abîme infernal où elle est désormais reléguée.

Là, au « centre de la terre », dans la « sombre forêt d'Eridhou », ils se confondent avec les démons. Une forme mythique de Tiamat, Zikoum, est appelée « la Mère primordiale de tous les dieux et de tous les êtres ». Comme « mère d'Erech », *um Uruch*, cette déesse aux noms innombrables est l'Omoroca du récit de Bérose, qui l'identifiait à la mer. Comme Nanat-Anat, elle est la matière primordiale, productrice de toutes choses, source de toutes les générations des dieux et des êtres vivants. Dans la cosmogonie d'Erech[1], elle est aussi antérieure aux dieux.

Jadis, ce qui est en haut ne s'appelait pas ciel,
Et ce qui est la terre en bas n'avait pas de nom.
Un abîme infini fut leur générateur,
Un chaos, la mer, fut la mère qui enfanta tout cet univers.
Les eaux qu'ils contenaient confluaient ensemble.
Il y eut des ténèbres sans rayon de lumière, un ouragan
[sans accalmie.
Jadis, les dieux furent sans aucune existence,
Un nom ne fut pas nommé, un destin ne fut pas fixé.
Les dieux Luhmu et Lahamu furent créés d'abord.
Un grand nombre d'années passèrent,
Jusqu'à ce que s'augmentât leur nombre.
Le dieu Assur et Ki-Assur...............
Le dieu Bel........................

Enfin, quand la déesse Istar descend dans la demeure des morts, au « Pays sans retour », pour y

---

1. Ce fragment, traduit par G. Smith et étudié par Delitzsch (*The Chaldean account of Genesis*, p. 61 ; cf. Delitzsch, G. Smith's

chercher l'époux de sa jeunesse, Doumouzi ou Tammouz, elle décrit ainsi les sombres lieux dans lesquels habitent les monstres de l'abîme, de l'abîme « d'où sont sortis les grands dieux [1]. »

J'ouvre mes ailes comme un oiseau ;
Je descends, je descends vers la demeure des ténèbres,
                             [le siège du dieu Irkalla,
La demeure où l'on entre sans pouvoir sortir,
Par le chemin où l'on va sans pouvoir revenir ;
Dans la demeure dont les habitants soupirent après la
                             [lumière,
Le lieu où ils n'ont que de la poussière pour apaiser leur
                             [faim, de la boue pour nourriture,
Où ils sont vêtus, comme les oiseaux, d'un vêtement
                             [d'ailes,
Où l'on ne voit jamais la lumière, où l'on réside dans les
                             [ténèbres.
Dans cette demeure de mon ami où je vais entrer,
On me garde une couronne
Avec ceux qui, portant des couronnes, ont gouverné la
                             [terre aux jours du commencement ;
Avec ceux à qui Anou et Bel ont donné un renom ter-
                             [rible,
Dont la nourriture était le limon putride, la boisson les
                             [eaux troubles.
Dans cette demeure de mon ami où je vais entrer,
Habitent les guerriers invaincus,

Chaldæische Genesis), fait partie de la 1re tablette qui traite du chaos et de la création des dieux. Nous donnons ici la traduction de notre éminent assyriologue, M. Jules Oppert, le maître incontesté en ces études.

1. 7e tablette, colonne IV, de la légende d'Izdubar. On connaît l'admirable fragment épique de la *Descente d'Istar aux Enfers*, rapsodie qui mériterait d'être classique.

Habitent les bardes et les hommes fameux,
Habitent les monstres de l'abîme, d'où sont sortis les grands
[*dieux;*
Là est la demeure d'Etana, la demeure de Ner.....

Un troisième fragment cosmogonique, le fragment de Cutha, en Babylonie, qui se rapproche davantage du récit de Bérose, montre les premiers êtres nés de la terre encore à l'état chaotique, ainsi que leur destruction par la flamme ou la lumière du soleil. Ces fils de la ténébreuse Tiamat étaient des hommes aux corps d'oiseaux, aux « faces de corbeaux ». Les représentations de ces hommes ailés à têtes d'oiseaux ne sont pas rares sur les cylindres assyriens et babyloniens : on les voit au milieu des autres êtres monstrueux de la création primordiale qui existaient avant l'œuvre du démiurge, c'est-à-dire du soleil. Car le principe igné de la nature, le principe mâle, qui féconda le principe humide et féminin, j'entends le chaos, en était issu à l'origine : matière informe et ténébreuse, abîme des eaux primordiales, la déesse Anat préexiste au dieu Anou, le ciel ; c'est de son sein qu'il est sorti, et à son tour il la féconde. Cet antique hymen du ciel et de la terre, du soleil et de l'abîme, est devenu, dans les religions asiatiques et dans les légendes grecques, le mythe si connu du dieu mari de sa mère, de l'inceste sacré. C'est ce dieu, c'est Bel le démiurge qui détruisit les hommes ailés à tête d'oiseau dont il est question dans le fragment de Cutha :

Le soleil, seigneur, force des dieux...
....
Seigneur de la région supérieure et de la région infé-
            [rieure, Seigneur des Archanges célestes,
Ceux qui buvaient les eaux troubles du chaos et n'au-
            [raient pas pu boire une eau pure;
Ces hommes, avec sa flamme, son arme, il les poursuivit,
Les atteignit, les détruisit.
Rien n'avait encore été écrit sur des tablettes; il n'y avait
            [qu'un vide où rien n'était distingué;
De la terre rien ne s'était élevé et aucune végétation
            [n'avait poussé.
C'étaient des hommes aux corps d'oiseaux du désert,
Avec des faces de corbeaux,
Que les grands dieux avaient produits
Et pour qui ils avaient créé une habitation sur la terre.
Tiamat leur avait donné leur force,
La Dame, mère des dieux, avait suscité leur vie;
Au milieu de la terre ils avaient pris naissance et grandi,
Et s'étaient multipliés en nombre.
C'étaient sept rois frères de la même famille,
Six mille en nombre était leur peuple.
Banini, leur père, était roi; leur mère,
La reine, était Milili.....[1].

Ainsi, toutes les versions de la cosmogonie chaldéo-babylonienne parlent d'une première génération d'êtres monstrueux engendrés de la matière humide et vivant au sein des eaux troubles du

---

[1]. George Smith's *Chaldaische Genesis*... Übersetzung von H. Delizstch, p. 95.

chaos. Ces idées, on les retrouve exactement les mêmes pour le fond dans les cosmogonies de la Phénicie et de la Judée. Il ne saurait, d'ailleurs, en être autrement, les religions de la Syrie, de la Phénicie et de la Judée étant réductibles, dans leurs éléments derniers, comme celles des Araméens et des populations sémitiques de l'Asie Mineure, aux mythes et aux légendes cosmogoniques de la Babylonie et de l'Assyrie. Les six cosmogonies sémitiques que l'on possédait avant le déchiffrement des écritures cunéiformes sont toutes calquées sur le même plan et présentent des affinités tout à fait décisives.

C'est sur les briques de Babylone, c'est sur les stèles des temples de la Phénicie qu'on a pu lire, pendant des siècles, ce qui forme le fond du premier récit de la création dans la *Genèse*. La principale des cosmogonies de Sanchoniathon, empruntées aux sources phéniciennes, encore visibles sous le grec et la couleur évhémériste de Philon de Byblos, commence par rappeler, ainsi que dans Bérose, qu'il fut un temps où tout était ténèbres et eau :

Au commencement était le Chaos (*bohu*, eau, flots, abîme), et le Chaos était ténébreux et troublé, et le Souffle (*ruah*) planait sur le Chaos.
Et le Chaos n'avait pas de fin, et il fut ainsi durant des
[siècles de siècles...

Et le Souffle et le Chaos se mêlèrent, et Môt (élément
[boueux) naquit.
Et de Môt sortit toute semence de création et la généra-
[tion de toute chose.
Il y avait alors dans le Chaos des êtres vivants privés
de sentiment, et de ces êtres vivants sont nés des êtres
intelligents; on les appelle Zophesamim, c'est-à-dire contemplateurs du ciel, et leur figure était comparable à la
forme d'un œuf.
Puis Môt s'illumina, et le soleil et la lune et les étoiles,
[et les grandes constellations brillèrent.
L'air étant ainsi devenu lumineux, la mer et la terre
s'enflammèrent; il se dégagea des vents et des nuages,
et de formidables cataractes des eaux célestes se précipitèrent.
Et après que, sous l'action du feu solaire, toutes les
parties de l'univers s'étant séparées et écartées de leur
lieu, elles se rencontrèrent ensuite de nouveau dans l'air,
dans le choc des éléments éclatèrent les tonnerres et les
éclairs.
Le fracas de ces tonnerres éveilla les êtres intelligents,
épouvantés de ce bruit.
Et tout ce qui est mâle et tout ce qui est femelle commença à se mouvoir dans la mer et sur la terre[1].

Quant au premier récit hébraïque de la création,
on sait comment il commence en réalité :

La terre n'était que chaos, et les ténèbres couvraient la
[face de l'abîme (tehôm),

---

[1]. Philonis Byblii fragm. II dans les *Fragmenta historicorum graecorum*, III. 565. Cf., pour une partie de cette cosmogonie, le Mémoire de M. Renan sur l'*Origine et le caractère véritable de l'histoire phénicienne qui porte le nom de Sanchoniathon*, p. 275 et suiv. (Mém. de l'Académie des inscriptions et belles-lettres, XXIII.)

Et un Vent violent[1] planait sur la face des Eaux.

Le Souffle plane sur les Eaux primordiales, les couve ; dans le récit phénicien, Môt, le limon boueux, la matière humide et féconde où s'engendrent les premiers êtres, sort de ce mélange. Cette incubation ne produit rien dans le récit biblique ; on y constate seulement un débris, une *survivance* de traditions plus anciennes. Les germes de vie foisonnent ; d'abord apparaissent des êtres privés de sentiment, puis Môt s'illumine et le soleil, la lune et les étoiles commencent à briller. Ainsi que dans la *Genèse* et dans le récit de Bérose, la lumière apparaît dans l'univers avant la création du soleil, de la lune et des étoiles. Comme Bel, fils et époux du sombre abîme primordial, le démiurge de la Bible divise les ténèbres, sépare le ciel et la terre et ordonne le monde.

Le terre sortie des mers se couvre de végétaux ; les eaux fourmillent d'animaux aquatiques et de monstres marins, sortes de serpents de mer.[2] ; les êtres ailés volent au-dessus de la terre, à travers l'étendue des cieux. Puis la terre produit des ani-

---

1. Nous traduisons ainsi, avec quelques interprètes juifs, *ruah élohim*.

2. Les gigantesques serpents de mer de la fable n'existent pas ; mais il y a, on le sait, un grand nombre de serpents marins, la famille des hydrophides, ophidiens vivipare et très venimeux, qui vivent surtout dans l'Océan indien et l'Archipel de la Sonde ; mais n'atteignent point une grandeur considérable.

maux terrestres, quadrupèdes, reptiles, bêtes sauvages, comme elle produit les végétaux et comme la mer a produit les êtres marins. En dépit de tous les remaniements dogmatiques qu'a subis le texte de cette ancienne cosmogonie hébraïque, la conception primitive perce encore clairement sous certaines façons de dire. Toujours la production des astres dans les cieux et celle des êtres vivants au sein des eaux ou sur la terre, y apparaît comme spontanée. Seulement le scribe fait précéder ces versets significatifs des mots : *Elohim dit*, et il les fait suivre d'un verset où il est dit expressément que c'est Elohim qui *fit*, qui *façonna* les corps célestes, les animaux marins et aériens, les bêtes sauvages et les reptiles [1].

En ajoutant en tête de cette cosmogonie ces seuls mots : « Au commencement Elohim fit [2] », le rédacteur monothéiste de la *Genèse* a modifié la conception sémitique de l'origine des choses, laquelle attribuait à la matière une existence indépendante et une force créatrice spontanée.

Dans les cosmogonies babylonienne et phéni-

---

1. Gen. I, 11; 14, 16; 20, 21; 24, 25.
2. L'exégèse moderne repousse l'interprétation de création *ex nihilo* qu'on donne souvent à ce verbe hébreu. Ce verbe signifie essentiellement *tailler, couper, émonder*, dans le sens de couper les arbres d'une forêt, etc. Loin d'exclure l'idée d'une matière préexistante, il l'implique. Aussi bien, des passages comme : *Gen*. I, 27 et II, 7, par exemple, montrent que la notion d'une

cienne, comme chez les philosophes grecs de l'Ionie, non seulement la matière n'est pas créée, elle est vivante, animée, spontanément féconde. Baal, le dieu suprême, le « Seigneur des cieux », ou le soleil, loin d'avoir tiré la matière du néant, comme le dieu de la Bible d'après l'exégèse judéo-chrétienne, est sorti de son sein éternellement fécond, du chaos ténébreux de l'abîme, ainsi que l'univers. Par l'influence de ses rayons enflammés, Baal a causé les révolutions de l'atmosphère qui, dans la cosmogonie phénicienne, ont appelé les êtres vivants à la conscience : il n'y a là qu'une évolution, une organisation cosmique, mais pas ombre d'une création. Aussi bien, l'idée métaphysique de création, au sens de produire de rien, de tirer du néant des substances solides, est tellement abstraite, que les cerveaux jeûneurs des pays chauds ont dû se mettre longtemps à la torture avant de la concevoir, un peu, il est vrai, parce qu'elle est inconcevable, mais surtout parce qu'ils n'ont jamais été bien doués pour la philosophie.

Après la production de l'univers et des êtres monstrueux, premiers-nés de l'abîme, c'est surtout l'apparition et la nature de l'homme primitif qui semblent avoir préoccupé les antiques penseurs du

---

création *ex nihilo* n'a aucun fondement dans le texte hébreu. V. *Die Genesis*. Für die III te Auflage nach Dr Aug. Knobel neu bearbeitet von Dr A. Dillmann (1875) p. 18.

monde sémitique. Cette question, comme celle de la formation de l'univers et de l'origine des êtres, n'a pas encore été résolue à notre époque. On aurait donc mauvaise grâce à s'étonner des imaginations, des rêves étranges que cet éternel problème a fait naître aux cours des âges. Qui sait ce que penseront de nos théories actuelles sur ce sujet les hommes qui seront sur la terre dans trois mille ans? Ce que nous savons du passé n'est pas fait pour nous rassurer sur l'avenir. Chaque génération humaine se croit infiniment supérieure à celle qui l'a précédée; il y a comme une conspiration de l'opinion qui confirme dans leur foi naïve ceux qui croient avoir découvert quelque source inconnue de beauté ou de vérité. Ce sont, durant cinquante ans, des acclamations et des triomphes; l'homme de génie se sent devenir dieu, et les contemporains ne sont pas moins fiers d'être venus au monde dans un si grand siècle. Et cependant les générations prochaines, éprises d'un nouvel idéal, jugent avec dédain la science et le goût de leurs pères, sans prendre garde qu'elles leur doivent ce qu'elles sont elles-mêmes, et qu'en ce monde où rien ne commence ni ne prend fin, mais où tout se transforme éternellement, où le flot succède au flot sans laisser de trace durable, l'œuvre de chaque race ne creuse qu'un imperceptible sillon dans la conscience de l'humanité.

Une sorte d'instinct obscur semble avoir révélé aux vieux penseurs de la Chaldée que, chez les êtres vivants, l'hermaphrodisme a précédé la séparation des sexes. Dans toutes les cosmogonies sémitiques connues, les premiers êtres, et en particulier le premier homme, sont hermaphrodites. La figure étrange des Zophésamim, qu'une des cosmogonies phéniciennes de Sanchoniathon compare à un œuf, s'explique fort bien, M. Mansell l'a finement observé, par le curieux récit sur les Androgynes primordiaux que Platon, en son *Banquet*, a mis dans la bouche d'Aristophane. Cette antique tradition, d'origine asiatique, avait sans doute pénétré en Grèce, comme tant d'autres traditions du même genre, avec les doctrines des philosophes ioniens. A Milet, et partout sur les côtes et dans les îles, les Hellènes de l'Asie Mineure vivaient dans un commerce perpétuel avec des nations dont les croyances religieuses, les arts et toute la civilisation n'étaient qu'une forme occidentale de la culture des peuples conquérants de la vallée du Tigre et de l'Euphrate.

« Jadis, la nature humaine était bien différente de ce qu'elle est maintenant. Au commencement, il y avait trois espèces d'hommes, non deux comme aujourd'hui, mâle et femelle, mais une troisième composée de ces deux sexes ; le nom seul de cette espèce est resté ; elle-même a péri. Il y avait donc alors un androgyne d'apparence et de nom, qui réunissait le sexe mâle et le sexe femelle; il n'existe plus, et son nom est un opprobre. Puis, tous les hommes présentaient la forme ronde ; ils avaient le dos et les côtés rangés en cercle, quatre bras, quatre jambes, deux visages supportés par un cou arrondi et parfaitement semblables ; une seule tête qui réunissait ces deux visages opposés l'un à l'autre ; quatre oreilles, deux organes de la génération, et le reste dans la même proportion. Les androgynes marchaient tout droit, comme nous, et sans avoir besoin de se tourner pour prendre tous les chemins qu'ils voulaient. Quand ils voulaient aller plus vite, ils s'appuyaient successivement sur leurs huit membres et s'avançaient rapidement par un mouvement circulaire, comme ceux qui, les pieds en l'air, font la roue... Ils étaient redoutables par leur force corporelle et par leur courage, ce qui leur inspira l'audace de monter jusqu'au ciel et de combattre contre les dieux... Zeus examina avec les dieux ce qu'il y avait à faire ; ils hésitaient. Les dieux ne voulaient pas anéantir les hommes, comme autrefois les géants, en les foudroyant, car alors le culte et les sacrifices que les hommes leur offraient auraient disparu ; d'autre part, ils ne pouvaient souffrir une telle insolence [1]. » Zeus trouva enfin un moyen de conserver

---

1. Plat. opera ex recens. Hirschigii, *Conviv.* 189-190 (I. p. 671).

les hommes, tout en diminuant leurs forces; il les sépara en deux, et l'un de ses Elohim, comme aurait dit un Sémite, Apollon, parfit l'ouvrage du grand dieu en façonnant le ventre avec les peaux coupées et en articulant la poitrine.

Le double corps de cet Androgyne, figurant une sorte d'ellipse, avait précisément la forme ovoïde attribuée aux Zophésamim. Or, pour l'écrivain phénicien qu'a traduit Philon de Byblos, ces premiers êtres vivants étaient bien hermaphrodites, car ce n'est que pour les générations qui suivirent l'organisation de l'univers sous l'action des rayons solaires, qu'il est dit que « tout ce qui est mâle et tout ce qui est femelle commença à se mouvoir dans la mer et sur la terre ». Ces premiers êtres, nés du chaos ténébreux, se révoltent aussi, dans la fable d'Aristophane, contre les dieux lumineux de l'Olympe. Ils rappellent, en même temps que les créations monstrueuses de la sombre déesse babylonienne de l'abîme, les centaures et les hippocentaures, les géants anguipèdes, également fils de la terre, que la tradition classique place dans le vestibule des enfers, dans ce monde souterrain où nous avons vu descendre Istar.

Dans le *Banquet*, Zeus sépare les deux moitiés de l'androgyne et en forme des mâles et des femelles; dans la cosmogonie babylonienne de Bérose, les « hommes à deux faces, à deux têtes, l'une d'homme, l'autre de femme, sur un seul corps, et avec les deux sexes en même temps », sont bien, parmi les êtres vivants du chaos, les androgynes qui ont précédé l'humanité actuelle. De même, et suivant les propres expressions du texte biblique, le premier homme de la cosmogonie des Hébreux est un androgyne, semblable à ceux de Bérose et de Platon, dont les deux moitiés n'ont été séparées en homme et en femme que par une opération postérieure du démiurge. Ce n'est pas seulement, avec la Bible elle-même, la tradition juive et l'exégèse des rabbins qui voient un androgyne dans le premier homme : Eusèbe, au XIIe livre (ch. XII) de la *Préparation évangélique*, a rapproché avant nous le récit d'Aristophane, dans le *Banquet*, des versets de la *Genèse*.

Rappelons d'abord que, chez Bérose comme dans la Bible et dans la tradition grecque, l'homme est pétri du limon de la terre. Sans insister sur les textes classiques qui montrent l'homme sortant des mains de Prométhée, le prêtre babylonien a recueilli deux versions de ce mythe qui rappellent les deux récits bibliques de la création : « Bel alors se trancha sa propre tête, et les autres dieux (les Elohim), ayant pétri le sang qui en coulait avec la *terre*, formèrent les hommes. » Voilà la première version ; voici la seconde : « Bel voyant que la terre était déserte, quoique fertile, commanda à l'un des dieux de lui couper la tête, et pétrissant le sang qui en coulait avec la *terre*, il façonna les hommes ainsi que les animaux. » Ainsi, dans un récit c'étaient les Elohim qui façonnaient les hommes avec de l'argile, dans l'autre c'était Bel lui-même. Cette œuvre du démiurge, (car il n'est pas question de création, mais de formation d'un nouvel être aux dépens d'une matière préexistante), le dieu juif du second chapitre de la *Genèse* l'accomplit comme Bel : il façonne l'homme du limon de la terre.

Mais de quelle nature était ce premier homme dans la cosmogonie des Hébreux ? Le premier récit de la création (ch. 1er), le plus ancien, dit en propres termes, en parlant de cet Adam, qu'Elohim « *les* créa mâle et femelle » (I, 27). A coup sûr, s'il avait voulu parler de deux individus distincts, le rédacteur, mettant l'article devant chaque mot hébreu, aurait écrit « *le* mâle et *la* femelle ». Il a donc entendu ces mots d'un androgyne; ce qui le prouve d'abondance, c'est le récit de la formation de la femme tirée du corps de l'homme, que le rédacteur a laissé subsister dans le second document principal du Pentateuque, dans la seconde cosmogonie de la *Genèse* (ch. II) :

Iahweh Elohim fit tomber l'homme dans un profond assoupissement, et il s'endormit; il prit ensuite un de ses côtés dont il remplit la place par d'autre chair.

Iahweh Elohim forma en femme le côté qu'il avait pris de l'homme et l'amena à l'homme.

L'homme dit alors : Voici l'os de mes os et la chair de ma chair; que celle-ci soit appelée *ischa* (hommesse), puisqu'elle a été prise du *isch* (homme).

Il suffit, on le voit, pour retrouver dans l'Adam primitif un être double, un androgyne analogue à ceux du *Banquet* et des cosmogonies babyloniennes et phéniciennes, de traduire par *côté* le mot hébreu que nos versions rendent d'ordinaire par *côte*. Outre que l'acception que nous donnons à ce mot est fréquente dans la Bible, c'est ainsi que dans leurs commentaires sur Maimonide traduisent Ibn-Tibbon et Ibn-Falaquéra. L'interprétation de la côte arrachée du flanc d'Adam apparaît pour la première fois dans la version grecque des Septante, désireuse évidemment d'échapper aux analogies qu'offrait l'androgyne primitif des cosmogonies païennes. Mais un passage du *Béreschîth rabbâ* (sect. 8) atteste bien que, selon la tradition juive[1], Adam fut créé à la fois homme et femme, et qu'il avait *deux visages* tournés des deux côtés opposés, absolument comme l'androgyne du fragment de Bérose. De même le traité des *Berakhoth* du Talmud de Jérusalem et du Talmud de Babylone[2].

---

[1]. Dans la tradition chrétienne, faut-il rappeler, avec Voltaire, que « la pieuse Mme de Bourignon était sûre qu'Adam avait été hermaphrodite, comme les premiers hommes du divin Platon? » *Dictionn. philos.*, *Adam*.

[2]. Traité des *Berakhoth*, trad. par Moïse Schwab, p. 489 et n. Cf. Talmud de Babylone, *Eroubin*, fol. 18 a.

Maimonide enfin témoigne que, selon certains docteurs, Adam et Eve furent créés ensemble, unis dos contre dos, et que, cet homme double ayant été divisé, Elohim en prit la moitié qui fut Eve, laquelle fut donnée à l'autre moitié (à Adam) pour compagne[1]. La meilleure traduction plastique de ce vieux mythe babylonien se trouve dans une intaille de travail perse du cabinet des médailles de la Bibliothèque nationale[2].

1. *Guide des égarés* de Moïse ben Maimoun, trad. par Munk, II, 247. Maimonide dit aussi que les rabbins traduisaient les mots en question de *Gen.*, II, 21 par « un de ses côtés. »
2. M. Mansell, le savant employé de British Muséum, a donné le dessin de cette intaille dans la *Gazette archéologique*, IV, 139. Il rappelle encore que ce mythe, celui de l'humanité mâle et femelle issue de la division d'un androgyne primitif, a passé dans le mazdéisme, du moins dans la cosmogonie du Boundehesh pehlevi, où Ormazd produit le premier couple humain, Mashya et Mashyana, par la division en deux moitiés de l'androgyne primitif, ainsi que l'avaient fait le Iahweh biblique, le Zeus du *Banquet*, etc.

CHAPITRE II

C'est surtout chez les Hellènes que les cosmogonies de l'Asie, en particulier les mythes naturalistes de l'apparition des premiers êtres vivants, ont revêtu une forme rationnelle et déjà presque scientifique. Il y a quelques dix ans, c'eût été presque une impiété d'insinuer que la philosophie scientifique des Grecs avait pu devoir quelque chose aux « barbares, » aux nations lointaines de la Chaldée et de la Babylonie. Il en a été longtemps ainsi pour l'art grec. Si, il y a quarante ans, on avait soutenu qu'il a existé un art lydo-phrygien, dérivé de l'art assyrien, véritable intermédiaire entre l'art de l'Hellade et celui de l'Assyrie, qui transmit à la Grèce des traditions, lui offrit des modèles, inspira ses premiers constructeurs, ses écoles primitives de sculpture, ses peintres archaïques et ses musiciens, — que n'aurait-on pas dit de cette prétention nouvelle de réduire la part de l'invention dans les œuvres du génie grec ?

La révolution qu'ont accomplie Micali, Gerhard, Layard, M. de Longpérier, dans les idées relatives aux origines de l'art grec, s'accomplira tôt ou tard dans le domaine de la science, de la philosophie et des cultes helléniques. Les historiens de l'esprit grec finiront par découvrir chez les vieux penseurs de l'Hellade quelque chose d'analogue à ces figures ailées, à ces taureaux à face humaine, à ces personnages finissant en poissons ou en reptiles, qu'évoquèrent, chez les historiens de l'art, les souvenirs des monuments et des religions de la vallée du Tigre et de l'Euphrate. On aura alors pour la première fois une claire conscience de la place et de la signification de l'Hellade dans l'histoire du monde. L'histoire véritable, élevée à la hauteur d'une philosophie, conçue comme la science de l'évolution organique de l'esprit humain, ne sera pas toujours étouffée par les cris de l'école et les exercices oratoires des rhéteurs.

Quand nous commençons à connaître les Hellènes, ils ont déjà subi depuis tant de siècles l'influence des Sémites, leur conscience a été si profondément pénétrée des éléments de cette civilisation, qu'ils sont à cet égard, ainsi qu'il arrive, devenus presque inconscients. Ce n'est pas qu'ils aient été, comme les Perses, voisins immédiats des Assyriens; mais on a fort exagéré l'isolement des nations antiques, leur dédain des cultes et des usages de l'étranger. A ces hautes époques, comme de nos jours, la civilisation fut une œuvre commune.

Par quelles routes l'antique culture de l'Asie occidentale a-t-elle pénétré chez les Hellènes ? Par deux voies.

D'abord par la mer. Depuis les beaux travaux de Movers sur les Phéniciens, on peut presque suivre le sillage des vaisseaux de Sidon et de Tyr dans les eaux de la Méditerranée ; on peut énumérer les principaux comptoirs fondés par les fils de Chanaan sur les côtes et dans les îles de cette mer, sur le sol où devaient se fixer, si elles n'y étaient déjà, les diverses tribus helléniques ; on connaît leurs établissements dans l'intérieur du pays, à Thèbes, par exemple, et Hérodote a vu, dans l'île de Thasos, des mines dont les Phéniciens avaient commencé l'exploitation.

La seconde route fut une voie de terre : celle de l'Asie Mineure. Or, l'Asie Mineure, — les belles découvertes de l'assyriologie l'ont établi, — a été durant des siècles une province de l'empire d'Assyrie et de la monarchie des Achéménides. C'est surtout à l'ouest de l'Asie Mineure, dans les plaines de l'Hermos et du Méandre, dans les deux péninsules de la Troade et de la Lycie, qu'a eu lieu e contact fécond du génie sémitique et du génie aryen. Ce qu'on sait des Grecs asiatiques des côtes, de ces Ioniens qui ont été les éducateurs des Hellènes, suffit déjà pour faire entrevoir quelles idées doivent désormais prévaloir sur les origines de la civilisation grecque.

Jusqu'en ces derniers temps, il restait à savoir, pour le sujet qui nous occupe, pour les cosmogonies, pour les conceptions poétiques et philosophiques des commencements de l'univers et de la vie, ce que les Hellènes ont reçu de Babylone, ce que Babylone a donné aux Hellènes. On sait, depuis des siècles, que la Chaldée a été, dès une haute antiquité, un centre de culture scientifique pour tout l'Orient. Les Grecs, à qui nous devons notre civilisation, avaient une assez claire conscience de ce qu'ils devaient eux-mêmes aux vieux empires de la Mésopotamie. Hérodote avait donné aux Hellènes une idée fort nette et très suffisante de ces nations lointaines. Quand même les Grecs n'auraient eu aucune histoire d'Assyrie, il n'en auraient pas moins été en rapports constants avec les provinces assyriennes de l'Asie Mineure. Voilà plus de quarante ans déjà que Boekh a démontré, et après lui Brandis, que toutes les mesures de grandeur, de poids et de capacité dont se sont servis les anciens doivent être rapportées à une même échelle, et qu'en Phénicie, en Palestine, en Perse, comme à Athènes et à Rome, on retrouve partout le système sexagésimal des Babyloniens. La mesure du temps et de la révolution diurne du soleil reposait sur les mêmes divisions. Quant à l'astronomie qui, dès une antiquité prodigieuse, apparaît comme une science déjà constituée en Chaldée, les Grecs en savaient bien peu avant les conquêtes d'Alexandre. Aristote parle des observations des Chaldéens ; mais ce n'est que plus d'un siècle après la conquête de Babylone que les fameuses tablettes astrologiques furent utilisées par Hipparque.

De quelle nature étaient ces observations ? Quelle était la valeur relative de toutes ces sciences ? Quel jugement doit porter l'histoire sur la culture scientifique des Chaldéens ? Voilà des questions auxquelles on serait heureux de voir les assyriologues répondre. Jusqu'à l'époque de la découverte du secret de l'écriture cunéiforme, les seuls documents que l'on pût étudier pour répondre à ces questions ne donnaient qu'une bien pauvre idée de l'antique culture babylonienne. Les productions littéraires, philosophiques et religieuses des Nabatéens, des sectes gnostiques, des Sabiens ou Mendaïtes du bas Euphrate, quoique renfermant de précieux débris des anciens cultes, ne nous présentaient que tous les caractères du profond abaissement où était tombé l'esprit humain aux premiers siècles de l'ère chrétienne. L'astrologie judiciaire, la sorcellerie, la kabbale, toutes les superstitions, toutes les formes de maladies mentales, voilà le triste legs que Babylone semblait avoir fait au monde. Quelques savants, il est vrai, et parmi eux M. Renan[1], ne se rendaient pas encore, et, tout en constatant la part immense qui revient aux doctrines babyloniennes, surtout depuis l'époque des Séleucides, dans la propagande d'erreur et la perversion intellectuelle qui plongèrent les sociétés décrépites de l'Occident dans un état voisin de l'enfance sénile, ils affirmaient hardiment que l'astrologie judiciaire suppose avant elle une astrologie régulière, et que la magie elle-même implique l'existence d'un certain développement des sciences physiques.

Cette hypothèse s'est trouvée vérifiée, semble-t-il, par la découverte de la bibliothèque du palais royal de Ninive. Là, dans ces tablettes plates et carrées en terre cuite qui servaient de livres aux Assyriens comme aux Babyloniens, des documents de toute nature et de tout âge ont été rendus au monde. Un petit nombre seulement de ces tablettes ont été publiées. Vaste encyclopédie grammaticale, nombreux fragments mythologiques, généalogies divines, collections d'hymnes, rituels des cérémonies saintes, tous les éléments de l'antique civilisation de la Mésopotamie, du moins à un moment de sa durée, seraient rassemblés, à en croire les savants assyriologues, sur ces tablettes recueillies dans

---

1. Mémoire sur l'âge du livre intitulé *Agriculture nabatéenne*, p. 189-90 (*Mémoires de l'Académie des inscriptions et belles-lettres*, t. XXIV).

la salle où Assourbanipal avait établi sa bibliothèque.

Pour moi, ce qui m'a surtout frappé, quand j'ai lu l'énumération de ces trésors, ce sont d'une part, des listes de minéraux, de plantes et d'animaux, classés avec méthode, et, d'autre part, de nombreux traités de mathématiques, des catalogues d'étoiles, des recueils d'observations astronomiques, des tables de levers de Vénus, de Jupiter et de Mars, enfin des rapports périodiques d'astronomes attachés au palais[1]. Mais dans quelle mesure les savants assyro-babyloniens ont-ils cultivé les sciences naturelles? Nous ne le savons pas encore, et nous l'ignorerons aussi longtemps qu'il ne se rencontrera pas, parmi les assyriologues, une tête vraiment philosophique, également versée dans l'archéologie classique et orientale, et dominant d'assez haut ce vaste champ d'études pour comprendre que la con-

---

1. « On remarque surtout avec intérêt le fragment d'une liste de toutes les espèces animales que connaissaient les savants assyro-babyloniens, classées méthodiquement par familles et par genres (Rawlinson et Norris. *Cuneiform inscriptions of Western Asia*, II, 5 et 6) ». *Essai de commentaire des fragments cosmogoniques de Bérose*, par F. Lenormant, p. 23. On trouve, dans le tome III, p. 9, des *Études accadiennes*, que vient de publier ce savant (Paris, 1879), cette curieuse *Liste d'animaux, quadrupèdes, insectes et reptiles*, document qu'ont surtout élucidé M. Frédéric Delitzsch (*Assyrische Studien*) et M. W. Houghton (*On the mammalia of the assyrian sculptures*). Mais je n'y puis découvrir de classification par familles et par genres.

naissance des antiquités des peuples n'a d'importance qu'autant qu'elle éclaire l'histoire de l'esprit humain.

Ce que les cosmogonies de Bérose et de la littérature assyro-babylonienne nous apprennent, suffit cependant pour constater l'existence de profondes affinités entre les mythes de l'Asie orientale et les premières conceptions de la philosophie grecque. M. E. Renan, reconnaissant que l'explication purement matérialiste des origines du monde et des êtres vivants paraît avoir été un des principes fondamentaux de la science babylonienne, s'est demandé si les cosmogonies matérialistes de l'Orient et de la Grèce n'avaient pas eu leur point de départ à Babylone. Aujourd'hui le doute n'est plus permis, et, remontant le cours lent et sinueux des siècles, on peut se donner le spectacle des transformations grandioses qui ont fait sortir de ces cosmogonies la conception purement mécanique ou moniste de la science moderne.

Deux vers d'une vieille rapsodie homérique[1] appellent Océanos père des dieux et Thétis mère. Il y a là une conception de l'univers dont l'origine doit être cherchée, nous l'avons vu, dans les cosmogonies religieuses des peuples de la vallée du Tigre et de l'Euphrate. Au sixième siècle, cette

---

1. *Iliade*, XIV, 201, 302.

doctrine était sans doute un philosophème sur lequel spéculaient les esprits réfléchis de l'Ionie, c'est-à-dire d'une partie de cette Asie Mineure qui fut toujours plus ou moins une province de l'Assyrie. La génération spontanée au sein de l'élément humide était le premier dogme de la religion babylonienne. Les historiens de la philosophie grecque parlent quelquefois d'un prétendu écrivain phénicien, nommé Mochos, qui aurait composé des livres sur l'histoire et les doctrines religieuses de sa patrie. On le disait originaire de Sidon et antérieur à la guerre de Troie.

La cosmogonie de ce Mochos, rapportée par Damascius, n'a pas d'autre fondement que celui que nous venons de rappeler. Il est bien probable, comme l'a soutenu Ewald, critiqué, il est vrai, par M. Renan, que le traducteur grec a pris pour le nom d'un écrivain phénicien le mot qui, dans l'idiome des Chananéens, désignait la matière humide et féconde. La philosophie de Mochos serait ainsi « la philosophie de la matière première. » C'est ainsi que, dans les fragments de Sanchoniathon, que nous a conservés Philon de Byblos, dans la première cosmogonie, la matière féconde, à l'état chaotique, d'où sortira l'univers organisé, est une boue humide. Or, le nom de cette matière primordiale, dans le texte actuel de Sanchoniathon, Môt, corrigé en Môch, selon une conjecture vraisemblable, serait précisément celui du prétendu auteur phénicien, Mochos[1].

De même la plus ancienne source nationale de la cosmogonie des Grecs, la *Théogonie* d'Hésiode, place le chaos à l'origine des choses. Nous ne pouvons nous arrêter, comme nous le voudrions, sur ce vieux document, distinguer les diverses parties qui le constituent, indiquer les remaniements et les interpolations. On ne se trompera guère en affirmant que les premiers philosophes grecs ont connu la *Théogonie* à peu près dans sa forme actuelle. La génération de l'univers, plus anthropomorphique chez les Hellènes que chez les races douées d'une imagination moins plastique, ne suppose pas d'abord l'existence d'un être quelconque en dehors et au-dessus du seul être, c'est-à-dire du monde, soit avant, soit après son organisation. Les doctrines zoroastriennes et juives, qui enseignèrent qu'un dieu préexistait et tira le monde du néant, ou simplement l'ordonna, le façonna, sont des imaginations très postérieures dans le temps, nées des spéculations des prêtres et des savants. « Dans le poème d'Hésiode, dit E. Zeller, l'illustre auteur de la *Philosophie des Grecs*, les dieux eux-mêmes sont créés, et ceux qu'honorait le peuple appartenaient même

---

1. Cf. pourtant Zeller. *Die Philosophie der Griechen*, I, 688 n.

à une jeune génération divine. Il n'y a pas de divinité qui puisse être considérée comme la cause éternelle de toutes choses et comme ayant sur la nature un pouvoir inconditionné. » La force universelle de la nature existe avant eux, sous la forme du Chaos éternel, et, au-dessus d'eux, sous la forme du Destin inexorable.

Dans Hésiode, du Chaos naissent d'abord l'Érèbe et la Nuit. La *Genèse* hébraïque dit aussi que les ténèbres couvraient la face de l'abîme. L'Érèbe et la Nuit produisent l'Éther et le Jour. Dans la Bible, la lumière apparaît, comme ici, après la mention des ténèbres. Ni dans l'un ni dans l'autre document, il n'est encore question alors du soleil ou des cieux étoilés. C'est Gæa, la Terre au large sein, qui produit le Ciel avec ses astres innombrables (v. 116 sq.) :

Au commencement fut le Chaos, puis la Terre (Gæa) au
　　　　　　[large sein, siège stable à jamais de tous
Les immortels, qui habitent les cimes du neigeux Olympe,
Et les Tartares ténébreux dans les profondeurs spacieuses
　　　　　　　　　　　　　　　　　　　[de la Terre [1],
Puis Éros, le plus beau des dieux immortels [2]......

1. Il convient de remarquer que ces deux vers (118-119) ont été omis par Platon et par Aristote quand ils ont cité ce commencement véritable de la *Théogonie*.
2. Acusilaos fait également sortir du Chaos l'Érèbe et la Nuit, d'où naissent l'Éther, Éros, etc. Cf. Ibicus, *fragm*. 28 (10). Mais c'est surtout la cosmogonie des *Oiseaux*, d'Aristophane, qui nous paraît importante. C'est un morceau mythologique de premier

La Terre produisit d'abord, égal à elle-même en gran-
[deur,
Le Ciel étoilé, afin qu'il l'environnât tout entière,
Et fût un siège à jamais stable aux dieux fortunés.
Elle enfanta encore les hautes montagnes......
Elle produisit encore la mer stérile, aux flots agités,
Pontos, sans l'aide de l'Amour. Mais ensuite,
S'étant unie au Ciel, elle enfanta le profond Océan....
De la Terre et du Ciel naquirent encore
Trois autres enfants, énormes, effroyables, qu'on n'ose
[nommer :
C'étaient Cottos, Briarée, Gyas, race orgueilleuse.
De leurs épaules sortaient cent invincibles bras
Et cinquante têtes........
Leur force était extrême, immense, comme leur corps.

Ces monstres de l'Abîme, le Ciel les refoule dans les profondeurs de la Terre ; Gæa, que remplit leur masse, gémit, et, forgeant une immense faux, elle excite ses fils à la lutte contre le Ciel, l'époux qui est sorti d'elle. Les Cyclopes et les Géants, Typhöeus et Echidna sont aussi des enfants de la Terre ; d'autres monstres sont les enfants de la Nuit et des Eaux, des ténébreux abîmes où ils ont pris naissance. La lutte des Titans, fils de la Terre, contre les dieux de

ordre, que cette prétendue bouffonnerie, et qui mériterait un long et savant commentaire. « Au commencement fut le Chaos, et la Nuit, et le noir Érèbe, et le vaste Tartare. » Il n'y avait ni terre, ni air, ni ciel. La Nuit enfanta, dans le sein de l'Érèbe, un œuf d'où naquit l'Amour (Éros) aux ailes d'or, vite comme les vents. S'unissant aux Ténèbres du Chaos ailé, sorte de Tiamat, l'Amour engendre la race des Oiseaux; la race des immortels n'existait pas encore.

l'Olympe, n'est qu'un écho de ces batailles épiques des monstres de Tiamat, reine des sombres lieux souterrains, contre les dieux de la lumière du ciel babylonien. Dans la cosmogonie de Phérécyde, Ophionée, le grand serpent, l'animal chthonien, combat aussi, avec ses cohortes, contre l'armée des dieux; comme Tiamat, il est vaincu et précipité dans les profondeurs infernales.

C'est au monde asiatique, aux bas-reliefs et aux cylindres de l'Assyrie et de la Babylonie, que l'art grec à ses débuts emprunta ces figures ailées, ces animaux disposés en zones et passant en longues files, ces monstres anguipèdes, ces sphinx et ces sirènes, ces divinités à queue de poisson, qu'on voit aux sculptures du temple d'Assos en Mysie, sur les monuments de l'art archaïque des Hellènes et les vases noirs de l'Étrurie. Ces hippocentaures, ces chevaux à queue de poisson, engendrés du Chaos, que Bérose a contemplés dans les peintures du temple de Bel, voilà les prototypes des ichthyocentaures de l'art classique.

La Terre et le Ciel, son premier-né, qui est en même temps son époux, voilà, dans la cosmogonie des Hellènes, les parents de l'univers, des dieux et des hommes. Il est pourtant permis de remonter plus haut encore : le Chaos, l'abîme primordial, la matière humide et ténébreuse d'où tout est sorti par génération spontanée, est une idée cosmogonique de l'Orient qu'on retrouve aussi chez les Grecs dans leurs plus vieilles théogonies. J'estime que cette doctrine, qui, bien des siècles avant, se trouvait enseignée dans les sacrés colléges de Babylone et dans les temples de la Phénicie, fut connue des Ioniens de l'Asie Mineure, et par eux pénétra plus tard dans la Grèce d'Europe et jusqu'en Italie.

En effet, les traditions aryennes des Hellènes ne parlent guère que de la Terre et du Ciel. Dyaus et Prithivî, divinités vraiment antiques, sont donnés en maints passages du Rig-Véda comme les parents des autres dieux[1]. Dans les documents sacrés des Brahmanes, comme dans la théogonie des Grecs, le Ciel et la Terre sont appelés « parents » : le Ciel est le père, la Terre est la mère. Le mariage du Ciel et de la Terre est raconté, dans l'*Aitareya Brâhmana*, d'une façon qu'il serait piquant de rapprocher du récit d'Hésiode. Leurs enfants, ce ne sont pas seulement les hommes, ce sont aussi les dieux. Les passages relatifs au même ordre d'idées, que M. Muir a transcrits d'Hésiode, d'Eschyle, de Pindare, de Sophocle, d'Euripide, sont fort nombreux. Les beaux vers de Lucrèce et de Virgile sont dans

---

1. On trouvera réunis, parmi tant d'autres choses excellentes, les passages auxquels nous faisons allusion, dans le cinquième volume (section II) du grand ouvrage de Muir, « Original sanscrit texts on the origin and history of the people of India; their religion and institutions ». C'est là un trésor d'érudition ouvert à tous ceux qui aiment les études de cosmogonie et de mythologie.

toutes les mémoires. Des Védas au *Pervigilium Veneris*, les poètes et les philosophes ont aimé à célébrer l'union féconde du Ciel et de la Terre.

Naturellement, avec le développement du spiritualisme religieux, on a demandé, dans l'Inde comme en Judée, si le Ciel et la Terre n'ont pas eux-mêmes un ou plusieurs parents. Je n'insisterai pas sur les spéculations transcendantes, mais très postérieures dans le temps, dont les origines du Ciel et de la Terre ont à leur tour été le sujet. Ce qu'il vaut mieux rappeler, c'est que dans l'Inde ancienne, comme chez les Hellènes, les dieux naissent de la Terre et du Ciel, ainsi que le reste de l'univers; que le dieu représenté dans les Védas comme époux de la Terre, Dyaus, Dyaush pitar, est identique à l'origine avec Zeus ou Zeus pater, Dies piter, Jupiter, dieu suprême des Grecs et des Latins. Quant au nom d'Ouranos, l'époux hésiodique de Gæa, il répond au nom du dieu indien Varouna; c'est du moins, encore aujourd'hui, l'opinion de quelques indianistes éminents. Le mot Prithivî, la Terre dans le Rig-Véda, qui semble avoir été d'abord une simple épithète (comme tous les noms divins), ne saurait donner lieu à un rapprochement du même genre. Il paraît bien pourtant qu'il a remplacé le vieux mot Gau, lequel ressemble au grec Gæa et Gê. Gaur mâtar aurait dit la même chose que Gê Mêter ou Dêmêter.

Ces considérations mythologiques permettent de

se faire une idée juste de ce qu'était un dieu aux jours antiques. Notre esprit est trop enclin à se représenter un être de cet ordre comme infiniment élevé au-dessus de l'univers, qu'il aurait un beau jour tiré du néant. C'est là une idée relativement moderne, une imagination de théologiens et de métaphysiciens. Hérodote ne sait trop ce qu'il doit penser des dieux, de leur origine, de leur âge. « D'où est venu chacun des dieux? Ont-ils tous toujours existé? Quelle est leur forme? On n'en a rien su, à proprement parler, jusqu'à une époque très récente. Car je crois Hésiode et Homère plus anciens que moi de quatre cents ans, pas davantage. Or, ce sont eux qui ont fait la théogonie des Grecs, qui ont donné aux dieux des noms, qui leur ont distribué les honneurs et les arts, qui ont décrit leur forme; et, à ce qu'il me semble, les poètes que l'on dit antérieurs à ces deux hommes sont nés après eux. De ce que je viens de dire, le commencement, je le tiens des prêtresses de Dodone; la suite, ce qui concerne Hésiode et Homère, est de moi [1]. »

Aussi loin que nous remontions dans le passé spirituel de l'humanité, il n'y a d'autre être, merveilleux ou naturel, que le monde, avec ses énergies créatrices et son éternité. Un dieu, cela vient à l'existence comme un homme, un cheval, un

---

1. Hérodote, II, 53.

chêne. Les hommes et les dieux ont une même origine : Pindare l'a chanté dans la sixième Néméenne (strophe I, 1-8). Les uns et les autres sont les enfants d'une même mère, la Terre. Les dieux sont très puissants, voilà tout. L'homme meurt, en effet, non le ciel d'airain. D'ailleurs, l'homme ressemble aux immortels par la puissance de sa raison et la forme de son corps (car les dieux ont aussi une âme et un corps), mais il est soumis aux arrêts du destin (comme les dieux), et il ignore ce que le jour ou la nuit lui réserve. Immortels habitants de l'Olympe, les dieux se réjouissent dans les festins et les danses : ils aiment bien manger et bien boire ; les riches offrandes, les gras sacrifices, la fumée qui monte vers l'Olympe, en noirs tourbillons, des bûchers où crépite la graisse des bœufs et des moutons, voilà l'idéal bonheur des anciens dieux. Le chant et la musique leur procuraient aussi de très vifs plaisirs, alors que le chœur des Muses se faisait entendre et qu'Apollon touchait de son plectre d'or la lyre à sept cordes.

Voilà ce qu'étaient les dieux à cet âge indécis et charmant des Hellènes, aussi éloignés des naïfs étonnements de l'enfance chantés par le grand rapsode ionien, que des spéculations austères de la maturité du génie grec, représentées par l'encyclopédie aristotélique. Car voici quel fut le développement de l'esprit hellénique : il s'éleva des théogonies aux cosmogonies, de la contemplation à la connaissance de l'univers. Le savant décrivit avec exactitude cette nature que l'aède avait animée dans des hymnes et des épopées. Il n'y a point de place encore pour une conception monothéiste du monde. L'œuvre immense d'Aristote, où revit presque tout entier l'antique génie des penseurs de l'Ionie, a été et sera toujours le plus redoutable adversaire de cette conception. Le vieux livre d'Israël l'a emporté pendant des siècles sur les traités de la nature du Stagirite, mais l'histoire de la philosophie au moyen âge atteste que ce n'a pas été sans lutte. Quoi qu'il advienne, la science moderne a retrouvé dans les livres des Grecs ses titres de noblesse.

Comme les théologiens, qui admettaient que pendant un temps indéfini existèrent d'abord le Chaos et la Nuit, les premiers physiciens de l'Ionie placèrent au commencement la confusion de toutes choses [1]. C'est par le chaos que le monde a commencé : « tout était ensemble », a dit Anaxagore. C'est dans une matière première que les Ioniens ont cherché l'essence de toutes choses. Là aussi le chaos fécond, l'abîme où s'agitent confusément dans la nuit les germes innombrables des êtres, préexiste à l'apparition de la terre et du ciel. Le ciel et la terre passeront ; ils n'ont pas toujours été,

---

1. Aristote, *Métaphys.*, 3 ; XII, 6.

ils ne seront pas toujours; seule, la matière est éternelle. Cette matière, d'ailleurs, n'est pas inerte et inanimée. « De toute antiquité, dit très bien E. Zeller, on a regardé le monde comme vivant. » Sans insister sur ce qu'il y a de profond dans cette intuition, devenue une conviction réfléchie chez tant de penseurs modernes, il faut bien noter que, quel que soit l'élément qu'adoptent les Ioniens pour matière primordiale, eau, air ou feu, cette matière est vivante et animée (*hylozoïsme*), elle est féconde comme l'antique chaos, elle engendre des êtres sans qu'intervienne aucun dieu organisateur de l'univers.

Ce que nous appelons les forces de la nature étaient pour les anciens des divinités vivantes et agissantes. C'est en ce sens que Thalès a pu dire qu'elle est « pleine de dieux ». L'eau, voilà pour ce penseur contemporain de Solon et de Crésus la matière d'où tout est sorti. Nul doute que si Thalès est bien un Grec, le séjour de Milet et le commerce avec les populations de l'Asie Mineure ne l'aient incliné vers ces antiques traditions qui font du Chaos ou de l'Océan, père des dieux, le principe des choses. La physique de Thalès est née de cette très ancienne croyance. La philosophie se dégage à peine encore de la mythologie. Mais elle voit une pure substance naturelle là où sa sœur aînée avait imaginé des divinités.

Anaximandre, de Milet comme Thalès, est un

bien plus grand précurseur de la science. S'il n'a pas considéré le principe humide ou l'eau comme la substance dernière de toutes choses, il en a fait la substance immédiate du monde, et, avec Thalès, il a nommé l'eau la semence des choses. Par des séparations successives, la terre, l'air et le feu sont sortis de cet élément. La chaleur du soleil a desséché la terre, et ce qui a subsisté des eaux primordiales qui la couvraient tout entière, devenu salé et amer, s'est rassemblé dans le lit de l'Océan. On se rappelle que cette idée, d'ailleurs commune à plusieurs philosophes grecs, a déjà été notée dans les cosmogonies de l'Asie : la mer est ce qui reste des eaux primordiales. C'est également du limon primitif des eaux boueuses du chaos que sont peu à peu sortis les animaux et l'homme, quand les conditions d'existence sont devenues favorables.

Un fait considérable pour l'histoire des idées se présente ici. Pour la première fois, les antiques notions cosmogoniques dont nous avons suivi le développement prennent une forme scientifique et inaugurent les doctrines transformistes. « Par l'idée de l'adaptation, dit Teichmüller, Anaximandre pourrait passer pour un précurseur de Darwin ; de même pour cette autre idée, que les plus anciens organismes ont dû vivre dans la mer, organismes dont les animaux terrestres ne sont que des transformations. Ce rapprochement devient plus frappant encore si l'on considère l'origine de l'homme selon Anaximandre : il soutient, en effet, que l'homme provient d'animaux de formes ou d'espèces différentes [1]. »

Et, en effet, c'est bien des poissons qu'Anaximandre fait descendre l'homme. Plus tard, Empédocle, Anaxagore, les Épicuriens, ont admis les doctrines transformistes [2]; mais Anaximandre est peut-être le premier qui les ait formulées. Les premiers animaux, nés spontanément dans l'eau, disait-il, étaient entourés d'une sorte de carapace épineuse, qu'on peut regarder, ce semble, comme des écailles; mais, avec le progrès de l'âge ou de la stature, ces animaux étant montés sur la terre qui se desséchait peu à peu, leur carapace se rompit et « ils changèrent bientôt leur genre de vie », c'est-à-dire qu'ils s'adaptèrent aux nouvelles conditions du milieu.

Que l'homme soit issu d'animaux de formes différentes, d'autres espèces, Anaximandre le dit encore en propres termes [3], et il en voit la raison dans cette circonstance que, de tous les animaux, l'homme n'est pas en état de se procurer sa nour-

---

1. *Studien zur Geschichte der Begriffe*, von Gustav Teichmüller : Anaximandros, p. 64. (Berlin, 1874.)
2. Plut. *De placitis philos.* V, 19.
3. Euseb., *Præp. ev.* I, 8. *Philosoph.* p. 11, éd. Miller. Censorinus, 4.

riture aussitôt après sa naissance; qu'il a besoin d'être allaité de longs mois ; si bien qu'à l'origine il n'aurait pu, livré à lui-même, se conserver. Il faut louer Anaximandre d'avoir compris l'importance de la nutrition dans le développement des êtres.

Ce fut donc dans l'eau que l'homme se forma d'abord comme un poisson, issu qu'il était lui-même de ces vertébrés; et ce n'est que lorsqu'il fut devenu capable de se défendre lui-même, de soutenir la lutte pour l'existence, qu'il monta sur la terre, se métamorphosa en amphibie, s'habitua à la respiration aérienne et prit possession de son vaste domaine. Les Syriens, comme le rappelle Plutarque[1], et tous les peuples de leur race, dont nous avons passé en revue les cosmogonies, croyaient que tous les êtres étaient originaires de la mer. Anaximandre, pour s'expliquer le développement des formes organiques, aurait aussi enseigné que c'est dans les poissons que les hommes ont pris naissance, qu'ils y ont été nourris comme le fœtus dans le sein de sa mère, et que ce n'est qu'après être devenus adultes qu'ils auraient été rejetés sur la terre. Aussi, regardant les poissons comme le père et la mère de l'homme, ce philosophe aurait détourné ses disciples de ce genre de nourriture.

Ces exagérations de mauvais goût doivent être

---

1. *Sympos. Quæst.* VIII, 8, 4.

mises sur le compte des rhéteurs de basse époque. Ce qu'on voit clairement dans les idées d'Anaximandre sur l'origine des premiers êtres vivants, c'est qu'il les croyait nés spontanément dans les eaux de la mer, sous l'influence de la chaleur solaire, et que, grâce à l'évolution continue des êtres vivants et à la variabilité des formes organiques, l'homme était descendu d'animaux marins et comptait des poissons parmi ses lointains ancêtres. En ces termes, et pour être née inconsciemment d'un mythe cosmogonique, l'hypothèse scientifique d'Anaximandre mériterait de figurer dans l'introduction historique de l'*Origine des espèces*[1].

Un physicien du temps de Périclès, Hippon, appelé quelquefois l'Athée, ainsi que Diagoras, enseigna comme Thalès que l'eau ou l'humide avait été le principe de toutes choses : certaines considérations physiologiques l'avaient conduit à renouveler cette hypothèse. Avec Anaximandre, Diogène d'Apollonie se représente aussi la terre à l'origine comme une

---

1. Ch. Lyell (*Principles of geology*, I, ch. II, p. 16) a appelé Anaximandre un précurseur de la doctrine moderne de l'« évolution » Cf. ce qu'on lit dans l'*Histoire des sciences naturelles*, I, p. 91 (1841) de Georges Cuvier, qui a songé évidemment à Lamarck et à E. Geoffroy Saint-Hilaire : « Anaximandre ayant admis l'eau comme le second principe de la nature, prétendait que les hommes avaient primitivement été poissons, puis reptiles, puis mammifères, et, enfin, ce qu'ils sont maintenant. Nous retrouverons ce système dans des temps très rapprochés des nôtres, et même dans le dix-neuvième siècle. »

masse boueuse que le soleil avait desséchée peu à peu; ce qui restait des eaux primordiales était la mer, dont le goût salé résultait de l'évaporation des parties douces. Sous l'influence des rayons du soleil, avaient apparu les plantes et les animaux. Enfin, Parménide, comme Xénophane et Empédocle, fait sortir l'homme du limon de la terre sous l'action de la chaleur solaire.

« Le soleil, du haut du ciel, échauffe la terre », disait Xénophane, et, comme « tout vient de la terre et retourne à la terre[1] », les êtres qui naissent à la vie sous l'influence fécondante de la chaleur solaire rentreront tôt ou tard dans la poudre. L'homme ne se distingue point de l'animal; son « âme n'est qu'un souffle ». Aussi bien des cataclysmes périodiques engloutissent sous les flots l'humanité avec toutes les créatures. Sortie de l'eau, la terre est de nouveau envahie par la mer, à certaines époques, et convertie en boue liquide. C'est une des plus profondes intuitions de génie qu'aient eues les anciens, qui amena Xénophane à cette théorie. L'observation, cette fois, avait servi de fondement à l'hypothèse. Les coquillages marins qu'on trouve dans le sein de la terre et sur les montagnes, les empreintes de poissons fossiles découvertes dans les carrières de Syracuse ou dans les marbres

---

1. Fragm. 8; cf. 9, 10. (Mullach, I, 102). Cf. *Genèse*, III, 19. *Iliade*, VII, 99.

de Paros, conduisirent Xénophane à soutenir que ces pétrifications, que ces empreintes organiques dans le limon durci, attestaient que les eaux avaient autrefois séjourné sur ces parties du sol et au sommet de ces montagnes.

Il faut lire cette grande page; écho de la pensée d'un Ionien du sixième siècle, d'un contemporain de Cyrus et de Darius, document vénérable entre tous, et qui est bien, on ne le contestera pas, le plus ancien titre de la science fondée par Cuvier, de la paléontologie.

« Selon Xénophane, la terre s'était dégagée, avec le temps, de l'élément humide. Il en donnait pour raison qu'au milieu des terres et dans les montagnes on trouve des coquillages de mer, et il dit qu'il a été trouvé à Syracuse, dans les carrières, des empreintes de poissons et de phoques ; à Paros, dans la profondeur du marbre, une empreinte d'aphye, et, à Mélite, des crustacés de tout genre. Il prétend que ces différents débris viennent d'un temps où tout était couvert par la mer, et que ces empreintes s'étaient pétrifiées dans le limon durci ; selon lui, l'espèce humaine périt tout entière quand la mer, envahissant la terre, la convertit en limon. Des générations nouvelles recommencèrent après ces révolutions qui ont bouleversé toutes les régions de la terre [1]. »

---

1. Hippolyte, *Philosoph.* I, 14. Eusèbe (*Præpar. evang.* I, 8, 4)

Mais c'est surtout Empédocle qui, dans la production spontanée des premiers organismes vivants et dans la survivance des mieux doués, des plus capables de vaincre dans la lutte pour l'existence, a fait jouer un si grand rôle à ce que nous appelons l'adaptation, qu'on a pu dire que, plus encore qu'Anaxagore, ce philosophe était un précurseur de Lamarck et de Darwin [1]. Selon Empédocle, les plantes, comme dans la Bible, ont apparu les premières, avant même que le soleil leur envoyât sa lumière. Puis les animaux sont nés, comme les végétaux, de la terre. Ces deux sortes d'organismes, dont on a fait deux règnes de la nature qui, il est vrai, tendent de plus en plus à se confondre, présentaient déjà les plus profondes affinités naturelles à Empédocle; il ne tenait pas seulement les plantes pour vivantes : il leur attribuait une âme, comme aux animaux et à l'homme. L'impossibilité d'admettre que les organismes vivants aient été à l'origine tels que nous les voyons, fit dire à Empédocle que leurs diverses parties s'étaient formées isolément, qu'elles s'étaient rencontrées d'une façon fortuite, et qu'il en était résulté, sous l'influence de ce principe d'attraction naturelle qu'il appelle l'amour, des associations étranges, monstrueuses,

rapporte un passage de Plutarque qui attribue à Xénophane le fond de cette opinion.

1. *Kosmos*, I, Jahrgang. 2 B. 298.

incapables de vivre et de se perpétuer, lesquelles périrent jusqu'à ce que, d'essais en essais, de tâtonnements en tâtonnements inconscients, des combinaisons favorables se fussent enfin produites dans le nombre.

Les formes animales et végétales du monde actuel, en harmonie avec leurs milieux et capables de se reproduire, sont donc les rares survivants d'un nombre prodigieux de formes qui ont succombé dans la lutte contre les forces de la nature et ont été anéanties par la concurrence vitale. C'est ainsi qu'au commencement beaucoup de têtes apparurent sans cous, disent les vers d'Empédocle, des bras sans épaules, des yeux sans front; il y avait des êtres à deux visages et à double poitrine, comme les androgynes des peintures du temple de Bel, selon Bérose, des « créatures bovines à proue humaine, » c'est-à-dire moitié hommes et moitié bœufs, des hermaphrodites, bref, toutes sortes de formes monstrueuses qui rappellent — Zeller lui-même l'a noté — les mythes asiatiques des centaures, des chimères, des géants, fils de la terre, et des androgynes [1]. Selon le philosophe d'Agrigente, le mâle et la femelle ne formaient originellement qu'un tout, dont aujourd'hui ils ne possèdent plus

---

1. *Die Philosophie der Griechen*, I, 644. Cf Winnefeld, *die Philosophie des Empedokles*, p. 33.

l'un et l'autre que des membres séparés[1]. L'homme, sorti de la terre, ne fut d'abord qu'une masse informe, pétrie d'eau et de limon[2], que le feu souterrain, en s'élançant vers les régions supérieures où il tendait, projeta hors du sein ténébreux de la terre. Cette masse informe et boueuse n'avait encore ni voix ni sexe.

« Alors la Terre s'essaya à créer un grand nombre de monstres, dit Lucrèce, dont les vers sont le plus magnifique commentaire de cette doctrine; ils apparurent avec des figures et des membres étranges : tel l'androgyne, qui participe des deux sexes, également éloigné de l'un et de l'autre ; les uns n'avaient point de pieds, d'autres étaient privés de mains; d'autres encore, muets, n'avaient point de bouche, ou leurs visages étaient sans yeux. Leurs membres, sur le tronc entier, étaient étroitement liés les uns aux autres, si bien qu'ils ne pouvaient rien faire, ni fuir, ni éviter le péril, ni rien prendre pour se défendre. La Terre créait encore d'autres êtres monstrueux du même genre. En vain; la nature les empêcha de croître ; ils ne purent atteindre la fleur de l'âge, ni trouver leur nourriture, ni se reproduire... Un grand nombre d'espèces d'êtres

---

1. Arist., *De generat.* I. 18; IV, 1, où est cité le vers d'Empédocle.

2. Vers 321, et suiv. Dans la cosmogonie des *Oiseaux* d'Aristophane, les hommes sont aussi des créatures « pétries du limon de la terre » (v. 685).

vivants ont dû périr alors, sans pouvoir propager leur race en se reproduisant : car tous les animaux que tu vois aujourd'hui respirer l'air vital, c'est la ruse ou le courage ou la vitesse de leur course qui, dès la naissance, les conservent. Quant à ceux que la nature n'avait doués d'aucune de ces qualités, c'était une proie désignée d'avance à l'avidité des autres bêtes; une destinée fatale les enchaînait dans ses filets, jusqu'à ce que la nature eût entièrement détruit leurs espèces [1]. »

Voilà bien ce qu'on a depuis appelé adaptation, concurrence vitale et sélection naturelle. Darwin lui-même a reconnu comme une ébauche des principes de cette doctrine dans un passage de la *Physique* d'Aristote [2], et Haeckel, après Buffon et Cuvier, a loué comme il convient le « père des sciences naturelles », l'écrivain de cette *Histoire des animaux* que Cuvier a déclarée le seul traité d'anatomie comparée jusqu'au dix-septième siècle, l'auteur de ces traités de *la Génération* et des *Parties du corps des animaux*, où Aristote s'est montré aussi grand anatomiste et physiologiste que profond penseur [3].

1. T. Lucreti Cari *De rerum natura*, V. 835 sq. (édit. J. Bernays). Nous avons reproduit en partie l'excellente traduction, entièrement neuve, qu'a donnée du poème de Lucrèce un des plus fins lettrés de ce temps-ci, M. E. Lavigne (Paris, Hachette).
2. II. 8.
3. Expressions de M. de Lacaze-Duthiers (*Archives de zoologie expérim.* 1, 4 et 5).

La théorie de l'évolution, qui a retrouvé tant de précurseurs dans l'antiquité, n'en compte point de plus illustre qu'Aristote.

Non qu'il faille faire du Stagirite un transformiste au sens moderne du mot. Il est clair qu'Aristote n'a pu avoir aucune idée des rapports généalogiques des espèces. Le principe même des causes finales, qui pénètre toute la philosophie d'Aristote, est absolument opposé au pur mécanisme qui domine aujourd'hui toutes les sciences, et qui en a éliminé les causes finales. « Parcourons l'histoire des progrès de l'esprit humain et de ses erreurs, a écrit Laplace, nous y verrons les causes finales reculées constamment aux bornes de ses connaissances : elles ne sont donc, aux yeux du philosophe, que l'expression de l'ignorance où nous sommes des véritables causes [1]. » Néanmoins, étranger avec la haute antiquité grecque à toute idée de création du monde ou des êtres, le naturaliste est chez Aristote nécessairement évolutionniste. « Les animaux n'ont pu naître tout d'un coup [2], » dit-il très bien, en rappelant la matière indigeste et universelle, véritable germe primitif, d'Empédocle. Or, dans la tradition judéo-chrétienne, comme chez Cuvier ou Agassiz, les espèces ont précisément été créées « tout d'un

---

1. *Exposition du système du monde*, p. 453. Cf. *Théorie analytique des probabilités*, p. II.
2. *Phys.* II, 8.

coup ». Le Stagirite, ou plutôt les physiciens grecs dont il a compilé les écrits perdus, était donc, il nous semble, fort en avance sur ce grand dix-neuvième siècle lui-même.

Ces physiciens, ces naturalistes grecs, s'étaient déjà posé cette question capitale : En morphologie, n'est-il pas possible que ce qui paraît produit chez les êtres vivants en vue d'un résultat ou d'un but à atteindre, ne soit qu'un effet de la rencontre des choses? Certes il n'y a point de hasard dans la nature, et Aristote a raison de s'élever contre ceux qui seraient tentés d'en appeler à ses prétendus effets, mais il se trompe en attribuant, comme il lui arrive quelquefois, cette doctrine aux atomistes. Qui empêche, disaient les naturalistes grecs dont Aristote s'est fait l'éloquent interprète, qui empêche que la nature agisse sans avoir de but et sans chercher le mieux des choses ? « Zeus, par exemple, ne fait pas pleuvoir pour développer et nourrir le grain ; mais il pleut par une loi nécessaire ; car, en s'élevant, la vapeur doit se refroidir, et la vapeur refroidie, devenant de l'eau, doit nécessairement retomber. Que si, ce phénomène ayant lieu, le froment en profite pour germer et croître, c'est un simple accident... Qui empêche qu'il en soit ainsi dans la nature pour les parties des organismes, et que les dents, par exemple, poussent nécessairement, celles de devant, incisives, et capables de déchirer les aliments, et les molaires, larges et propres à les broyer, bien que ce ne soit pas en vue de cette fonction qu'elles aient été faites et que ce soient de simples coïncidences? Qui empêche de faire la même remarque pour tous les organes où il semble qu'il y ait une fin et une destination spéciales ? *Toutes les fois que les choses se produisent accidentellement comme elles se seraient produites en ayant un but, elles subsistent et se conservent*, parce qu'elles ont pris spontanément la condition convenable ; *mais celles où il en est autrement périssent ou ont péri*, comme Empédocle le dit de ses « créatures bovines à proue humaine »[1].

Ces paroles, Darwin les a rappelées, au commencement de son grand livre de l'*Origine des espèces*, comme un exemple, fort imparfait sans doute, mais déjà très topique, de la doctrine de la sélection naturelle.

Ajoutez qu'Aristote admet sans hésiter la génération spontanée, non seulement pour les organismes inférieurs, tels que les teignes, les cirons, les vers, etc., mais pour les plantes et les animaux que nous appellerions supérieurs, pour les vertébrés même, tels que les poissons. Certains animaux lui paraissent pouvoir naître spontanément ou de la terre putréfiée, ou des plantes, ou des humeurs existant dans les différentes parties du corps d'autres

---

1. *Phy.*, II, 8.

animaux. « En général, dit Aristote, tout corps sec qui devient humide et tout corps humide qui se sèche produit des animaux, pourvu qu'il soit capable de les nourrir. » Quelques poissons, par exemple des aphyes, proviennent ainsi soit du limon, soit du sable, en particulier de la vase des marais et des estuaires. Ainsi, dans les marais des environs de Cnide, lorsqu'après les sécheresses de la canicule les premières pluies recommençaient à humecter le limon, on voyait de petits poissons s'y développer en abondance.

Des observations de ce genre paraissaient suffisantes à Aristote pour établir « qu'il existe des animaux qui s'engendrent ou se produisent eux-mêmes », sans œufs ni parents. C'est le cas, en particulier, pour ceux qui, n'étant ni ovipares, ni vivipares, naissent du limon humide ou de « quelques matières qui pourrissent et nagent sur l'eau », dans les lieux ombreux et marécageux, surtout quand l'air est chaud [1]. Que si les plantes et les animaux se forment ainsi spontanément sur la terre et dans l'eau, c'est, dit Aristote, grâce à la présence de l'eau dans la terre, à celle de l'esprit ou du souffle [2] dans l'eau, et enfin à celle de la chaleur

---

1. *De anim. hist.* V, 1, 15, 19, 31, 32; VI, 15. *De anim. generat.* I, 1, 16, III, 11.
2. Aristote explique ailleurs ce qu'il entend par ce mot (πνεῦμα) : « L'esprit est un air chaud ». *De Gener.* I, 20, 21.

animale dans celui-ci, si bien qu'on peut dire en quelque sorte que « tout est plein d'âmes », ὥστε τρόπον τινὰ πάντα ψυχῆς εἶναι πλήρη. C'est la même pensée qu'avait déjà exprimée Thalès, pour qui la matière était animée, vivante, et la nature « pleine de dieux ». C'est surtout l'idée maîtresse de la conception moniste du monde, suivant laquelle il n'existe pas de matière inerte et morte, partant point de différence essentielle entre l'organique et l'inorganique.

Touchant l'origine de l'homme et celle des quadrupèdes, comme s'exprime Aristote, s'ils sont nés de la terre, ainsi qu'on le soutient, ils proviennent d'œufs ou de vers, et il est probable que la dernière hypothèse a pour elle plus de vraisemblance [1]. C'est là sans doute une étonnante rencontre avec certaines idées qui, de nos jours, tendent à prévaloir ; car, je le répète, Aristote ne connaissait ni la morphologie ni la phylogénie évolutionniste. Et pourtant les naturalistes témoignent encore que les études embryologiques d'Aristote, qui portèrent sur les classes zoologiques les plus diverses, ont acquis une haute valeur par les découvertes de ces quatorze dernières années.

« Il est bien constaté, par exemple, écrit Haeckel, qu'il connaissait exactement le singulier mode

---

1. *De animal. generat.*, III, 11.

de reproduction et de développement des céphalopodes, chez qui un sac vitellin sort de la bouche de l'embryon; il savait encore que les embryons se développent dans les œufs des abeilles, même quand ceux-ci n'ont pas été fécondés. Cette parthénogonèse ou reproduction virginale des abeilles a été constatée pour la première fois, de nos jours, par le zoologiste Siebold, de Munich. Aristote nous enseigne aussi que quelques poissons (de l'espèce serranus) sont hermaphrodites, un seul individu possédant à la fois les organes générateurs des deux sexes et se fécondant lui-même; c'est là encore un fait qui nous est connu depuis peu. Aristote savait très bien que l'embryon de beaucoup de requins est uni au corps de la mère par une espèce de placenta, par un organe nutritif, très vasculaire, analogue au placenta des mammifères supérieurs et de l'homme. Ce placenta du requin a longtemps été regardé comme fabuleux, jusqu'à ce que Johannes Müller en eût constaté l'existence (1839). Quelques-unes des réflexions spéculatives d'Aristote ont un intérêt particulier, en ce qu'elles révèlent une juste perception de la nature intime des phases embryogéniques. Il envisage le développement de l'individu comme une formation nouvelle, dont les diverses parties naissent les unes des autres. Que l'embryon humain ou animal évolue dans le corps de la mère ou à l'extérieur, dans un œuf, il faut, dit-il, que le corps se forme tout d'abord... Le cerveau apparaît de fort bonne heure, et il engendre ensuite les yeux; assertion bien d'accord avec les faits. En somme, si l'on cherche à démêler l'idée qu'Aristote s'est formée des phases embryogéniques, on aperçoit qu'il avait une notion confuse de cette théorie du développement qu'on nomme aujourd'hui *épigenèse*, et que Wolff a démontré être la véritable, quelques milliers d'années après Aristote [1]. »

1. *Anthropogénie ou Histoire de l'évolution humaine*, p. 18.

CHAPITRE III

Arrivé au terme de ces considérations sur l'origine et le développement des idées cosmogoniques chez les peuples de l'Asie occidentale et de la Grèce, il convient de jeter un rapide regard sur la nature de nos propres idées touchant les commencements du monde et de la vie, afin de déterminer, avec la valeur relative de ces antiques conceptions, le degré de parenté qui les unit à la pensée des hommes de notre siècle.

Les principes fondamentaux de notre théorie actuelle de l'évolution de l'univers, empruntés à l'*Exposition du système du monde* de Laplace, se trouvent déjà en grande partie formulés dans l'ouvrage publié par Kant, en 1755, sous le titre d'*Histoire générale de la Nature et théorie du Ciel*. Dans ce livre immortel, qui précède dans le temps les *Lettres cosmologiques* de Lambert et les grandes conceptions scientifiques de Laplace et d'Herschel, Kant a cherché à expliquer l'origine toute mécanique de l'univers d'après les lois newtoniennes de l'attraction et de la répulsion. Mais le philosophe ne s'est point fait illusion sur la nouveauté apparente du système; il a très bien aperçu que sa théorie avait « beaucoup de ressemblance » avec celle de Leucippe, de Démocrite, d'Epicure et de Lucrèce [1]. La pesanteur, qui fait tomber les corps dans la physique d'Epicure, ne lui paraît pas trop différer de l'attraction de Newton; la déclinaison des atomes s'accorde assez bien, selon lui, avec les effets de la seconde grande force cosmique qui tend à écarter de leur position les molécules des corps, la répulsion ; enfin, il n'y a pas jusqu'aux tourbillons de Leucippe et de Démocrite, nés de la confusion des atomes, qu'on ne retrouve dans les idées modernes sur l'origine nébulaire des mondes.

Sans doute, le philosophe de Kœnigsberg n'a eu garde de suivre jusqu'au bout les Épicuriens dans la voie périlleuse qu'ils avaient ouverte. Il s'est défendu très fort, comme il convenait à cette époque, contre le soupçon d'athéisme; il a même été jusqu'à fausser, sans le savoir assurément, la doctrine véritable des anciens atomistes, en

---

1. Imm. Kants *sammtliche Werke* (ed. G. Hartenstein) I, Allgemeine Naturgeschichte und Theorie des Himmels (1755), p. 215. V. aussi l'excellent livre de M. F. Schultze, *Kant und Darwin*, ein Beitrag zur Geschichte der Entwicklungslehre (Iena, Dufft., 1875), p. 2-22.

les accusant d'avoir fait dériver du hasard l'ordre qu'on découvre dans l'univers. Cette notion du « hasard » n'est nulle part, je le répète, chez les Ioniens ni chez les atomistes grecs. Une autre différence entre la cosmogonie de Kant et celle des anciens, c'est qu'il a borné au monde inorganique sa théorie de l'évolution mécanique des choses. Qu'on pût dire : « Donnez moi de la matière et je vous ferai un monde », c'est-à-dire je vous montrerai comment un monde en peut sortir, Kant le trouvait tout naturel. Mais pouvait-on en dire autant de la production du moindre insecte, du plus humble végétal? Le philosophe ne le pensait pas [1].

Kant est donc parti du « chaos », avec les plus vieux penseurs ; il a fait sortir les mondes d'un état chaotique de la matière répandue dans tout l'univers. C'est de cette matière élémentaire, éternelle, indéterminée, semée dans l'espace sans bornes, comme l'infini d'Anaximandre, que s'est formé notre système solaire ; toutes les étoiles fixes sont des soleils, des centres de systèmes planétaires analogues au nôtre, formés de la même matière. Tous ces innombrables systèmes gravitent autour d'un centre commun, le « corps central », le premier-né de l'abîme. Le chaos est inépuisable : au

---

1. *Ibid.* p. 218-219.

delà des mondes organisés, de nouveaux mondes s'organisent sans cesse au sein de la matière chaotique. Dans cette mer incommensurable, les mondes et les systèmes de mondes sont encore comme de rares îlots. La création n'est pas l'œuvre d'un moment : elle n'est jamais terminée. Aussi bien, tout ce qui se fait devant tôt ou tard se défaire, les mondes n'apparaissent dans le temps que pour se dissoudre et rentrer bientôt dans le chaos. Que les planètes, avec les satellites et les comètes, se précipitent sur l'astre central d'un système, sur un soleil, une imminente conflagration aura lieu, et les éléments raréfiés retourneront à l'état de matière diffuse; puis, sous l'action des forces attractives et répulsives, un nouveau système solaire se formera, avec son cortège de planètes, des satellites et de comètes [1].

La matière est un phénix qui ne se consume que pour sortir rajeunie de ses cendres. Pour l'éternelle fécondité de la matière chaotique, un monde, une voie lactée composée d'innombrables soleils, sont ce qu'est une fleur ou un insecte pour la terre. C'est encore une idée antique, une conception familière aux vieux Ioniens et aux philosophes atomistes, que cette croyance à la génération et la fin des mondes, en regard de l'éternité

---

1. *Ibid.* p. 302-303.

et de l'indestructibilité de la substance même de l'univers. Aristote dit expressément qu'aucun des philosophes venus avant lui n'a tenu ce monde pour éternel, mais a seulement considéré ainsi la matière dont il est formé : elle seule subsiste, incréée et immuable ; les mondes passent, soumis comme tous les autres êtres à une alternative sans fin de génération et de destruction.

C'est là une loi générale à laquelle notre système solaire ne saurait échapper ; car, tout vaste qu'il nous semble, a dit Laplace, il n'est qu'un point insensible dans l'univers. L'auteur de l'*Exposition du système du monde*, aussi contraire que Kant l'a été à toute idée de hasard dans la nature, a calculé qu'il y a plus de deux cent mille milliards à parier contre un que les phénomènes de l'astronomie ne sont point l'effet du hasard ; mais, comme l'avait déjà compris Démocrite, Laplace n'a vu dans l'économie de l'univers qu'un problème de mécanique. Lui aussi part du chaos dans sa genèse des mondes, d'une matière nébuleuse extrêmement diffuse, éparse en amas divers dans l'immensité des cieux [1].

La condensation progressive de cette matière chaotique, « répandue avec tant de profusion dans l'univers », voilà l'origine des différents systèmes so-

---

1. *Exposition du système du monde*, ch. VI, p. 447 et suiv. Note VII, p. 470 et suiv.

laires qui gravitent dans l'espace. Ainsi, les planètes de notre système ont été formées aux limites de l'atmosphère solaire par la condensation des zones de vapeurs que cette atmosphère, en se refroidissant, a dû successivement abandonner. Ces zones formaient alors des anneaux concentriques de vapeur qui circulaient autour du soleil. Puis chaque anneau a dû se rompre en plusieurs masses qui, mues avec des vitesses très peu différentes, ont continué de circuler à la même distance autour du soleil. Les planètes passèrent par l'état qu'avait traversé ce corps à l'état nébulaire : au centre de chacune d'elles un noyau se forma par la condensation continue de son atmosphère, et, autour de chacune d'elles, circulèrent des anneaux et des satellites, comme on le voit encore autour de Saturne. « Car, ajoute Laplace, les anneaux de cette planète nous paraissent être des preuves toujours subsistantes de l'extension primitive de l'atmosphère de Saturne et de ses retraites successives. »

En somme, les trois *moments* d'évolution des grands amas de matière cosmique répandus dans l'univers, la phase des nébuleuses, la phase solaire, puis celle de l'extinction ou de la conflagration finale, voilà l'hypothèse scientifique devenue nécessaire. Quant aux innombrables systèmes d'astres ainsi formés, il s'est trouvé qu'ils n'occupaient qu'une partie de l'espace et de la durée, qu'ils naissaient et périssaient comme les individus, en dissipant dans l'abîme leur énergie, et que, comme tous les êtres, ils ne sauraient recommencer une évolution nouvelle qu'en entrant peut-être en conflit avec d'autres corps, source de nouvelles transformations et combinaisons mécaniques, physiques, chimiques et biologiques.

Depuis qu'on a pu compter, en ce coin d'univers, des milliers de soleils semblables au nôtre; qu'on en a vu défaillir et s'éteindre, semble-t-il, comme les étoiles du Cygne, du Serpentaire et de la Couronne [1]; que l'on sait, par le sort de notre satellite, quelle destinée attend la terre et les autres planètes de notre petit monde, quand notre père céleste, le plus vieux dieu peut-être de l'espèce humaine, le soleil, ne nous enverra plus à travers les vagues de l'Océan éthéré cette lumière et cette chaleur qui deviennent ici-bas vie, sensibilité, conscience; alors que le froid poussera le troupeau affolé des derniers êtres vers l'équateur; que les rayons lointains des étoiles éclaireront seuls nos mers de glace; que rien ne troublera plus ici le silence des espaces infinis; quand tout dormira dans les ténèbres, encore sillonnées par des pluies d'étoiles filantes, mais dont nul

---

1. Parmi les étoiles qui ont paru tout à coup et ont ensuite disparu après avoir brillé d'un vif éclat, Laplace rappelle l'étoile observée par Tycho-Brahé, en 1572, dans la constellation de Cassiopée. *Exposit. du syst. du monde*, p. 454.

œil ne percevra la lueur ; — bref, depuis que l'antique notion héraclitéenne du *devenir* a remplacé, pour nous, celle de l'*être*, dans la nature comme dans l'histoire, il n'est plus possible de voir dans notre soleil qu'une étoile de la voie lactée, étoile variable à très longue période ; dans la terre et son satellite, qu'une insignifiante partie du mince cortège planétaire de cette étoile, et dans l'homme enfin, comme dans les autres êtres des trois règnes des protistes, des plantes et des animaux, qu'un frêle organisme, d'une complexité et d'une délicatesse infinies, mais dont l'espèce n'aura fait qu'apparaître un moment sur la face de l'abîme, si l'on compare sa durée à celle des périodes géologiques de la planète, à celle surtout des diverses phases du système solaire tout entier.

Mais, après l'état de fluidité primitive des planètes, et de la terre en particulier, quand, grâce à l'abaissement de la température, les éléments purent s'unir et se combiner ; qu'une mince couche solide se forma à la surface de notre globe en fusion, en même temps que de prodigieuses convulsions tordaient et contractaient le masque incandescent de la terre, l'eau qui avait flotté jusqu'alors à l'état de vapeur dans l'atmosphère se condensa en pluies diluviennes, combla les vallées et déposa ces énormes amas de limon qu'on nomme formations neptuniennes. C'est au sein de ces eaux primordiales que se formèrent spontanément les premiers êtres vivants. L'eau a vraiment été la mère de tous les organismes. Les protistes, les animaux et les plantes, constitués, on le sait, en très grande partie par de l'eau, témoignent toujours de cette descendance [1].

C'est à ces hautes époques que, dans des conditions de température, de pression et de constitution de milieux qu'on n'a pu encore reproduire artificiellement, certains éléments de la matière inorganique se transformèrent en matière vivante. Que cette transformation ait eu lieu, qu'elle se renouvelle peut-être encore tous les jours, il est aussi impossible d'en douter à notre époque qu'aux âges lointains où nous reportent les cosmogonies de l'Asie occidentale et de la Grèce. Même dans les pays bibliques, en Amérique par exemple, cette évolution de la matière inorganique en matière organique, (fort mal nommée génération spontanée), ne paraît pas en désaccord avec les idées chrétiennes. Toute la différence entre le libre penseur et l'interprète littéral du chapitre II (v. 7) de la *Genèse*, c'est que le premier attribue à une production naturelle ce

---

1. Durant l'énorme durée des périodes laurentienne, cambrienne et silurienne, c'est-à-dire pendant une grande moitié de la vie organique sur la terre, toutes les plantes et tous les animaux ont été aquatiques. Les fossiles provenant des végétaux et des animaux terrestres n'apparaissent que dans les couches dévoniennes, au commencement du second âge géologique.

que le second attribue à un acte de création spécial, mais l'un et l'autre font sortir l'homme du limon de la terre [1].

C'est aussi un naturaliste qu'on peut bien appeler orthodoxe, Louis Agassiz, qui, avant Darwin même, et dans des travaux de paléontologie dignes de prendre place à côté de ceux de Cuvier, a découvert les lois générales de l'évolution organique. « C'est lui qui, le premier, au témoignage d'Haeckel, a bien fait ressortir le parallélisme si frappant entre l'évolution embryonnaire et l'évolution paléontologique, entre l'ontogénie et la phylogénie. » Personne n'a mieux montré qu'Agassiz qu'un reptile, avant de prendre le caractère propre de sa classe, ressemble à un poisson; que les oiseaux et les mammifères, avant de manifester les traits propres à leurs classes, passent également par les formes des poissons et des reptiles; et que l'embryon humain lui-même, au cours de son développement, traverse des phases morphologiques qui rappellent les types de tous ces êtres inférieurs [2].

L'évolution embryogénique de chaque mammifère présente donc comme le sommaire d'une

---

1. *Regeneration or the Preservation of organic molecules : a Contribution to the Doctrine of Evolution*. By L. Elsberg, of New-York. Dans les *Proceedings of the american Association for the advancement of science* (Salem, 1875), p. 87 et suiv.
2. *The Method of creation*. By Prof. Louis Agassiz (1873). Lect. XII.

histoire généalogique de sa race et de ses plus lointains ancêtres. En d'autres termes, la genèse individuelle, ou ontogénie, de chaque organisme, le fait repasser dans un temps fort court, et seulement pour les grandes lignes, par la série des formes qu'ont successivement traversées ses ancêtres pendant leur genèse séculaire, ou phylogénie. En outre, le rang que l'anatomie comparée assigne dans la classification aux poissons, aux amphibies, aux reptiles, aux oiseaux et aux mammifères, correspond à l'ordre suivant lequel ces animaux ont successivement apparu sur la terre. La théorie de l'évolution organique emprunte donc ses preuves fondamentales à l'embryologie, à l'anatomie et à la paléontologie. « La parenté généalogique des formes organiques est aussi certaine, a écrit Naegeli, que la loi de la conservation de la force et de l'indestructibilité de la matière dans le monde inorganique : en fait, ce n'est pas autre chose que l'application de cette loi universelle à la nature vivante. »

La théorie de l'évolution, ou de la descendance, ou du transformisme, plus ou moins nettement entrevue, mais généralement admise dans les plus anciennes cosmogonies de l'Asie occidentale et de la Grèce, exposée par Lamarck et par Etienne Geoffroy Saint-Hilaire, conçue philosophiquement par Gœthe, réformée par Darwin et développée par Haeckel, n'est qu'un cas particulier de la plus vaste des hypothèses cosmiques, celle de la conservation et de la transformation des forces physiques. Rejeter cette théorie, c'est renoncer à expliquer l'origine et le développement des êtres vivants.

La plupart des naturalistes inclinent aujourd'hui à admettre l'évolution organique, mais ils diffèrent naturellement d'avis sur les causes de ce phénomène. L'adaptation progressive des organismes au monde ambiant, la transmission et la fixation par l'hérédité des modifications utiles acquises au cours des siècles par les plantes et les animaux, ont été considérées bien des milliers d'années avant Lamarck comme les causes principales de la perpétuité des espèces venues jusqu'à nous. Il en faut dire autant de la lutte pour l'existence, de la survivance des plus forts ou des plus habiles, principes exprimés en si beaux vers par Lucrèce. Quant au second principe fondamental de Darwin, celui de la sélection, le grand naturaliste anglais nous en a indiqué lui-même la première ébauche dans une page d'Aristote. Les effets du croisement, les variétés issues de l'accumulation des modifications organiques résultant de la sélection artificielle, ont été connus des plus anciens éleveurs, des pâtres et des chameliers des plaines de la Mésopotamie, de l'Aramée et de la Judée.

En ces matières comme en tant d'autres, on trouverait sûrement que les anciens ont eu une certaine intuition de presque tout ce que les modernes ont repensé depuis. Tout ce que les anciens pouvaient savoir de la nature sans l'aide de nos instruments, de nos méthodes et de quelques-unes de nos théories capitales, telles que la théorie cellulaire, par exemple, ou celle de l'attraction, ils l'ont saisi avec une sûreté d'instinct, et souvent avec une solidité de génie admirables. Mais s'ils ont tout entrevu, ils n'ont presque rien vu. Ils ont trop rarement soumis leurs hypothèses contradictoires à une vérification expérimentale. Au fond, ils cherchaient moins à savoir les choses qu'à se les expliquer.

Parmi ces explications, la plupart sont fausses, beaucoup sont superficielles, mais quelques-unes sont profondes. Que l'on se rappelle, par exemple, ce que nous avons rapporté des androgynes de Bérose, de Sanchoniathon, de la *Genèse*, du *Banquet* de Platon, et des hommes-poissons du philosophe grec Anaximandre. Il ne fait point doute pour les naturalistes que quelque ancêtre extrêmement reculé des vertébrés ait dû être hermaphrodite ou androgyne. Les recherches de Waldeyer ont établi que, à une certaine phase de leur développement embryonnaire, les vertébrés, y compris l'homme, sont hermaphrodites. Les glandes génératrices de l'embryon vertébré contiennent, à l'état rudimentaire, les organes de l'un et de l'autre sexe [1]. C'est que l'hermaphrodisme qui, aussi bien, existe chez le plus grand nombre des plantes, est la première et la plus ancienne différenciation sexuelle : la séparation des sexes ne s'effectua que plus tard.

« Ce n'est pas seulement, dit Haeckel, chez les zoophytes inférieurs, chez les éponges et quantité de polypes hydroïdes que le même individu possède des cellules ovulaires et des cellules spermatiques : nombre de vers, beaucoup de limaçons et quantité d'autres invertébrés sont aussi hermaphrodites. Tous les antiques ancêtres invertébrés de l'homme, depuis les gastréades jusqu'aux chordoniens, ont été hermaphrodites. » Ajoutez que l'hermaphrodisme est la règle chez quelques vertébrés inférieurs, chez beaucoup de poissons et chez quelques amphibies. Enfin, entre autres particularités anatomiques, les mammifères mâles ont conservé des traces de mamelles, et quelques marsupiaux mâles possèdent les rudiments d'un sac marsupial. Darwin incline pourtant à croire que ces organes sexuels secondaires pourraient avoir

---

[1]. V. les belles *Leçons* de M. Balbiani *sur la génération des vertébrés* (Paris, 1879), p. 11. « Waldeyer (*Eierstock und Ei*, Leipzig, 1870) a prouvé la réalité de cette hypothèse; il a démontré que l'embryon des vertébrés supérieurs présente, à une époque peu avancée de son développement, un état hermaphrodite, qu'il porte l'ébauche des deux sexes. »

été transmis d'un sexe à l'autre, comme il en existe des exemples chez les oiseaux[1]. Mais on ne doit pas supposer que quelque mammifère fort ancien soit demeuré androgyne après avoir acquis les caractères propres de sa classe : on doit admettre, au contraire, suivant Darwin, que, quand les cinq classes de vertébrés ont divergé de leur ancêtre commun, les sexes étaient déjà séparés.

Quant aux hommes-poissons d'Anaximandre, le même naturaliste, en son livre sur *la Descendance de l'Homme*, estime aussi que les ancêtres de l'homme ont vécu dans l'eau. La morphologie, en effet, démontre clairement que nos poumons ne sont qu'une vessie natatoire modifiée, qui a d'abord servi de flotteur. « Les fentes du cou de l'embryon indiquent la place où les branchies existaient alors, dit Darwin. Ces premiers précurseurs de l'homme, que l'on entrevoit dans les profondeurs ténébreuses du temps, possédaient une organisation aussi basse que celle de l'amphioxus, peut-être même encore inférieure[2]. »

Tous les vertébrés sont les descendants de quelque animal aquatique, pisciforme. Les plus anciens représentants des cinq classes de vertébrés sont les poissons ; voilà un fait. Mais par l'intermédiaire de quels êtres peut-on faire dériver les trois classes

1. *La Descendance de l'Homme*, lire tout le chapitre vi.
2. I, 228-9.

supérieures des vertébrés, mammifères, oiseaux et reptiles, des deux classes inférieures, amphibies et poissons? On ne saurait encore le dire. Et cependant le commun ancêtre de ces trois classes supérieures (car personne ne songe à faire venir les mammifères des reptiles ou des oiseaux) n'a pu être qu'une sorte d'amphibie ou de sélacien; sans avoir lui-même les caractères propres des mammifères ou ceux des reptiles et des oiseaux, cet ancêtre possédait une organisation qui permit à ses lointains descendants de les acquérir et d'évoluer en ces deux groupes d'animaux.

Quant au prototype commun des cinq classes de vertébrés, si l'amphioxus semble pouvoir en donner une idée, les rapports qu'on surprend entre ces poissons acrâniens et les larves d'ascidies permettent de supposer qu'il a existé un groupe d'animaux analogues aux larves d'ascidies actuelles, invertébrés marins hermaphrodites, qui, divergeant en deux branches, forma d'un côté, par régression, la classe des ascidies, tandis que, dans l'autre direction, il se développa au point de donner naissance aux vertébrés.

On voit quelle complexité présentent ces questions primordiales de philosophie zoologique, et combien les naturalistes transformistes eux-mêmes sont éloignés de ces solutions simples et uniques qu'on leur a tant reprochées. Qu'un singe, un éléphant, un oiseau-mouche, un serpent, une grenouille et un poisson puissent descendre d'un même ancêtre, voilà, a écrit Darwin, qui étonnera longtemps encore les personnes étrangères aux récents progrès des sciences naturelles. Et cependant l'idée de la transformation des espèces est aussi ancienne que la philosophie[1]. Mais, sans la connaissance précise et systématique des faits de l'embryologie, de l'anatomie et de la paléontologie, la doctrine du transformisme devait demeurer chez les Grecs, comme celle de la rotation de la terre autour de son axe, à l'état de simple spéculation théorique.

Ce n'est que de nos jours, et même tout récemment, que, en dépit des énormes lacunes des documents paléontologiques, on a essayé de dresser, pour la première fois, les arbres généalogiques des trois règnes organiques, c'est-à-dire des protistes, des végétaux et des animaux. M. Haeckel n'a, d'ailleurs, jamais accordé à ces généralités d'autre valeur que celle qu'on accorde aux hypothèses scientifiques. Le célèbre naturaliste d'Iéna, qui, d'un coup d'aile, franchirait si facilement les abîmes qui séparent encore tant de formes organiques, n'hésite jamais, au contraire, à reconnaître ce qu'il y a d'incomplet et de forcément hypothétique dans le plus grand nombre des déductions

---

1. Plut., *De placitis philos.* V, 19.

généalogiques tirées de la paléontologie, de l'embryologie et de l'anatomie comparées. A ce sujet, il a souvent comparé avec beaucoup de bonheur et de justesse aux espèces disparues, dont nous ne connaissons que les descendants, les diverses langues éteintes qui, comme des aïeules, revivent dans leurs filles : leur postérité si variée témoigne pourtant d'une forme ancestrale commune, que l'on ne connaît pas, mais que le linguiste peut parfois reconstruire avec une probabilité voisine de la certitude. La science ne saurait faire davantage.

Voici le premier aperçu général qui, étendu aux trois grands règnes organiques, indique avec le plus de vraisemblance, d'après les dernières recherches dans le domaine de la morphologie[1], les divers degrés de parenté des êtres vivants entre eux, et l'unité ou la multiplicité originaire — les origines monogéniques ou polygéniques — des grandes familles ou classes de Protistes, d'Animaux et de Végétaux.

La vaste littérature du darwinisme et du transformisme ne renferme pas encore un aperçu général de ce genre, aucun examen général sur le degré de vraisemblance qui existe, dans chaque cas spécial, en faveur de l'origine monophylétique ou polyphylétique des formes organiques comparées. Ce que

---

1. *Einstämmiger und vielstämmiger Ursprung.* Von Ernst Haeckel.

M. Haeckel a surtout voulu montrer, c'est que, pour beaucoup de groupes morphologiques, en particulier pour les plus inférieurs, pour les Monères par exemple, et les organismes unicellulaires qui constituent en grande partie le règne des Protistes, une origine polyphylétique est vraisemblable, tandis qu'on doit plutôt admettre une origine monophylétique pour la plupart des classes de Végétaux et d'Animaux, surtout des classes supérieures.

I. Les êtres les plus simples, les plus élémentaires, et sans doute les premiers-nés de la terre, sont les Monères. Ces organismes sans organes, sans structure, homogènes en apparence comme des cristaux, dont le corps n'est qu'un grumeau amorphe de plasson, qu'une petite masse de substance albuminoïde, doivent être apparus spontanément, aux dépens des combinaisons de la matière inorganique, en plusieurs lieux et à toutes les époques, depuis que la vie a commencé sur cette planète. L'origine de ces communs ancêtres de tous les êtres vivants est donc multiple ou polyphylétique. Quelques Monères, ou un grand nombre d'entre elles, voilà la souche la plus antique des divers groupes de Protistes, d'Animaux et de Végétaux.

II. Les cellules organiques, éléments constitutifs des tissus des plantes et des animaux, ne peuvent qu'être sorties à l'origine des Monères. Qu'elle vive en société, comme dans les tissus, ou demeure isolée, comme chez beaucoup de protistes, toute cellule organique est formée au moins de deux éléments essentiels, d'une matière cellulaire externe appelée protoplasma et d'un noyau interne. La cellule représente déjà un degré de complexité morphologique supérieur à celui des Cytodes et des Monères, dont les substances plassiques ne sont pas encore différenciées. On répète donc à tort que les premiers organismes ont été des cellules. Ces êtres élémentaires étant la postérité des Monères, ils ont dû apparaître très souvent, et sur les points les plus divers de la terre, toutes les fois que le corps de plasson des Monères s'est différencié en noyau et en protoplasma : les cellules sont ainsi d'origine polyphylétique.

A leur tour, les cellules se différencièrent au cours des siècles en cellules animales et cellules végétales. Mais, entre les deux grands règnes organiques, il y a place pour un troisième règne : le règne neutre des Protistes.

III. Ces êtres cellulaires, les premiers habitants de la terre en sa jeunesse, puisque les Monères en font partie, ne consistent qu'en une ou plusieurs cellules ; ils n'ont aucun organisme, même rudimentaire, qui soit l'équivalent des deux feuillets germinatifs des animaux ou du thallus des végétaux ; en outre, alors que la reproduction sexuée est la règle chez les végétaux et les animaux proprement dits, les Protistes se reproduisent asexuellement.

Ces considérations, et d'autres semblables, nous forcent à regarder le règne des protistes comme un groupe d'organismes inférieurs, réparti en trois grandes divisions différentes : 1° Protistes phytogones, comprenant les plus anciennes formes ancestrales du règne végétal; 2° Protistes zoogones, représentant les plus anciennes formes ancestrales du règne animal; 3° Protistes neutres, êtres cellulaires autonomes, ne possédant aucun lien généalogique de parenté avec les règnes animal et végétal, mais s'étant développés tout à fait indépendamment de ces deux règnes. C'est à ces derniers qu'appartiennent la grande majorité de tous les protistes.

Ainsi, entre les plus anciennes cellules végétales, ou Protistes phytogones, et les plus anciennes cellules animales, ou Protistes zoogones, s'étend, comme un territoire neutre, le règne des protistes. C'est à ce règne qu'appartiennent, avec les Monères et les Amibes, les Grégarines, les Flagellés, les Catallactes, les Ciliés, les Acinètes, les Champignons, les Myxomycètes, les Rhizopodes (Thalamophores, Héliozoaires, Radiolaires). L'origine polyphylétique paraît certaine pour ces différentes classes de protistes. Il est même probable, vu la simplicité de ces organismes, que deux protistes fort semblables d'une même classe ont pu naître indépendamment l'un de l'autre, que deux cellules d'origine différente ont pris des formes semblables en s'adaptant à des conditions d'existence analogues. Ce n'est que dans les classes supérieures des protistes, où apparaissent certains types organiques définis, — dans les classes des Radiolaires, des Ciliés, des Acinètes, — qu'il est possible de faire remonter à une commune origine la parenté des formes organiques. Il en est ainsi chez les végétaux et chez les animaux : l'unité d'origine paraît d'autant plus clairement que les groupes sont moins anciens et plus développés.

IV. Pour ce qui a trait au second règne organique, au règne végétal, les quinze à vingt groupes différents dont il se compose sont compris dans trois grands groupes ou sous-règnes : les Thallophytes, les plus inférieurs; les Prothallophytes, qui occupent un rang intermédiaire ; et les Phanérogames, qui atteignent le plus haut degré de développement. Les Thallophytes et les Prothallophytes sont des Cryptogames : ils ne produisent pas de fleurs comme les Phanérogames. Quant à la généalogie, à la descendance de ces trois sous-règnes, les Phanérogames (apparus dans la période carbonifère) dérivent des Prothallophytes, comme ceux-ci (qui se montrent dans la période dévonienne) proviennent des plantes thalliques.

Cela résulte en toute sûreté de ce que nous apprennent à cet égard l'anatomie comparée, l'ontogénie et la paléontologie.

Durant les immenses périodes de l'*âge primordial*, lorsque les couches laurentienne, cambrienne et silurienne se déposèrent, il n'exista ni Phanérogames ni Prothallophytes (Fougères et Mousses) ; c'étaient les plantes thalliques, surtout les Algues aquatiques, qui représentaient seules alors le règne végétal. Les Mousses et les Fougères (cryptogames vasculaires) se développèrent dans la période dévonienne, au commencement de l'*âge primaire* ou paléozoïque.

Dans les dépôts houillers de la période carbonifère se montrent les premiers restes fossiles des Phanérogames : pendant longtemps ces végétaux ne furent représentés que par les Gymnospermes inférieurs (Fougères palmiformes, Conifères, Meningos) ; plus tard, dans la période triasique, au commencement de l'*âge secondaire*, se rencontre pour la première fois la classe la plus élevée du règne, celle des Angiospermes (monocotylédones et dicotylédones). Pour les Angiospermes comme pour les Gymnospermes, l'origine monophylétique semble certaine. Il est plus difficile de dire si tous les Phanérogames descendent d'un seul groupe de Fougères, ou si les Angiospermes et les Gymnospermes dérivent de deux groupes de Fougères différents. D'après des travaux récents, l'arbre généalogique des Phanérogames serait diphylétique.

Quant au second sous-règne végétal, celui des Prothallophytes, les Fougères ne pouvant être sorties directement des Algues (Thallophytes) doivent avoir passé, au cours de leur développement historique, par une forme de Muscinées. Peut-être les Fougères sont-elles plusieurs fois issues des Mousses. Les deux classes que l'on distingue généralement dans le groupe principal des Mousses (Muscinæ), sont les Mousses foliacées (Frondosæ) et les Mousses hépatiques (Hepaticæ) : les premières, moins anciennes, d'une organisation plus élevée et plus parfaite; les secondes, plus anciennes, d'une structure moins élevée et plus rudimentaire. Très vraisemblablement, une partie des Mousses hépatiques forme le groupe ancestral de toutes les Mousses, groupe d'où se sont développées plus tard, d'un côté, les Mousses foliacées, de l'autre, les Fougères. Les Mousses foliacées paraissent apparentées de très près entre elles; pourtant il est toujours possible que les différents groupes principaux de Mousses foliacées soient nés, indépendamment les uns des autres, de plusieurs formes ancestrales différentes de Mousses hépatiques. De même, il est très possible, sinon vraisemblable, que la classe des Mousses hépatiques soit d'origine polyphylétique, c'est-à-dire que les Mousses hépatiques soient issues, plusieurs fois, de diverses formes ancestrales d'Algues.

L'origine polyphylétique de la plupart des classes du troisième sous-règne végétal, celui des Thallophytes, ne fait aucun doute. Des deux classes principales de ce groupe, les Algues aquatiques, nous l'avons dit, sont les plus antiques ancêtres du règne végétal. De nombreux groupes d'Algues doivent être nés à l'origine, d'une façon indépendante, de Monères phytogones : ces groupes d'Algues, en partie parallèles, en partie convergents, en partie divergents, furent la postérité modifiée de ces êtres unicellulaires, formés spontanément dans les eaux primordiales. Mais les Inophytes, issus des Algues, comprennent deux classes de végétaux d'une bien haute valeur pour la théorie de l'évolution : les Lichens et les Champignons.

Ces Champignons, comme tous les autres, ne sont pas proprement des végétaux. Les utricules ou cellules filiformes spéciales, appelées hyphes, dont est formé le corps de tous les Champignons, sont des cytodes sans noyau : ce ne sont point de vraies cellules. Or, le noyau cellulaire ne fait défaut dans aucune cellule animale ou végétale, au moins dans les premiers moments de l'évolution organique de la cellule fécondée. C'est donc dans une classe particulière de protistes neutres que, pour cette raison et pour d'autres encore, il conviendrait de placer les Champignons.

Les Lichens sont formés, on le sait, par une association d'Algues et de Champignons. Il y a là un fait extrêmement curieux de symbiose, de vie en commun, qui ne laisse pas de modifier profondément les individus associés, phénomène du même ordre que le parasitisme et le mutualisme. Sans insister sur la structure et l'économie des Lichens, rappelons, avec De Bary, que l'Algue est d'ordinaire considérablement transformée dès qu'elle s'unit au Champignon : « Les cellules des Algues deviennent, aussitôt après leur association avec le Champignon du Lichen, beaucoup plus grandes, plus riches en chlorophylle, plus fortes à tous égards, et il est hors de doute, quant à la structure des Lichens, que cet état persiste durant toute la vie du Lichen, quelquefois longue de plusieurs dizaines d'années... L'Algue est en général apte à exister seule. On peut non seulement l'isoler artificiellement et la voir croître et se propager seule : on la trouve fréquemment dans la nature sans qu'elle fasse partie d'un Lichen. Il en est autrement pour le Champignon des Lichens. Il ne peut pas se développer seul et périt bientôt s'il ne trouve pas une Algue, parce qu'il a besoin, pour sa croissance, de l'acide carbonique que celle-ci s'assimile. Mais le Champignon ne s'établit pas seulement sur ou dans l'Algue : il l'enveloppe de son corps et prend une telle extension que, dans la plupart des Lichens, il forme de beaucoup la plus grande partie de la masse commune. L'Algue n'en est qu'une petite fraction, un dixième, ou moins encore. D'après le volume, le Champignon serait donc l'hôte, l'Algue le locataire. Mais l'hôte dépend, pour vivre, du locataire — ce qui se voit souvent dans le monde. Le locataire est par conséquent traité avec beaucoup d'égards ; non seulement sa croissance n'est pas empêchée : elle est plus favorisée qu'à l'état d'isolement, elle demeure en accord avec celle du Champignon. Enfin, celui-ci se charge non seulement de fixer le corps au substratum, en pénétrant quelquefois profondément dans la pierre ; il procure encore à la communauté les éléments nécessaires pour former les axes. »

Considéré dans son ensemble, le règne végétal, on peut l'admettre, a une origine polyphylétique ; la plupart des classes de végétaux, au contraire, et en particulier toutes les classes supérieures, ont très vraisemblablement chacune une origine monophylétique.

V. Que le règne animal offre une variété d'organisation bien plus complexe que le règne végétal, on le voit déjà en opposant aux quinze à vingt classes de ce dernier règne les quarante à cinquante classes du premier. Au point de vue général de la morphologie comparée, le règne animal se divise aussi en trois grands groupes principaux. Les Zoophytes occupent le degré le plus inférieur; les Vers, le degré intermédiaire; les animaux types ou Typozoaires, le degré le plus élevé. Les trois sous-règnes des végétaux descendent généalogiquement les uns des autres : il en faut dire autant des trois sous-règnes des animaux. Historiquement aussi bien que morphologiquement, les Typozoaires dérivent des Vers, les Vers des Zoophytes. Mais, tandis que tous les Phanérogames ne présentaient guère qu'une seule forme typique d'organisation, deux tout au plus (celles des Angiospermes et des Gymnospermes), les êtres vivants du premier sous-règne animal offrent au moins quatre types d'organismes fondamentalement divers : les Vertébrés, les Arthropodes, les Échinodermes, les Mollusques.

Chacun de ces quatre groupes d'animaux dérive individuellement d'un groupe différent de Vers.

En dépit de nombreuses dissemblances externes, qui résultent de l'adaptation, les classes comprises dans ces grands groupes accusent, dans leur structure interne et dans leur évolution embryogénique,

des ressemblances trop profondes, conséquences de l'hérédité, pour qu'on hésite à admettre pour presque chacune d'elles une origine monophylétique.

Chez les Vertébrés, cette origine est évidente. Tous les Vertébrés sans exception, de l'Amphioxus à l'Homme, sont sûrement la postérité d'un groupe unique d'ancêtres, du même groupe de Vers éteint dont proviennent aussi les Tuniciers. En outre, les rapports de consanguinité existant dans toutes les classes de Vertébrés sautent, pour ainsi dire, aux yeux. Tous les Mammifères, d'une part, et, de l'autre, tous les Reptiles et tous les Oiseaux, descendent de la classe des Amphibies qui, par les Dipneustes, se rattachent aux Poissons. La classe des Poissons est issue d'une classe de Vertébrés éteinte, dont les Cyclostomes actuels peuvent encore donner quelque idée; à leur tour, les Cyclostomes doivent provenir des Acrâniens, dont l'Amphioxus est le dernier survivant. Mais la proche parenté qu'on surprend entre les Amphioxus et une branche des Tuniciers, les Ascidies, indique que les uns et les autres ont eu pour commune origine un seul et même groupe de Vers.

L'origine monophylétique de tous les Arthropodes est moins sûre que celle des Vertébrés. Les deux grands groupes que comprend ce type, les Trachéates (Insectes, Arachnides, Myriapodes) et les

Crustacés, descendent chacun indubitablement d'une seule forme ancestrale ; mais le groupe ancestral des Trachéates doit avoir appartenu à une autre branche de l'arbre généalogique des Vers que le groupe ancestral des Crustacés. Les Trachéates et les Crustacés se comportent à cet égard comme les Angiospermes et les Gymnospermes.

L'unité d'origine des Échinodermes semble tout à fait certaine. La structure si particulière de leur corps ne peut guère s'être produite qu'une fois. Des Étoiles de mer ou Astéries, première forme ancestrale du type, se sont développées, dans une direction, les Crinoïdes, dans une autre, les Échinides ; et de ceux-ci sont issues plus tard toutes les Holothuries. D'après Haeckel, les Astéries n'ont été à l'origine qu'un assemblage, un corme de Vers articulés.

Enfin, pour les Mollusques, on a récemment émis l'hypothèse d'une origine diphylétique. Une moitié des Gastéropodes et les Conchifères descendraient d'un autre groupe de Vers que l'autre moitié des Gastéropodes et les Céphalopodes. Mais l'ontogénie de ce type rend plus vraisemblable l'origine monophylétique de la classe des Gastéropodes, issue d'un groupe de Vers. Les Conchifères et les Céphalopodes seraient descendus de deux groupes de Gastéropodes, les premiers par voie régressive, les seconds par voie de développement.

La question d'origine est infiniment plus obscure pour les classes si variées et si nombreuses des Vers. Comme les Prothallophytes, les Vers occupent une situation intermédiaire dans le règne animal : ils relient à la fois les groupes morphologiques les plus élevés et les plus bas de ce règne. Il paraît bien qu'ils descendent d'un groupe de Zoophytes, les Gastréades. Mais, quant à savoir si cette origine a été une ou multiple dans le temps et dans l'espace, il est encore impossible de rien décider, quoique la seconde supposition soit plus vraisemblable que la première. On ne peut regarder comme assurées que ces deux importantes hypothèses : 1° l'hypothèse que les quatre à six formes ancestrales des quatre phyles d'animaux supérieurs typiques sont issues de différents groupes du phyle des Vers; 2° l'hypothèse que le phyle des Vers lui-même descend, d'une manière monophylétique ou polyphylétique, d'un groupe de Zoophytes, des Gastréades.

La généalogie des Zoophytes, qui comprennent les deux groupes des Acalèphes et des Éponges, ne présente pas moins de difficulté que la descendance des différentes classes de Vers. Les Acalèphes peuvent être considérés comme issus d'une souche unique, voisine de nos Polypes d'eau douce. Toutefois, il ne suit pas que chaque classe d'Acalèphes soit d'origine monophylétique; il est très probable, au contraire, que les Méduses descendent de deux ou de plusieurs groupes de Polypes hydroïdes; de même, les Siphonophores semblent être la postérité de plusieurs groupes différents de Méduses. Mais les deux classes des Cténophores et des Coraux seraient d'origine monophylétique. Les Éponges peuvent être également ramenées à un commun ancêtre, à l'Olynthus. Le corps de l'Olynthus, qui a la forme d'une outre, ressemble fort à celle de la *Gastræa*, forme ancestrale de tous les animaux; il ne diffère de celle-ci que par ses pores cutanés. L'unité morphologique de cette classe paraît bien indiquer une origine monophylétique; elle n'exclut pourtant pas toute origine polyphylétique, car, chez ces formes indécises et flottantes des Zoophytes inférieurs, de même que dans les classes des Vers les plus humbles, on se trouve en présence d'organisations si simples et si indifférentes, que l'une et l'autre origine demeurent possibles.

La forme primordiale du règne animal, nous venons de la voir apparaître dans une larve d'Éponge calcaire, dans la Gastrula, sorte de sac ou d'estomac primitif ouvert par un orifice buccal, et dont la paroi est formée de deux couches de cellules, l'entoderme et l'ectoderme, d'où se sont développés les deux feuillets germinatifs primaires qui, chez tous les animaux, évoluent en organes de la nutrition, de la sensation et du mouvement. Cette forme ancestrale typique du règne animal doit être issue du règne des protistes. Aujourd'hui encore, la façon dont les deux feuillets germinatifs primaires se développent dans la cellule ovulaire atteste clairement comment, il y a des millions et des millions d'années, les premiers animaux véritables, les Gastréades, possédant un estomac, une bouche et un corps à double paroi, sont descendus des protistes dénués d'intestins. La Gastrula est l'animal sous la forme la plus simple.

Les Zoophytes les plus inférieurs tels que les Éponges, les Vers les plus humbles aussi bien que les Astéries, les Articulés de même que les Mollusques et les Vertébrés inférieurs, passent tous, au premier stade de leur existence, par cette forme embryonnaire. Or, pas un seul protiste n'arrive à former ces feuillets. Si l'on essaie de se représenter les circonstances et les conditions au milieu desquelles les Gastréades ont apparu, on se persuade sans peine que cette évolution doit s'être répétée souvent et sur différents points du globe. La classe des Gastréades, commun ancêtre du règne animal, doit donc avoir été d'origine polyphylétique, comme les classes de Vers et de Zoophytes inférieurs qui en sont descendues.

On le voit : pour le règne animal comme pour le règne végétal on arrive, dès qu'on les considère dans leur ensemble, à une origine multiple ou polyphylétique, tandis que la plupart des classes particulières de plantes et d'animaux, surtout les plus

ORIGINES DES TROIS RÈGNES ORGANIQUES.

RÈGNE VÉGÉTAL		RÈGNE ANIMAL
Végétaux supérieurs (typiques) ANTHOPHYTA.	Dicotylédones. Monocotylédones. *Angiospermæ. Gymnospermæ.* Phanérogames. — Vertébrés. Arthropodes. Echinodermes. Mollusques. Phyles d'animaux typiques.	**Animaux supérieurs (typiques).** TYPOZOA.
Végétaux moyens (reliant les deux groupes). Cryptogames vasculaires. PROTHALLIOTA.	Fougères. *Filicinæ.* Mousses. *Muscinæ.* — Vers. *Cœlomati. Acœlomi.*	**Animaux moyens** (reliant les deux groupes). Vers. HELMINTHES.
Végétaux inférieurs (atypiques). THALLOPHYTA.	Algæ. Lichenes. Fungi. Algues. — *Spongiæ.* Olynthus. *Acalephæ.* Hydra. Zoophytes.	**Animaux inférieurs (atypiques).** ZOOPHYTA.
Végétaux primordiaux.	Thallus. — Gastrula.	Animaux primordiaux.
Premier degré du règne végétal.	Protistes phytogones (« végétaux unicellulaires »). — Protistes zoogones (« animaux unicellulaires »).	Premier degré du règne animal.

RÈGNE NEUTRE DES PROTISTES.
Monères.

élevées, doivent être tenues pour la postérité modifiée d'un seul ancêtre.

Ces origines de la vie et des êtres vivants, le plus magnifique poème dont s'enchante la raison de l'homme, subiront comme toute chose les outrages du temps ; mais, quel que soit le degré de rigueur scientifique auquel on porte jamais ces théories, elles sont et demeureront vraies dans l'infini. Qu'importe que, dans l'état actuel de la science, on tombe en plus d'une illusion lorsqu'on essaie de dresser l'arbre généalogique des trois règnes organiques ? Ce qui importe, c'est de découvrir ainsi quelques-unes des lois les plus générales de la vie; d'esquisser l'histoire des êtres vivants sur cette planète. « Un temps viendra comme l'a si bien dit Sénèque, où ce qui est caché aujourd'hui se révèlera aux générations futures. L'avenir saura ce que nous ignorons, et s'étonnera que nous ayons ignoré ce qu'il sait. Il est des mystères qui ne soulèvent pas en un jour tous leurs voiles. Eleusis garde les révélations pour les fidèles qui viennent l'interroger. La nature ne livre pas à la fois tous ses secrets. La vérité ne vient pas s'offrir et se prodiguer à tous les regards; elle se cache et s'enferme au plus profond du sancuaire; notre siècle en découvre un aspect; les siècles qui suivront contempleront les autres[1]. »

C'est la doctrine du progrès, implicitement contenue dans toute théorie évolutionniste, qui, au lieu de rêver l'âge d'or au commencement des choses et de placer le premier homme dans un paradis, nous le montre, faible et nu au sein d'une marâtre, la terre. Les vieux naturalistes de l'Ionie, qui admettaient, comme Anaximandre, que les formes organiques supérieures étaient sorties de formes inférieures, les hommes des poissons, par exemple, croyaient, ainsi que nous, à un perfectionnement progressif des êtres vivants. Xénophane, dans des vers célèbres, s'écriait :

Non, les dieux n'ont pas tout donné aux mortels dans
[l'origine ;
C'est l'homme qui, avec le temps et le travail, a amélioré
[sa destinée.

Les philosophes de l'école atomistique, les Épicuriens surtout, enseignent cette doctrine, qui est l'âme du cinquième livre de Lucrèce. Mais le poète qui a trouvé l'hymne le plus pénétrant et le plus fort pour chanter les œuvres de l'homme sur la terre, ses industries, ses arts, ses découvertes, sa science de la nature, cette fleur la plus haute et la plus brillante de la civilisation, ce poète est le même qui, dévoré du sombre et ardent désir de la

---

1. *Quæst. nat.*, VII. Cf. Lucret., *De Rerum natura*, V, 1452.

paix suprême, a dit au monde le cantique le plus désolé; qui a jeté le cri de désespoir le plus déchirant, et, dans des visions apocalyptiques, a entonné une sorte de *Dies iræ* au milieu du fracas des mondes en ruines s'écroulant dans l'abîme.

Comprise ainsi, la doctrine du progrès n'a rien de commun avec les utopies humanitaires qui prédisent que l'homme, par sa science et son industrie, transformera cette planète en une sorte de jardin d'Éden, où il fera bon vivre dans l'abondance et dans la paix. A en croire quelques-uns, l'homme, maître absolu de cette terre, affranchi de la maladie et vainqueur de la mort, étendra même sa puissance sur les autres planètes, et, quand ce soleil s'éteindra, en rallumera un autre ! Dans la théorie de l'évolution, telle qu'on peut l'exposer d'après Lucrèce et tant d'autres, cette apothéose de notre espèce n'est pas un seul instant admissible. La marche des choses n'est pas une marche constamment en avant, comme l'implique le mot « progrès. » Si elle avance ici, elle rétrograde là. Dans son évolution éternelle, la matière passe par toutes les métamorphoses possibles; mais il est clair qu'elle ne revêt une forme nouvelle qu'en laissant derrière elle, comme le serpent dans la mue, les formes caduques qu'elle a traversées.

« Dans un sens général, dit Darwin, les espèces nouvelles deviennent supérieures à celles qui les ont précédées; car elles ont, dans la lutte pour l'existence, à l'emporter sur toutes les formes antérieures avec lesquelles elles se trouvent en concurrence active. Nous pouvons donc conclure que, si l'on pouvait mettre en concurrence, dans des conditions de climat à peu près identiques, les habitants de l'époque éocène avec ceux du monde actuel, ceux-ci l'emporteraient sur les premiers et les extermineraient; de même aussi, les habitants de l'époque éocène l'emporteraient sur les formes de la période secondaire, et celles-ci sur les formes paléozoïques. De telle sorte que cette épreuve fondamentale de la victoire dans la lutte pour l'existence, aussi bien que le fait de la spécialisation des organes, tendent à prouver que les formes modernes doivent, d'après la théorie de la sélection naturelle, être plus élevées que les formes anciennes. En est-il ainsi? L'immense majorité des paléontologistes répondrait par l'affirmative, et leur réponse, bien que la preuve en soit difficile, doit être admise comme vraie. » Mais la théorie du grand naturaliste anglais n'implique pas comme une nécessité, il le dit lui-même, le progrès de l'organisation. « Une fois arrivés à un état donné, il n'y a, d'après la sélection naturelle, aucune nécessité pour que les organismes continuent à progresser davantage, bien que, dans chaque période successive, ils doivent se modifier légèrement, de manière à assurer leur place dans la nature, malgré de légers changements dans les conditions ambiantes[1]. »

L'apparition, au cours des périodes géologiques, de flores et de faunes de plus en plus complexes, le développement du règne animal et du règne végétal, l'évolution de l'embryon, qui repasse par presque tous les états de ses lointains ancêtres, la multiplication des effets engendrés par une seule cause dans un organisme vivant, etc., offrent des exemples propres à montrer le prodigieux accroissement d'hétérogénéité des productions naturelles. Les sociétés humaines et animales étant soumises aux mêmes lois que le reste du monde, la genèse des phénomènes sociaux, conformément à la loi de la multiplication des effets[2], présente un développement encore plus complexe de l'hétérogénéité progressive des choses. Comme tout organisme, comme l'univers entier, toute société fut d'abord homogène. La division du travail, la différenciation des fonctions, la spécialisation des aptitudes, qui sont en quelque sorte les tissus et les organes de la société, tout fait songer à une sorte de Leviathan humain dont les éléments histologiques, les cellules constituantes, seraient

---

1. *L'origine des espèces*, p. 412-13 (Paris 1876).
2. Herbert Spencer, *Premiers principes*.

des millions et des millions d'hommes. Chez lui aussi une seule cause engendrerait des effets incalculables, et ceux-ci, se multipliant à l'infini, retentiraient tour à tour sur le squelette dermique du monstre, sur les muscles, sur les nerfs, sur les différents centres spinaux et céphaliques.

Limitée dans l'espace et dans le temps par certaines conditions de pression et de température, l'humanité, ainsi que les autres familles de plantes et d'animaux, ne doit que passer sur la terre. Il est douteux que l'homme existât à l'époque tertiaire ; encore quelques milliers de siècles, et il se transformera en une autre espèce, à moins qu'il ne périsse. En tout cas, son existence dans le monde est nécessairement comprise entre quelques périodes géologiques. Ce qu'on sait de la mobilité et de l'instabilité extrême des substances organiques, qui n'ont pu apparaître que grâce à une température fort basse, montre assez combien la vie est chose relativement récente sur ce globe, bien que notre faible esprit ne puisse même en concevoir la durée. Mais, à coup sûr, comparée à celle de l'état igné de cette planète, cette durée est presque imperceptible.

Aussi, quand par la décroissance graduelle des mouvements planétaires, constamment ralentis par la résistance de l'éther et par celle des marées; quand par la transformation du mouvement des masses en mouvements moléculaires, tous les corps de notre système solaire seront agrégés en un tout; lorsque depuis longtemps le soleil aura dispersé dans les froids espaces sa chaleur et sa lumière, et que les plantes et les animaux seront éteints sur cette planète déserte, envahie par le froid et la nuit, — alors, sous l'influence de quelque choc extérieur peut-être, ce cadavre d'un monde se désagrégera, et de ses éléments sortira une autre nébuleuse, grosse d'un nouvel univers.

Tel est le rythme éternel de l'évolution. A une période de concentration, pendant laquelle prédominent les forces attractives de la matière, succède une période de diffusion où l'emportent les forces répulsives. Toute évolution aboutit à une dissolution; toute dissolution tire de son chaos fécond une nouvelle évolution. Dans l'avenir et dans le passé, on ne saurait concevoir ni commencement ni fin de ces évolutions cosmiques, dominées par les seules lois de la mécanique.

Devant une hypothèse aussi grandiose, quand ce soleil, avec son cortège planétaire, ne nous apparaît plus que comme une étoile de la voie lactée, comme un point presque imperceptible qui déjà pâlit et doit rentrer dans la poussière d'astres d'où l'a tiré une combinaison éphémère — un jeu de nature — que devient la théorie vulgaire du progrès humain, le progrès de nos mœurs et de nos sociétés, le progrès de nos arts et de nos sciences? N'y a-t-il pas une sorte d'ironie cruelle à mêler notre destinée au grand drame de l'univers?

DEUXIÈME PARTIE

CHAPITRE Ier

LES PHYSICIENS DE L'IONIE

Dans les îles de la mer Égée, sur les côtes de l'Asie Mineure, dès que la réflexion s'éveilla chez l'Hellène, son premier regard fut pour la nature. Vivre était doux alors, et voir l'éclat du jour était le bonheur suprême. Dans le monde tout n'était qu'harmonie et lumière. Déjà les dieux s'en allaient, et peu à peu échappaient aux regards sur les sommets neigeux de l'Olympe. Resté seul devant la nature, l'Hellène ne l'adora pas. Un climat sec et sain, un ciel d'une pureté et d'une transparence incomparables, une mer parsemée d'îles aux côtes escarpées et abruptes, masses sombres et sévères qui projettent leurs grandes ombres sur les flots, un paysage austère, une vie de marins et d'aventuriers, préservèrent les Hellènes des mollesses perfides et des allanguissements qui, dans la vallée du Gange, énervèrent de bonne heure leurs frères de l'Inde, les absorbèrent en un voluptueux évanouissement. Les esprits fins et pénétrants, les hommes plus particulièrement doués pour observer et comparer, tous ceux qui, sans se désintéresser de la chose publique, restèrent cependant plus étrangers que d'autres aux révolutions politiques qui éclataient partout en Grèce vers le temps de la Guerre des Perses, — en un mot, les penseurs, s'appliquèrent surtout à la mathématique, à l'astronomie et aux spéculations sur la nature des choses.

Depuis longtemps les Hellènes avaient acquis cette puissance d'abstraire grâce à laquelle les nombres, signes des choses, deviennent les principes de tout un ordre de sciences subjectives. Le soleil, la lune, les astres innombrables qui chaque soir semblaient s'allumer dans les profondeurs bleues du ciel, et s'éteindre chaque matin, dès que l'aurore ouvrait les portes du jour; le besoin que ce peuple de marins et de marchands avait de connaître les phénomènes célestes; enfin cette pureté et cette transparence de l'atmosphère qui font d'Athènes, par exemple, un des lieux de la terre le plus favorables pour un observatoire, tout cela ne contribua pas peu sans doute à faire naître chez les Grecs la pratique et le goût de l'astronomie.

Au commencement du sixième siècle, ils n'étaient pas encore assez avancés dans cette science pour prédire les éclipses de soleil. Ils savaient que la lune reçoit sa lumière du soleil[1]. Ils avaient essayé de calculer le volume et la distance des corps célestes. Quant à la terre, qu'ils s'étaient d'abord représentée comme une immense plaine, les révolutions des astres qui reparaissaient les mêmes chaque jour, brillant à l'orient, après avoir disparu la veille au couchant, les courses lointaines des navigateurs, de voyageurs comme Hécatée de Milet, leur apprirent qu'elle ne s'étendait pas à l'infini, qu'elle était isolée dans l'espace et présentait une forme arrondie.

L'impression que les phénomènes, célestes ou

[1]. On voit que nous faisons allusion à la fameuse éclipse qu'aurait prédite Thalès. Telle a été longtemps l'opinion commune, transmise par les anciens. Hérodote, en effet, rapporte que les Mèdes de Cyaxare et les Lydiens d'Alyatte étaient aux prises quand, au fort de la mêlée, soudain le jour devint nuit : « Thalès de Milet avait annoncé aux Ioniens ce changement et avait même fixé d'avance l'année où il arriva. » (I, 74). On a composé de nombreux mémoires pour prouver la réalité de cette prédiction astronomique, attestée par Eudème, Cicéron, Pline, etc. Mais tout d'abord on est frappé des diverses dates assignées à l'éclipse. Ce n'est qu'assez récemment que, d'après les dernières tables des mouvements de la lune, et grâce aux belles recherches de Hind, Airy, J. Zech, P. A. Hansen, la date de l'éclipse de Thalès a été fixée au 28 mai 585. Les astronomes semblent considérer aujourd'hui ce calcul comme définitif. Mais alors la bataille de l'éclipse n'a pu être livrée, suivant la chronologie d'Hérodote, sous Cyaxare, mais bien pendant le règne d'Astyage.

Voilà bien des raisons de douter de l'authenticité de la pré-

terrestres, firent sur les Hellènes, voilà l'origine de la première conception scientifique de l'univers, du premier système du monde vraiment digne de ce nom par sa grandeur et sa simplicité. Frappés tout d'abord des transformations que subit la matière en passant par les trois états : solide, liquide et gazeux, ils considérèrent tantôt l'une tantôt l'autre de ces formes comme les différents états fondamentaux de la substance universelle, et l'eau, l'air, le feu et la terre furent tour à tour regardés par Thalès, Anaximène, Héraclite, Empédocle, comme le principe des choses. Un instinct sûr et vraiment merveilleux, une tendance invincible les porta tous à expliquer le monde par les propriétés de la matière éternelle et par les lois qui en résultent. La re-

diction de Thalès. Il en est de plus fortes encore. Diodore de Sicile, après avoir dit que les Chaldéens regardaient la lune comme la plus petite et la plus proche des planètes, qu'ils ne lui donnaient qu'une lumière empruntée et attribuaient ses éclipses à son immersion dans l'ombre de la terre, ajoute : « Quant aux éclipses de soleil, les explications qu'ils en donnent sont des plus faibles ; et ils ne se hasardent pas à les prédire ni à en déterminer le temps » (II, 31). Si l'on pèse bien ces paroles, et si, avec J. Brandis (*Das Münz-Mass und Gewichtswesen Vorderasien bis auf Alexander den Grossen* (p. 20), on remarque que, jusqu'à la conquête de Babylone et l'établissement d'un royaume hellénique en Asie, voire un siècle et plus après, les observations et la science astronomique des Chaldéens sont demeurées étrangères aux Grecs, si bien que Hipparque est sans doute le premier qui ait utilisé, pour l'astronomie des Hellènes, les calculs et les archives conservés à Babylone, on sera convaincu qu'un Grec du sixième siècle était incapable de prédire une éclipse de soleil.

cherche et la constatation de ces lois devaient être surtout l'œuvre des philosophes pythagoriciens établis *dans la Sicile* et l'Italie méridionale. Ces mathématiciens, ivres du rythme universel, ne virent dans la nature que nombre et mesure. Graves et pensifs, religieux et purs comme des brahmes, ils écoutaient en silence et notaient l'harmonie des sphères.

Ce qui frappe tout d'abord chez les penseurs grecs de l'Ionie, c'est l'hymen profond de l'homme avec la nature. Il ne s'absorbe pas en elle, je le répète; mais il ne s'en détache point. Nos facultés d'analyse et d'abstraction, notre critique moderne de la connaissance, ne sont pas nées encore. Nulle distinction radicale du subjectif et de l'objectif. La séparation absolue de l'âme et du corps, de l'esprit et de la matière, de Dieu et du monde, sur laquelle repose aujourd'hui encore la conception vulgaire de l'homme et de la nature, n'apparaît point en Grèce à ces hautes époques. On voit bien les deux éléments, confondus à l'origine dans une suprême harmonie, se dissocier peu à peu; mais, à la fin même de l'hellénisme, à l'époque du néo-platonisme, la séparation de l'esprit et de la matière n'est pas encore consommée.

Les religions monothéistes et la philosophie du moyen âge accompliront définitivement ce divorce et jetteront la pensée éperdue dans le dualisme cartésien. Des substances étendues et des substances inétendues, voilà les matériaux imaginaires avec lesquels le père de la philosophie moderne construira son fragile édifice. Car, enfin, il ne les a pas vues, ces substances, et ceux qui, après lui, nous viennent dire que le cerveau ne saurait penser, feraient mieux de revenir au monisme des Grecs. On y revient d'ailleurs aujourd'hui de toute part en Europe. Parce qu'il est impossible de se représenter comment la matière peut penser, ce n'est pas une raison pour imaginer qu'il existe dans la nature des esprits séparés ou séparables des corps organisés, car il n'y a guère d'apparence que les minéraux sentent avec ou sans conscience.

Cependant, pour peu qu'on se pique de logique, du moment qu'on admet une conception moniste du monde, il faut de toute nécessité que tout ce qui existe ait toujours existé, à des degrés divers, dans la nature entière. Diderot a très bien vu cela. Qu'on veuille bien y prendre garde : il n'y a pas ici ombre de panthéisme. Ce qui est au fond de cette conception, c'est plutôt ce que les anciens Grecs d'Ionie, pour qui tout était animé dans la nature, pour qui la *matière vivait*, appelaient hylozoïsme.

On peut regretter que les Grecs n'aient point su douter comme Bacon et Descartes ; la faiblesse de leur critique de l'entendement humain ne leur a pas permis d'édifier leur science sur les solides assises que Locke, Hume et Kant ont posées au dix-huitième siècle. Qu'il fût nécessaire de distinguer les éléments subjectifs des éléments objectifs de nos idées, Aristote ne paraît pas même y avoir songé. Le scepticisme grec antérieur et postérieur au Stagirite, l'empirisme stoïcien et le sensualisme épicurien s'appuient aussi peu que la spéculation néo-platonicienne sur des recherches propres à combler cette lacune. L'idéalisme de Platon n'est pas l'idéalisme moderne, l'idéalisme subjectif. Platon n'a pas vu dans le monde extérieur, comme Fichte, un pur phénomène de conscience. Enfin, on a reproché avec toute raison aux Hellènes le dédain de l'observation patiente et minutieuse, l'insuffisance des expériences, l'abus des déductions et du raisonnement *à priori*.

Il ne faut pas dissimuler ces défauts; mais que l'on considère que l'humanité n'a jamais manqué, même en Égypte et en Babylonie, de gens qui savaient observer. Des milliers d'observations continuées et accumulées durant des siècles, nécessaires sans doute pour construire la science, ne sont pas plus la science, — c'est-à-dire la connaissance des lois générales du monde, — que des monceaux de chartes et de documents historiques ne sont l'histoire. Dans ce vieux monde méditerranéen, où l'Égypte et la Phénicie n'avaient laissé derrière elles que des amulettes, des cultes sinistres, des carrières exploitées, des teintureries et des comptoirs d'échange, les Hellènes inventèrent les mathématiques, l'astronomie, la physique, et ouvrirent l'ère de la réflexion philosophique.

Quoique la religion n'ait pas laissé de conseiller bien des crimes, en Grèce même, elle n'avait rien qui ressemblât aux dogmes des nations sémitiques. Non seulement les dieux des Hellènes sont plus humains que ceux des autres peuples : mais, loin d'avoir créé ce monde, de l'avoir évoqué du néant, avant eux existait le chaos fécond de l'univers éternel, et, au-dessus d'eux, planait la sombre puissance du Destin. Nous l'avons dit, un vieil historien comme Hérodote, homme pieux et craignant la divinité, pouvait se demander : « D'où est venu chacun des dieux? Ont-ils toujours existé? Quelle est leur forme? On n'en a rien su, à proprement parler, jusqu'à une époque très récente. » Les poètes, d'Hésiode à Pindare, répondaient que les dieux et les hommes avaient une même origine, que les uns et les autres étaient les enfants d'une même mère, « la Terre au large sein. » Ainsi entendue, la théologie devenait presque une science naturelle, les dieux étant venus à l'existence comme les chênes et les chevaux.

Le naturalisme : je ne connais pas de mot qui résume mieux cette conception du monde. Qu'elle ait attribué aux choses des propriétés qui ne paraissent exister qu'en nous-mêmes, il y aurait quelque naïveté à s'en étonner. L'hylozoïsme professé par les plus anciens physiciens, la croyance à une âme du monde qu'on rencontre chez Platon, chez les stoïciens et les néo-platoniciens, surtout la croyance à une finalité consciente, qui, depuis Socrate, a si gravement compromis l'explication scientifique de la nature, voilà des maladies de l'esprit humain qu'on n'a pas le droit de trouver choquantes chez les autres quand on en souffre soi-même. D'ailleurs elles sont incurables. Quoi qu'il fasse et qu'il invente, l'homme n'a pas deux moyens de se représenter et de comprendre la nature. Au fond, ce qu'il appelle de ce nom n'est et ne sera jamais rien de plus que certains états de conscience définis, de pures hallucinations, sortes de rêves qu'il fait tout éveillé.

Qu'y a-t-il de constant, d'indestructible et d'universel sous les phénomènes, derrière ces visions intérieures que nous situons hors de nous, dans ce que nous appelons le temps et l'espace, et qui constituent notre univers? En d'autres termes, quelle est l'essence des choses? Les Grecs ont naturellement répondu de façons très diverses à cette question. Toutefois, et en raison même de leur monisme, c'est dans une matière première corporelle que les anciens physiciens de l'Ionie et de la grande

Grèce ont cru découvrir la substance des choses. Le grand mérite, à nos yeux, du livre d'Édouard Zeller, *La Philosophie des Grecs*, est d'avoir établi que ni le Nombre des Pythagoriciens, ni l'Un des Éléates ne sont des essences spirituelles distinctes de l'essence des corps, comme le seront les idées platoniciennes. C'est bien des choses sensibles elles-mêmes que parlent ces philosophes quand ils soutiennent que l'essence véritable en est le nombre ou une substance unique et immuable. Le Nombre et l'Être, situés dans l'espace, sont bien ici la substance des corps, la matière dont ils sont faits. Les Grecs ne disaient pas, comme certains idéalistes allemands : Tout être dérive de la pensée. La pensée, elle aussi, rentrait pour eux dans le concept de l'Être. Les anciens physiciens font tout sortir de la matière, qu'ils considèrent comme animée et éternellement en mouvement. Même l'Esprit d'Anaxagore n'agit que comme une force naturelle : c'est une essence à moitié sensible, une sorte de matière subtile.

La matière première dont Thalès fait sortir le monde est l'eau. Pourquoi a-t-il choisi cet élément? Quelle est la raison de ce choix? Il est difficile de le dire, ce philosophe n'ayant pas consigné ses opinions dans des écrits. Avait-il observé que tout ce qui vit sort d'un liquide et retourne à l'état liquide par la putréfaction? que les terres ont été formées par des dépôts d'alluvions [1]? que la pluie et les fleuves répandent la fertilité dans les campagnes, et que c'est au sein des mers que pullulent avec le plus d'abondance les formes innombrables de la vie? Pour moi, j'incline à croire, ainsi que le rapporte Aristote, que, dès une haute antiquité, les premiers théologiens s'étaient déjà fait une idée analogue de la nature : ils donnent le Chaos et l'Océan, père des dieux, comme les auteurs de tout ce qui existe en ce monde. La physique de Thalès me semble née de cette très ancienne croyance. La philosophie se dégage à peine de la mythologie. Elle voit une substance matérielle là où sa sœur aînée imaginait des divinités, c'est-à-dire de grandes formes flottantes conçues à l'image des mortels.

Thalès se représente comme animée la matière première, si bien que cette matière, analogue au chaos, d'elle-même et sans l'intervention d'une âme du monde, d'un esprit organisateur, peut engendrer toutes choses. Quand, pour s'expliquer la puissance attractive de l'aimant, Thalès lui attribuait une âme, cela revenait à dire qu'il considérait l'aimant comme un être vivant. Au fond, il était encore du même sentiment que les Grecs ses contemporains lorsqu'il voyait, dans les forces de la

---

1. Thalès se représentait la terre flottant sur la mer.

nature, des divinités vivantes, et dans la vie de la nature la preuve qu' « elle est pleine de dieux. » On ne saurait rêver une alliance plus ingénue du polythéisme avec l'hylozoïsme.

Anaximandre, né, comme Thalès, à Milet, vers 612 avant notre ère, est le premier des Grecs qui composa un ouvrage traitant de la nature. Il s'occupa aussi d'astronomie. On lui attribuait la confection d'une carte de géographie, d'une sphère céleste, d'un gnomon; cet instrument avait sans doute passé de Babylone en Grèce avec les douze divisions du jour, comme en témoigne Hérodote (II, 109). On a conservé cette phrase de son livre : « Là d'où elles sont venues à l'existence, les choses retournent nécessairement par la destruction; elles expient la peine et le châtiment dus à l'injustice suivant l'ordre du temps[1]. » Ainsi, l'existence individuelle comme telle paraît ici une injustice (ἀδικία) qui doit être expiée par la mort. La cause, le principe, la substance même de l'univers est pour Anaximandre l'infini, c'est-à-dire une matière indéterminée quant à la qualité, analogue au chaos des anciens théologiens grecs.

De cette matière éternellement en mouvement se séparent les contraires élémentaires, le chaud et le froid, l'humide et le sec, qui se disposent suivant

---

1. *Fragm. philos. græc.* (Mullach), I, 240.

leurs affinités naturelles : le froid et l'humide au centre, le sec et le chaud à la circonférence de l'univers. Grâce au mouvement qui emporte les éléments dans son cours éternel, naissent des mondes innombrables, dieux et génies célestes pour le vulgaire, simple condensation ou raréfaction de la matière pour le philosophe. Immobile, à égale distance de tous les points de la voûte céleste, est la terre. D'abord à l'état de boue humide, la terre a spontanément créé les animaux, les poissons ou reptiles à carapace épineuse, qui se sont modifiés avec les âges géologiques et ne sont arrivés à leur forme actuelle que grâce au dessèchement progressif de la surface du sol sous l'influence de la chaleur solaire. L'âme aurait été pour Anaximandre une sorte de gaz. D'une intelligence, d'une âme, d'une raison divine dans l'homme ou dans la nature, il n'en est pas plus question chez Anaximandre que chez tous les autres philosophes grecs antérieurs à Socrate ou, si l'on veut, à Anaxagore.

Le monde et l'homme ne sont rien de plus que des manières d'être, des combinaisons fugitives d'une substance unique, d'une matière éternelle, incréée, indestructible, inaltérable. L'infini d'Anaximandre, cause universelle de génération et de destruction, est conçu comme ayant en soi le mouvement et la vie : tel était l'antique hylozoïsme de Thalès. Les choses sortent de l'infini en vertu du mouvement éternel de cette matière première. Il ne s'agit point ici, ainsi que l'ont cru quelques historiens de la philosophie (Rœth entre autres), de l'infini des métaphysiciens. Si la force, si le mouvement attribués à l'infini impliquaient une intelligence, un être spirituel et conscient, il faudrait voir dans le principe des choses d'Anaximandre un esprit infini; or, l'histoire démontre que rien n'est plus étranger qu'une telle hypothèse aux façons de penser des philosophes antérieurs à Anaxagore.

Il y a plus : toute l'antiquité classique, des penseurs de l'Ionie aux philosophes d'Alexandrie, a cru à l'éternité de la matière. Que quelque chose pût être fait de rien, voilà ce que les anciens n'ont jamais admis. La création *ex nihilo* par un pur esprit, placé en dehors et au-dessus de l'univers, est chose trop absurde pour qu'un Grec l'ait jamais prise au sérieux. Alors même que le développement du spiritualisme religieux des Hellènes et les progrès de leur métaphysique eurent préparé les voies à une manière de monothéisme, on ne voit pas que l'éternité du monde, dont la substance se confondit parfois avec celle de la divinité, ait été mise en doute. Ce n'est point dans le temps qu'Anaxagore plaçait l'organisation de l'univers par l'Intelligence. Le démiurge de Platon façonne une matière qu'il n'a pas créée et qui coexiste avec lui de toute éternité. Aristote a beau placer le premier moteur au sommet des choses : il affirme que le monde n'a pas commencé et ne finira point. Il en est même résulté, comme on sait, que le dogme sémitique de la création a été ébranlé dans l'esprit d'un grand nombre de philosophes arabes. Saint Thomas a déclaré que les preuves que donne Aristote ne sauraient être réfutées par la seule raison, ce qui revient à dire qu'elles sont irréfutables.

Plus jeune qu'Anaximandre, son disciple peut-être, Anaximène de Milet vit dans une substance gazeuse, dans l'air, le principe des choses. C'est de l'air qu'il fait venir, suivant que ce gaz se raréfie ou se condense, le feu, le vent, les nuages, l'eau, la terre et la pierre. Notre terre, de forme plate et cylindrique, est supportée par l'air, dans l'espace, comme une feuille d'arbre. De même pour le soleil et les étoiles, qui ont même forme. Des vapeurs montant de la terre se serait formé, par une raréfaction continue, le feu, qui est la substance des astres. Ceux-ci sont donc nés de la terre. Anaximène aurait découvert que la lune reçoit sa lumière du soleil, ainsi que la raison des éclipses lunaires. Ce n'est pas au-dessus, mais autour de la terre que les astres accomplissent leurs révolutions circulaires. Le principe des choses, doué du mouvement éternel, est infini : la terre, l'eau, le feu sont nés dans le temps et finis. Suivant les idées hylozoïstes de l'époque, le monde est considéré comme un être vivant. Or, chez l'homme et chez les autres animaux, l'air inspiré et expiré à chaque instant paraissait être la cause de la vie et de l'entretien du corps : on en conclut qu'il en était ainsi pour l'univers.

Quant aux dieux, c'est dans les astres qu'on les voyait, aux limites extrêmes du monde. Mais loin d'être les parents de l'air, principe des choses, ils en sont les enfants. Les dieux n'ont pas créé l'air, ils ont été créés comme le reste de l'univers par le gaz qui pénètre et entretient toute chose. C'est la même conception du divin que déjà nous avons notée chez Anaximandre et chez Thalès, dans les cosmogonies hésiodiques, et qui n'est autre que celle d'Épicure ou de Lucrèce. Aucun de ces penseurs n'a l'idée d'un être de nature spirituelle, antérieur à l'univers, fait d'une autre substance. Il n'existe qu'un être vivant, le monde, c'est-à-dire la collection des objets perçus par nos organes : la terre, la mer, les végétaux, les animaux, les astres, n'ont pas toujours été, ils ne seront pas toujours. Un système de l'univers fera place à un autre système ; car les mondes n'échappent pas plus que les individus à la loi de la naissance et de la mort, de la génération et de la destruction, et tout être éprouve à son heure les effets de la vétusté. Seule, la substance de l'univers, la matière incréée, quelle qu'elle soit, eau, air, feu, etc., demeure éternellement.

Il nous paraît, comme à Édouard Zeller, que tout,

dans les idées d'Anaximène, trahit l'influence des doctrines d'Anaximandre. C'est bien à Anaximandre, en effet, que semble revenir la gloire d'avoir le premier enseigné que la substance est infinie, qu'elle est vivante et éternellement en mouvement. Sans doute, à l'idée un peu vague pour nous de la matière infinie d'Anaximandre, Anaximène a substitué celle d'une substance déterminée, de l'air, dont les choses seraient nées, non par séparation des contraires, mais par des phénomènes de raréfaction et de condensation. Néanmoins, l'opposition originelle qu'il signale entre le chaud et le froid, la forme qu'il donne à la terre et aux astres, ce qu'il dit des phénomènes atmosphériques, des dieux et de l'âme, témoigne de la parenté de sa philosophie avec celle de son précurseur. Et ce n'est pas seulement à Anaximandre, c'est aussi à Thalès qu'Anaximène se rattache ; avec celui-ci il pose pour principe des choses une substance déterminée qualitativement ; avec celui-là il reconnaît l'infinité et la vie immanente de cette substance. La pensée philosophique a gagné chez Anaximène plus de précision et de clarté. Le progrès est évident. Une voie vraiment royale est ouverte aux philosophes postérieurs. Diogène d'Apollonie et Archélaüs ne feront que renouveler les théories du grand physicien de Milet sur la substance.

Diogène d'Apollonie, en Crète, admettait avec

Anaximène que l'air était le principe de l'univers, la matière dont tout devient par voie de raréfaction et de condensation ; mais, en outre, il revendiquait pour l'air des propriétés spirituelles ou rationnelles. On reconnaît tout de suite un contemporain d'Anaxagore. L'unité de substance est pourtant sauvegardée : sous les innombrables apparences des choses, il ne découvre que les transformations d'un seul et même élément, l'air. S'ils étaient essentiellement différents, les corps ne pourraient ni se mêler ni se modifier réciproquement. Or on voit les plantes s'assimiler la substance de la terre et les animaux se nourrir des végétaux. La grande idée d'où est sorti le livre fameux de Moleschott[1], est en germe dans cette pensée de Diogène d'Apollonie.

Toutefois, frappé de l'ordre qu'il croit reconnaître dans la nature, dans la succession régulière des saisons, des jours, des phénomènes atmosphériques, le philosophe imagine dans ce dont toute chose subsiste, un corps éternel et inaltérable, tout-puissant et riche en science. Puis, comme la vie et la pensée sont liées, dans les êtres vivants, aux fonctions de la respiration, il n'hésite pas à voir dans l'air le principe de l'intelligence et de la conscience. De là une étrange contradiction dans

---

1. *La Circulation de la vie*, lettres sur la physiologie, en réponse aux lettres sur la chimie de Liebig. Traduit de l'allemand par le docteur E. Cazelles.

ce système : l'auteur croit pouvoir adopter l'idée d'une raison formatrice de l'univers sans abandonner le vieux matérialisme des penseurs de l'Ionie, et surtout les théories d'Anaximène sur l'air ou matière primitive.

Il y a bien des sortes d'air et d'intelligence. C'est d'air plus ou moins chaud et sec qu'est constituée l'âme des animaux, — de l'homme aux poissons. De même le principe du mouvement de l'univers doit être cherché dans la matière chaude, le principe de la consistance dans la matière froide et dense. C'est à la chaleur qu'il convient d'attribuer la forme ronde, c'est-à-dire cylindrique, non sphérique, de la terre, immobile au milieu de l'univers. Le soleil et les autres astres paraissaient à Diogène de nature poreuse, analogue à la pierre ponce : le feu ou air enflammé en remplissait les pores. Plantes et animaux sont nés de la terre sous l'influence de la chaleur solaire. L'air chaud de la vie parcourt les veines avec le sang et anime tout le corps.

Diogène donne, à ce sujet, une curieuse description du système veineux, tel qu'on l'imaginait alors. Aristote, en son *Histoire des animaux* (III, 2), nous a conservé ce précieux document des connaissances anatomiques[1] d'un Grec du cinquième siècle :

---

1. Le ventricule gauche du cœur, l'aorte, la carotide, le pouls,

« Telle est la disposition des veines dans l'homme. Il y en a deux grosses ; elles traversent le ventre le long de l'épine du dos, l'une à droite, l'autre à gauche ; chacune d'elles descend d'une part dans la cuisse qui lui répond ; vers le haut, elles montent à la tête en passant près des clavicules et traversant la gorge. Ces deux veines distribuent des rameaux dans tout le corps, celle qui est à droite dans le côté droit, celle qui est à gauche dans le côté gauche. Les deux grandes se rendent au cœur auprès de l'épine du dos. D'autres veines, qui se trouvent un peu plus haut, traversent la poitrine, et, passant sous l'aisselle, vont chacune à celle des mains qui est de son côté. L'une s'appelle la splénique, l'autre l'hépatique. Leur extrémité se divise : une partie est destinée au pouce, l'autre au poignet : et de là naissent une multitude de petites veines qui se disribuent dans toute la main et les doigts. D'autres rameaux plus faibles sortent des premières veines ; ceux qui partent de la veine droite vont au foie, ceux qui partent de la veine gauche à la rate, ensuite aux reins. Les veines destinées aux extrémités inférieures se partagent vers l'endroit où ces parties s'attachent au tronc, et elles se répandent dans toute la cuisse. Le rameau le plus fort descend derrière la cuisse où sa grosseur est sensible ; l'autre

---

y sont déjà indiqués. Cf. J.-H. Baas, *Grundriss der Geschichte der Medecin* (Stuttgart, 1876), p. 67.

rameau descend en dedans de la cuisse et a un peu moins de grosseur. De là, ils passent l'un et l'autre le long du genou, à la jambe et aux pieds, de même que les rameaux supérieurs se portent aux mains; et, parvenus au cou-de-pied, ils se distribuent aux doigts. Des principales veines, il en naît un grand nombre de petites qui se répandent sur le ventre et sur la région des côtes.

« On voit au col les veines qui se portent à la tête en traversant la gorge; elles y paraissent grosses, et se terminent auprès de l'oreille; chacune se divise, à son extrémité, en une multitude d'autres, qui vont à la tête en se portant, celles de la droite à gauche, et celles de la gauche à droite. Il passe dans le cou une autre veine, de chaque côté le long de la grosse, mais qui est un peu moins considérable; la plupart des veines de la tête viennent s'y réunir, elles rentrent en dedans, par le gosier, et chacune donne naissance à d'autres qui passent sous l'omoplate et descendent aux mains. On les distingue facilement de la splénique et de l'hépatique dont elles suivent le cours, parce qu'elles ont un volume un peu moins considérable. On ouvre ces veines dans les douleurs qui se font sentir sous la peau; mais dans celles qui affectent la région de l'estomac, on ouvre la splénique et l'hépatique.

« Ces dernières veines fournissent des rameaux

aux mamelles, et d'autres rameaux plus faibles qui partant de chacune, et traversant la moelle épinière, tendent aux testicules. D'autres, qui passent sous la peau, traversent les chairs et vont aux reins, se terminent aux testicules dans les hommes, à l'utérus chez les femmes. Les premières sont plus larges au moment où elles sortent du ventre, elles diminuent ensuite, jusqu'à ce qu'elles se croisent pour passer d'un côté à l'autre : on les appelle spermatiques.

« La partie la plus épaisse du sang est absorbée par les chairs ; ce qui en reste et va se rendre aux différents endroits qui ont été indiqués, est un sang subtil, chaud, écumeux. »

Que ces tentatives des Grecs du sixième et du cinquième siècle pour comprendre et expliquer le monde, toutes fondées sur l'observation générale des phénomènes naturels, loin d'avoir été stériles et inutiles, aient au contraire été précieuses et fécondes pour l'avenir, c'est ce qu'aucune personne instruite n'essaiera de nier. Bien que restée étrangère à l'idée proprement dite de la combinaison, la doctrine atomique, que nous exposerons, représente tout un côté de nos théories moléculaires avec une netteté que l'on n'a guère surpassée[1]. La doctrine des quatre éléments, qui,

---

1. Marcellin Berthelot, *Chimie organique fondée sur la synthèse*. I, XXXIV et suiv.

pendant plus de deux mille ans, a régné à peu près sans rivale dans toutes les parties du monde civilisé, cette doctrine fameuse qu'Empédocle avait enseignée avant Aristote, la science constate qu'elle s'est rapprochée avec le temps des opinions modernes de la chimie sur la combinaison et sur la formation des corps composés. Enfin, il n'y a pas jusqu'aux éléments premiers et similaires d'Anaxagore, aux homéoméries, où un éminent chimiste de notre époque n'ait reconnu les « germes confus des idées actuelles sur la constitution des corps et sur celles des principes immédiats [1]. »

Il ne faut pas craindre de l'affirmer, au cinquième siècle avant l'ère chrétienne, nos idées générales sur la nature étaient nées en Grèce, les principes fondamentaux de nos sciences étaient connus, notre conception actuelle du monde avait été entrevue.

Voilà quelle a été la première évolution scientifique du génie grec, ce qu'on pourrait appeler les temps héroïques de la philosophie. La liberté et l'audace de la pensée, le coup d'œil sûr et pénétrant, qui démêle les causes et surprend les con-

---

1. *Ibid.*, p. xxxv. « Au moyen de ces éléments (les quatre éléments d'Empédocle), de ces atomes, de ces parties homogènes (les homéoméries d'Anaxagore), les premiers philosophes naturalistes s'efforçaient de comprendre et d'expliquer l'univers, non sans exciter la surprise des métaphysiciens, qui poursuivaient, par la logique pure, la recherche des causes premières. »

séquences, le don de la généralisation et de la déduction scientifiques, tels sont les principaux traits de l'esprit hellénique à ces hautes époques.

L'école de philosophie déductive, fondée par les Grecs, a donné au monde les éléments de la mathématique et les principes de la logique formelle. L'histoire du matérialisme, telle que l'a conçue Albert Lange, est proprement l'histoire des sciences inductives et déductives. Voilà pourquoi il a écrit en tête de son livre : « Le matérialisme est aussi ancien que la philosophie. » Il ne le croyait pas plus ancien, persuadé qu'il était que les antiques conceptions du monde, cosmogonies et théogonies, n'avaient pu s'élever au-dessus des contradictions du dualisme. C'est une vieille erreur qu'il a partagée avec beaucoup d'autres historiens de la philosophie, plus familiers avec les monuments du monde classique qu'avec ceux de l'antiquité orientale.

Loin d'être un fait primitif dans la conscience humaine, la conception dualiste de l'univers est partout une production de la spéculation philosophique ; on n'en trouve point trace, je l'ai montré, dans les cosmogonies sémitiques de la Babylonie et de Ninive que les textes cunéiformes nous ont conservées ; au contraire, on y trouve la notion du chaos ou de la matière éternelle, mère universelle d'où sont sortis les cieux, les dieux, les hommes et tout ce qui existe, par voie d'évolution ou de génération spontanée dans le principe humide.

Les conflits de la science et de la religion éclatent de bonne heure en Grèce. On a trop répété que les Grecs n'avaient point de religion d'État, de prêtres ni de théologiens. Il y a là une singulière illusion produite par l'éloignement des temps et le silence des grands écrivains hellènes dont les œuvres sont venues jusqu'à nous. C'est le propre des grands hommes de concilier les tendances contraires de leur époque. On n'aperçoit plus les courants violents qui, sous eux, à de certaines profondeurs, agitaient les masses. La mythologie, qui se montre à nous sous les voiles légers et brillants dont l'ont parée les poètes grecs et romains, n'a jamais été la religion du peuple.

A l'origine, les mythes grecs, comme ceux de tous les peuples, sont nés des opérations inconscientes de l'esprit : ce sont des personnifications de la nature et de ses forces, que l'homme imagine à son image ; il met son âme dans les choses, les *anime*, et s'enchante ou s'effraie de ses rêves divins.

Ainsi, la remarque vulgaire que la terre doit sa fertilité à la pluie du ciel s'est transformée en un mythe qui est raconté différemment dans les diverses contrées de la Grèce. A Thèbes, le dieu du ciel, Zeus, épouse Sémélé au milieu des tonnerres et des éclairs : le fruit de cet hymen est Dionysos, représentant de la végétation terrestre. A Argos,

Zeus descend sous forme d'une pluie d'or dans le sein de Danaé enfermée dans une chambre (*thalamos*) d'airain : de cette union du ciel avec la déesse tellurique naît Persée, le héros de l'éclair, qui tranche la tête de Méduse, personnification des noires nuées orageuses. Dans l'Eubée et ailleurs, on racontait que Zeus s'était uni avec Héra sur le sommet d'une montagne, et que de cet « hymen sacré » était née Hébé, déesse de la nature printanière.

De même pour le mythe de Phèdre et d'Hippolyte : les Grecs des côtes remarquant que la lune et le soleil alternent au ciel, que l'un se couche et disparaît quand l'autre se lève, dirent que Phèdre, la déesse lunaire, poursuivait d'un amour sans retour le dieu solaire, Hippolyte, qui, au terme de sa course journalière, détèle les coursiers de son char et finit par devenir la proie d'un monstre marin. Quand le laboureur ou le marin des îles se demandaient pourquoi, durant certains mois de l'année, le soleil défaillant n'envoie plus que de pâles rayons à la terre, ou même ne paraît pas du tout, ils se persuadaient qu'Apollon servait chez Admète.

La mythologie grecque présente une foule de mythes analogues : le point de départ est toujours un phénomène cosmique ou terrestre, interprété par l'imagination naïve des anciens hommes et transformé en mythe religieux, en légende héroïque, plus tard en conte populaire. Ces divinités,

Zeus et Déméter, Apollon et Artémis, Athéné et Héphaistos, Arès et Hermès n'étaient point, pour les vieux Hellènes, des allégories, des façons de désigner le ciel et la terre, le soleil et la lune, l'éther et le feu du ciel, etc. : c'étaient bien des êtres réels, actifs, tout-puissants, des dieux vivants. Quand il voyait le soleil se lever et se coucher, l'Hellène apercevait bien Apollon sortant de la mer ou descendant sous la vague marine, emporté sur son char par des chevaux de feu. Lorsque, après l'orage, les nues fuyaient et que brillait l'implacable azur des cieux, Pallas Athéné lui apparaissait dans son éclat, un peu dure, tout armée, comme au sortir du front de Zeus, assembleur de nuages. Le vent chassait-il de sombres nuées qui interceptaient les rayons du soleil, c'était Hermès qui volait les troupeaux d'Apollon et les cachait dans une caverne ténébreuse.

De même pour les animaux qui font partie des mythes grecs, et dont la présence dans la religion des anciens Hellènes s'explique par cette circonstance, qu'aux époques reculées de la civilisation, l'homme vivait avec les animaux domestiques dans un commerce de tous les jours et dans une sorte de fraternité. Le Grec de ces temps ne *comparait* point les rayons du soleil, les vagues de la mer et les flots mugissants du torrent aux bœufs et aux chevaux, aux chèvres et aux sangliers : habitué à ne contempler dans la nature que des êtres vivant et sentant comme lui-même, c'étaient bien des vaches qu'il voyait paître dans les prairies du ciel, des chevaux bondir, des chèvres sauter et des sangliers en fureur, brisant et dévastant tout sur leur passage, à la vue de la mer ou des torrents de la montagne.

Le temps dont nous parlons, le temps de la création spontanée des mythes, est l'époque de la toute-puissance, de l'empire sans limite de l'inconscient dans l'humanité. La source de ces mythes est celle même d'où est sortie toute religion naturelle, a très bien dit M. Bursian[1] : ils sont nés du vague instinct d'impuissance, ou tout au moins de dépendance, qui accable l'homme au sein de la nature. Ce sentiment est complexe : la terreur s'y mêle dans une proportion indéfinissable avec un immense espoir en la bienfaisance d'êtres supérieurs et tout-puissants. La race et le climat modifient le sentiment religieux. Chez un peuple aussi hautement doué, dans un pays aussi riche en contrastes et en beautés naturelles que la Grèce, une mythologie d'une exubérante fécondité devait apparaître.

Ainsi, le mythe et la religion ne font qu'un à

---

1. Conrad Bursian, *Ueber den religiœsen Charakter des griechischen Mythos*. Munich, publication de l'Académie des Sciences.

l'origine. Les anciens mythes naturalistes, et non les mythes historiques, éthiques ou allégoriques des époques postérieures, ont été en Grèce l'expression même des sensations et des idées religieuses du peuple. De dogmes et de systèmes théologiques, point de trace encore. L'individualisme religieux de chaque tribu était absolu, si l'on excepte certaines notions fondamentales communes à toute la race indo-européenne, et que les diverses familles aryennes avaient emportées de leur berceau comme un héritage. Les transformations politiques qui, dans le cours des âges, par l'association ou par la conquête, firent des Hellènes une nation, ou du moins une patrie, une civilisation, l'Hellade, achevèrent le mélange et la fusion religieuse des tribus, déjà commencés par l'épopée nationale et la poésie religieuse et didactique des Homère et des Hésiode. En un sens Hérodote a dit avec toute raison que ces poètes « ont fait la théogonie des Grecs ». Pour la première fois, les formes vagues et flottantes des mythes grecs prirent un corps, une forme plastique aux contours arrêtés, un caractère individuel. On transporta dans le monde des dieux les généalogies des familles humaines, les dynasties royales, les institutions de la cité et les mœurs de l'agora. Les poésies homériques devinrent, pour la jeunesse qui les apprenait, une sorte de théologie et de canon liturgique, s'il est permis de s'exprimer ainsi, surtout à propos des Ioniens, toujours si jaloux de la liberté.

Ce qui n'est pas douteux, c'est que des mythes ainsi transformés, ne disant plus rien à la conscience populaire, s'évanouissent, et que l'unité primordiale des mythes et de la religion est dissoute [1]. Ce qui prouve que les besoins religieux du peuple grec n'étaient plus satisfaits par une sorte de religion d'État, de culte officiel, de plus en plus sec et artificiel, ce sont les mystères, les associations et les confréries pieuses de l'époque classique. Ces mystères n'étaient pas un retour à d'antiques révélations religieuses : c'étaient, au contraire, de nouveaux cultes institués par des hommes qui ressemblaient à tous les fondateurs d'ordres ou de dévotions nouvelles, par des prophètes, qui opposaient volontiers aux croyances naturelles une religion révélée, et qui apportaient aux âmes pieuses, dans la pompe des cérémonies nocturnes et dans le mystère des symboles, cet aliment du cœur et de l'imagination dont les foules ont encore plus besoin que de pain.

Et, en effet, c'étaient surtout les petits et les humbles, les gens de peu et les affligés qui se rendaient aux mystères d'Éleusis ou se faisaient

---

1. M. Bursian en apporte des exemples bien curieux ; on les trouvera dans son étude.

initier aux rites orphiques. L'idée mère de ces cultes est une conception pessimiste de l'existence, bien différente de celle des poésies homériques, où Achille dit qu'il aimerait mieux servir sur la terre chez un homme pauvre que de régner sur les ombres des morts. Depuis Théognis, on entend souvent chez les poètes, comme un refrain funèbre, ces paroles désolées : « Le meilleur pour l'homme, c'est de n'être point né; le plus grand bien qui puisse lui arriver ensuite, c'est de mourir le plus tôt possible. » L'écho gémit encore chez Ménandre : « Il meurt jeune celui qu'aiment les dieux. » Des pensées d'une mélancolie si profonde montrent ce qu'il y a d'incomplet et de faux chez les historiens qui ne voient en Grèce qu'un peuple de demi-dieux éternellement en fête. L'homme a souffert, pleuré amèrement sur l'Acropole d'Athènes comme sur les collines de la ville éternelle : la vue même du Parthénon ne l'a point consolé de la douleur de vivre.

Les Hellènes n'étaient pas une nation de libres et gais penseurs : il n'en est point, il n'en a jamais existé de telle, même en Grèce. Partout et toujours le peuple a besoin d'une religion : c'est la seule part d'idéal qui soit faite aux simples et aux malheureux. La plèbe de Milet, de Samos ou d'Athènes croyait infiniment moins aux dieux de l'Olympe, avec leur savante hiérarchie, qu'aux divinités locales et nationales, aux bons vieux dieux de la cité, voire de tel ou tel quartier, dont elle vénérait les images exposées au fond des antiques sanctuaires. Celles-ci n'étaient point de magnifiques œuvres d'art, des dieux d'or et d'ivoire, comme on en vit plus tard : c'étaient souvent de grossières idoles enfumées, des pieux de bois informes et à peine équarris, sortes de fétiches monstrueux, comme en vit encore Pausanias. A coup sûr, les adorateurs de tels dieux n'étaient pas de fins sceptiques. La populace crédule, fanatisée par des prêtres non moins superstitieux, en possession d'une tradition sacrée et de privilèges dans la cité, faisait bonne garde autour des sanctuaires.

Presque tous les libres esprits, Protagoras, Anaxagore, Aristote, Stilpon, Théophraste, Théodore l'Athée, et sans doute Diogène d'Apollonie, sans parler de Socrate, qui but la ciguë, du poète Diagoras de Mélos, dont la tête fut mise à prix, d'Eschyle, d'Euripide, etc., ont été persécutés ou exilés comme convaincus d'impiété. « Les dieux qu'Aristophane bafouait sur la scène tuaient quelquefois, » a écrit M. Renan. Quelles sont les causes véritables de l'animosité implacable d'Aristophane contre Euripide? Sans prendre la chose au tragique (Aristophane avait trop d'esprit pour rien prendre au tragique), pourquoi, dans les *Acharniens*, dans les *Chevaliers*, dans les *Nuées*, dans les *Guê-*

pes, dans les *Grenouilles*, bref dans toutes ses comédies connues et dans les fragments de celles que nous ne connaissons pas, Aristophane s'est-il complu à parodier le théâtre de celui qu'Aristote, dans sa *Poétique,* appelle « le plus tragique des poètes, » et que Racine a tant imité? Pourquoi, non content de se moquer du poète, Aristophane a-t-il livré à la risée des Athéniens les parents d'Euripide, la vie privée de l'ami de Socrate et jusqu'à ses prétendues infortunes matrimoniales?

Un pareil acharnement, chez un écrivain qui n'était pas un rival, ne s'explique que par une antipathie inconsciente, et partant insurmontable. Aristophane, on le sait, était une de ces puissantes natures d'une simplicité robuste et tout antique, d'un bon sens étroit, au large rire, épanoui et moqueur. Euripide, lui, ne riait guère, même en ses drames satyriques : c'était avant tout un sophiste dans le bon et vrai sens du mot, un philosophe, un savant, un homme d'étude, de méditation prolongée et d'analyse psychologique.

Contempteur des sciences et de la philosophie à la manière des conservateurs de tous les temps, Aristophane était l'homme du passé, le gardien jaloux des mœurs et des idées des ancêtres, le patriote entêté de la grandeur d'Athènes et de la gloire de ses eupatrides. Il évoquait volontiers le souvenir des temps d'Aristide et de Cimon, et ne se lassait point d'exalter la vieille poésie de Simonide et d'Eschyle. En politique, le gouvernement de Solon était son idéal. Euripide était l'homme des temps nouveaux, dédaigneux des croyances et des institutions anciennes, non moins sceptique à l'endroit des dieux qu'à celui de la patrie, et cependant penseur sentimental et chimérique, épris d'un vague idéal de démocratie et de cosmopolitisme.

L'accusation capitale lancée par Aristophane contre Euripide était celle d'impiété. On sait ce qu'avait de grave, de vraiment tragique, une telle accusation, chez ces Athéniens du grand siècle qu'on nous a si souvent dépeints comme un peuple de sceptiques et de libres penseurs. Ils avaient accompli naguère de trop grandes choses pour être si tôt devenus des gens du bel air. Des hommes d'esprit ne se seraient point fait tuer à Marathon. Les héros ont en général très peu d'idées.

D'ailleurs, moins la religion, presque toute en cérémonies liturgiques, avait de racines profondes dans l'âme des Athéniens, moins elle supportait la discussion ou l'examen. Aristophane n'était certes pas un grand théologien : s'il croyait comme tout le monde à l'existence des dieux, il n'y avait sans doute jamais réfléchi. Cependant il n'eût pas souffert qu'on l'accusât d'impiété, lui qui, dans les *Oiseaux* ou dans les *Grenouilles*, traitait le noble Héraclès comme un autre Ésaü, comme un stupide et vorace glouton, qui, pour un bon plat, perdrait l'Olympe. C'était là, on le comprend, une pieuse licence reçue des honnêtes gens, et qui rappelle les libertés que prenaient nos aïeux avec Dieu et ses saints : mais Euripide n'a point fait pis dans *Alceste*. Que dire du Dionysos efféminé, fanfaron et lâche, des *Grenouilles ?* Qu'on songe aussi à la piteuse mine qu'avait Hermès à la fin du *Plutus*. C'étaient là, je le répète, jeux de dévots en gaieté : nul ne doutait de l'existence des dieux.

Mais qu'un philosophe s'avisât, comme Euripide après tant d'autres, d'interpréter les mythes en physicien et de résoudre les croyances religieuses en leurs éléments naturels, — Zeus en éther, Déméter en terre, Aphrodite en force génératrice, etc., — voilà qui scandalisait les dévots d'Athènes. Quant à Euripide, il est plus facile de dire ce qu'il ne croyait pas que ce qu'il croyait : l'exemple d'Anaxagore l'avait rendu prudent. Ces dieux qu'il méprisait ou qu'il se figurait tout autrement que le vulgaire, il ne laissait pas de les faire paraître dans ses tragédies sous les formes traditionnelles de la mythologie populaire.

Euripide était un poète érudit : c'est surtout dans les livres de sa bibliothèque (une des premières que l'on mentionne) qu'il a puisé ce qu'il savait de la vie et des hommes, savoir amer, qu'on prend trop volontiers pour de la misanthropie ou de la bizarrerie. Un railleur d'un bon sens robuste comme Aristophane avait beau jeu à se moquer des théories philosophiques et cosmologiques d'un disciple de ces graves penseurs d'Ionie que nous appellerions aujourd'hui des physiciens et des physiologistes. On s'étonne que les préoccupations scientifiques reparaissent partout et toujours chez Euripide. Mais, mordez une fois au fruit de l'arbre de science : vous éprouverez qu'aucune de vos pensées, aucun de vos sentiments ne sauraient plus être ce qu'ils étaient avant.

Ceux-là seuls qui, comme Aristophane, sont étrangers aux spéculations de la science, c'est-à-dire à une conception systématique des choses, ne comprennent point ce que de telles préoccupations viennent faire dans une tragédie ou dans une œuvre d'art quelconque. J'avoue que les poètes sont rarement préparés à entendre un Anaxagore. S'ils le comprennent mal, ils deviennent fous à lier, et les contemporains comptent à bon droit, au nombre des fléaux et des malheurs publics, les préfaces et autres élucubrations de ces écrivains dévoyés. Mais ce n'était point le cas d'Euripide : celui-là avait compris à merveille les théories de ses maîtres, et si les fragments mêmes de ceux-ci avaient péri, on retrouverait presque toute leur doctrine dans les beaux vers du grand poète tragique.

Bref, Athènes eut bel et bien l'inquisition. Il y

avait une orthodoxie religieuse dans l'Athènes de Périclès comme dans le Paris de Voltaire, et, bien des siècles avant qu'on brûlât sur les marches du Palais les écrits des philosophes du dix-huitième siècle, on brûla sur l'agora d'Athènes les livres des Protagoras.

Sans doute il faisait meilleur vivre au sein des opulentes cités ioniennes des côtes de l'Asie Mineure, ou dans les colonies doriennes de la Sicile et de l'Italie méridionale. Le commerce et les alliances politiques avec les vieilles monarchies de la Lydie et de la Phrygie, toutes pénétrées des usages et des mœurs des grands empires de la Mésopotamie, avaient de bonne heure initié les Ioniens à toute sorte de raffinements de pensée et de politesse. Chez les riches marchands grecs de Milet, d'Éphèse ou de Samos, dans la bourgeoisie élevée d'où sortirent Thalès, Anaximandre, Héraclite, Pythagore, on était volontiers sceptique, d'une ironie enjouée et fine, à l'endroit des croyances religieuses du vulgaire. On voyageait beaucoup dans tout ce monde grec des îles ; à parcourir la terre, à visiter l'Égypte et les pays de l'Euphrate et du Tigre, on se formait le jugement, on acquérait cette conviction, — qui bouleversa tant d'âmes à l'époque des croisades, — qu'il y a sur la terre une multitude de religions, une grande variété de mœurs, toutes également fondées en apparence, si bien que très probablement aucune n'est vraie. D'ailleurs nul esprit de propagande ni de prosélytisme chez ces libres penseurs ioniens du sixième siècle. Comparés aux philosophes athéniens du cinquième et du quatrième siècle, si militants, ils présentent presque la même opposition que les penseurs anglais du dix-septième siècle et les philosophes français du dix huitième.

Dans un tableau complet de la pensée des Hellènes, la fameuse question de l'origine, indigène ou étrangère, de la philosophie grecque, ne pourrait guère être tout à fait négligée.

C'est une question de savoir si les diverses formes de civilisation humaine, apparues successivement dans le temps et dans l'espace, dérivent toutes de quelque forme élémentaire, ou si elles sont nées en quelque sorte spontanément et indépendamment les unes des autres. Aussi loin qu'il nous soit donné de remonter le cours des âges, quand nous apercevons, comme des oasis au milieu du désert, les empires d'Égypte, de Babylone et de Chine, quand nous découvrons les premiers monuments de l'industrie humaine aux époques préhistoriques, les races humaines sont déjà sorties, depuis d'énormes périodes, de ce qu'on appelle les commencements de la civilisation.

La raison admet sans peine que, comme les langues, les différentes formes de culture soient une production particulière du génie de chaque race. Mais, quoi qu'en ait dit Hegel, tout ce qui est rationnel est loin d'être toujours réel, et il se pourrait que cette doctrine historique eût le sort de celle qui enseignait naguère encore l'existence des centres de création. Le langage, qui remonte bien plus haut que l'industrie et la civilisation dans l'histoire de l'évolution de l'humanité, a les raisons de sa diversité originelle dans les différences organiques de la constitution psychique des races. Mais il semble bien que la culture proprement dite des peuples civilisés, l'industrie, les arts et les sciences, ait été transmise de proche en proche sur toute la terre habitée. En tous cas, les dernières découvertes de l'archéologie paraissent favorables à cette hypothèse.

Certes, s'il a jamais existé une race capable de créer une industrie, un art, une science, à la ressemblance de son génie, c'était celle des Hellènes. Cependant on sait que ce peuple a reçu des nations plus vieilles, de la Phénicie, de l'Assyrie et de l'Égypte, avec les procédés techniques et matériels, les premiers modèles de ses arts et les observations les plus anciennes, sur lesquelles se sont élevées les théories de ses savants. Sans doute, l'art et la science grecs n'en sont pas moins des œuvres d'une haute originalité. En tant qu'il n'y a de science véritable que du général, les Grecs sont bien plus les ancêtres spirituels de Copernic, de Kepler, de Galilée, de Newton et de Laplace, que les prêtres de Babylone et de l'Égypte. Toutefois, il ne convient plus de traiter avec dédain les générations innombrables d'obscurs ouvriers qui, par la lente accumulation des faits observés et notés au passage, dans les vallées du Nil et de l'Euphrate, ont préparé la voie où sont plus tard entrés les Hellènes et, à leur suite, les nations du monde moderne.

L'histoire des sciences démontre que ceux qui découvrent les lois des phénomènes, augmentent bien rarement les connaissances empiriques qui servent de bases à ces hautes généralisations. Aristote, et sans doute Démocrite, qui ont été le Bacon et le Spencer de leur siècle, en sont d'éclatants exemples. Il serait facile de montrer que, si le Stagirite a écrit l'encyclopédie des sciences de son temps, il ne les a point fait progresser. Ses disciples, et surtout les savants d'Alexandrie, ont fait infiniment plus à cet égard. Mais les fondements de la science grecque, comme ceux de toute science connue, plongeaient dans les profondeurs mystérieuses des sanctuaires de l'Égypte et de la Chaldée. De là l'intérêt des recherches historiques qui essaient d'établir dans quelle mesure une race, une nation, ont influé sur une autre race, sur une autre nation, au milieu de quelles circonstances des peuples de génies si divers se sont rencontrés, à quelle époque et dans quelles parties de la terre les civilisations souvent les plus hétérogènes se sont pénétrées d'une manière consciente ou inconsciente.

Tout d'abord, il convient de rappeler que, loin de dissimuler ce qu'ils devaient aux barbares, les Grecs étaient plutôt enclins à exagérer la sagesse des brahmanes, celle des mages ou des prêtres égyptiens. Les hypothèses aventureuses de quelques érudits modernes, tels que Gladisch et Rœth, qui prétendent retrouver dans la philosophie des Grecs un écho des doctrines égyptienne, juive, indienne et chinoise, ont bien dépassé les rêveries des philosophes néo-pythagoriciens et néo-platoniciens, sans parler des juifs et des chrétiens d'Alexandrie, pour qui la culture hellénique n'était guère qu'une contrefaçon naïve des révélations redoutables de la sagesse orientale.

Mais il faut se rappeler que déjà Hérodote faisait venir d'Égypte en Grèce, non seulement certains cultes et certaines doctrines, tels que le culte de Dionysos et la croyance à la transmigration des âmes (II, 49, 123) : il soutenait que les Grecs avaient emprunté aux Égyptiens les noms de la plupart de leurs divinités ! Les prêtres égyptiens, qui avaient fait ces contes à l'historien d'Halicarnasse, n'en restèrent point là : outre les mythes et les légendes religieuses, ils avaient donné aux Hellènes leur science et leurs lois. Ils racontaient, au dire de Diodore, pour l'avoir lu sur leurs papyrus, qu'Orphée, Musée, Homère et bien d'autres étaient venus dans la vallée du Nil, où l'on montrait même encore leurs reliques; que Pythagore leur devait sa géométrie, sa doctrine des nombres et sa foi en la métempsycose; Démocrite, ses connaissances en astronomie; Lycurgue, Solon et Platon, leurs lois et leurs constitutions politiques [1].

Que les peuples de l'Inde ancienne aient été en rapport avec les nations civilisées de l'Asie, les voyages des Phéniciens aux Indes, qui peuvent remonter au douzième siècle, et les connaissances astronomiques venues de la Chine en témoignent d'abondance. Bien que les noms des Babyloniens et des Chaldéens soient demeurés inconnus aux anciens Indiens, quelques éléments de leur culture ont dû pénétrer dans la grande péninsule de l'Asie méridionale. Lassen cite même des faits qui expliquent, dit-il, comment certaines doctrines de l'astrologie chaldéenne ont pu être communiquées aux Indiens dès les temps les plus lointains [2]. Mais, à ces hautes époques, les Hellènes ignoraient sûrement jusqu'au

---

1. Ed. Zeller, *Die Philosophie der Griechen*, I, 20-21, 25, 29, 39.
2. Christian Lassen, *Indische Alterthumskunde*. Zweite verbesserte und sehr vermehrte Auflage (Leipzig, 1867-1874), p. 1028-1034.

nom de leurs frères aryens de l'Inde. Le plus ancien écrivain grec qui, après Scylax, ait cité le fleuve Indus et plusieurs peuples de l'Inde, Hécatée de Milet, est né peu avant l'époque du bouddha Çâkyamouni. Ed. Zeller a fait justice, avec la critique moderne, des prétendus voyages de Pythagore au pays des brahmanes : c'est une fable des alexandrins. Quant à l'accord que l'on a cru découvrir entre la philosophie indienne, qui d'ailleurs est si peu connue, et celle de telle école de penseurs grecs, Lassen montre combien de pareils rapprochements sont arbitraires : il admet que les deux peuples ont trouvé leurs systèmes et leurs doctrines d'une manière indépendante.

Gladisch a rapproché la philosophie des Éléates de la philosophie védanta. Mais, ainsi que l'a remarqué Zeller, quoique cette philosophie enseigne que tout phénomène est une illusion et que la divinité seule est réelle, il s'en faut qu'elle nie la pluralité et le devenir avec la rigoureuse conséquence d'un Parménide. Cette doctrine a bien plus d'affinité avec le néo-platonisme qu'avec la doctrine éléatique de l'Être. Puis, la philosophie védanta n'est qu'une des nombreuses écoles philosophiques de l'Inde, une œuvre de réflexion avancée. La doctrine primitive de l'Inde, l'ancienne dogmatique de la religion brahmanique est tout autre. Son panthéisme naturaliste n'a rien encore de cette manière négative d'envisager le monde des phénomènes [1].

Bien loin que les Hellènes aient emprunté à l'Inde leurs connaissances les plus sublimes, c'est l'Inde qui a reçu de la Grèce les éléments mêmes de sa haute culture scientifique. Disons-le tout de suite : ce n'est pas seulement l'astrologie indienne, c'est aussi l'astronomie qui est dérivée de la science grecque antérieure et postérieure à Ptolémée. « Quand, chez un peuple qui n'a jamais su observer, a écrit M. Barth [2], qui n'a point de chronologie positive et bien reliée pour une époque tant soit peu ancienne, et qui jusque-là n'a eu qu'une astronomie grossière et totalement différente, on trouve tout à coup, plus ou moins exactes, plus ou moins bien comprises, l'évaluation des révolutions planétaires, celle de la précession des équinoxes, celle des inégalités périodiques et jusqu'aux constructions géométriques par lesquelles le génie d'Hipparque réussit presque à expliquer ces dernières, il ne reste qu'une chose à faire : — chercher à qui ce peuple a pris toutes ces choses qu'il n'a certainement pas trouvées de lui-même. » Le savant indianiste que nous venons de citer n'en doute pas : c'est à la science grecque que les Indiens ont été redevables de leurs connaissances supérieures en

---

1. E. Zeller, I: l., p. 3, de la 3ᵉ édit.
2. *Revue critique*, 21 mars 1874.

astronomie. Il ne suit pas, d'ailleurs, que cet emprunt ait été fait directement et d'un seul coup. M. Barth estime qu' « il est plus naturel d'admettre une infiltration lente de cette science exotique, s'opérant à travers cette longue période pendant laquelle nous voyons des ambassadeurs grecs résider aux cours indiennes, des comptoirs grecs s'échelonner sur les côtes, des rois grecs ou imbus d'idées grecques régner sur des provinces considérables et employer la langue grecque sur leurs monnaies, et où il n'était peut-être pas une cour indigène qui n'eût à son service quelque astrologue grec ou plutôt formé à l'école des Grecs, un de ces yavanâcâryas dont le nom est resté avec le souvenir. » On obtient ainsi, pour l'introduction de ces nouveautés dans l'Inde, un espace de plusieurs siècles jusqu'à l'époque d'Hipparque, et même au delà pour quelques-unes d'entre elles, telles que l'évaluation de l'année sidérale donnée par le Sûryasiddhânta, « évaluation qui n'est pas tout à fait la même que celle d'Hipparque et de Ptolémée, mais qui tient à peu près le milieu entre la leur et celle des Chaldéens, et qui, par conséquent, aurait pu à la rigueur arriver dans l'Inde, ainsi que les valeurs des révolutions planétaires, directement de Babylone, soit après, soit même avant Alexandre. »

Ce n'est qu'après l'expédition du conquérant macédonien que les Grecs possédèrent quelque connaissance véritable de l'Inde. Dans le tumulte des camps et au milieu des marches forcées, remarque très justement Lassen [1], les compagnons d'Alexandre n'avaient guère le loisir d'observer les coutumes et d'étudier les doctrines des Indiens. En outre, dans les parties de la péninsule que conquit Alexandre, la loi et les pratiques du brahmanisme n'étaient pas observées et suivies avec la même sévérité que dans l'intérieur du pays. Les Grecs de l'expédition durent se contenter de noter ce qui les avait plus particulièrement frappés. Seul, Mégasthène, qui avait séjourné dans la capitale du plus puissant des rois de la contrée à cette époque, a laissé une description assez exacte du pays et dépeint avec une rare pénétration la religion, les lois, les institutions et les mœurs des Indiens. Les voyageurs postérieurs ont peu ajouté à ce que Mégasthène avait appris aux Hellènes.

Il convient d'abord de considérer les temps qui ont précédé Alexandre. On sait que dans les plus anciens monuments de la littérature grecque, dans les poèmes homériques, les Éthiopiens sont un peuple qui habite aux « extrémités de la terre » : les uns demeurent où le soleil se couche, les autres où il se lève (*Odys.*, I, 22-24). Lassen pense que les Éthiopiens orientaux de ces poèmes peuvent

---

1. *Indische Alterthumskunde*, II, 626 et suiv.

être les Indiens, que les Grecs ne connaissaient pas encore par leur nom. Et de fait, les Hellènes ont attribué plus tard encore maintes choses aux Éthiopiens, qui appartiennent en propre aux Indiens. Ainsi, entre les fables où les animaux parlent et agissent, fables que l'on croit originaires de l'Asie centrale, et les fables dites d'Ésope, il y a longtemps qu'on a découvert les affinités les plus intimes. Or, c'est en Assyrie que la tradition grecque la plus authentique place l'inventeur des fables. « La fable, ô fils du roi Alexandre, — lit-on dans le recueil des fables ésopiques de Babrius, — est une antique invention des Syriens, — qui vivaient sous Ninus et Bélus. — Le premier, dit-on, aux enfants des Hellènes, — le sage Ésope récita ses fables. » Ce qui paraît bien indiquer que celles-ci sont, en effet, venues de l'Assyrie aux Hellènes, c'est qu'Ésope est appelé tantôt Lydien, tantôt Phrygien, et que l'Asie Mineure a été la route ordinaire qu'a suivie la culture des empires du Tigre et de l'Euphrate pour arriver aux Hellènes.

Mais tous ceux qui connaissent la tournure d'esprit des Assyriens n'admettront guère que ces rudes et lourdes populations aient inventé ces ingénieux petits poèmes, d'une finesse souvent si spirituelle : ils ont pu passer par l'Assyrie avant de pénétrer en Lydie et en Phrygie, et de là dans l'Hellade, mais sûrement ils venaient de plus loin. Or le peuple qui a produit le Pantchatantra paraît le seul qui, en Orient, ait pu créer ce genre [1]. Le plus ancien exemple d'une fable grecque, qui se retrouve également dans l'Inde, figurant dans les fragments d'un poème d'Archiloque, on voit que, dès le huitième siècle, le commerce intellectuel dont nous parlons avait déjà commencé entre les deux nations.

Le premier Grec qui ait visité l'Inde et écrit une relation de son voyage est Scylax de Caryanda. Hérodote raconte (IV, 44) comment il s'embarqua avec ses compagnons, sur l'ordre de Darius, vers 509, pour reconnaître le cours de l'Indus : il partit de la ville de Kaspatyros, ou mieux, comme écrit Hécatée, de Kaspapyros, de Kaschmir, descendit l'Indus, parvint à la mer, cingla vers le couchant et releva en moins de trente mois les côtes de la Gédrosie et de l'Arabie. C'est du livre de Scylax qu'Hécatée de Milet, né en 549, tira ce qu'il a su de l'Inde. Pour Hérodote, qui puisa à la même source, mais emprunta aussi quelques notions aux Perses (III, 105), les Indiens habitent à l'extrême Orient. L'Inde est, dit-il, du côté de l'aurore, le dernier pays habité, et ses quadrupèdes, ses oiseaux sont beaucoup plus grands que partout ail-

―――――――――

1. A. Wagner, *Essai sur les rapports qui existent entre les apologues de l'Inde et les apologues de la Grèce*, dans les *Mémoires des savants étrangers de l'Académie de Belgique*, t. XXV.

leurs, hormis les chevaux. De plus, elle a de l'or à profusion. Il s'y trouve des arbres sans culture, donnant pour fruit de la laine (du coton) plus belle et de meilleure qualité que celle des brebis ; les Indiens font usage de vêtements que leur fournissent ces arbres [1]. On remarquera, à propos de ce que nous avons dit plus haut de l'identité probable des Éthiopiens orientaux homériques avec les Indiens, qu'Hérodote parle d'Indiens dont la peau est noire comme celle des Éthiopiens [2] et qu'il dit également de l'Éthiopie qu'elle est « la dernière des contrées habitées », qu'elle abonde en or ainsi qu'en productions d'une beauté et d'une taille merveilleuses.

Nul doute qu'il ne faille voir, avec Lassen, dans ce passage d'Hérodote, la plus ancienne mention faite en Occident de brahmanes anachorètes : « Ces Indiens ne mettent à mort rien qui ait vie ; ils n'ensemencent point ; ils n'ont pas coutume de posséder des maisons, mais ils mangent certaines plantes et ils ont un grain en cosse, gros comme du millet, que la terre produit spontanément : ils le récoltent, le font bouillir dans sa cosse et s'en

---

1. III, 98, 106 cf. VII, 65.
2. Il s'agit ici des races aborigènes de l'Inde, races anthropophages, qui tuaient et mangeaient les malades et les vieillards. Hérodote parle aussi des tribus ichthyophages des marais de l'Indus. Tout cela est exact.

nourrissent. Celui qui tombe malade s'en va dans le désert et s'y couche ; nul ne s'inquiète s'il est mort ou vivant » (III, 100). On ne peut méconnaître dans ce récit les Vânaprastha qui se retiraient dans la forêt pour y vivre de racines et de fruits, et, loin des hommes, se vouaient jusqu'à la mort aux pratiques de l'ascétisme et de la contemplation.

Ctésias, qui composa son livre après être revenu en Grèce (398 avant J.-C.), sans le secours d'Hérodote ni des autres voyageurs antérieurs, semblait devoir laisser à la postérité les plus sûrs renseignements sur l'Inde. A la cour d'Artaxerxès Mnémon, dont il fut le médecin, Ctésias put non seulement interroger les Perses sur les nations de cette partie du monde, mais les Indiens eux-mêmes, car il témoigne en avoir vu quelques-uns de race aryenne. Malheureusement les extraits de son ouvrage, qui sont seuls venus jusqu'à nous, ont été faits vers le milieu du neuvième siècle, par un érudit byzantin, le patriarche Photius, avec une prédilection si vive pour le merveilleux, qu'il est impossible de juger en connaissance de cause la valeur véritable de l'ouvrage original. Je n'ai pas l'intention, qu'on le croie bien, de réhabiliter Ctésias. Il a certainement abusé de la crédulité naïve de ses concitoyens : mais il venait de si loin !

Ctésias a fort exagéré l'étendue géographique de l'Inde, et il a eu le tort de répéter, après Hérodote, que les Indiens habitaient à l'extrémité de la terre. Des fleuves de la péninsule, il ne connaît guère que l'Indus. Ce qu'il rapporte de la grandeur apparente du soleil dans l'Inde, de la chaleur et de l'absence de pluie, est de pure fantaisie : on sait que les pluies, au contraire, tombent dans l'Inde à des époques régulières. Il a du moins connu ces effroyables orages de l'Inde qui ressemblent à des convulsions de la nature en travail, et qui, mieux que tous les livres, expliquaient à Eugène Burnouf le caractère de la religion et de l'art des Hindous.

Ce que Ctésias a raconté des minéraux et des métaux, de la flore et de la faune de l'Inde est à l'avenant, du moins dans les extraits de Photius. Il serait bien étrange qu'il n'ait relaté que des merveilles, lesquelles tiennent une grande place dans son livre, et qu'il eût oublié de décrire les productions ordinaires de l'Inde. Ce fait peut s'expliquer si l'on songe que les écrivains classiques qui nous ont conservé des passages de ses écrits, ont dû s'attacher de préférence à ce qu'ils rencontraient d'extraordinaire et de merveilleux dans les récits du médecin d'Artaxerxès. Tandis que Ctésias parle fort au long d'animaux prodigieux et fantastiques, comment n'aurait-il rien dit des animaux utiles ou redoutés, des vaches, des lions, etc.? Or, il n'est pas douteux que son œuvre a contribué aux progrès de la zoologie grecque. Le fondateur de cette science, Aristote, s'est servi de sa relation de la faune indienne. On pourrait citer telle observation d'une parfaite exactitude, relative à la femelle de l'éléphant, par exemple, qui était nouvelle en Grèce quand Ctésias la publia.

Les descriptions des différents peuples de l'Inde sont également mêlées de vérité et de fiction. Toutefois, il n'avait pas plus inventé que Scylax l'existence de ces tribus fabuleuses, sortes de gnomes grotesques et monstrueux, que l'on retrouve dans les grandes épopées de l'Inde, le Râmâyana et le Mahâbhârata. Ctésias tenait ces contes populaires des Perses, auxquels les Indiens les avaient apportés. En revanche, Ctésias a le premier, chez les Grecs, eu connaissance de la terre sainte des Uttara Kuru; on ne trouve chez lui aucune mention des Hyperboréens, qui répondaient aux Uttara Kuru. Mais ce qu'il a rapporté des peuples réels de l'Inde a naturellement une haute importance. Ainsi il parle d'un peuple noir qui habitait au-dessus de la source du fleuve Hyparchos, c'est-à-dire, vraisemblablement, du Gange; ces hommes passaient leur vie dans la paresse, ne mangeaient pas de blé, et ne vivaient que du lait de leurs troupeaux de vaches, de chèvres et de brebis. Lassen a trouvé ce fait intéressant, parce qu'il prouve qu'à cette époque, sur le haut Gange, ou mieux dans l'Himâlaya, existaient encore quelques-unes de ces noires tribus aborigènes dont parle la grande épopée indienne.

A la même race appartenaient ces noirs *Cynocéphales* des sources du Gange et de l'Inde méridionale, presque dénués de toute industrie, qui habitaient dans les cavernes et se nourrissaient surtout des fruits de la terre et du lait des animaux. Ils savaient pourtant tanner les peaux de bêtes et s'en confectionnaient des vêtements. Ils possédaient de grands troupeaux d'ânes, de chèvres et de moutons. Bons chasseurs, d'ailleurs, et habiles à tirer de l'arc, ils torréfiaient en l'exposant au soleil la chair des animaux abattus. A l'abri des guerres et de la conquête dans leurs montagnes inaccessibles, ils apportaient chaque année des tributs ou des présents aux rois indiens de race blanche ou aryenne. En échange, on donnait à ces peuplades de la farine d'orge, des vêtements de coton, des flèches, des épées et des boucliers. Le nom indien de ce peuple, *Çunamukha*, « visage de chien », ne s'est conservé que dans un écrit encore inédit. C'était un terme de dédain donné par les conquérants à ces noirs aborigènes, car le chien était chez les Indiens un animal méprisé, et le nom de *Çvapâka*, « nourrisseurs de chiens », désignait une des plus basses castes.

En somme, Ctésias n'a vu l'Inde qu'à travers la Perse ; c'est de la bouche des Perses, non de celle des Indiens, qu'il a recueilli les *récits de son livre*;

si bien que même les noms étrangers qu'il a cru indiens sont souvent perses. Quand on prend garde au détour que ces récits ont fait pour parvenir de l'Inde dans la Grèce, on s'étonne presque qu'ils n'aient pas été plus déformés. Il est incontestable que l'auteur a brodé maintes histoires. Cependant cet heureux médecin a mérité qu'un savant comme Lassen, après plus de deux mille ans, témoignât pour lui, auprès des doctes, qu'il a bien mérité de l'histoire par ses descriptions assez complètes des productions de l'Inde occidentale et celles des mœurs et coutumes de ses habitants. Sans doute il en disait plus long dans son livre, mais cet ouvrage ne fut plus guère lu quand les conquêtes d'Alexandre eurent doté les Grecs de meilleurs écrits sur les contrées, les peuples et la civilisation de l'Inde.

Un fait qui témoigne bien plus de l'influence de l'Orient sur les commencements de la culture hellénique que tous les voyages plus ou moins légendaires des philosophes grecs, c'est que l'esprit scientifique s'est éveillé en Ionie, à l'est du monde grec, dans des cités en rapport avec l'Égypte, la Phénicie, l'Assyrie et la Perse. Que, dans le domaine de la mathématique, de l'astronomie en particulier, — pour ne rien dire ici des arts et de la civilisation matérielle[1], — ces nations eussent sur les Hellènes

---

1. Voyez nos *Études historiques sur les religions, les arts, la civilisation de l'Asie occidentale et de la Grèce.*

une avance de longs siècles, personne ne le conteste plus.

Et cependant, en dépit de toutes ces influences croisées, la philosophie grecque n'est pas moins originale que l'art grec. C'est que les matériaux d'une science ne sont pas la science. Toutes les observations sidérales des Chaldéens n'ont peut-être jamais constitué une astronomie. Les germes féconds du savoir humain qui, de divers côtés, furent portés en Grèce, y rencontrèrent un sol propice ; ils s'y développèrent, avec une vigueur incomparable, en une végétation géante. N'est-ce pas précisément dans la mathématique, dont les Hellènes avaient reçu du dehors les premiers éléments, qu'ils ont dépassé tous les peuples anciens ? Les spéculations sur l'origine et la substance de l'univers ne pouvaient prétendre à la solidité durable des résultats obtenus dans cet ordre de science. La même méthode, appliquée à des faits si différents, devait conduire ici à des progrès certains, là à des errements sans fin. Après les admirables conquêtes des mathématiques au dix-septième siècle, l'influence de cette discipline sur les systèmes de Descartes, de Spinoza et de Leibnitz a eu un effet analogue : ces systèmes ont eu du moins le mérite de délivrer le monde moderne des chaînes de la scholastique.

En Grèce aussi, les cosmogonies philosophiques et les explications naturalistes de l'univers ont dissipé les nuages mystiques qui planaient à l'origine sur le chaos et introduit, dans le domaine propre de la raison et de l'observation, des faits et des idées jusqu'alors abandonnés aux prêtres et aux poètes. L'origine de cette grande révolution de l'esprit humain doit être cherchée dans la contemplation réfléchie des réalités de l'univers, ou de ce qui paraît tel, non dans l'observation stérile d'un moi qu'on écoute vivre et penser. Pour tous les vieux penseurs de l'Ionie, le corps de l'homme vivant et animé sent et pense[1]. Ceux qui devaient découvrir dans le monde un plan et une volonté n'étaient pas nés encore. Aucune préoccupation des causes finales. Ni déisme, ni mysticisme, ni vague religiosité, aucune des grossières superstitions que devaient un jour propager dans l'Occident, avec le monothéisme, les races sémitiques.

1. Cf., entre autres, Arist., *de An.* III, 3, 427, a, 21 : οἵ γε ἀρχαῖοι τὸ φρονεῖν καὶ τὸ αἰσθάνεσθαι ταὐτὸν εἶναί φασιν.

CHAPITRE II

DÉMOCRITE ET L'ATOMISME.

Le progrès le plus considérable peut-être qu'on ait fait en aucun temps dans l'explication de la nature est dû à une philosophie, sans doute très ancienne, — la philosophie atomistique, — élaborée par Leucippe, mais portée par Démocrite au plus haut point de généralisation, de rigueur savante et de conséquence logique.

C'est un des coups de génie de Bacon de Vérulam d'avoir reconnu sans hésiter l'importance capitale de l'œuvre de Démocrite dans l'histoire de l'esprit humain ; il lui a rendu, parmi les philosophes grecs, la première place si longtemps usurpée par Socrate, Platon ou Aristote. Comme Thalès et Pythagore, Démocrite d'Abdère est sorti de la bourgeoisie riche et éclairée des colonies grecques orientales. Qu'aux lointains rivages de la Thrace un Hellène du cinquième siècle ait acquis le prodigieux savoir encyclopédique que toute l'antiquité accorde à Démocrite, voilà qui excite encore moins de surprise que d'admiration. Ici le doute n'est point possible; quoique au temps de Simplicius les écrits du vieux maître fussent déjà perdus, Aristote, Théophraste, Eudème, les avaient sous les yeux. Le Stagirite, un adversaire, le cite sans cesse, et toujours avec révérence. Il est probable qu'en ses études sur la nature, il lui est souvent arrivé d'emprunter à Démocrite sans le nommer. De tous les philosophes grecs, aucun n'a surpassé Démocrite en savoir et en génie : mathématique, sciences naturelles, éthique, esthétique, grammaire, etc., il possédait cet ensemble des connaissances humaines qu'on admire tant chez Aristote. A en juger par les fragments, ses livres de physique paraissent avoir été nombreux : c'est là qu'on trouvait ses principales idées philosophiques, exposées dans une langue claire, sobre, élégante, et qui, en sa simplicité, avait si grande allure, que les critiques anciens plaçaient à cet égard Démocrite à côté de Platon.

Ce n'est pas seulement la doctrine atomistique moderne qui remonte à Démocrite : les principes les plus élevés et les plus généraux de notre physique, l'idée grandiose d'une explication purement mécanique de l'univers, le sentiment de la nécessité et de l'aveugle fatalité des lois de la nature, mettant à néant toute téléologie, maintes analyses des sensations et de la conscience que professe la psychologie expérimentale contemporaine, et sans doute quelques-unes des hypothèses évolutionnistes de notre époque, ont aussi été introduits dans le monde par le philosophe d'Abdère. Pour s'en convaincre, il suffirait d'ouvrir le grand recueil de Mullach [1], et de commenter les principaux fragments de Démocrite. Ce n'est pas qu'on ignore communément ce fait; toutefois, les moins prévenus sont si portés à ne voir la philosophie antique qu'à travers Socrate, Platon et Aristote; et l'histoire de la philosophie, presque exclusivement écrite par des spiritualistes, a été si singulièrement faussée et dénaturée, qu'il peut n'être pas tout à fait inutile de rappeler brièvement quelques points de la doctrine du vieux maître.

Rien ne vient de rien et ne se perd en rien, μηδέν τ' ἐκ τοῦ μὴ ὄντος γίνεσθαι καὶ εἰς τὸ μὴ ὂν φθείρεσθαι. Dire que rien ne se crée et que rien ne se perd de ce qui existe dans l'univers, si bien qu'à travers toutes les transformations résultant de la rencontre ou de la séparation des éléments la quantité de substance reste la même, c'est énoncer les deux propositions fondamentales de la physique moderne, l'indestructibilité de la matière et la conservation de la force. Il était réservé à d'autres temps de découvrir toute la portée de ce principe, et d'y reconnaître la loi générale des forces mécaniques et

---

1. *Fragmenta philosophorum græcorum.* I, 330 et sqq.

moléculaires, l'axiome qui domine la physique, la chimie et la biologie. Mais, dès la haute antiquité hellénique, l'idée de la persistance de ce qui est, de ce que l'on considère comme le principe des choses, quel qu'il soit, apparaît chez tous les penseurs.

D'après Thalès, ce principe est l'eau; c'est, pour Anaximandre, une substance indéterminée; selon Héraclite, c'est le feu primordial où s'abîment et d'où renaissent périodiquement les mondes. Parménide niait, avec autant de force que Leucippe et Démocrite, que quelque chose pût commencer ou cesser d'être : l'être, conçu comme une sphère parfaite, est en quantité invariable dans l'univers; il est un et tout, et rien ne se peut imaginer en dehors de lui. Si les Éléates méconnaissaient la pluralité des choses, c'est qu'on ne saurait concevoir ces modes de la substance sans l'existence du vide, et que le vide est un non-être. Leucippe en convenait, mais il pensait pouvoir rendre raison de la réalité des phénomènes, de la naissance et de la mort, de la pluralité et du mouvement des corps, en admettant cette existence d'un non-être, ou du vide, à côté de l'être ou du plein.

Les atomistes allèrent jusqu'à dire que l'être n'existe pas plus que le non-être, parce que le vide et les corps existent également. L'être cessa d'être l'Un des Éléates pour devenir une multitude infinie en nombre de particules matérielles en mouvement dans le vide. Dès lors tout ce qui arrive dans le monde, les changements et les transformations de la substance, se réduisent à l'union et à la séparation de ces corpuscules. Même conception chez Empédocle et chez Anaxagore. Mais, que ces philosophes aient fait tout venir des modifications d'une substance unique par voie de raréfaction et de condensation, ou qu'ils aient expliqué les causes de tous les phénomènes par la forme, l'ordre, et la position des particules ultimes des corps, ils se sont du moins accordés à regarder le principe des choses comme incréé, immuable et impérissable.

C'est une vérité presque banale, et qu'il est pourtant toujours bon de rappeler, que les Grecs admettaient naturellement l'éternité de la matière existant par soi-même. Au contraire, comme l'a noté M. A. Bain en examinant ce qu'il faut penser de la preuve dite de « l'inconcevabilité du contraire, » beaucoup d'hommes des temps modernes prétendent que l'existence par soi de la matière est absolument inconcevable. Nul doute que l'influence des religions monothéistes, avec leur dogme de la création, n'ait amené chez les chrétiens cette grave modification mentale dans la conception du monde. Quoi qu'il en soit, l'idée de l'éternité de la matière et de la persistance de ce qui la constitue à travers toutes les transformations est générale chez les philosophes grecs[1]. Or, si l'on examine au point de vue de nos connaissances actuelles la valeur relative des différentes théories édifiées par ces antiques penseurs, on constate, d'une part, que « quelque vraisemblance peut être accordée au rêve que faisaient les anciens d'atteindre une dernière unité fondamentale, au milieu de la diversité en apparence infinie de la nature[2], » et, d'autre part, que « nous sommes ramenés à l'*atomisme* professé par Démocrite, par Gassendi, par Descartes. Mais, ajoute M. de Saint-Robert, si ce n'était alors qu'un système philosophique à l'appui duquel on ne pouvait fournir aucune des preuves sérieuses que réclame la science véritable, aujourd'hui c'est une hypothèse physique que beaucoup de faits sont venus étayer, et qui est bien près de devenir une vérité[3]. »

Rien n'arrive par hasard, mais tout arrive d'après une raison et par nécessité, οὐδὲν χρῆμα μάτην γίνεται, ἀλλὰ πάντα ἐκ λόγου τε καὶ ὑπ' ἀνάγκης. Si l'on prend garde que la « raison » n'est que la loi mécanique et mathématique suivie de toute nécessité par les atomes en mouvement dans le cycle éternel de la production et de la destruction des mondes,

---

1. Toutes les écoles hindoues de philosophie ignorent également la création *ex nihilo*, qu'il s'agisse du monde matériel ou du monde immatériel.

2. Alex. Bain, *Logique*, II, 179-80 de la trad. franç.

3. P. de Saint-Robert. *La nature de la force*, dans la *Conservation de l'énergie*, par Balfour-Stewart, p. 201.

on reconnaîtra que la téléologie n'a point de place dans ce système. C'est la plus éclatante défaite de cette « ennemie héréditaire des sciences de la nature, » ainsi que l'a appelée Albert Lange. Ce n'est pas le hasard, l'aveugle destin, qui domine toute cette conception, comme on l'a tant de fois répété après Cicéron.

Pas plus que l'univers, le moindre phénomène n'est l'œuvre du hasard : le monde est gouverné par des lois fatales, expressions abstraites des rapports naturels des choses. Pour que la science pût apparaître, il fallait écarter résolument toutes les interprétations anthropomorphiques et religieuses de la nature, il fallait bannir sans pitié du gouvernement de l'univers les intentions morales et les vues rationnelles de l'homme, en un mot, il fallait exorciser jusqu'au fantôme des causes finales.

Aristote s'en plaint; Bacon y applaudit. Tant que le divin ou le surnaturel intervient en quoi que ce soit dans les événements du monde, il n'y a point de science de la nature. Croire à une finalité de l'univers, à un idéal qui se réalise, à une conscience qui se fait, à une loi de développement interne des choses, c'est encore croire aux miracles. Quand la foudre éclatait dans les cieux embrasés, quand les comètes[1] apparaissaient, que le soleil ou

---

1. C'est ainsi qu'il faut traduire ici ἄστρων συνόδους, v. Ed. Zeller, *Die Philos. der Griechen*, p. 757. Cf. p. 724.

la lune s'éclipsait, dit Démocrite, les hommes des anciens jours s'effrayaient, convaincus que les dieux étaient les auteurs de ces prodiges, θεοὺς οἰόμενοι τούτων αἰτίους εἶναι.

Rien n'existe véritablement que l'atome et le vide, ἐτεῇ δὲ ἄτομα καὶ κενόν. « On a ici, a écrit Lange, en une seule proposition, le côté fort et le côté faible de toute atomistique [1]. » Il rappelle que le fondement de toute explication rationnelle de la nature, de toutes les grandes découvertes des temps modernes, a été la réduction des phénomènes au mouvement des plus petites particules de la matière. Nul doute que, sans la réaction contre les recherches naturelles qui partit d'Athènes, et que personnifie Socrate, l'antiquité ne fût arrivée, sur cette voie qu'elle avait trouvée, à d'importants résultats.

C'est par l'atomisme qu'on explique encore aujourd'hui les lois du son, de la lumière, de la chaleur, des actions nerveuses, bref, de tous les changements chimiques et physiques que subissent les choses. Mais, aussi peu aujourd'hui qu'à l'époque de Démocrite, on ne saurait expliquer la moindre sensation de son, de lumière, de chaleur, de goût, etc. « Mal-

---

[1]. *Geschichte des Materialismus*, I, 15 ; p. 16 de la trad. française due à M. B. Pommerol, excellent travail, aujourd'hui terminé (1879), mais dont nous n'avons pu faire aucun usage, nos études sur le beau livre de Lange, publiées dans une revue spéciale, la *Revue philosophique*, ayant paru avant.

gré tous les progrès de la science, malgré toutes les transformations de l'idée d'atome, l'abîme est demeuré aussi grand, et il ne diminuera point si l'on n'arrive à constituer une théorie complète des fonctions du cerveau, et à indiquer exactement, avec leur origine et leurs suites, les mouvements mécaniques qui répondent à la sensation ou, en d'autres termes, qui la font naître. » Ainsi, d'après Lange, il n'est point douteux que la science ne parvienne à ramener toutes les actions de l'homme, et partant toutes ses pensées, aux dégagements de force nerveuse qui ont lieu dans le cerveau, consécutivement aux excitations des nerfs, d'après les seules lois de la conservation de l'énergie : mais il nous est *éternellement* interdit de trouver le terme intermédiaire qui sépare la sensation du processus nerveux. Avec tout le respect qu'impose la parole d'un tel maître, il est peut-être permis de faire ici d'expresses réserves. Outre que l'on commence à ne plus voir dans le mouvement nerveux et dans la pensée qu'un seul et même fait envisagé sous deux faces différentes, au point de vue objectif et au point de vue subjectif, — explication qui simplifie très fort le problème, si elle ne le résout pas encore, — il est toujours téméraire de faire des prédictions à si long terme. Qu'est-ce que l'homme, d'ailleurs, pour parler de l'éternité ?

Ce qui est vrai, et ce que presque tout le monde

admettra avec Lange, en vertu du principe de l'inconcevabilité du contraire, c'est que Démocrite a eu raison de montrer le caractère absolument subjectif de nos sensations : *c'est dans l'opinion qu'existe le doux, dans l'opinion l'amer, dans l'opinion le chaud, dans l'opinion le froid, dans l'opinion la couleur; rien n'existe en réalité que les atomes et le vide*, νόμῳ γλυκύ, [καὶ] νόμῳ πικρόν, νόμῳ θερμόν, νόμῳ ψυχρόν, νόμῳ χροιή· ἐτεῇ δὲ ἄτομα καὶ κενόν. L'influence de l'école éléatique paraît ici, comme plus haut, dans la conception de l'être. Démocrite transporte aux qualités sensibles des corps ce que les Éléates disaient du mouvement et du changement : elles ne sont qu'une pure apparence. Les différences de toutes choses, disait Démocrite, dérivent de la diversité des atomes qui les constituent, quant au nombre, à la grandeur, à la forme et à la situation[1]. Point de différence qualitative, point « d'états internes » des atomes : ils n'agissent les uns sur les autres que par pression et par choc.

Ainsi la nature de nos impressions subjectives dépend des divers groupements des atomes en figures qui rappellent les *schemata* de nos chimistes. Il n'y

---

1. Arist. *Metaphys.* I, III. « Ils disent que les différences de l'être viennent de la configuration, de l'arrangement et de la tournure ; or, la configuration c'est la forme, l'arrangement c'est l'ordre, la tournure c'est la position. Ainsi A diffère de N par la forme, AN de NA par l'ordre, et Z de N par la position. »

a dans la nature ni couleur, ni saveur, ni odeur, etc. : il n'y a que des arrangements d'atomes, des figures ou *schemata*, qui, en assaillant sur tous les points les organismes vivants, y déterminent l'apparition de ces notions tout à fait subjectives. A chaque saveur, par exemple, correspond une figure atomique ; au doux, un schéma constitué par des atomes ronds et assez grands ; à l'aigre, des figures fort grandes, âpres, raboteuses et anguleuses, etc. « Le schéma existe en soi (καθ' αὐτό), mais le doux et en général la qualité de la sensation, n'existe que par rapport à autre chose...[1] » Toute sensation est ainsi ramenée à une sorte de sensation tactile, à une modification du toucher. Les opinions que nous avons d'une chose dépendent de la manière dont elle nous affecte, et la même chose pouvant affecter différemment différentes personnes et nous-mêmes selon les temps et les circonstances, elles sont toutes également vraies et également fausses. L'essence véritable des objets, la seule réalité, l'atome, échappe à nos prises et se dérobe inaccessible. Voilà pourquoi l'homme vit plongé dans un monde d'illusions et de formes trompeuses que le vulgaire prend pour des réalités. Il semble qu'on entend encore l'accent amer et triste du philosophe d'Abdère dans ces mots : *A vrai dire, nous ne savons rien : la*

---

1. *Fragmenta philosophor. græcor.* (Mullach.) I, 362.

vérité se trouve au fond de l'abîme, ἐτεῇ δὲ οὐδὲν ἴδμεν· ἐν βυθῷ γὰρ ἡ ἀληθείη [1].

Démocrite n'est pourtant pas un sceptique, bien qu'on ne puisse douter que le scepticisme de ceux qui l'ont pris pour maître ne fût en germe dans sa doctrine. Il distinguait, paraît-il, entre la réflexion (διάνοια) et la perception sensible (αἴσθησις), et, quoique toutes deux eussent même origine [2], il croyait pouvoir ajouter autant de certitude à celle-là qu'il en refusait à celle-ci. La proposition fondamentale de Démocrite : *rien n'existe en réalité que les atomes et le vide*, témoigne assez, nous le répétons, qu'il n'est pas un sceptique, bien que l'expérience n'ait rien pu lui apprendre sur l'essence et le principe des choses, sur les atomes. L'atomisme, en effet, repose comme toute explication universelle sur une hypothèse transcendante, et le matérialisme n'échappe pas plus que l'idéalisme à la métaphysique. Mais avec ces vieux penseurs de l'Hellade il ne faut pas trop insister sur la critique et l'analyse psychologiques. Quelques-uns ont eu le mérite très grand de poser le problème de l'origine de nos connaissances presque dans les mêmes termes que Locke, et de pressentir, d'indiquer

---

1. *Ibid.* — Démocrite exprime la même pensée sous huit formes différentes, p. 357-358.
2. Zeller, *Die Philosophie der Griechen*, I, 740-741.

même, les difficultés que nous trouvons encore insurmontables.

Le système du monde de Démocrite est l'œuvre d'un physicien et d'un mathématicien de génie. Les atomes sont infinis en nombre et d'une infinie diversité de formes. Dans un éternel mouvement de chute à travers l'espace infini, les plus gros, tombant le plus vite, rebondissent sur les plus petits ; les mouvements latéraux et le tourbillon d'atomes qui en résultent sont le commencement ou l'origine de la formation des mondes. D'innombrables mondes se forment ainsi et périssent contemporainement ou successivement. Qui n'est frappé de la grandeur de cette conception ? En tout cas, elle s'accorde mieux avec nos idées actuelles que celle d'Aristote, qui prouve *à priori* qu'en dehors de notre monde il ne saurait en exister un autre. L'hypothèse cosmique de Démocrite nous frapperait davantage si Épicure et si Lucrèce ne l'avaient répandue par le monde, non sans la modifier toutefois en quelques points secondaires.

Ainsi, Épicure admettait bien que les atomes fussent infinis en nombre, mais il ne croyait point qu'ils fussent infiniment différents de formes. Plus importante encore est l'innovation qu'il introduisit dans le système pour expliquer l'origine des mouvements latéraux ou de la déclinaison des atomes. Mais c'est par la base, on peut le dire, que pèche toute cette théorie, et Aristote, d'accord ici avec la physique moderne, n'a pas manqué de le noter. Démocrite prétend que les gros atomes tombent d'une chute plus rapide et rebondissent sur les plus petits. Mais, objecte Aristote, dès qu'on admet l'existence du vide, c'est-à-dire d'un espace dénué de milieu matériel, — ce qu'il tient pour impossible, — tous les corps doivent y tomber également vite, les différences observées dans la rapidité de la chute des corps correspondant aux différentes densités des milieux parcourus, tels que l'eau, l'air, etc. Épicure a dû se rendre à l'évidence de cette intuition de génie, et enseigner que, dans le vide, tous les corps tombent également vite. Il est sans doute inutile d'ajouter que, ne connaissant pas la théorie de la gravitation, les anciens n'avaient qu'une idée empirique de la chute des corps. C'est un axiome pour les atomistes que les corps *tombent* en droite ligne dans le vide, à peu près comme des gouttes de pluie. Dès qu'il n'a plus été permis d'admettre que les gros atomes, emportés par une chute plus rapide, rebondissaient sur les plus petits, aucune hypothèse plausible n'a jamais pu expliquer la possibilité d'une rencontre ou d'un choc d'atomes, condition indispensable à la production d'un monde. Quant au mouvement, Démocrite, ainsi qu'Épicure et Platon[1], le considérait comme éternel.

1. Arist. *Metaphys.* XII, 6, 1071, b, 31. ἀεὶ γὰρ εἶναί φασι κίνησιν.

L'anthropologie de Démocrite est infiniment moins remarquable que sa cosmologie. Il enseigne, comme on sait, que l'âme est formée d'atomes fins, polis et ronds, semblables à ceux du feu; ces atomes sont d'une mobilité extrême; ils parcourent incessamment tout le corps, dans lequel ils entrent à chaque inspiration, et auquel ils procurent le mouvement, la vie, la pensée, — la pensée dans le cerveau, la colère dans le cœur, le désir dans le foie. La mort n'est rien de plus que la séparation des atomes animés du corps devenu inanimé; comme ils n'y peuvent rentrer et qu'ils se dispersent, la conscience individuelle s'évanouit du même coup. Ainsi, comme chez Diogène d'Apollonie, l'âme est une matière particulière. Cette matière animée, ces atomes de feu, qu'absorbent à tout moment en leurs tissus les êtres organisés, sont répandus dans l'univers entier et produisent partout, avec le mouvement et la chaleur, l'âme et l'intelligence. C'est parce qu'il y a dans l'air beaucoup d'âme et de raison disséminées, que nous les respirons, et non seulement nous, mais les plantes [1].

Ce n'est pas, Zeller l'a remarqué, pour trouver un principe supérieur d'explication des choses que

—————
1. Arist., *de Plant.*, c, 1, 815, b, 16. ὁ δὲ Ἀναξαγόρας καὶ ὁ Δημόκριτος καὶ ὁ Ἐμπεδοκλῆς καὶ νοῦν καὶ γνῶσιν εἶπον ἔχειν τὰ φυτά.

Démocrite admet l'existence de cette sorte d'atomes : ils n'ont rien de commun avec le νοῦς d'Anaxagore ni avec l'âme du monde platonicienne. Bien que l'âme ne soit pas le corps, et que Démocrite n'ait considéré celui-ci que comme la tente ou la demeure (σκῆνος) de l'âme, — l'âme est constituée par une simple variété de corpuscules matériels : c'est un phénomène résultant de la nature géométrique de certains atomes dans leurs relations avec d'autres atomes. En d'autres termes, les sensations et les pensées ne sont rien de plus que des changements ou modifications du corps, des processus corporels[1].

L'âme est un cas spécial de la matière en mouvement; les *mouvements rationnels*, les processus de la sensibilité, de la pensée et de la volonté, doivent être réductibles, comme tous les autres mouvements connus, aux lois générales de la mécanique. Cette idée est devenue évidente, si j'ose dire, pour tous les psychologues; on vient d'en voir l'origine. Certains réalistes naïfs croient même le problème déjà résolu. Admettons un instant qu'il le soit et qu'il existe des tables de mouvements nerveux comme il existe des tables de mouvements astronomiques : il restera à décou-

---

1. Stob. *Ecl.* Ed. Gaisf. II, 765. Λεύκιππος, Δημοκράτης (—όκριτος) τὰς αἰσθήσεις καὶ τὰς νοήσεις ἑτεροιώσεις εἶναι τοῦ σώματος.

vrir ce qu'est une impression, une sensation, une pensée ; bref, tout demeurera aussi obscur qu'aujourd'hui dans le domaine de l'intelligence ; à moins qu'abêti par le positivisme, l'esprit de l'homme n'en vienne à trouver le repos et le suprême contentement dans la haute explication qui définit la pensée une propriété du cerveau.

L'éthique du grand ancêtre de la philosophie matérialiste dérive naturellement de sa théorie de la connaissance : il a trop bien distingué l'essence véritable des choses des vaines apparences sensibles pour placer hors de nous, dans le monde extérieur, le bonheur de notre vie.

Ce n'est que dans la paix et l'impassible sérénité de l'âme, dans la modération des désirs et la pureté du cœur, surtout dans la culture étendue et raffinée de l'esprit, que l'homme trouve la plus haute félicité. C'est, comme on voit, une philosophie du bonheur. Ce qui tient l'âme en joie est l'utile ; ce qui la trouble est le contraire. Voilà pourquoi tous les biens extérieurs, l'or, la beauté, la volupté des sens, alors même qu'ils n'éveillent en nous aucune convoitise, ne peuvent être que des accompagnements, non la fin de cette belle harmonie où l'âme se recueille et s'enchante.

Cette morale, aussi éloignée de celle d'Épicure que de l'égoïsme raffiné du dix-huitième siècle (en dépit des apparences), manque assurément du criterium de toute morale idéaliste, c'est-à-dire d'un principe de nos actions directement tiré de la conscience et posé indépendamment de toute expérience. Mais, pour avoir le droit de la trouver inférieure, il faudrait montrer qu'il y a autre chose dans la conscience que des notions purement empiriques à l'origine, et que ce n'est point par un artifice de langage, par un sophisme, qu'on essaie d'ériger au-dessus des faits l'idée du bien et celle du devoir.

Il serait bien étrange qu'après avoir éliminé toute téléologie, Démocrite eût oublié d'expliquer l'apparente finalité des organismes vivants par le principe de l'évolution naturelle et par la concurrence vitale. Cette doctrine, en effet, qui sous un nom nouveau a reparu dans la science, était très répandue en Grèce à l'époque de Démocrite. Il admire fort la belle ordonnance du corps humain, mais on ne voit pas qu'il en ait cherché les causes dans le développement des appareils et des organes rudimentaires. Il y a sans doute ici une lacune, non du système, mais de la tradition qui nous l'a transmis. Car on sait, par Épicure et par Lucrèce, que le problème de l'origine et de l'évolution des êtres a été très anciennement résolu par les matérialistes en un sens purement mécanique.

Cette théorie était, on peut le dire, populaire dans les grandes et brillantes cités de la grande Grèce, puisque Empédocle l'avait exposée en vers. Ce que Darwin, appuyé sur une quantité considérable de connaissances positives, a fait pour notre temps, a dit Lange, Empédocle l'a fait pour les penseurs de l'antiquité. Ce n'est pourtant pas un matérialiste que ce philosophe, qui paraît bien avoir inauguré en Grèce la fameuse doctrine des quatre éléments : il a séparé la matière de la force. Je veux dire qu'à côté et au-dessus des éléments matériels, Empédocle a supposé l'existence de deux forces, l'Amitié et la Discorde, qui jouent à peu près le rôle de l'attraction et de la répulsion dans la genèse des phénomènes naturels.

La théorie de l'origine des êtres vivants qu'il nous a conservée, dans ses livres de physique, n'en a pas moins une importance capitale. Il nous montre les végétaux apparaissant d'abord, puis les poissons; les différents organes des animaux pullulaient, isolés, yeux sans visage, bras sans corps, etc.; des monstres naquirent de ces monstres; la nature s'essaya en créations informes; elle produisit des êtres à deux visages, à double poitrine, des androgynes (v. 315-16),

μεμιγμένα τῇ μὲν ἀπ' ἀνδρῶν,
τῇ δὲ γυναικοφυῆ.

Toutes les combinaisons organiques apparurent au sein des eaux et sur la terre, en cet immense champ de carnage où, dans la lutte pour l'existence, les êtres les mieux doués survécurent seuls et se reproduisirent.

Telle aurait été l'origine des êtres, nés de la rencontre des éléments matériels sous l'action des forces de la nature. A ce propos, Ueberweg a remarqué qu'on pourrait comparer cette théorie à la philosophie de la nature de Schelling et d'Oken et à la théorie de la descendance de Lamarck et de Darwin, quoique, d'ailleurs, cette doctrine n'explique point par la combinaison d'éléments hétérogènes, mais, au contraire, par une différenciation successive de formes très simples, la genèse des être organisés.

CHAPITRE III

LES SOPHISTES ET LES CYRÉNAÏQUES.

Le sensualisme des sophistes est une des formes du matérialisme. Le matérialiste associe en un couple indissoluble la sensation avec la matière agissant par choc ou contact sur l'organisme, si bien qu'il ne surprend, même dans les processus les plus complexes de la conscience, qu'une suite et une transformation des mouvements matériels du monde ambiant. Le sensualiste nie que nous sachions quelque chose de la matière, en tant que réalité extérieure, car nos sensations ne sont que *pour nous*, et nous ignorons leur rapport véritable avec la chose *en soi* qu'elles sont censées représenter. La sensation devient ainsi la seule et unique matière de nos idées, le seul objet de connaissance qui soit immédiatement donné à la conscience.

Cette doctrine, on l'a vu, avait déjà été produite par Démocrite lui-même, puisque, en dehors de l'existence des atomes et du vide, il ne reconnaît à tout le reste, en particulier à nos sensations subjectives de saveur, de son, de couleur, etc., aucune réalité, sinon dans l'opinion. Le matérialisme de Démocrite forme donc la transition entre la conception du monde purement objective des anciens physiciens et la philosophie subjective des sophistes. C'est ainsi que Locke est venu après Hobbes, Condillac après La Mettrie.

Le sensualisme n'est à son tour qu'une philosophie de transition qui peut mener à l'idéalisme, — de Hobbes à Berkeley par l'intermédiaire de Locke, — car dès qu'on n'accorde plus d'existence réelle qu'à la sensation, les choses, déjà dépouillées de toute qualité propre, oscillent de plus en plus dans le vague et finissent par s'évanouir. L'antiquité, toutefois, n'a pas été aussi loin.

On conçoit donc la haute importance, dans l'histoire de la pensée, de Protagoras et des autres sophistes. Les temps ne sont plus où le mot de sophiste n'éveillait qu'une idée de mépris. Ces penseurs n'ont guère été mieux traités des historiens de la philosophie que les matérialistes, et, en dépit de Hegel et des philologues allemands, malgré Grote et Lewes, il est à craindre que pendant un demi-siècle encore on ne continue chez nous à les juger fort mal. Depuis Platon et Aristote, en effet, s'il est une opinion regardée comme vraie et de tous points évidente, c'est que les sophistes ont été une peste morale pour Athènes et pour les autres cités grecques de l'Ionie, de la Sicile et de l'Italie. Dans la tradition, Socrate est le grand, l'infatigable adversaire de la secte des sophistes.

Or, qu'étaient en réalité les sophistes ? Le mot qui les désigne, loin d'avoir été une injure, était au sixième et au cinquième siècle le nom qu'on donnait, d'une manière générale, à tous les lettrés, aux poètes, aux philosophes, aux maîtres voués à l'enseignement, si bien que Socrate, Platon et Aristote sont appelés « sophistes » tout comme Homère, Solon, Pythagore, Protogoras, Gorgias et Isocrate. Les sophistes étaient les maîtres de *sagesse* pratique qui enseignaient tout ce que devait savoir un Grec bien élevé, désireux d'arriver aux premières charges de l'État. Dans les cités grecques du cinquième siècle où la forme du gouvernement était la démocratie, nul ne pouvait devenir un citoyen éminent, puissant, illustre, s'il ne l'emportait sur ses concitoyens par une raison plus haute et plus éclairée, par un art plus délié, par une habileté extraordinaire à exposer devant le peuple les idées qu'il voulait faire adopter, les causes qu'il désirait voir triompher. Ceux qui apprenaient aux jeunes gens l'art de penser et d'agir étaient les sophistes. Ils préparaient les hommes à la vie civile. Leur but était de faire des orateurs, des administrateurs, des hommes d'État. Quiconque désirait *acquérir du renom dans la cité* allait les trouver. Les sophistes passaient leur vie sur l'agora ; ils possédaient une grande expérience des affaires et une longue pratique des hommes ; riches et honorés, ils furent souvent députés comme ambassadeurs aux diverses cités grecques.

Croire qu'un sophiste était une sorte de charlatan qui enseignait à ses élèves l'art de parler de tout sans avoir rien appris, est vraiment bien naïf. Imagine-t-on les élèves d'un tel maître à la tribune d'Athènes, ou devant les juges du dikastérion ? Ils auraient fait rire la Grèce entière d'un de ces éclats de rire qu'Homère prête aux dieux de l'Olympe. On ne pouvait se tromper plus lourdement qu'en faisant des sophistes une secte de philosophes, une école dogmatique, un corps enseignant en possession de doctrines et de méthodes parfaitement définies. On ne croit plus qu'ils aient eu en propre une argumentation dialectique dont l'effet aurait été de démoraliser et de pervertir les Hellènes.

C'est presque uniquement Platon qui, dans ses dialogues, présente les sophistes sous un jour aussi peu favorable ; Xénophon ne l'a pas plus suivi ici qu'ailleurs. Platon, qui ne nomme pas une seule fois Démocrite, témoignait, à la manière de tant d'autres idéalistes, sa haine contre les doctrines en calomniant les personnes. Cet artiste incomparable ne comprit rien au génie de ces autres artistes pleins de finesse et de goût. Comme tous les croyants, il n'admettait pas qu'on pût être de bonne foi en niant la vérité, la justice et les dieux. Avouer qu'on ne sait rien, et surtout qu'on ne peut rien savoir, lui semblait une mauvaise action. Cet aveu des sophistes nous paraît pourtant un exemple admirable de bon sens, de sincérité, d'esprit.

« Protagoras est le premier, a écrit A. Lange, qui partit, non plus de l'objet, de la nature extérieure, mais du sujet, de l'être spirituel de l'homme. » C'est un précurseur de Socrate ; c'est à lui, non à Socrate, qu'il convient de faire remonter l'origine de la réaction contre le matérialisme qui va commencer.

L'atome n'est plus, pour Protagoras, la chose en soi : la matière lui paraît, au contraire, quelque chose d'indéterminé, dans un flux et reflux perpétuel, en une sorte d'écoulement sans fin, comme s'exprime Héraclite ; bref, elle est ce qu'elle paraît être à chacun. *L'homme est la mesure de toutes choses, de l'être en tant qu'il est, du non-être en tant qu'il n'est pas.* Πάντων χρημάτων μέτρον ἄνθρωπος· τῶν μὲν ἐόντων ὡς ἔστι, τῶν δὲ οὐκ ἐόντων ὡς οὐκ ἔστι. A-t-on jamais mieux dit que les idées que nous nous formons des choses dépendent de nos sensations, et que nous ne pouvons connaître que celles-ci ? Ainsi est écartée toute conception rationnelle *à priori* portant un caractère de nécessité et d'universalité. Rien n'est tel ou tel dans la nature que parce qu'il est senti d'une certaine manière. La même température paraît au même individu tantôt fraîche, tantôt étouffante : or les deux impressions qu'il éprouve sont également vraies.

Si toute pensée est vraie pour celui qui la pense, il n'y a point de proposition qui puisse être contredite. D'où cet axiome fameux : *on peut sur toute chose faire valoir le pour et le contre*, δύο λόγοι εἰσὶ περὶ παντὸς πράγματος ἀντικείμενοι ἀλλήλοις. Jusqu'où allait ce scepticisme élégant et léger, cette fine incrédulité aussi étrangère aux méthodes scientifiques qu'au lourd dogmatisme des croyants et des philosophes, on le voit par les premiers mots du traité sur les *Dieux* qu'avait composé Protagoras : « Quant aux dieux, je ne puis dire s'ils existent ou non ; bien des raisons m'en empêchent, entre autres l'obscurité de la question et la brièveté de la vie humaine. »

Si, pour l'homme, tout n'est qu'illusion et vaine apparence dans le monde, s'il ne connaît les choses que par la manière dont elles l'affectent, de sorte qu'elles ne sont rien de plus pour lui que ce qu'elles lui semblent être, ce n'est pas seulement la vérité qui, d'absolue, devient *relative*, qui, de vraie, devient *vraisemblable :* les idées morales, toujours subordonnées aux notions de l'entendement, comme la volonté l'est à l'intelligence, subissent la même transformation, et le juste, le bien, l'utile, ne sont plus que ce qui paraît tel à chacun. Ces conséquences éthiques du subjectivisme de Protagoras et des sophistes sont les principes mêmes d'Aristippe de Cyrène et de l'école cyrénaïque. On y soutient que rien n'est en soi juste, honnête ou honteux, et que ces distinctions ne viennent que des lois et de la coutume. Μηδέν τε εἶναι φύσει δίκαιον ἢ καλὸν ἢ αἰσχρόν, ἀλλὰ νόμῳ καὶ ἔθει[1]. Je ne pense pas que le sensualisme dût nécessairement enfanter cette philosophie. Épicure lui-même ne s'accorde pas plus que Démocrite avec Aristippe. Il n'est même pas certain que ce philosophe se rattache avec pleine conscience à la tradition de Protagoras. Ce qui ne fait aucun doute, ce sont ses rapports avec Socrate.

Mais peut-être ne faut-il pas chercher bien loin l'origine de la philosophie du plaisir. Aristippe était sorti, lui aussi, de la bourgeoisie opulente et sceptique d'une des plus puissantes colonies du monde grec. Quand il vint de la côte d'Afrique à Athènes, il inclinait déjà, nous dit-on, à penser que le plaisir était la fin de l'homme. A la cour des Denys, en Sicile, où il rencontra Platon, il paraît tomber dans le matérialisme pratique qu'on suivait

---

1. Diog. Laert. II, 8.

d'instinct à Corinthe aussi bien qu'à Syracuse, et qui n'a rien de commun avec l'austère doctrine du matérialisme théorique. Aristippe se flattait pourtant de n'être point l'esclave de la volupté tout en se livrant à elle. Ἔχω, οὐκ ἔχομαι, disait-il, en parlant de Laïs. Il était aussi trop éclairé pour ne distinguer point entre τὸ πάθος et τὸ ἐκτὸς ὑποκείμενον καὶ τοῦ πάθους ποιητικόν, entre nos impressions subjectives et la chose en soi, située hors de nous, qui les produit. Ce que nous sentons ou connaissons n'existe que dans notre conscience; la chose en soi existe aussi, mais nous n'en pouvons rien dire de plus.

Aristippe croyait donc, à l'exemple de son maître Socrate, pouvoir négliger la recherche des causes physiques, sous prétexte que cette étude ne peut donner aucune certitude. Il distinguait deux modes de sentir, la douleur et le plaisir : celui-ci était un mouvement doux, l'autre un mouvement violent. Ainsi, loin de faire consister le bonheur dans le calme, le repos et la paix de l'âme, exempte de douleur et de crainte, les Cyrénaïques réduisaient presque toute félicité humaine au plaisir inséparable du mouvement. Ils déclaraient le plaisir un bien, quelle que fût son origine, et, comme les voluptés des sens excitent chez le vulgaire les sensations les plus vives, ils plaçaient les jouissances et les douleurs corporelles au-dessus de celles de l'âme.

Nous ne demandons pas mieux que de reconnaître qu'Aristippe est un moraliste d'une rare conséquence. Qui ne croit plus au vrai ne peut pas croire au bon, du moins au sens physique de ce mot. Comparés aux Cyniques, les Cyrénaïques paraissent des gens lucides et de grand sens à côté de maniaques orgueilleux et stupides. Ils ont le mérite de n'avoir pas reculé devant le fantôme de la morale. Depuis, on ne l'a plus osé. Ceux-là même qui ont confessé, avec le caractère relatif, purement humain, de nos connaissances, le néant de nos efforts pour étreindre cet univers qui nous fuit d'une fuite éternelle, ont planté sur les ruines de la science de l'absolu le drapeau de la conscience morale, et affirmé que si tout était apparence et duperie, le devoir, au moins, n'était pas une vanité. Qu'en savent-ils ?

CHAPITRE IV

L'ÉCOLE D'ATHÈNES.

Trois grands noms, Socrate, Platon, Aristote, représentent la réaction contre le matérialisme et le sensualisme dans l'antiquité.

Le matérialisme avait considéré tous les phénomènes de la nature comme réductibles à des lois générales et nécessaires : les philosophes de l'école d'Athènes opposèrent à la Nécessité une Raison imaginée à la ressemblance de celle de l'homme, introduisirent dans le monde la lutte de ces deux principes, et brisèrent le fondement même de toute science de l'univers. Ainsi, dans le *Timée*, l'Intelligence (νοῦς) et la Nécessité (ἀνάγκη) sont à la fois les causes divine et naturelle du monde : « Supérieure à la Nécessité, l'Intelligence lui *persuada* de diriger au bien la plupart des choses qui naissaient, et c'est ainsi, parce que la Nécessité *se laissa persuader* aux conseils de la sagesse, que l'univers fut d'abord formé[1]. » Le matérialisme concevait la conformité au but, c'est-à-dire la capacité purement mécanique d'adaptation qui permet aux êtres d'exister, comme la fleur et l'épanouissement de la nature, sans rien sacrifier de l'unité de son principe d'explication ; la réaction combattit avec fanatisme en faveur d'une téléologie qui dissimule mal un plat anthropomorphisme. Enfin le matérialisme avait surtout cultivé les mathématiques et la physique, seul domaine où l'homme pût acquérir des connaissances d'une valeur durable ; la réaction spiritualiste sacrifia l'étude de la nature à celle de la morale, et lorsque Aristote, dans son œuvre encyclopédique, reprit en critique tous les vieux problèmes de la physique ionienne, ce fut pour les fausser à jamais par l'intrusion de l'éthique dans la physique.

Avec Lange[2], nous estimons que « le pas en arrière » n'est point douteux ; ce qui l'est, ce sont les progrès dont on fait honneur à l'école d'Athènes.

---

1. *Tim.* 48 α. Νοῦ δὲ ἀνάγκης ἄρχοντος τῷ πείθειν αὐτὴν τῶν γιγνομένων τὰ πλεῖστα ἐπὶ τὸ βέλτιστον ἄγειν, ταύτῃ κατὰ ταὐτά τε δι' ἀνάγκης ἡττωμένης ὑπὸ πειθοῦς ἔμφρονος οὕτω κατ' ἀρχὰς ξυνίστατο τόδε τὸ πᾶν. Cf. 56 c. Le dualisme est encore plus expressément posé 68 e, où il est dit qu'il nous faut distinguer deux sortes de causes, l'une *nécessaire*, l'autre *divine*, δύ' αἰτίας εἴδη..., τὸ μὲν ἀναγκαῖον, τὸ δὲ θεῖον.

2. *Geschichte des Materialismus und Kritik seiner Bedeutung in der Gegenwart*, I, 38.

A Socrate, on doit l'illusion des définitions, qui supposent un accord chimérique entre les mots et les choses; à Platon, la méthode qui étaie hypothèses sur hypothèses et qui ne croit atteindre la plus haute certitude, la plénitude de l'être même, que dans les abstractions les plus vides, c'est-à-dire dans le néant; à Aristote, enfin, la « fantasmagorie » de la chose en puissance et en acte et la construction artificielle d'un système clos et achevé une fois pour toutes, d'une encyclopédie renfermant en soi tout le savoir humain. On ne nie pas l'influence immense de l'école d'Athènes sur l'éducation de la plus grande partie de l'espèce humaine, du siècle d'Alexandre à l'époque de Hegel. Cette influence a-t-elle été heureuse ou funeste pour la raison de l'homme ? Voilà ce qu'il est permis de rechercher.

Athènes était une ville sainte, Socrate un homme du peuple. Pour émancipé qu'il fût, sa conception des choses n'en était pas moins essentiellement religieuse. D'ailleurs, point de figure plus étrange. Deux mille ans ont passé sur ce masque de Silène aux gros yeux de taureau, au rictus énorme, et pas une ride n'a été effacée par les siècles[1]. Nous le voyons toujours, comme au temps d'Alcibiade, dans les gymnases et sur les promenades d'Athènes,

---

1. Plat., *Conviv.* XXXII. Cf. aussi le *Banquet* de Xénophon, ch. IV et V.

dès le matin, sous les platanes de l'Agora à l'heure où elle est pleine de monde, le reste de la journée aux endroits les plus fréquentés de la foule. Qui voulait l'entendre, écoutait, car il discourait sans cesse et prouvait aux gens qu'à tort ils s'étaient crus bons, justes, vertueux, sans savoir seulement ce qu'étaient bonté, justice, vertu. Sous le méchant manteau troué qui le couvrait hiver comme été, on voyait un corps robuste et sain, assoupli par les exercices du gymnase. C'était un bon hoplite et un excellent citoyen que ce sage en plein vent.

Souvent il s'arrêtait, immobile, au milieu du chemin, et semblait écouter des voix intérieures. Le bruit de la rue ou la fraîcheur du soir le tirait de son extase; il rentrait dans sa pauvre maison, prenait un peu d'eau dans une amphore d'argile posée à terre, mangeait quelques olives, s'enveloppait de son manteau et se couchait sur un coffre. Ces voix, ce démon, ce dieu, qu'écoutait Socrate, n'étaient point sa conscience : la voix était réelle, et l'oreille seule pouvait l'entendre. En proie « à un mal divin, » à ces « extravagances démoniaques » dont parle le décret d'accusation, les sens et l'esprit de ce grand halluciné créaient des conceptions délirantes qui, semblables à celles de Jésus ou de Mohammed, ont eu plus d'action sur l'humanité que les graves et doctes enseignements d'un Démocrite ou d'un Épicure. C'est que, dans son ensemble, notre espèce est plus près de la folie que de la raison. Socrate a été le révélateur du dieu de l'Occident.

La frivole croyance aux causes finales, la foi exaltée jusqu'au fanatisme en une constitution téléologique de la nature, voilà ce qui, bien mieux que la connaissance de soi-même, et la prétendue science des définitions, peut servir à caractériser dans Socrate l'adversaire des anciennes traditions de la philosophie grecque. On sait avec quelle amertume le Socrate du *Phédon*[1] raconte quelle fut sa désillusion lorsque, ouvrant les livres d'Anaxagore, « il vit un homme qui ne faisait aucun usage de l'intelligence, » τῷ μὲν νῷ οὐδὲν χρώμενον, qui ne donnait aucune raison du bel ordre de l'univers, ou plutôt lui donnait pour causes des airs, des éthers, des eaux, et beaucoup d'autres choses aussi absurdes !

Il avait d'abord éprouvé une vive joie à l'idée qu'il allait lire dans Anaxagore que « l'Intelligence est la cause de tout, » τὸ τὸν νοῦν εἶναι πάντων αἴτιον. S'il en était ainsi, elle devait avoir ordonné et disposé toutes choses en vue du meilleur et du plus utile, et le but des investigations de l'homme dans la nature devait être de retrouver partout les traces de ce dessein. Après lui avoir dit que la terre est plate ou ronde, Anaxagore aurait

---

1. 97 c. — 99 d.

dû lui en expliquer la cause et la nécessité, en lui prouvant que cette forme était celle qui convenait le mieux à la terre. De même, si Anaxagore lui enseignait qu'elle était au milieu du monde, il fallait qu'il lui montrât que cette place était pour elle la meilleure possible. Bref, les explications de la physique ne devaient tendre qu'à faire connaître ce qui est le mieux pour chaque chose et le bien de toutes en commun.

Rien ne montre mieux que la téléologie est d'origine *éthique* et se résout au fond en anthropomorphisme. L'architecte du monde est une personne intelligente et morale. L'univers est l'œuvre d'une intelligence conçue à la ressemblance de celle de l'homme. Le monde est expliqué par l'homme, et non pas l'homme par le monde. Socrate aperçoit dans les phénomènes naturels une pensée et des actions réfléchies, un plan et des intentions qui se réalisent, selon ce qu'il observe dans sa propre conscience [1]. D'abord un but ou une fin de chaque chose et de toutes choses, voilà la supposition nécessaire ; ensuite une matière et une force

1. On voit bien ici que la fameuse doctrine de l'identité de la pensée et de l'être plonge par ses racines dans la théologie : elle suppose que l'intelligence d'une âme du monde ou d'un dieu, — intelligence qui ne diffère qu'en degré de celle de l'homme, — a tout conçu et pensé selon une logique et des lois rationnelles identiques aux nôtres, si bien que, par un bon exercice de sa raison, l'homme peut concevoir et repenser l'œuvre divine.

qui manifestent dans l'univers ce qui a été pensé et voulu. C'est déjà l'opposition aristotélicienne de la matière et de la forme avec la doctrine de la finalité. Sans s'occuper de physique, Socrate montre les voies où cette science entrera et demeurera si longtemps. Certes, la téléologie de Platon sera moins grossièrement anthropomorphique que celle de Socrate, qui croit que tout a été fait par une cause intelligente pour l'utilité de l'homme; chez Aristote, le progrès est plus sensible encore, bien que, comme l'a remarqué Lange, un grand nombre de notions éthiques, empruntées à la nature humaine, aient été introduites par lui dans l'étude et la conception du monde. Toutefois, à ces trois degrés de développement, la téléologie était également inconciliable avec la science véritable et désintéressée de la nature.

Jamais on n'a plus insisté que Socrate sur la distinction chimérique des choses divines et humaines. Il croyait que les dieux se révèlent à ceux qu'ils favorisent et il les interrogeait au moyen de la divination. Il va jusqu'à attribuer sa maladie (δαιμονᾷν) à ceux qui sont assez fous, dit-il, pour faire remonter à la prudence humaine, et non à la volonté des dieux, des événements comme ceux-ci : « L'homme qui épouse une belle femme pour être heureux, ignore si elle ne fera pas son tourment; celui qui s'allie aux puissants de la cité, ne sait pas s'ils ne le banniront pas un jour, » etc.[1]. Il discourait sans cesse « de tout ce qui est de l'homme. » Les relations, les devoirs, les actions et les souffrances des hommes, voilà l'objet favori de ses éternelles interrogations, de ses subtilités dialectiques, infiniment moins instructives que celles de ces sophistes chez lesquels il prétend combattre l'apparence et l'opinion du savoir sans la réalité.

Et lui, que savait-il de la réalité ? Socrate avait commencé par bannir toute recherche sur la nature et l'origine de l'univers, sur les lois mêmes des phénomènes célestes : c'était là un domaine réservé aux dieux. Socrate faisait aux savants une objection qu'on entend encore tous les jours dans la bouche des paysans ignorants et grossiers : une fois instruits des lois des phénomènes, pouvaient-ils faire à leur gré les vents, la pluie, les saisons ? Que le savant fût satisfait de savoir comment se produisent les phénomènes sans prétendre les diriger, qu'il pût aimer la science pour la science, voilà ce que cet homme pratique n'imaginait même pas.

En général, Socrate envisage toutes les hautes questions scientifiques avec le bon sens étroit et borné des gens du peuple. Il approuvait l'étude de la géométrie jusqu'à ce qu'on fût capable de

---

1. Xenoph., *Memor.*, I, I, § 8.

« mesurer exactement une terre; » cela pouvait servir à vendre, acheter, diviser ou labourer des terrains ; pousser cette étude plus loin lui semblait un mal, car il n'en voyait pas « l'utilité. » L'astronomie ne lui paraissait bonne qu'à indiquer les divisions du temps; mais il tenait pour « inutile, » et même pour sacrilège, l'étude des révolutions des planètes et des étoiles fixes, les spéculations sur leur distance relative et sur les causes de leur formation. La raison véritable qui, selon Socrate, devait détourner les hommes de l'astronomie considérée comme une mécanique céleste, c'est que « ces secrets sont impénétrables aux hommes, et qu'on déplairait aux dieux en voulant sonder les mystères qu'ils n'ont pas voulu nous révéler[1]. » A ses yeux, Anaxagore était un grand fol d'avoir voulu expliquer les mécanismes des dieux, τὰς τῶν θεῶν μηχανάς.

Ainsi l'astronomie, la physique, toutes les sciences de la nature, n'importent qu'en tant qu'elles peuvent être appliquées aux arts et métiers. La science pure, les théories abstraites, les hypothèses cosmologiques, bref, ce qu'on a appelé jusqu'ici la philosophie, Socrate dénonce tout cela comme autant d'entreprises impies contre les dieux ! Si l'homme veut sortir de sa sphère, s'élever au-

---

1. Xenoph., *Memor.*, IV, vii, § 6.

dessus des connaissances de ses semblables, Socrate lui conseille de s'adonner purement et simplement aux pratiques surnaturelles, à la mantique, à la divination[1]! On demeure confondu quand on songe que Socrate, contemporain de Démocrite, a été loué pour avoir pensé et parlé de la sorte. Voilà les textes mêmes qu'ont présents à l'esprit tous les historiens de la philosophie qui, depuis Cicéron, redisent à l'envi que Socrate a fait descendre la philosophie du ciel sur la terre; voilà les titres fameux à la reconnaissance du genre humain qui ont fait donner le nom de « père de la philosophie » à cet esprit superstitieux, à ce bizarre lunatique, à ce naïf cause-finalier!

Pour être juste envers Socrate, qui le fut si peu envers tant de grands et profonds esprits, il faut uniquement le considérer comme un homme d'une originalité puissante, surtout comme un réformateur religieux. S'il est vrai de dire qu'il a façonné ses dieux sur le modèle humain en contemplant le mirage des causes finales, il convient d'ajouter qu'il a trouvé dans sa téléologie les preuves de sa démonstration de l'existence et de la providence des dieux. Ainsi, celui qui dès l'origine *a fait* des hommes, ὁ ἐξ ἀρχῆς ποιῶν ἀνθρώπους[2], leur a donné,

---

1. Xenoph., *Memor.*, § 10. Συνεβούλευε μαντικῆς ἐπιμελεῖσθαι.
2. *Ibid.*, I, iv, § 5.

« dans une vue d'utilité, » des oreilles pour entendre, des yeux pour voir, des narines pour sentir les odeurs, une langue pour éprouver les saveurs, des paupières, des cils et des sourcils pour protéger l'œil, des incisives pour couper, des molaires pour broyer, etc. Les dieux, qui font briller la lumière du jour pour que nous puissions distinguer les choses, répandent les ombres sur la terre quand nous avons besoin de repos. Alors, au milieu des ténèbres, ils allument les astres qui nous indiquent les heures de la nuit; outre les divisions de la nuit, la lune nous indique aussi celles du mois. Les dieux font sortir de la terre notre nourriture; ils nous donnent l'eau, le feu, l'air, les animaux. Ils aiment et chérissent l'homme ; ils veillent sur lui avec la plus grande sollicitude. « J'en suis à me demander, dit Euthydème, si l'unique occupation des dieux ne serait pas de veiller sur l'homme [1]. » Voilà l'œuvre des dieux ; c'est ainsi qu'ils se manifestent ; il suffit de contempler leur ouvrage pour les vénérer et les honorer sans attendre qu'ils se montrent à nous sous une forme sensible. « Quant à celui qui dispose et régit l'univers, dans lequel se réunissent toutes les beautés et tous les biens, et qui, pour notre usage, maintient à l'univers une vigueur et une jeunesse éternelles, qui le force à une obéis-

---

1. Xenoph., *Memor.*, IV, III, § 9.

sance infaillible et plus prompte que la pensée, ce dieu se manifeste dans l'accomplissement de ses œuvres les plus sublimes, οὗτος τὰ μέγιστα μὲν πράττων ὁρᾶται, tandis qu'il reste inaperçu (ἀόρατος) dans le gouvernement du monde [1]. »

On le voit, Socrate est déjà monothéiste. Si c'est un mérite, il l'a tout entier, car le νοῦς d'Anaxagore n'a en réalité rien de commun avec le dieu socratique dont la terre et les cieux racontent la gloire, et dont la foudre et les vents sont les ministres [2], ainsi que dans les *Psaumes*. Sans doute, le monothéisme de Socrate l'Athénien n'est pas exclusif comme l'a été celui des Juifs et des Arabes d'une certaine époque, puisqu'à côté de la divinité suprême il admet l'existence d'autres dieux qu'il fait seulement descendre à un rang inférieur. Ceux qui croient qu'il est d'une plus haute philosophie d'adorer un seul dieu que plusieurs, ne sauraient, à cet égard, hésiter entre Socrate et les maigres enfants des déserts de l'Arabie : le dernier rabbi circoncis qui expliquait la *Thorah* dans les synagogues de Jérusalem l'emportait de beaucoup sur le maître de Platon. Mais si Socrate est encore éloigné du dogme de l'unité divine, il n'en est que plus pieux, puisqu'il paraît bien qu'il faut pour plusieurs dieux plus de religion que pour un seul. Qu'un tel homme

1. Xenoph., *Memor.*, § 13.
2. *Ibid.*, § 14.

ait néanmoins été accusé d'impiété, il n'y a rien là de très étonnant. Dans tous les siècles, on l'a dit souvent, ce sont les réformateurs religieux, non les libres penseurs, que l'orthodoxie a crucifiés ou brûlés. Or, le rationalisme religieux de Socrate qui, tout en conservant les pratiques extérieures du culte, interprétait à son sens les croyances antiques, constituait un attentat contre la religion nationale du peuple et contre les traditions sacrées des prêtres. Socrate était bien un réformateur religieux, un théologien hérétique : il devait périr comme périrent Jésus, Jean Huss et Jérôme de Prague.

Peut-être avons-nous trop insisté sur Socrate : c'est que le fondateur de l'école d'Athènes laisse déjà nettement paraître, avec une vérité et une naïveté bien rares, le caractère et les principes de la philosophie nouvelle, qui devait porter à l'ancienne les plus rudes coups, et qui lui dispute encore, dans l'Europe moderne, l'empire du monde. Il suffira donc d'indiquer l'attitude de Platon dans la réaction contre le matérialisme antique. Ce sont surtout les germes d'erreur manifeste contenus dans la doctrine de Socrate qui devaient se développer chez Platon. Socrate est une manière de rationaliste ; Platon passe, au contraire, pour un mystique et un enthousiaste. A ce propos, Lange s'est efforcé de concilier Zeller, qui tient Platon pour un poète, et Lewes, qui, dans son *Histoire de la philosophie*, a combattu d'une manière assez originale cette opinion traditionnelle[1].

Aux sophistes qui, réduisant toute science aux impressions individuelles, déclaraient ne rien connaître en dehors du relatif et du particulier, Socrate avait opposé la notion du général déjà conçue dans un sens transcendant. Persuadé que les objets n'avaient point reçu arbitrairement leurs noms, il avait imaginé que les mots devaient répondre à la nature intime des choses. Or, Platon, tout pénétré d'abord de la philosophie d'Héraclite, de la doc-

---

[1]. Jeune, Platon a composé des vers, nous dit Lewes ; plus tard il a écrit contre la poésie. A lire ses *Dialogues*, on ne se le représente point comme un rêveur, comme un idéaliste, au sens vulgaire du mot : c'est plutôt un dialecticien très fort, un penseur abstrait, un merveilleux sophiste. Sa métaphysique est à ce point subtile que les savants seuls n'en sont pas rebutés. Point de moraliste, de politique moins romantique. — Soit ; mais Lewes rabaisse plus que de raison l'artiste, le poète incomparable. Zeller, au contraire, l'exalte outre mesure. Lange intervient et déclare les deux façons de voir également vraies en un sens. Ainsi, Platon est incontestablement un artiste ; il n'est pas un mystique. L'âpreté de sa dialectique et l'inflexibilité de ses conceptions dogmatiques contrastent, il est vrai, avec la libre allure poétique de la pure spéculation. Il faut pourtant admettre chez Platon la coexistence de la plus haute poésie avec la dialectique la plus abstraite et la logique la plus impitoyable. Cette confusion de la science et de la poésie produira les plus étranges aberrations dans la philosophie des âges suivants. Certes, le platonisme a été très souvent mêlé aux doctrines mystiques, et les néo-platoniciens, quelque éloignés qu'ils aient pu être du véritable esprit de Platon, n'en sont pas moins des représentants de la tradition platonicienne. Cependant la moyenne Académie, avec son bon sens sceptique, se rattachait à la même tradition.

trine de l'écoulement et de l'instabilité des phénomènes, associa cette doctrine avec l'idée du général, telle qu'elle se dégage des définitions socratiques. Le général, présentant seul quelque chose de persistant et de stable, fut doué d'une existence réelle ; au contraire le particulier, les phénomènes, emportés dans un perpétuel devenir, n'eurent plus à proprement parler d'existence. La séparation absolue du général et du particulier eut pour premier résultat de faire attribuer à celui-là une vie propre en dehors et au-dessus de celui-ci. Ainsi, ce n'est pas seulement dans les belles choses que réside le beau, ni le bien chez les hommes bons : le beau et le bien existent en soi, inaccessibles et éternels, au-dessus des êtres ou des choses qui passent en les reflétant un moment.

Ce n'est pas le lieu de parler de la doctrine platonicienne des idées. Il est trop évident que nous avons besoin du général et de l'abstraction pour construire la science et toute science. Pour être connu, tout fait particulier doit être élevé au-dessus du sens individuel. La science est supérieure à l'opinion. Toutefois, Socrate, Platon et Aristote ont été dupes des mots ; ils ont cru que l'existence d'un mot impliquait l'existence d'une chose, partant qu'un vocable général et abstrait, —beauté, vérité, etc., — correspondait nécessairement à quelque haute réalité. On est ainsi conduit dans le domaine des mythes et des symboles. L'individu se perd dans l'espèce et l'espèce dans un prototype imaginaire [1]. On peut bien concevoir un type idéal du lion ou de la rose, mais l'idée platonicienne de ces êtres est tout autre chose : elle n'est pas visible, car tout ce qui est visible appartient au monde instable des phénomènes ; elle n'a point de forme dans l'espace, car elle ne saurait être étendue ; on ne peut même l'appeler parfaite, pure, éternelle, car tous ces mots impliquent quelque notion sensible : on n'en peut donc rien dire, non plus que du néant.

Cette idée est pourtant perçue par la raison, comme les objets sensibles le sont par les sens. Entre ceux-ci et celle-là l'abîme est insondable. Tandis que la raison conçoit ce qu'il y a de général et d'éternellement stable dans les choses, les sens n'atteignent que les apparences éphémères d'un monde qui fuit et s'écoule comme l'eau d'un fleuve. Aux noumènes on oppose les phénomènes. Or, a dit Lange, en faisant un triste retour sur la fortune de ces doctrines, l'homme n'a point de raison, il n'a aucune notion d'une faculté qui, sans le secours des sens, percevrait le général et le suprasensible ; il ne saurait connaître quoi que ce soit sans les sensations et les impressions qu'elles lais-

---

[1]. A. Lange, *Geschichte des Materialismus*, I. 57.

sent dans les centres nerveux. Alors même qu'il soupçonne que l'espace avec ses trois dimensions, le temps avec son présent qui émerge du néant pour y retomber sans fin, ne sont rien de plus que des formes de son entendement, l'homme reconnaît qu'il n'est pas une seule des catégories de la raison qui ne soit l'œuvre de la sensibilité.

CHAPITRE V

ARISTOTE

C'est chose reçue qu'à Platon on doit opposer Aristote, la spéculation *a priori* à l'expérience rationnelle. La vérité est que le système aristotélicien unit en soi, non sans contradiction, avec l'apparence de l'empirisme, tous les défauts de la philosophie de Socrate et de Platon. Telle est du moins l'opinion à laquelle nous sommes arrivé, après Lange, qui a emprunté ses principaux arguments au savant ouvrage d'Eucken[1] sur la méthode de l'investigation aristotélique. Nulle part, en effet, les vices de cette méthode ne sont mieux indiqués. Cependant si Aristote n'a guère fait de découvertes dans les sciences de la nature, Eucken l'attribue encore au manque d'instruments, comme si l'histoire ne nous montrait pas que le progrès des sciences dans les temps modernes a commencé,

1. *Die Methode der aristotelischen Forschung in ihrem Zusammenhang mit den philosophischen Grundprincipien des Aristoteles.* (Berlin.)

presque en tous les domaines de l'expérience, avec les mêmes moyens que possédaient déjà les anciens. Copernic n'avait point de télescope ; il osa seulement briser avec l'autorité d'Aristote, et ce fut le pas décisif en astronomie comme dans toutes les autres disciplines de l'esprit humain.

On répète aussi qu'Aristote a été un grand naturaliste : on parle ainsi en songeant au nombre considérable de faits et d'observations naturels qu'on rencontre en ses livres. Mais il ne faut pas oublier que ces livres ne sont rien de plus que les parties d'une vaste encyclopédie du savoir humain à l'époque d'Alexandre. Des milliers de traités et d'observations existaient alors en Grèce sur les sciences de la nature : Aristote se les est appropriés, non pas sans doute à la manière d'un compilateur de basse époque, mais en philosophe de génie qui se sert des principes des sciences particulières pour construire la science au point de vue spéculatif. Démocrite avait embrassé et dominé toutes les sciences de son temps, et sans doute avec plus d'originalité et de profondeur qu'Aristote : seulement rien n'indique qu'il ait ordonné en un système les diverses théories scientifiques du cinquième siècle. Aristote cite souvent les auteurs qu'il suit ou discute, mais, plus souvent encore, il ne les cite pas. Rien de plus conforme, d'ailleurs, aux habitudes générales de l'antiquité.

On serait tenté de croire quelquefois à des observations originales, à des expériences personnelles, si les faits qu'Aristote rapporte avaient jamais pu exister. Ainsi, à l'en croire, les mâles auraient plus de dents que les femelles; le crâne des femmes, contrairement à celui des hommes, aurait une suture circulaire et leur matrice serait bicorne; à l'occiput, l'homme aurait un espace vide et il ne posséderait que huit paires de côtes, etc., etc. Il semble pourtant qu'il n'eût pas été très difficile de vérifier ces prétendues observations et expériences avant de les croire véritables. Mais la grande curiosité scientifique n'était ni dans l'esprit du temps ni dans les traditions de l'école à laquelle appartenait Aristote. Il n'a vraisemblablement guère observé par lui-même; il a beaucoup affirmé sur la foi d'autrui[1]. Quoi qu'en dise Pascal, il faut se représenter le Stagirite comme un maître et docteur, très érudit, très sûr de lui-même, et ne doutant pas assez qu'il ne fût en état de répondre à toutes les questions sur la nature des choses.

Là est le secret de la grande fortune d'Aristote au moyen âge. Il considérait déjà la science comme faite. De même qu'en morale et en politique, il s'en tient au monde hellénique et ne prend même pas

---

1. Cf. pourtant, *Meteor.* II, III, § 35 et 38; *Phys.* IV, VIII, § 6 et 8; XII, § 2; XIII, § 4.

garde aux prodigieux changements qui s'accomplissaient alors dans le monde; il édifie son système, et en particulier sa philosophie zoologique, sur les faits et sur les observations des savants antérieurs, sans paraître très curieux de renouveler ou d'étendre ses connaissances à cet égard en profitant des conquêtes d'Alexandre. Non seulement il n'a pas suivi le héros macédonien : il n'a reçu d'Asie ni plantes ni animaux. Ce qu'on a dit à ce sujet est un conte. Alexandre de Humboldt déclare que les écrits zoologiques d'Aristote ne témoignent en rien d'une influence scientifique des campagnes d'Alexandre. Cuvier a très bien vu aussi que ce n'était point d'après une observation personnelle, quoiqu'on pût le croire à la lecture, mais uniquement d'après Hérodote, qu'Aristote a décrit les animaux de l'Égypte.

Le système du Stagirite, si grand par son unité, est tout pénétré de téléologie et d'anthropomorphisme. Chez l'homme qui veut construire une maison ou un vaisseau, l'idée, le but qui met en jeu son activité doit préexister à l'exécution. La nature, suivant le Stagirite, n'agit pas autrement : elle réalise toujours quelque fin par la matière, la forme et le mouvement. Nature ou Dieu, c'est toujours l'homme qui sert de modèle. Et de fait, l'homme ne possédant d'autre connaissance immédiate que celle de ses états subjectifs de pensée et de volonté, il incline toujours à croire que la finalité apparente des choses implique dans l'univers l'existence d'une pensée et d'une volonté immanentes, ou transcendantes. Cette grande ombre, ce fantôme qu'il projette dans l'infini, il l'imagine bon et sage : voilà sur quoi repose l'optimisme des philosophes en général et celui d'Aristote en particulier.

On parle beaucoup de la matière dans ce système, mais ce qu'Aristote entendait par ce mot (ὕλη) est fort différent de l'acception vulgaire. Pondérable ou impondérable, constituée ou non par des atomes, nous imaginons la matière comme quelque chose d'étendu, d'impénétrable, de nature identique au fond de toutes les transformations. Chez Aristote, cette notion est essentiellement relative : la matière n'est telle que par rapport à ce qui doit sortir de son union avec la forme. Sans la forme, les choses ne pourraient être ce qu'elles sont; grâce à la forme, elles deviennent ce qu'elles sont en réalité, en acte; leur possibilité seule est donnée par la matière. La forme que possède déjà la matière est inférieure, et, par rapport à ce qui doit être, indifférente. La matière n'est qu'en puissance (δυνάμει ὄν), la forme est en acte (ἐνεργείᾳ ὄν ou ἐντελεχείᾳ ὄν). Le passage du possible au réel, voilà le devenir ou l'être. Avec la possibilité de devenir toute chose, la matière n'est rien en réalité.

La théorie aristotélicienne de la substance pourrait aussi induire en erreur à la suite des nominalistes. Fort différent de Platon à cet égard, Aristote appelle substance tout être et toute chose en particulier. Ce qui résulte de l'union de la forme et de la matière est une chose concrète, et le philosophe s'exprime parfois comme si la pleine réalité n'appartenait qu'à celle-ci. Voilà bien le point de vue des nominalistes. Mais Aristote admet encore une autre sorte de substance dans la notion générale d'espèce. Ce pommier est une substance; l'idée des pommiers en tant qu'espèce en implique une seconde. Seulement la substance des pommiers en général ne réside plus au pays chimérique des idées, d'où elle rayonnait dans le monde phénoménal : l'être, la substance générale du pommier existe dans chaque pommier particulier. Ainsi le « général » n'est plus qu'un nom pour Aristote.

C'est la tendance, observée déjà chez Socrate et chez Platon, d'évoquer des mots les êtres et les substances et de perdre de vue ce qui est réel et particulier dans la vision subjective des concepts généraux. On commence par admettre que l'être ou la substance des individus réside dans l'espèce; on infère ensuite que ce qu'il y a de plus essentiel dans l'espèce doit résider plus haut, dans le genre, et il n'y a plus de raison de s'arrêter. L'influence de Platon sur Aristote paraît ici avec une entière évidence. Partir de l'observation des phénomènes pour s'élever aux principes de la nature est une excellente méthode qu'Aristote connaissait bien, mais qu'il n'a guère pratiquée. Quelques faits isolés lui suffisent pour s'élever aux propositions les plus générales, à de véritables dogmes. C'est ainsi qu'il démontre qu'il ne peut rien y avoir en dehors de notre monde, qu'une matière doit se transformer en une autre, que le mouvement est impossible dans le vide, etc. La science qui convient le mieux à cette philosophie, comme à presque toute la philosophie grecque, c'est la mathématique, avec ses vérités d'ordre logique et ses méthodes déductives.

L'erreur fondamentale d'Aristote, c'est d'avoir introduit dans les choses la notion toute sujective du possible, du δυνάμει ὄν. Or il n'y a point de possibilité dans la nature[1]; il n'y a que des réalités et des nécessités. C'est toujours l'éternelle confusion des idées et des faits, des formes de la pensée et des formes de l'être. Même fausse conception des choses dans la théorie aristotélicienne de la substance et de l'accident. Il n'y a rien de fortuit dans la nature. Le grain de blé n'est pas un épi en puissance; ce n'est qu'un grain de blé. C'est seulement dans le domaine des abstractions qu'on peut opposer la

---

1. A. Lange, *Geschichte des Materialismus*, 1, 64, 163.

substance à l'accident, le réel au possible, la forme à la matière. Dans l'investigation positive des choses on se trompera souvent si l'on oublie la valeur toute subjective de ces notions. Certains matérialistes tombent en sens contraire dans la même erreur qu'Aristote : ils considèrent la matière, qui pour nous n'est qu'une pure abstraction, comme la substance des choses, et ils tiennent la forme pour un simple accident.

La psychologie d'Aristote repose aussi sur l'erreur que nous avons appelée fondamentale, sur l'illusion de la possibilité et de la réalité de l'être. Il définit l'âme la réalisation d'un corps organisé qui a la vie en puissance : « L'âme, dit-il, est la première réalité parfaite d'un corps naturel ayant la vie en puissance, d'un corps qui a des organes », ψυχή ἐστιν ἐντελέχεια ἡ πρώτη σώματος φυσικοῦ ζωὴν ἔχοντος δυνάμει· τοιοῦτον δὲ ὃ ἂν ᾖ ὀργανικόν. Ainsi c'est du dehors que vient ce qui fait passer à l'acte ce qui n'était qu'en puissance dans le corps organisé. Ajoutez que, comme il n'y a dans la nature que des réalités, toute chose prise en soi est une entéléchie, si bien que parler d'une chose et de son entéléchie, c'est commettre une tautologie.

Au contraire c'est une théorie profonde que celle du Stagirite qui, considérant l'homme comme le terme le plus élevé de la série organique, voit réunie en lui la nature de tous les êtres inférieurs, des plantes (nutrition, âme et vie végétatives) et des animaux (sensation, mouvement, désir, âme et vie sensitives). Ce qui le distingue, c'est l'âme rationnelle, le νοῦς. Telle est l'origine de nos idées d'âme, d'esprit, de raison et de force vitale. La distinction des trois âmes de l'homme n'était évidemment que subjective chez Aristote. La forme de l'homme qui réunit en lui toutes les formes inférieures de la vie, voilà l'âme. Mais la doctrine du νοῦς immortel et séparable, — du νοῦς ποιητικός, — est devenue une source intarissable de vaines et dangereuses imaginations, entre autres du monopsychisme des Averroïstes et de la doctrine scholastique de l'immortalité de l'âme. On ne peut pourtant se flatter de connaître ici la pensée véritable d'Aristote. Les contradictions fort graves du Stagirite, dues certainement au mode de rédaction et de transmission de son œuvre, ont été relevées dès l'antiquité par tous les historiens critiques de la philosophie. Plus on connaît Aristote, mieux on se persuade que la doctrine d'une âme immortelle tient à peine au système : on l'en pourrait détacher sans léser l'unité organique de la philosophie d'Aristote.

Cette critique générale de la philosophie d'Aristote ne saurait nous dispenser de jeter un rapide regard sur les parties de ce système que revendique la conception mécanique du monde.

Dans l'histoire, comme dans la nature, rien ne se perd : tout se transforme et reparaît éternellement sous de nouveaux aspects. Alors même que les monuments écrits et figurés d'une civilisation disparaissent sans laisser de traces, comme cela a dû arriver déjà plusieurs fois sur cette planète[1], les idées, les formes de l'intelligence ne laissent pas de se transmettre aux descendants, qui, sans le savoir, continuent l'œuvre commencée, développent l'idée entrevue, la pensée laissée à l'état de germe par nos plus lointains aïeux. Ces réveils ataviques, ces réminiscences inconscientes ont lieu dans les idées scientifiques comme dans les idées morales. L'illusion de chaque génération qui entre dans la vie, illusion bienfaisante, est de croire qu'avec elle une ère nouvelle commence et que le monde va enfin apprendre ce qu'il avait jusqu'alors ignoré. C'est ainsi que la chimie date de Lavoisier.

Certes, il y a une grande part de vérité dans ces illusions juvéniles; le progrès, qui est une chimère si on l'étend au delà d'une certaine durée, est très réel dans des limites qu'on ne saurait d'ailleurs fixer, et qui reculent toujours. La division du travail et la différenciation de plus en plus compliquée des sujets qu'étudie l'homme découvrent de nouveaux aspects des choses, suscitent des méthodes,

---

[1]. C'est là une idée qui se présente souvent chez Aristote. Voyez surtout *Metaphys*. XII, 8.

créent des théories inconnues aux anciens. L'attraction universelle et la théorie cellulaire, pour ne citer que ces deux grandes découvertes, et sans parler de la méthode expérimentale ni de nos instruments perfectionnés, semblent creuser un abîme entre la science moderne et la science antique. Mais il n'y a pas plus de solution de continuité dans le monde moral que dans ce qu'on nomme le monde physique, et l'œuvre de l'historien consiste à retrouver les formes intermédiaires et à marquer les transitions de la pensée. Les différences qui nous frappent aujourd'hui au point de nous aveugler s'évanouiront peu à peu quand on les regardera de plus loin; avec les siècles, on finira même par les perdre de vue. Aussi, ce sont moins les différences que les ressemblances qu'il faut s'efforcer d'apercevoir dans les choses, leurs affinités cachées et leur secret accord.

Des extrémités de l'univers aux parties supérieures de l'atmosphère terrestre, se meut éternellement une substance incréée, impérissable, immuable, qui emporte dans son cours circulaire les étoiles, le soleil et les autres planètes. L'éther[1], pur impondérable, à l'abri de la vieillesse, de l'altération et de toute modification, sans commencement et sans fin, est la première essence des corps,

1. C'est le cinquième élément.

l'élément antérieur aux corps simples qui composent notre monde, la substance qui est à la périphérie dernière de l'univers, au plus haut de l'espace, là où les hommes ont placé les dieux. Le ciel, ou le premier des éléments, ou l'éther, n'est pas infini. Le mouvement éternel dont il est animé est nécessairement circulaire, car ce genre de mouvement est le seul parfait. L'univers a donc la forme d'une sphère. Le ciel, qui, comme tous les corps simples et élémentaires de la nature, a en soi et par soi le principe du mouvement, lequel n'a jamais commencé, le ciel est pour tous les autres mouvements de l'univers le principe d'où ils tirent leur origine, et la fin dans laquelle ils s'arrêtent. Les corps que renferme le premier élément, les étoiles fixes, se meuvent circulairement. Le mouvement du ciel règle tous les mouvements inférieurs, comme ceux du soleil et des planètes. Les mouvements des astres sont proportionnels à leur distance, les uns étant plus rapides et les autres plus lents, selon que l'astre est plus rapproché ou plus éloigné de la circonférence extrême du ciel. La distance des étoiles à la terre est beaucoup plus considérable que celle du soleil, de même que la distance du soleil à la terre est beaucoup plus grande que celle de la lune. La nuit, qui n'est que l'ombre de la terre, ne peut pas plus arriver aux étoiles que la lumière du soleil.

Lourds et froids, les deux éléments les plus denses, la terre et l'eau, sorte de sécrétion de l'univers, se trouvent au centre du monde. Autour de la terre et de l'eau s'étendent l'air et ce que, par habitude, nous appelons le feu, bien que ce ne soit pas du feu. Le monde entier de la terre se compose de ces quatre corps, — terre, eau, air et feu. Non seulement la terre, dont la circonférence a 440,000 stades [1], est beaucoup plus petite que le soleil et tant d'autres astres, mais, si on la compare au ciel tout entier, sa masse est nulle, absolument nulle. Aristote n'a pas assez de railleries pour les théologiens qui regardent comme considérable cette partie de l'univers où nous nous trouvons, et qui s'imaginent que le ciel tout entier n'existe qu'en faveur de ce point obscur et immobile autour duquel il tourne. La forme de la terre est nécessairement sphérique, comme le prouvent les phases de la lune et toutes les observations astronomiques.

Parmi les corps de notre monde terrestre, les uns sont simples et les autres sont composés de ceux-ci.

On appelle corps simples des substances incréées, qui ont naturellement en soi le principe du mouvement, comme le feu et la terre, et leurs intermédiaires, l'air et l'eau. Le mouvement d'un corps

---

1. *De Cœlo*, II, xiv, § 16.

composé dépend de l'élément prédominant qu'il contient. Quant au mouvement des corps simples qui constituent notre monde, il n'est pas circulaire comme le mouvement de l'éther, mais en ligne droite, de haut en bas et de bas en haut. Ainsi la terre et l'eau tendent au centre, tandis que l'air et le feu s'en éloignent. Les corps simples ne pouvant venir ni de quelque chose d'incorporel, ni d'un autre corps, il faut qu'ils viennent réciproquement les uns des autres, et que chacun d'eux soit en puissance dans chacun des autres, comme il arrive, d'ailleurs, pour toutes les choses qui ont un sujet un et identique dans lequel elles se résolvent en dernière analyse.

Les éléments changent et se métamorphosent plus ou moins vite les uns dans les autres, selon le degré d'affinité qu'ils ont entre eux. L'*air*, qui est chaud et liquide, viendra ainsi du *feu*, qui est sec et chaud, par l'unique changement de l'une des deux qualités de ces corps. Le sec est-il dominé par le liquide, il se produit de l'air. Le chaud vient-il à être dominé par le froid dans cet air, il se produit de l'*eau*, laquelle est froide et liquide. C'est encore d'une façon analogue que la *terre* vient de l'eau et que le feu vient de la terre. C'est de ces éléments et de leurs transformations que naissent tous les composés organiques et inorganiques, minéraux, plantes et animaux.

L'humanité n'a pas attendu le dernier siècle pour essayer de résoudre en des substances de plus en plus simples les différents corps de la nature. « L'opinion si répandue sur le jeune âge de la chimie est une erreur, a très bien dit Justus Liebig.[1] ; cette science compte, au contraire, parmi les plus anciennes. » Il est bien certain que tous les anciens peuples civilisés, la Chaldée, la Phénicie, l'Égypte surtout, dont la pharmacologie était si compliquée, ont eu une chimie industrielle et médicale, ou, comme on disait naguère encore, une chimie minérale, animale et végétale. Sans parler des atomistes grecs, dont les idées sur la constitution de la matière sont encore celles de la plupart des chimistes contemporains, on doit rappeler, avec Aristote, que tous les philosophes antérieurs à Socrate, « reconnaissant des corps simples pour éléments, en avaient admis tantôt un, tantôt deux, tantôt trois, tantôt quatre : ceux qui n'en admettaient qu'un seul faisaient naître tous les autres de la condensation ou de la raréfaction de cet élément[2] ». Ces corps simples, ces éléments premiers et irréductibles, étaient la matière de Thalès, d'Anaximène, d'Héraclite, d'Empédocle. Aristote lui-même, dont les quatre ou cinq éléments compo-

---

1. *Chemische Briefe*, 6te Aufl. (Leipzig, 1878), p. 24.
2. *De Gener. et corr.*, II, 3.

sent tous les corps de l'univers en se transformant les uns dans les autres, paraît bien avoir admis qu'il n'existe qu'une seule matière, dont les corps simples sont de purs modes, hypothèse grandiose qui domine encore la philosophie chimique de notre temps.

Les substances qu'Aristote appelait corps simples, sans pourtant les croire absolument telles, ont été depuis décomposées en de plus simples, si bien que nos éléments ne sont plus ceux du Stagirite; voilà toute la différence. Mais un temps viendra sûrement où nos corps simples, dissous à leur tour en de plus simples, n'apparaîtront que comme des multiples de quelque matière première.

Par élément, Aristote entendait « la matière première qui entre dans la composition des corps et ne peut être réduite en parties hétérogènes[1]. » Ainsi les parties ultimes dans lesquelles se résolvent les corps, les particules qu'on ne peut plus résoudre par division en d'autres corps d'espèces différentes, voilà l'élément aristotélicien. Le Stagirite a insisté sur ce caractère d'indivisibilité; quand même les éléments seraient encore mécaniquement divisibles, disait-il, leurs particules seraient toujours homogènes : toute particule d'eau serait toujours de l'eau. Pour Empédocle, la terre, l'eau,

---

1. *Metaphys.*, V. 3. *De Cœlo*, III, 3.

l'air et le feu étaient, on le sait, les principes, les
« racines » des choses, les éléments dont tous les
corps sont composés. « Cette hypothèse, a écrit
Alexandre de Humboldt, qui peut-être a tiré son
origine de l'Inde, est restée mêlée à tous les systèmes de philosophie naturelle depuis le poème
didactique d'Empédocle : elle témoigne du besoin
que l'homme a de tout temps éprouvé de tendre à
la généralisation et à la simplification des idées,
qu'il s'agisse de l'action des forces ou seulement
de la nature des substances [1]. »

Ces éléments ou corps simples, auxquels Aristote ajoute quelquefois l'éther, constituaient donc
les corps, pour les anciens comme pour les modernes, du moins jusqu'aux immortelles découvertes de Priestley, de Cavendish et de Lavoisier.
Dans la chair, dans le bois et dans les autres corps
analogues, disait Aristote, il y a de la terre et du
feu : on rend ces deux éléments visibles en les isolant de ces corps; mais ni la chair, ni le bois, etc.,
ne préexistent dans le feu ou dans la terre; autrement on pourrait les en séparer [2]. De même que la
trame des substances organiques est surtout constituée pour nous par du carbone, de l'oxygène, de
l'hydrogène et de l'azote, Aristote reconnaissait que
la substance des êtres organisés, que les « parties »

1. *Cosmos*, III, 11.
2. *De Cœlo*, III, 3.

des animaux et des plantes, loin d'avoir une existence indépendante, se résolvaient en terre, en feu et en air : c'était leur matière. L'accord relatif qu'on surprend ici entre notre conception actuelle de l'élément et celle d'Aristote, deviendrait plus frappant encore si nous examinions les passages où le Stagirite constate que le produit des éléments, le corps mixte ou composé, possède des propriétés tout à fait différentes de celles des éléments constituants. « Il y a unité dans le tout, dit Aristote ; il n'est pas une sorte de monceau ; il est un comme la syllabe. Or, la syllabe n'est pas seulement les lettres qui la composent ; elle n'est pas la même chose que A et B. La chair non plus n'est pas le feu et la terre seulement. Dans la dissolution, la chair, la syllabe, cessent d'exister, tandis que les lettres, le feu, la terre, existent encore. La syllabe est donc quelque chose qui n'est pas seulement les lettres, la voyelle et la consonne : elle est autre chose encore ; et la chair n'est pas seulement le feu et la terre, le chaud et le froid, mais encore autre chose[1]. »

Ajoutez que les éléments d'Aristote sont bien des substances matérielles, et non des « propriétés fondamentales » de la matière, comme l'a écrit Kopp[2]. Les causes premières, ou principes des

---

1. *Metaphys.*, VII, 17.
2. *Geschichte der Chemie*, I, 30. V. surtout l'excellent travail

choses, étaient pour Aristote la matière, la forme, la cause motrice, et la fin ou le but. Ainsi, dans une statue, la matière est l'airain, la forme est l'idée de la statue ; la cause motrice, le principe d'où part le mouvement est le sculpteur ; le but, la statue réalisée. La matière première était, pour Aristote comme pour Platon, le substratum incréé et impérissable du *devenir*, de la production et de la dissolution des choses : le philosophe l'appelait l'indéterminé, l'illimité, l'infini ; elle est inconnaissable en soi, car, avant que la forme s'y soit imprimée comme le cachet sur la cire, elle est vague et indifférente, et, pouvant devenir toute chose, elle n'est rien en réalité. Elle n'en existe pas moins alors en puissance, de même que les matériaux d'une maison, les briques et les poutres, existent avant que cette maison soit en acte.

Cette matière première, qui n'est qu'une puissance, une possibilité d'être ceci ou cela, jusqu'à ce qu'elle ait reçu la forme et devienne un acte, n'en est donc pas moins le « principe de tous les êtres matériels, » ce qui subsistait avant l'arrivée de la forme, ce qui persiste après la séparation. Le produit de l'union de la matière et de la forme, c'est la substance. « Supprimez de cette substance la longueur,

de J. Lorscheid, *Aristoteles Einfluss auf die Entwickelung der Chemie*, p. 14.

la largeur, la profondeur, dit Aristote, il ne reste rien absolument, sinon ce qui était déterminé par ces propriétés. Sous ce point de vue, *la matière est nécessairement la seule substance;* et j'appelle matière ce qui n'a, de soi, ni forme, ni quantité, ni aucun des caractères qui déterminent l'être[1]. » Il est inutile de rappeler, comme je l'ai fait déjà, qu'il n'y a rien en puissance dans la nature, où tout est en acte, au contraire : on ne connaît que des réalités. L'animal n'est pas plus en puissance dans l'œuf que l'arbre dans la graine ou la statue dans le bloc de marbre.

Il reste toujours que ce qu'Aristote appelle substance, ce sont les éléments matériels, les corps simples, partant quelque chose de réel, qui existe en soi comme un sujet. « J'appelle substances, dit-il, des corps simples comme le feu et la terre, avec tous les corps de même ordre, et ceux qui en sont formés, comme par exemple le ciel tout entier et ses parties; et aussi les animaux, les plantes et leurs parties respectives. Les modifications et les actes de ces substances, les mouvements de chacun des corps que je viens de nommer, et de tous les autres corps dont ces éléments sont la cause, suivant leur diverse puissance, enfin leurs altérations et leurs permutations les uns dans les autres,

---

1. *Metaphys.*, VII, 3.

c'est là, évidemment, la meilleure partie de l'histoire de la nature, qui s'occupe de l'étude des corps, puisque *toutes les substances naturelles sont* ou *des corps* ou ne peuvent exister qu'à la condition des corps et des grandeurs[1]. »

Bien d'autres passages, qu'il serait long d'énumérer, attestent que les éléments d'Aristote sont bien des corps matériels. Toutefois, une importante distinction sépare l'élément aristotélicien du nôtre : le Stagirite croit que les éléments sont transmutables les uns dans les autres, que le feu, l'air, l'eau et la terre viennent les uns des autres, chacun d'eux étant en puissance dans chacun des autres, comme il en est, d'ailleurs, pour toutes les choses qui ont un sujet un et identique, dans lequel elles se résolvent en dernière analyse[2]. Les éléments ne sont donc pas immuables; car on observe que le feu, l'eau et chacun des corps simples peuvent se dissoudre; les éléments naissent et périssent. D'où viennent-ils? Ils ne peuvent naître de quelque chose d'incorporel, car ils naîtraient du vide; ils ne peuvent non plus venir de quelque corps, car il faudrait qu'il existât un corps antérieur aux éléments. « Puis donc, conclut Aristote, qu'il n'est possible ni que les éléments viennent de

1. *De Cœlo*, III, 1.
2. *Meteor.*, I, 3.

quelque chose d'incorporel ni qu'ils viennent d'un autre corps, il reste qu'ils viennent réciproquement les uns des autres[1]. » Ainsi, les quatre éléments sont comme des degrés de transformation d'une seule et même substance primordiale[2]. Ces degrés ou modes de transformation sont de véritables états allotropiques de la matière première. De même qu'une seule et même substance — le carbone, le phosphore rouge ou le soufre — peut se présenter sous des états différents dans lesquels elle manifeste des propriétés physiques tout à fait dissemblables, les quatre éléments sont comme autant d'états allotropiques, de propriétés dissemblables[3], d'une seule et même matière qui est leur substratum commun.

Il est temps d'examiner comment Aristote se représentait la composition et la décomposition des différents corps naturels, leur production et leur dissolution. Les corps sont simples ou composés. Tous les corps mixtes sont formés des quatre éléments : dans tous, il y a de la terre et de l'eau ; il y a aussi de l'air et du feu, parce que ces

---

1. *De Cœlo*, III, 6. Cf. III, 3. *De Gener. et corr.*, II, 4.
2. *De Gener. et corr.*, I, 1, etc.
3. Ce qu'Aristote nomme les « contraires » : « Tout ce qui vient à naître vient des contraires ; tout ce qui vient à se détruire se résout dans ses contraires ou dans les intermédiaires. Les intermédiaires eux-mêmes ne viennent que des contraires ; par exemple, la couleur vient du blanc et du noir. » *Phys.*, I, 5.

éléments sont contraires à la terre et à l'eau, et que la production des choses vient des contraires. Considérons les corps organiques. Voici comment Aristote opère sur ce groupe de substances : il trouvait que les plantes et les animaux étaient composés de parties hétérogènes, — bois, feuilles, racines, mains, pieds, organes de toute sorte ; — puis, que ces parties étaient réductibles à des parties homogènes, c'est-à-dire qui ne pouvaient être mécaniquement divisées en parties de nature hétérogène, — nerfs, muscles, os, chair, peau, etc. ; — enfin, que ces parties homogènes elles-mêmes avaient pour éléments premiers la terre, l'eau, l'air et le feu. Ces trois divisions correspondent assez bien à ce qu'on appelle chimie animale, histologie et anatomie.

Mais ce sont surtout les idées du Stagirite sur la composition des métaux qu'il importe de connaître pour l'intelligence des progrès ultérieurs de la chimie. Aristote estimait que plus un corps se liquéfie facilement au feu, plus il est aqueux ; il croyait donc que l'eau dominait dans la composition de l'or, de l'argent, du cuivre, de l'étain et du plomb[1]. Dans le fer, au contraire, prédominait la terre. Néanmoins, pour important que fût l'élément prédominant dans la composition d'un métal,

---

1. *Meteor.*, IV, 4.

on ne devait pas oublier qu'il ne pouvait être composé que d'un seul élément. Pour transmuter les métaux, il fallait ajouter à ceux-ci certaines qualités : le laiton, par exemple, naissait du cuivre par l'addition de l'étain. « L'étain, qui est comme une simple affection de l'airain sans matière, dit Aristote, disparaît presque complètement et s'évanouit dans le mélange auquel il ne fait que donner une certaine couleur, ainsi que cela arrive pour d'autres corps, lorsque l'un des deux corps qui se mêlent est seul à être passif, ou qu'il l'est beaucoup et que l'autre l'est fort peu[1]. »

L'étude des corps reposait alors sur la connaissance de leurs propriétés physiques, quels que fussent d'ailleurs les éléments constituants. Ainsi, tout ce qui était spécifiquement plus léger que l'eau, comme le bois, l'huile, etc., contenait surtout de l'air; un bois qui, comme l'ébène, était plus lourd que l'eau, devait renfermer plus de terre et moins d'eau que les autres. Le degré de combustibilité d'un corps dépendait de la proportion d'air et de feu qu'il contenait : l'air prédominait dans la graisse, par exemple, ce qu'indiquait aussi la couleur blanche; la terre, dans le suif, dans la matière des fibres[2], etc. Que le cerveau fût à la

---

1. *De Gener. et corr.*, I, 10.
2. *De Part. anim.*, II, 5, 6, 7.

fois composé d'eau et de terre, voici ce qui le montrait : si on le fait bouillir, il se dessèche et durcit, et la partie terreuse reste seule ; l'humide, au contraire, est évaporée par la chaleur. C'est précisément ce qui arrive dans la cuisson de beaucoup de légumes, ces substances organiques contenant aussi beaucoup de terre. Chez les plantes, c'était la terre qui prédominait ; l'eau, chez les animaux aquatiques ; l'air, chez les animaux qui marchent sur la terre ; le feu, chez d'autres animaux : ceux-ci doivent peut-être être cherchés dans la lune, qui serait capable de fournir pur ce quatrième élément[1].

Toutes les substances qu'on tire des mines et des carrières (fossiles, minéraux) naissent par l'*exhalaison sèche* qui brûle la matière : telles, toutes les diverses espèces de pierres qui ne se dissolvent pas dans l'eau, la sandaraque, l'ocre, le minium, le soufre, etc. ; l'*exhalaison vaporeuse* produit des métaux qui sont ou fusibles ou ductiles, comme le fer, l'or, l'airain : ils contiennent donc, nous l'avons dit, plus ou moins d'eau. En toutes ces productions de la nature inorganique, les éléments sont la cause matérielle, le froid et le chaud la cause motrice[2].

---

1. *De animal. Gener.*, III, 11. Cf. Alex. de Humboldt, *Cosmos*, III, 13 et ss.

2. Il faut savoir que la chaleur et la lumière que les astres nous envoient viennent du frottement de l'air déplacé et broyé

Il resterait à examiner si Aristote s'est élevé jusqu'à l'idée de la combinaison chimique. Mais on connaît trop bien les écrits du Stagirite pour en douter encore. Le philosophe a expressément distingué le « mélange » de la « juxtaposition » des éléments. Et ce qu'il entendait par mélange, ce sont bien nos combinaisons chimiques. « Pour qu'il y ait un vrai mélange, dit-il, il faut que la chose mélangée soit composée de parties homogènes ; et de même qu'une partie d'eau est de l'eau, de même aussi doit être une partie quelconque du mélange. Mais si le mélange n'est qu'une juxtaposition de particules à particules, aucun des faits que nous venons d'analyser n'aura lieu, et ce sera seulement pour les yeux que les deux choses paraîtront mélangées[1]. » Les choses entre lesquelles il peut y avoir mélange proprement dit sont celles qui peuvent souffrir une action réciproque, qui sont facilement déterminables et facilement divisibles. Les substances de ce genre ne sont pas nécessairement détruites dans le mélange ; elles n'y demeurent pas non plus absolument les mêmes ; en tout cas, elles ne sont plus séparément perceptibles aux sens.

par la translation de ces astres ; « car on sait, dit Aristote, que le mouvement peut aller jusqu'à enflammer et liquéfier les bois, les pierres et le fer. » (*De Cœlo*, II, 7.)

1. *De Gen. et corr.*, I, 10.

En somme, les quatre éléments étaient, selon Aristote, des corps simples, des substances matérielles qui manifestaient certaines propriétés physiques et qui avaient pour fondement, pour substratum commun, une matière première. Cette matière avait en puissance immédiatement les éléments, immédiatement les choses. Les éléments pouvaient se transformer les uns dans les autres par l'échange de leurs propriétés ; les corps mixtes ou composés naissaient du mélange des éléments qui existaient ainsi en puissance dans les corps et pouvaient en être actuellement isolés. La destruction d'une chose était considérée comme la production d'une autre ; ainsi se perpétuait la génération des êtres dans l'univers éternel.

La puissante synthèse scientifique, dans laquelle Aristote a fait entrer tous les travaux et toutes les idées des philosophes qui l'avaient précédé, a dominé, on peut le dire, tout le développement de l'esprit humain. L'action incomparable qu'a exercée ce « précepteur de l'humanité » sur la philosophie grecque postérieure, surtout à Alexandrie, sur la civilisation arabe et la culture scientifique des peuples de l'Europe chrétienne au moyen âge, apparaît dans l'histoire de la chimie comme dans celle de la zoologie, de la psychologie ou de la critique. Le développement de l'alchimie a suivi un mouvement parallèle à celui des progrès de la philosophie d'Aristote. Ce fut d'abord en Égypte que fleurirent, depuis le quatrième siècle jusqu'au milieu du septième, les études sur la composition des corps et la transmutation des métaux. A partir du milieu du huitième siècle, les Arabes reprirent avec ardeur les mêmes recherches, et la science de ces manipulations s'étendit bientôt, en même temps que les écrits du Stagirite sur la nature, de l'Espagne en France, en Angleterre, en Allemagne.

Geber, que Liebig a appelé le Pline du huitième siècle, modifia à peine chez les Arabes les anciennes idées d'Aristote sur la chimie, en considérant le soufre et le mercure comme les plus prochains éléments fondamentaux des métaux. Albert le Grand, Roger Bacon, Raymond Lulle demeurèrent dans les mêmes idées. Après Basile Valentin, Paracelse, au seizième siècle, ajouta le sel au mercure et au soufre comme élément fondamental. La rébellion de Van Helmont contre la doctrine aristotélicienne des éléments ne devait pas avoir le succès des attaques de l'Irlandais Robert Boyle (1627-91), qui a l'honneur d'avoir fait la première brèche dans le système dix fois séculaire du philosophe grec. Boyle démontra que, pour la chimie, l'hypothèse des quatre éléments aristotéliciens était aussi insuffisante que celle des trois éléments des alchimistes ; il donna la première définition exacte de l'élément chimique et prouva que dans la combinaison les éléments constituants subsistent.

Ces éléments consistaient au fond, pour lui comme pour Aristote, en une seule et même substance, en une matière première, mais les diverses propriétés qu'ils présentent devaient être ramenées aux différences de grandeur et de forme de leurs particules ultimes, c'est-à-dire des atomes. Les idées de Boyle sur la constitution de la matière, d'abord peu remarquées, contenaient en germe les principales doctrines de la chimie moderne. L'hypothèse de Leucippe et de Démocrite, qu'Aristote s'était efforcé de ruiner, reparaissait dans le monde pour de longs siècles. Mais la doctrine du Stagirite eut sur son déclin une sorte de renouveau dans la théorie du phlogistique. Avant Stahl, Becker avait repris, au dix-septième siècle, les travaux des alchimistes sur la transmutation des métaux. Jusqu'à la fin du dernier siècle, les principaux chimistes considérèrent comme des substances irréductibles, comme des corps simples, homogènes, inaltérables, et qu'aucun effort de l'art ne pourrait décomposer, les quatre éléments des anciens, la terre, l'eau, l'air et le feu[1].

---

1. C'est ce qu'enseignait Macquer, un contemporain de Lavoisier, dans son cours de chimie au Jardin des plantes. En son *Dictionnaire de chymie*, qui fut traduit en allemand et jouit d'une grande faveur, Macquer écrivait qu' « il est très possible que ces

Ainsi tomba pierre à pierre, après avoir bravé pendant plus de deux mille ans toutes les injures du temps, le vieil édifice de la philosophie naturelle du Stagirite. Ruines imposantes, et qu'aucune doctrine plus jeune n'a le droit de dédaigner. On n'a pas eu assez de railleries pour l'alchimie et le phlogistique. Et pourtant, comme l'a écrit Liebig, l'alchimie ne fut guère autre chose que de la chimie ; c'est à tort qu'on l'a souvent confondue avec les rêveries de certains alchimistes des derniers siècles sur l'or potable, les élixirs de vie et les panacées de toute sorte. Prise en soi, la théorie de la transmutation des métaux n'avait rien d'anti-scientifique, surtout dès qu'on admettait, avec Aristote, une sorte d'allotropisme de la matière première ;

substances, quoique réputées simples, ne le soient pas, qu'elles soient même très composées, et résultent de l'union de plusieurs substances très simples ; mais, comme l'expérience n'apprend absolument rien sur cela, ajoutait ce chimiste, on peut sans inconvénient, on doit même regarder en chymie le feu, l'air, l'eau et la terre comme des corps simples*. » La découverte de l'oxygène par Priestley (1744) et les expériences de Lavoisier sur la combustion des corps montrèrent que le feu n'était pas un corps simple ; les recherches de Watt, de Cavendish et de Lavoisier établirent que l'eau est un corps composé ; en même temps s'évanouissait la propriété qu'Aristote lui avait attribuée de pouvoir se transformer en air et en terre, car on connut aussi que l'air est un mélange de divers corps.

* *Dictionnaire de chymie, contenant la théorie et la pratique de cette science, son application à la physique, à l'histoire naturelle, à la médecine et à l'économie animale.* (Paris, Lacombe, 1766.) T. 1er, p. 399, v° *Elémens.*

lorsqu'il était reçu que l'hétérogénéité des éléments n'était qu'apparente et qu'ils pouvaient tous se transformer les uns dans les autres. C'étaient et ce sont là, en tout cas, de très graves problèmes de philosophie chimique, qu'on n'a pas encore résolus de nos jours. Quelque jugement qu'on porte sur la science grecque en général, et en particulier sur cette partie de l'encyclopédie aristotélique, on reconnaîtra de plus en plus que les erreurs des anciens ont souvent été plus fécondes que bien des « vérités » de la science moderne. On ne peut guère douter, en bonne philosophie, que les doctrines chimiques actuelles ne doivent avoir tôt ou tard le même sort que celles des anciens Grecs.

La production et la destruction des êtres sur la terre se rattachent indirectement au mouvement de translation circulaire du ciel, qui règle tous les mouvements inférieurs, et directement au mouvement de translation suivant le cercle oblique d'après lequel se meuvent le soleil et les planètes. Les différents états par lesquels passent tous les composés organiques et inorganiques sont donc produits par l'obliquité du cercle qui tantôt éloigne et tantôt rapproche le soleil de la terre. De là, en effet, les saisons qui reviennent périodiquement, et la chaleur dont le soleil est la source principale. Une autre source de chaleur pour la terre, c'est que le feu ambiant est déchiré continuellement par les vibrations de l'éther et projeté violemment en bas.

Si le mouvement de translation circulaire du ciel est la cause d'une éternelle uniformité dans l'univers, le mouvement de translation du soleil suivant le cercle oblique du zodiaque est la cause d'une éternelle diversité sur la terre. On voit ici-bas toute chose se transformer, s'altérer et changer. C'est en vain que tous les êtres ont le désir instinctif de durer, de vivre et de participer autant que possible de l'univers éternel et divin, au sein duquel ils n'apparaissent qu'un instant : tout ce qui est né doit mourir, et l'individu ne survit que dans l'espèce. Seul, le ciel d'où découlent pour les autres êtres l'existence et la vie, le ciel qui enveloppe tous les mouvements imparfaits qui ont une limite et un point d'arrêt, le ciel au cours éternellement circulaire, ne connaît ni commencement ni fin, ni interruption ni repos, ni génération ni mort [1].

Parmi les composés organiques, nés spontanément de la rencontre des éléments terrestres, les uns ont une organisation plus compliquée que les

---

1. Conf. *Physique*, les Livres V, VI et VII (VIII) surtout. — *De Cœlo*, I, 1; II, § 4, 5, 6, 13; VI, § 12; VIII, § 3, 5; IX, § 6, 10, 11; X et suiv.; II, 1, § 2, 4, 6; II, § 7; III, § 1; V, § 2; VI, § 2; X, § 2; XII, § 9; XIV, § 2, 8, 13, 14; III, I, II, III, § 2; VI, § 5. — *De gener. et corr.*, I. II, § 8 et 9; II, IV, § 3, 4; IX, X, § 1, 8, 9, 10; XI. — *Meteor.*, I, II, § 1; III, § 2, 7, 13, 14, 20, 21; VIII, § 6; XIV, § 19; II, 1, § 2, II, § 5; III, § 3 et suiv.; IV, § 3 et suiv.; VII, § 8, etc.

autres, et partant des fonctions plus élevées et plus parfaites. Le passage des êtres animés aux êtres inanimés se fait dans la nature par une dégradation insensible. Des corps bruts aux plantes, et des plantes aux animaux, la transition n'est ni brusque ni subite. Dans la mer, on trouve des corps, les éponges, par exemple, dont on douterait si ce sont des animaux ou des végétaux. Le genre entier des testacés, comparé aux animaux qui ont un mouvement de locomotion, ressemble aux plantes. Les uns n'offrent aucune trace de sensibilité, d'autres n'en donnent que des signes obscurs. Cette dégradation insensible, qui marque le passage de ce qui ne vit point à ce qui vit, se retrouve dans toute la série des êtres organisés. Certains êtres s'assimilent grossièrement la matière et se reproduisent simplement. D'autres, doués de sensibilité et de mouvement, pourvoient à la nourriture et veillent à la conservation de leurs petits, puis les quittent sans plus s'en souvenir. D'autres, enfin, plus intelligents, plus capables de conserver et d'associer les impressions internes, vivent réunis en familles, en tribus, en sociétés. Chez la plupart des animaux, à mesure que l'on s'élève des mollusques aux reptiles, des reptiles aux oiseaux et des oiseaux aux mammifères, on trouve des traces de ces affections et de ces sentiments qui se montrent dans l'homme d'une manière plus marquée, comme la douceur, la férocité, la générosité, la bassesse, la timidité, la confiance, la colère, la ruse, etc. On aperçoit même chez plusieurs quelque chose de la prudence réfléchie de l'homme.

« Entre certains Animaux et l'Homme, dit Aristote, et entre l'Homme et un grand nombre d'Animaux, il n'y a qu'une différence de plus ou de moins. Tantôt c'est dans l'Homme, tantôt c'est dans les autres Animaux que dominent ces sentiments dont nous avons parlé. Parfois il n'y a entre celui-là et ceux-ci qu'un rapport d'analogie. Si l'Homme a l'industrie, la science et le jugement, il y a chez quelques Animaux une autre faculté naturelle du même genre. Rien de plus clair pour qui considère l'enfance. On peut reconnaître, en effet, chez les enfants, des indices et comme des germes des habitudes futures. A cette époque de la vie, l'âme de l'enfant ne diffère en rien, pour ainsi dire, de l'âme des bêtes [1]. Il n'y a donc rien d'étrange si l'on retrouve chez les Animaux des facultés communes, des facultés semblables et des facultés analogues [2]. »

La nutrition, la sensibilité, la locomotion, la pensée : voilà ce qui distingue l'être animé de l'être inanimé. Aucune de ces fonctions ne saurait exister

---

1. « J'avoue, a dit Agassiz, que je ne saurais dire en quoi les facultés mentales d'un enfant diffèrent de celles d'un jeune chimpanzé. » — *Rev. scient.*, 19 sept. 1868.
2. Histoire des Animaux, l. VIII, ch. I,

sans un corps organisé. L'âme, ou plutôt toute espèce d'âme, étant inséparable du corps dont elle n'est que la forme, la perfection, l'achèvement, en un mot, l'*entéléchie*, l'âme se trouve définie par les fonctions de la vie. Entre toutes, la nutrition est la plus importante, car toutes les fonctions dépendent d'elle. Elle peut subsister seule et indépendamment de toutes les autres, comme dans le végétal, mais les autres ne peuvent subsister sans elle dans l'animal. La sensibilité est ce qui constitue avant tout l'animal, même privé de mouvement. L'âme est ce par quoi nous vivons, sentons et pensons. Chacune des facultés est-elle l'âme ou seulement une partie de l'âme? L'âme a-t-elle des parties distinctes et pouvant être séparées matériellement? Certains végétaux, par exemple, qui n'ont que l'âme nutritive, c'est-à-dire la faculté de s'assimiler les éléments du milieu où ils vivent, subsistent fort bien après qu'on les a séparés et divisés en parties, comme si l'âme était réellement et parfaitement dans chacune de ces parties. De même, si l'on coupe certains insectes en plusieurs parties, on voit la sensibilité, la locomotion et, par conséquent, l'imagination et le désir, persister encore dans chacune de ces parties. Si, parmi les êtres animés, les uns n'ont que quelques-unes de ces fonctions, ou même n'en ont qu'une seule, certains animaux les ont toutes. La cause de ces différences est dans l'organisation et la constitution du corps des êtres vivants. Toutes les fonctions de la vie sont rigoureusement subordonnées les unes aux autres. Ainsi, sans nutrition, point de sensibilité, ni de locomotion, ni de pensée. Les animaux qui, comme l'homme, ont la raison et la pensée, ont donc aussi toutes les autres facultés.

Dans toute substance, il faut considérer le sujet ou la matière, l'essence ou la forme, et le but ou la fin particulière de l'être. Ainsi, le but de la nutrition est la reproduction et la perpétuité des espèces. En tant qu'entéléchie d'un corps naturel ayant la vie en puissance, l'âme est la forme du corps, elle est sa vie en acte, elle fait de lui ce qu'il est. La matière pouvant être à l'origine toute chose indifféremment, il est clair que la forme est ce qui la détermine et fait d'elle tel ou tel être. La matière est à l'être réel et particulier ce que l'airain est à la statue. C'est la forme d'un être qui constitue son espèce. C'est d'après la forme qu'on le définit et qu'on le classe. En ce sens, il faut en convenir, la forme est bien plus que la matière la nature véritable des choses. Mais, qu'en conclure? Que la forme est séparable de la matière, et qu'elle peut exister à part comme une substance véritable? C'est la doctrine de Platon, c'est ce qu'enseigne cette théorie des idées qu'Aristote a combattue partout et toujours; en tout cas, c'est absolument le contraire de ce que nous lisons dans le *Traité de l'Ame*.

Oui, l'âme est la fin du corps, elle est le principe et le but de son activité, elle est ce en vue de quoi tout s'ordonne et s'organise dans ce petit monde qu'on appelle un être animé, mais elle est si peu séparable en réalité de la plante et de l'animal, quels qu'ils soient, qu'aucune des fonctions vitales par lesquelles elle a été définie, depuis la nutrition jusqu'à la pensée, ne se manifeste sans la matière.

Sans doute, penser est autre chose que sentir. Mais la pensée suppose nécessairement la sensation et l'imagination, au sens aristotélicien, lesquelles supposent à leur tour la sensibilité et la nutrition. Qu'est-ce qui fait de l'homme le plus intelligent de tous les animaux, sinon la finesse de ses sensations et la délicatesse de son tact? Servie par une exquise sensibilité, son imagination fournit à l'esprit des sensations affaiblies d'où naissent les conceptions intellectuelles. Le souvenir, la mémoire s'expliquent par la persistance des impressions sensibles. Les images sont à l'âme ce que les sensations sont à la sensibilité. Sans images, sans représentations figurées des objets, l'âme intelligente ne saurait penser. Pour pouvoir penser, l'intelligence doit devenir les choses qu'elle pense.

De même que la sensibilité, avant d'être affectée par un objet sensible, est en quelque sorte *comme* si elle n'était pas, l'intelligence de l'âme, ce par quoi l'âme raisonne et conçoit, n'entre également en activité que sous l'influence d'un objet intelligible. Or, c'est dans les choses matérielles, dans les formes sensibles que sont en puissance toutes les choses intelligibles. Concevoir sans imaginer n'est pas dans la nature, et les images sont des espèces de sensations. Voilà pourquoi l'être, s'il ne sentait pas, ne pourrait absolument ni rien savoir ni rien comprendre. Il n'y a pas jusqu'aux êtres abstraits des mathématiques, jusqu'aux pensées premières de l'intelligence, jusqu'aux catégories de l'entendement qui, sans les images, ne sauraient exister.

Comme dans tous les êtres, Aristote distingue dans l'intelligence la matière et la forme, l'intelligence passive et l'intelligence active. L'intelligence passive, qui reçoit et souffre les impressions, fournit en quelque sorte à l'intelligence active les matériaux qu'elle met en œuvre. Celle-là venant à cesser d'être, sur quoi celle-ci exercerait-elle son activité? Or, l'intelligence passive est nécessairement périssable et s'évanouit avec les individus dans la mort. Il n'y a donc pas d'immortalité de l'âme dans le sens ordinaire du mot. La force qui fait que la plante végète, que l'animal éprouve peine et plaisir, que l'homme peut raisonner, cette force s'évanouit avec le composé organique dont elle était l'énergie, l'acte, la résultante. La forme, ce principe actif en toutes choses, n'a de réalité que dans son union avec la matière. Qu'est-ce donc que la forme, l'intelligence active, quand la matière qu'elle déterminait se désagrège ? quand le corps, dont elle était l'achèvement et la perfection dernière, cesse d'être un petit monde organisé ? quand l'être animé, vivant, sentant et pensant, dont elle était la suprême manifestation et comme la fleur, se dissout et tombe en poussière[1] ?

Étudier la nature et les propriétés des éléments premiers et constitutifs de l'univers ; rechercher quelles sont les substances increées et impérissables, éternellement en mouvement, dont le ciel, la terre, les végétaux et les animaux sont composés ; noter les modifications et les actes de ces substances, le mouvement particulier de chaque élément et de tous les corps dont ces éléments sont la cause, — voilà ce qu'Aristote lui-même a considéré comme la meilleure partie de l'histoire de la nature.

Ainsi, il y a un corps qui, par sa nature propre, est doué d'un mouvement de translation circulaire et qui est, pour tous les autres mouvements, le prin-

---

1. V. le *Traité de l'Ame*, I, I, § 5, 9, 10, 11 ; II, § 20 ; II, I, § 4, 5, 6, 7, 11, 12 ; II, § 4, 6, 7, 8 ; III, § 7 ; IV, § 2 ; V, IX, 2 ; XI, XII ; III, II, § 9 ; III, § 5, 11, 14, 15, IV, § 3, 6, 8, 12 ; V ; VII, § 3 ; VIII, § 3 ; IX ; X, § 2, 3, 9 ; XI, § 2 et suiv.

cipe et le régulateur suprême, la cause de l'ordre et de l'harmonie universelle du monde. Ce corps, qu'Aristote appelle divin, c'est l'éther, c'est le ciel, c'est la substance de la périphérie dernière de l'univers. Et, en dehors de l'univers, il n'y a aucune réalité substantielle, dit encore Aristote lui-même [1]. Qu'est-ce que cette théorie d'un moteur immobile qui produirait le mouvement et en serait la cause dans tout le reste des choses [2]? Qu'est-ce que ce moteur, placé à la circonférence du monde, et qui serait à l'univers ce qu'un mobile est à une machine? C'est le premier ciel, c'est l'éther, ou ce n'est rien. Nous ne dirons donc pas : « Voilà le Dieu d'Aristote, » car ce grand génie a su se passer, lui aussi, d'une pareille hypothèse. Il est vrai que, venu au monde après Anaxagore et Platon, il a pu subir l'influence de certaines idées qui auraient semblé bien étranges aux antiques penseurs de l'Ionie. Mais on aura beau subtiliser et torturer les textes, on ne parviendra pas à faire d'Aristote un déiste. Il ne peut être question dans ce système de la fameuse « chiquenaude », par cette raison bien simple que le mouvement est immanent et n'a jamais commencé. C'est par elle-même que la nature se meut, c'est par elle-même

---

1. *De Cœlo*, I, IX, § 7, 8, 9, 10.
2. Cf. Plat., *Phædr.* XXIV, c. p. 711.

qu'elle vit et subsiste, et l'univers est le seul être éternel et divin [1].

La métaphysique d'Aristote, dans ses parties authentiques, n'est pas moins fondée sur l'expérience que la physique. Aristote, en effet, n'est pas un de ces idéalistes de l'école d'Élée ou de l'école de Platon, qui poursuivaient par la logique pure la recherche des causes premières. Toute théorie qui ne repose pas sur la réalité, tout principe qui n'a pas son point de départ dans la nature, toute loi qui ne résulte pas d'un ensemble de faits, lui semblent être autant de chimères et d'illusions. C'est au défaut d'observation qu'il attribue tous les errements des philosophes. « Au contraire, dit-il, « ceux qui ont donné davantage à l'examen de la « nature sont mieux en état de découvrir ces prin- « cipes qui peuvent s'étendre ensuite à un si grand « nombre de faits. Mais ceux qui, se perdant dans

[1]. Tout ce que nous disons ici ne fait aucun doute pour ceux qui connaissent les doctrines du véritable Aristote et de ses disciples immédiats. Malheureusement, les grands travaux d'histoire et de philologie qui se rattachent à la critique des textes aristotéliques, sont encore bien peu connus en France. Ainsi, quand on descend à justifier Aristote du reproche de contradiction, on ne manque pas de nous renvoyer au XIIe livre de la *Métaphysique* qui contient, en effet, toute une théodicée. A quoi nous n'avons rien à répondre, sinon que la science a reconnu depuis longtemps que le XIIe livre de la *Métaphysique* n'est pas d'Aristote. Les graves contradictions, inconciliables avec la doctrine aristotélique, qu'on surprend dans le XIIe livre, ont frappé les anciens eux-mêmes. V. Cic., *De natura deor.* I, 13.

« des théories compliquées, n'observent pas les
« faits réels, n'ont les yeux fixés que sur un petit
« nombre de phénomènes, et ils se prononcent
« plus aisément. C'est encore ici qu'on peut bien
« voir toute la différence qui sépare l'étude véri-
« table de la nature d'une étude purement logi-
« que[1]. » Il n'est pas un seul ouvrage d'Aristote
où l'on ne lise quelque recommandation de ce
genre.

Ne pouvant parler de toutes les parties de l'encyclopédie aristotélique[2], nous avons dû choisir ce

---

1. *De Gener. et Corr.*, I, II, § 8 et 9.
2. Voici, dans l'ordre chronologique, la liste des divers écrits aristotéliques dont l'authenticité ne paraît pas contestable : 1. les *Topiques;* 2. les *Analytiques;* 3. la *Rhétorique;* 4. la *Morale à Nicomaque;* la *Politique;* 5. la *Poétique;* 6. la *Métaphysique* (moins les livres II, V, XI, XII, XIII et XIV); 7. les *Problèmes;* 8. la *Physique* (moins le livre VII); le *Traité du ciel;* le *Traité de la Génération et de la Destruction;* la *Météorologie;* 9. l'*Histoire des animaux* (moins le livre X); 10. le *Traité de l'Ame; de la Sensation; de la Mémoire et du Sommeil; de la Longé- vité et de la Brièveté de la Vie; de la Vie et de la Mort;* 11. le *Traité des parties des animaux; de la Marche des animaux; de la Génération des animaux.*

Parmi les autres écrits que donnent, comme étant d'Aristote, les catalogues de Diogène, d'Hésychius et de Ptolémée, beaucoup ont été attribués par fraude ou par erreur au philosophe.

Outre ces livres savants, composés pour l'école et publiés par les disciples du maître, Aristote avait aussi écrit des traités popu- laires sous forme de *Dialogues*. Sans parler des livres de notes et d'extraits tirés des anciens auteurs, comme Archytas, Mélissos, Xénophane, etc., que le Stagirite devait certainement avoir ré- digés pour son usage, l'humanité regrettera toujours la perte d'ou- vrages aussi considérables que les traités sur les *Plantes,* sur l'*Ana-*

qui, dans l'œuvre immense d'Aristote, nous a paru être le plus important. Or, le degré d'importance des choses n'est nullement arbitraire. L'importance des choses est en raison directe de la place qu'elles occupent dans l'espace et dans le temps. La physique de l'univers, le système du monde, la constitution des corps inorganiques et organiques : voilà bien, en somme, les plus grands sujets d'étude et de méditation. Tous les phénomènes que nous observons rentrent nécessairement dans quelques lois de l'univers, depuis la mécanique céleste qui préside aux mouvements des astres dans l'espace, jusqu'à la mécanique cérébrale qui règle les mouvements moléculaires de l'écorce grise du cerveau. Aristote a vu dans la nature la cause intérieure du mouvement éternel, et il n'a vu dans l'univers qu'un fait unique, — des corps en mouvement.

Les théories de la physique moderne sont bien vieilles, on le voit. Sans parler de la théorie de l'éther, nos physiciens retrouveront chez Aristote nombre de leurs idées naturelles sur les couleurs, la vision, les sons et les odeurs. Aristote a fait plus que de pressentir la théorie des vibrations. Mais ce sont surtout les physiologistes contemporains, ce sont les savants, chaque jour plus nombreux, qui

---

tomie des animaux, et sur les *Constitutions* de cent cinquante huit États. V. Valentin Rose, *De Aristotelis librorum ordine et auctoritate.* Cf. E. Zeller, *Die Philosophie der Griechen,* II Th. 42-104.

admettent que la psychologie n'est qu'un département de la biologie, qui doivent reconnaître Aristote pour un précurseur, et, à certains égards, comme un maître, dans l'étude comparative de l'intelligence et des mœurs de l'homme et des animaux. La sensibilité et la pensée, les passions et l'intelligence, étaient bien incontestablement, pour Aristote, du domaine des sciences biologiques. Il l'a dit expressément : l'étude de l'âme appartient au physiologiste. Toutes ses observations sont empruntées à la série entière des êtres organisés. Le *Traité de l'Ame* est un grand livre de psychologie comparée.

En rapprochant d'une *Physiologie* moderne quelconque les théories d'Aristote sur les sens et la sensation, sur l'imagination et l'intelligence, sur l'appétit et la volonté, on constate sans peine les progrès considérables des sciences naturelles; mais, peut-être, ne songe-t-on pas assez que, sans les principes et les méthodes enseignés à l'humanité par le philosophe, bien des hypothèses fécondes, bien des sciences admirables d'où est sortie notre civilisation, seraient encore dans l'inconnu. Il n'a presque tenu à rien que l'encyclopédie aristotélique ne pérît tout entière comme tant d'autres œuvres du génie grec. Les destinées de l'humanité dépendent de pareils hasards, et il ne faut pas trop s'en étonner. Non seulement, en effet, il est fort indifférent en soi que l'homme sache ou ignore quelque chose, mais qui donc dans le monde se soucie de l'homme et de ses théories? La nature, monstre aveugle et sourd, ne connaît pas les débiles parasites qui végètent à la surface des plaques rugueuses de sa carapace.

CHAPITRE VI

LE MATÉRIALISME EN GRÈCE ET A ROME.
LES SUCCESSEURS D'ARISTOTE. ÉPICURE ET LUCRÈCE.
L'ÉCOLE D'ALEXANDRIE.

C'est une loi de la nature et de l'histoire que toujours l'action soit suivie d'une réaction, et qu'un monde, une civilisation, une forme de pensée ne s'élèvent un moment comme, la vague sur l'océan des choses, que pour retomber dans l'abîme sous l'écume de nouveaux flots. C'est dans le jeu éternel de ces vagues que l'homme a cru parfois découvrir une pensée, une harmonie, un progrès. Ces conceptions majestueuses n'ont jamais existé que dans son esprit. Il n'y a pas plus de progrès dans l'humanité que de conscience dans l'univers. Les oscillations de l'histoire sont certainement soumises à des lois mécaniques comme celles de la nature. Ce n'est pas à réaliser la justice et le beau que *tendent* les choses ; la *fin* du monde n'est pas plus l'avènement du « royaume de Dieu » que le règne de la raison et de la science. Il n'y a pas un seul de ces mots qui ne trahisse une origine purement humaine, qui ne soit né d'une illusion, et qui n'atteste, avec une sorte d'ironie, le néant de ce qu'il exprime. Quand une façon de penser, partant une philosophie, a dominé pendant une ou plusieurs générations humaines, elle disparaît pour faire place à une autre. Certains courants cachés apparaissent qui entraînent les esprits dans une direction contraire.

En Grèce, vers la fin du cinquième siècle, la réaction naissante du spiritualisme avait lutté contre le matérialisme expirant; au quatrième et au troisième siècle, le matérialisme renaît, et c'est de l'école même d'Aristote que sortent un Théophraste, qui incline déjà à résoudre par la doctrine de l'immanence certains problèmes que le maître était peut-être plus porté à expliquer dans un sens transcendant; un Aristoxène, qui réduisait l'âme à l'*harmonie* des éléments dont le corps est composé; un Dicéarque, pour qui l'âme n'était plus qu'un vain mot, ne répondant à aucune substance, car rien n'existe pour lui que la matière, dont les parties sont arrangées de telle sorte qu'elle a vie, sentiment et pensée chez certains êtres; enfin un Straton de Lampsaque, avec qui le péripatétisme se transforme en un naturalisme à peine distinct du matérialisme.

Théophraste a fondé la botanique et la minéralogie, comme Aristote avait créé la zoologie. L'*Histoire des Plantes*, où le nombre des espèces mentionnées s'élève à près de quatre cents, est loin d'égaler l'*Histoire des Animaux*. Linné a effacé les classifications de Théophraste; nul n'a encore pu faire oublier celles d'Aristote. En métaphysique et en psychologie, Théophraste incline à résoudre par la doctrine de l'immanence certains problèmes qu'Aristote, je le répète, était peut-être plus porté à expliquer dans un sens transcendant. L'auteur des *Caractères* paraît avoir partagé pleinement les doctrines morales de son maître. Le bonheur, avait dit Aristote, en citant l'inscription de Délos, est tout à la fois ce qu'il y a de meilleur, comme la santé, de plus beau, comme la justice, et de plus doux, comme la possession de ce qu'on aime. Avec le maître, il reconnaît que la félicité ne saurait être indépendante des biens extérieurs, tels que la richesse, la santé, la force, l'adresse, la beauté, etc., et que la vertu seule ne fait pas le bonheur.

Notre vie lui semblait dépendre bien plus de la fortune que de la prudence humaine [1]. Théophraste était de la famille de ces sages antiques, déjà rares au quatrième siècle, qui ont connu la grande curiosité scientifique, et qui, tout absorbés dans

---

1. *Vitam regit fortuna, non sapientia.* Cic., *Tuscul.* V, 9.

l'étude et la contemplation du cosmos, touchaient au terme de la vie sans s'être aperçus de la fuite des jours. Les dernières paroles qu'on lui prête respirent une douce mélancolie, qui n'est point exempte toutefois d'un peu d'amertume et de désillusion : « La vie promet dans l'acquisition de la gloire bien des plaisirs qu'elle ne donne pas, disait-il à ses disciples. Rien n'est plus stérile que l'amour de la gloire. Soyez heureux. Laissez là la philosophie, — car c'est un travail pénible, — ou bien faites-en une étude approfondie. S'il nous était accordé de plus longs jours, tous les arts pourraient être portés à leur perfection, la vie humaine serait réglée et ornée par toutes les sciences. Mais il faut mourir au moment où l'on commence de vivre. Il y a dans la vie plus de vide que de réalité [1]. »

Aristoxène étudia l'acoustique et composa une théorie de la musique déduite tout entière, non de vaines spéculations philosophico-mathématiques, mais d'une étude approfondie du sens de l'ouïe. Il réduisait l'âme à *l'harmonie* des éléments dont le corps est composé [2]. Quant à Dicéarque, il poussa jusqu'au bout les conséquences de la doctrine péripatéticienne. L'âme n'était pour lui qu'un vain mot qui ne répondait à aucune réalité.

---

1. Diog. Laert. V, 40, 41 ; Cicer., *Tusc.* III, 28.
2. Cicer., *Tusc.* I, 10, 18.

Dans un dialogue en trois livres que Dicéarque avait composé, un vieillard de Phthie, nommé Phérécrate, s'exprimait ainsi : « L'âme n'est rien, si ce n'est un mot vide de sens; c'est à tort qu'on parle d'êtres *animés* ou doués d'âme. Ni dans l'homme, ni dans la bête il n'existe une âme. Notre faculté d'agir et de sentir est également répandue dans tous les corps vivants, et elle n'est point séparable du corps, puisqu'elle n'est rien par elle-même. Ce qui est, c'est un corps unique et simple, fait de telle sorte que, par la constitution de sa nature, il a vie et sentiment [1]. »

Ainsi, la sensation, la pensée, la raison sont des propriétés immanentes des êtres organisés. Ce par quoi nous agissons et nous sentons n'est pas séparable du corps. Ce qu'on appelle l'âme n'est que le corps organisé d'une certaine façon. Rien n'existe que la matière, dont les parties sont naturellement arrangées de telle sorte qu'elle a vie, sentiment et pensée dans l'animal.

Le successeur de Théophraste dans l'École fut Straton de Lampsaque. Pour le « Physicien », comme on l'appelait, le νοῦς n'est plus que la conscience née de la sensation ; il conçoit l'activité de l'âme comme un mouvement matériel et

---

[1]. Cicer., *Tusc.* I, 10, 22, 31. Dicéarque avait encore composé trois livres appelés *Lesbiaques*, où il démontrait que l'âme ne survit pas au corps.

dérive toute vie des forces immanentes de la nature. La nature est le grand artiste qui a fait spontanément et continue à produire tout ce qui existe. Il voyait, avec le véritable Aristote, dans l'éther cosmique la cause suprême de tous les phénomènes de l'univers éternel. En physiologie comme en psychologie, comme dans la physique du monde, Straton était arrivé à des vues d'une admirable justesse. Loin de placer dans le cœur le principe de la sensibilité, c'est dans le cerveau, entre les sourcils, qu'il situait le siège de la sensation et de l'entendement : là persistent les traces des impressions et des représentations sensibles sur lesquelles opèrent la mémoire, l'imagination et le jugement. Tous les actes de l'entendement humain sont des *mouvements*.

Straton, qui ne considérait les pensées que comme des sensations transformées, établit parfaitement que, pour être perçues, les impressions de diverse nature, telles que la joie, la douleur, la crainte, la souffrance, etc., qui affectent nos sens, doivent être préalablement transmises à la « partie pensante », et que, « si l'intelligence faisait défaut, la sensation ne pourrait absolument exister. » De ce principe, il tira non seulement une théorie fort remarquable de l'*attention;* à ce sujet aussi il fit quelques observations touchant les illusions des sens qu'on dirait empruntées à un Manuel de physiologie moderne :

« Ce n'est pas au pied que nous avons mal, dit-il, quand nous nous le heurtons, ni à la tête quand nous nous la brisons, ni au doigt quand nous nous le coupons. Tout le reste de notre personne est insensible (ἀναίσθητα γὰρ τὰ λοιπά), à l'exception de la partie souveraine et maîtresse : c'est à elle que le coup va porter, avec promptitude, la sensation par nous appelée douleur. De même que la voix qui retentit dans nos oreilles mêmes, nous semble être en dehors, parce que nous confondons avec la sensation le temps qu'elle a mis pour parvenir de son point de départ jusqu'à la partie maîtresse, pareillement, s'il s'agit de la douleur résultant d'une blessure, au lieu de lui donner pour siège *l'endroit où a été éprouvée la sensation*, nous plaçons ce siège *là où la sensation a son principe*, l'âme étant entraînée vers ce point à l'instant qu'elle éprouve la douleur. C'est aussi pourquoi, quand nous nous sommes heurtés, nous fronçons les sourcils, attendu que la partie maîtresse transmet vivement la sensation à l'endroit frappé. Quelquefois nous retenons notre respiration, et si nous n'avons pas de liens pour serrer les parties qui souffrent, nous les comprimons fortement avec nos mains. Nous nous opposons ainsi à la *transmission* de l'effet produit; nous cherchons à resserrer le coup dans les parties insensibles (ἐν τοῖς ἀναισθήτοις), afin qu'il ne se propage pas de proche en proche jusqu'à la partie pensante (πρὸς τὸ φρονοῦν) et que la douleur ne se produise pas¹. »

Telle est la voie royale où étaient entrés les successeurs d'Aristote. Si les circonstances extérieures l'avaient permis, si les temps avaient été moins mauvais, si l'abaissement des esprits et des caractères avait été moins rapide, quel magnifique développement scientifique il aurait été donné au monde de voir deux mille ans avant Bacon ! Certes, je m'associe pleinement pour ma part à ces paroles de Cuvier : « Si l'heureuse impulsion donnée par Aristote eut survécu plus longtemps à sa cause ; si l'on eut continué de recueillir, comme lui, des faits, et de les comparer pour en tirer des inductions, les sciences, sans aucun doute, auraient fait alors les progrès qu'elles ont accomplis depuis Bacon, sous l'influence de la méthode péripatéticienne enfin tirée de l'oubli². »

Les plus célèbres péripatéticiens des siècles suivants n'ont guère été que des exégètes et des commentateurs d'Aristote. Au dernier siècle avant l'ère chrétienne, Andronicus de Rhodes entreprit de donner ce que nous appellerions une édition critique des œuvres du maître. Boëthus de Sidon, qui

---

1. Plut., *Utrum animæ an corporis sit libido et ægritudo.* 4.
2. *Histoire des sciences naturelles*, I, 190.

fut contemporain de César, et Nicolas de Damas, qui enseigna à Rome sous Auguste et sous Tibère, firent beaucoup par leurs commentaires et leurs paraphrases pour l'intelligence de l'antique doctrine qui se perdait de plus en plus, absorbée par le stoïcisme et le néo-platonisme.

Les stoïciens inclinaient très fort en physique vers la théorie matérialiste. Au premier abord, on serait tenté d'admirer la conséquence de leur matérialisme, car, à l'inverse de Platon, ils tenaient toute réalité pour un corps. Mais on reconnaît bientôt qu'il ne manque à ce matérialisme que d'admettre la nature purement matérielle de la matière, et la genèse de tous les phénomènes naturels par les lois générales du mouvement, c'est-à-dire le principe même du système. La matière des stoïciens ne devient telle que par son union avec la force. La force de toutes les forces est la divinité, qui rayonne dans l'univers et lui communique le mouvement. La force indéterminée et la divinité des stoïciens sont en présence comme la forme et le but suprême du monde et la simple possibilité du devenir chez Aristote, en d'autres termes, comme Dieu et la matière. Sans doute, les stoïciens n'ont point de Dieu transcendant, point d'âmes incorporelles et indestructibles; car, bien qu'elles survivent au corps, c'est pour périr bientôt si, en raison de leur méchanceté, elles sont d'une matière impure et caduque; et si, par leurs vertus, elles ont mérité d'entrer au séjour des bienheureux, ce n'est jamais que jusqu'au retour périodique du grand embrasement de l'univers.

La matière des stoïciens est animée, et non pas seulement mise en mouvement. Leur Dieu est identique avec le monde, qu'il pénètre comme l'haleine ou le souffle, qu'il parcourt comme le feu en prenant toutes les formes, mais il est plus que la matière : il est raison, intelligence, providence; il agit en vue de certaines fins et se détermine pour le meilleur. L'anthropomorphisme, la téléologie et l'optimisme dominent tout ce système, qui doit être défini un véritable panthéisme. Comme l'a dit Zeller, le stoïcisme n'est pas seulement une philosophie : c'est aussi une religion, et cela dès l'origine. Plus tard, à l'heure où les vieilles religions nationales sombrèrent avec le monde antique, le stoïcisme a satisfait, comme le platonisme, le besoin de croyance qui tourmentait les meilleures âmes, et donné un appui à leur vie morale.

Zénon, le fondateur de la doctrine du Portique, était de Kittion, antique cité phénicienne de Chypre. Désormais la plupart des philosophes grecs seront originaires de contrées où les Hellènes étaient mêlés aux étrangers, surtout aux populations sémitiques. La fin de l'indépendance politique de la Grèce n'a pas été moins favorable à la liberté individuelle qu'à l'affranchissement, ou, si l'on veut, à l'autonomie locale des villes et des états du monde hellénique. Jamais il n'y eut plus de penseurs, je ne dirai pas originaux, mais singulièrement éveillés et actifs. Avec les disciples d'Aristote, les sciences naturelles étaient nées une seconde fois; à Alexandrie elles vont être étendues et approfondies par les plus rares génies qui aient paru chez aucun peuple.

Toutefois la science de la nature commence à se séparer de la philosophie. Si l'antiquité n'a pas connu l'antagonisme qui a divisé ces deux sciences à notre époque, cependant les grands noms ne sont plus les mêmes dans les deux domaines. Les naturalistes se rattachent encore plus ou moins à une école philosophique; les philosophes cessent d'être physiciens. Alors même qu'ils fondent leur doctrine, comme Épicure, sur les inductions scientifiques d'un Démocrite, ils ne s'occupent point de physique. Affranchir l'âme des doutes et des soucis qui la rongent, des angoisses et des folles terreurs qui l'épouvantent, l'élever au-dessus des superstitions populaires, procurer au sage qui contemple l'univers la sérénité et la paix bienheureuse, voilà l'unique but de cette philosophie morale, purement éthique, et qui au fond a tant d'affinité avec le quiétisme et l'ascétisme des religions bouddhique et chrétienne.

Le système et l'idéal d'Épicure représentent le côté pratique de la réaction contre l'antique École d'Athènes. La philosophie d'Épicure est une résurrection du matérialisme véritable, j'entends de la philosophie de Leucippe et de Démocrite, de la conception purement mécanique du monde. On sait que, s'il ne fut pas tout à fait autodidacte, Épicure ne s'attacha à aucune des écoles contemporaines, et fit de Démocrite et d'Aristippe sa principale étude. Thèbes était détruite, Démosthène banni, on criait dans les rues d'Athènes, si j'ose dire, les bulletins de victoire d'Alexandre. Après avoir enseigné quelque temps dans les villes ioniennes, à Colophon, à Mitylène, à Lampsaque, Épicure revint à Athènes, acheta un jardin et y vécut, au milieu de ses disciples, d'une existence simple et modeste, tout à la méditation et aux doux soins de l'amitié. Il n'y a point d'exemple, dans toute l'antiquité, d'une vie aussi pure et aussi innocente. La fin vers laquelle nous devons tendre pour échapper à l'inquiétude et à la douleur, la paix de l'âme, ce n'est pas le plaisir, la jouissance fugitive et vaine, les voluptés des sens, comme l'entendait Aristippe, qui peuvent nous la procurer. Les plaisirs de l'esprit, enseigne Épicure, valent mieux que ceux du corps, car l'âme ne jouit pas seulement dans le présent; le passé et l'avenir lui font aussi goûter des joies sereines et élevées. Je crois, avec Lange, que, par l'importance capitale qu'il attribue à la vertu dans le bonheur, Épicure n'était pas très éloigné de ses grands adversaires, Zénon et Chrysippe. Il faisait découler toutes les vertus de la sagesse; on ne pouvait être heureux sans être juste et sage, mais qui était juste et sage ne pouvait être malheureux.

Ces doctes loisirs, ce détachement du monde, des devoirs et des passions du citoyen, jamais Épicure ne les aurait trouvés dans les cités turbulentes, dévorées d'envie et de soupçons jaloux, oscillant sans cesse de la démagogie à la tyrannie, du monde grec antérieur à Alexandre et à Antipater. C'était le bon temps pour philosopher. Les républiques ont souvent été hostiles au matérialisme, à l'étude abstraite et désintéressée de la nature. Les doctrines spiritualistes, avec leurs aspirations généreuses et un peu déclamatoires, avec leur foi dans l'idéal et leur enthousiasme naïf, sont bien plus du goût des foules. On oublie trop en France que, au témoignage même du baron d'Holbach, le matérialisme et l'athéisme « ne sont point faits pour le vulgaire ».

Épicure ne scandalisa même point les simples, qui croient si bien à leur manière. Il assistait sans affectation aucune aux cérémonies religieuses traditionnelles : c'était là une concession à ce qui avait existé de tout temps, et sans doute aussi un reste de douces habitudes d'enfance. D'ailleurs il n'était pas athée. Il lui fallait admettre, dans son système, que quelque chose d'objectif répondît à l'idée presque universelle des dieux que les hommes portent en eux. Ne sachant que faire de ces ombres dans une explication mécanique de l'univers, il les considérait volontiers comme des êtres éternels, heureux et beaux comme des éphèbes, que l'on doit honorer pour leur perfection sans les rabaisser au point de croire qu'ils ont cure de nous ou de ce monde. Je ne sais si l'on ne va pas bien loin quand, après avoir affirmé que ce culte des dieux était tout subjectif pour Épicure, on ajoute que ce qu'il vénérait c'était l'idée divine considérée comme un élément de noblesse humaine, et non les dieux eux-mêmes en tant qu'êtres extérieurs et réels. Voilà, en tout cas, une religion dont s'accommoderaient nombre de « déistes » contemporains qui n'osent se dire athées.

La physique d'Épicure n'était autre que celle de Démocrite. Cette science ne fit aucun progrès dans son école; elle n'y fut que la servante de l'éthique. Le but de l'explication physique de la nature étant de nous délivrer de la crainte des dieux et des terreurs d'outre-tombe, toute recherche naturelle cesse dès qu'il est démontré que ce qui arrive dans l'univers est le résultat de lois générales et invariables. Entre les hypothèses que l'on propose pour l'interprétation des phénomènes, on peut choisir ; il n'importe, pourvu que l'explication soit *naturelle*. Il convient seulement de noter que les atomes d'Épicure, comme ceux de Démocrite, n'ont toujours point d'états internes que l'on puisse opposer à leurs mouvements et à leurs combinaisons externes. C'est le caractère propre de l'atomisme matérialiste, car admettre l'existence d'états internes dans ces éléments, c'est en faire des monades, ainsi que dans l'idéalisme et le naturalisme panthéiste. L'âme est pour Épicure un corps d'une rare ténuité, répandu dans tout le corps comme une chaude haleine : en un temps où l'on ne connaissait ni les propriétés des nerfs ni les fonctions du cerveau, l'âme matérielle d'Épicure était un véritable organe, apparaissant et se dissolvant avec les autres organes du corps.

Quand on songe au goût des Grecs pour la subtilité et la dialectique d'école, il faut louer le bon sens qui fit rejeter à Épicure la dialectique comme inutile et nuisible. Il n'usa d'aucun jargon scholastique et se servit de la langue des honnêtes gens. Il aimait la clarté en des matières où, je l'avoue, il est bien souvent permis d'être obscur. Lange, qui a toujours cultivé la logique, et qui l'a même choisie pour son dernier enseignement à Marbourg, a signalé comme un sujet d'étude trop dédaigné et assez mal compris, la logique d'Épicure ; il la considère comme étant strictement sensualiste et empirique, claire et conséquente. Le fondement de toute connaissance était pour Épicure la perception sensible ; en soi celle-ci est toujours vraie ; l'erreur ne consiste que dans le rapport du sujet percevant à l'objet perçu, partant dans le jugement. Le critérium de la vérité de toute proposition générale est sa confirmation par la perception. Les propositions générales sont donc des opinions nées du commerce de l'homme avec les choses. C'est ainsi qu'on raisonne encore aujourd'hui quand on invoque les « faits ». Or la perception témoigne seule de l'existence de ces faits, du moins en dernière analyse, le fait élémentaire ne pouvant jamais être pour nous qu'une sensation.

La philosophie grecque proprement dite (car le néo-platonisme alexandrin n'a de grec que la langue) finit avec Épicure et son école, comme elle avait commencé avec les philosophes naturalistes de l'Ionie. Les développements futurs du génie hellénique dans l'investigation des choses appartiennent aux sciences positives de la nature.

Ç'a été une sorte de mode, jusqu'en ces derniers temps, de ne voir dans les savants d'Alexandrie que des pédants d'école, des érudits routiniers, des professeurs au jugement subtil et faux, ou de beaux esprits ennemis de l'observation et de l'expérience. Rien n'est moins vrai, et l'on ne saurait trop insister, comme l'a fait Draper, sur l'importance capitale de l'école d'Alexandrie dans l'histoire des sciences. La philosophie grecque avait fini, nous le répétons, comme elle avait commencé, par le matérialisme. C'est ce qui a fait comparer son cours à celui d'un jour, qui monte de la nuit à l'aurore pour décliner bientôt vers le soir et s'éteindre dans les ombres. Naturellement c'est dans les sombres ténèbres de la nuit qu'on relègue les physiciens de l'Ionie et les disciples d'Épicure. Socrate, Platon et Aristote paraissent seuls en pleine lumière.

Il vaut mieux noter que la doctrine d'Épicure, qui ne s'attarda pas aux imaginations poétiques d'un Empédocle, a formé la transition naturelle entre l'ancienne philosophie spéculative des Hellènes et l'époque des recherches fructueuses sur le terrain solide des sciences de la nature[1]. C'est à Alexandrie qu'elles ont fleuri pour la première fois sur la terre; c'est d'Alexandrie qu'elles sont venues dans l'Europe moderne, comme des semences fécondes. Le grand présent que cette ville a fait au monde, c'est la *méthode scientifique*.

Ce progrès décisif dans l'histoire de la civilisation s'étend à toutes les sciences et au reste de l'hellénisme : il est le trait commun de la haute

---

1. A. Lange, *Geschichte des Materialismus*, I, 86.

culture grecque après l'ère de la philosophie spéculative. On le constate avec Aristarque dans les études de grammaire et de critique, aussi bien qu'avec Polybe dans l'histoire, ou avec Euclide dans la géométrie. Archimède trouve dans la théorie du levier le fondement de toute la statique, et, de lui à Galilée, les sciences mécaniques n'ont point progressé. L'astronomie surtout qui, depuis les Thalès et les Anaximandre, avait été fort négligée, est proprement constituée par Hipparque : c'est ici le triomphe de la méthode inductive, reposant sur l'idée de l'existence de lois nécessaires dans la nature, notion féconde qui devait reparaître dans le monde avec Copernic et Képler avant que Bacon en tirât la philosophie moderne, mais dont Démocrite avait eu le premier une très claire conscience.

Le complément de la méthode inductive, l'expérience, fut aussi trouvée à Alexandrie. Avec Hérophile et Érasistrate, l'anatomie devint le fondement de la médecine; on pratiqua certainement des vivisections [1].

Ce n'est pas le lieu d'esquisser un tableau du magnifique essor que présentent toutes les sciences dans cette capitale intellectuelle du monde, quel-

---

1. Galien cite (*Des lieux affectés*, III, III) un traité de lui, perdu, *Sur la dissection des animaux vivants*.

ques siècles avant le grand naufrage de la civilisation antique, le triomphe du christianisme et des barbares : ce qu'il est permis d'affirmer, c'est que la renaissance du seizième siècle ne fut qu'une restauration des idées et des principes de la culture alexandrine. Il y a toujours quelque légèreté à médire de la science des anciens. Ne parlons pas de la grammaire, de la logique, de l'histoire et de la philologie, dont on ne conteste point les résultats solides et durables. Même dans les sciences de la nature, que les modernes ont portées à un si haut point de perfection, les fondements qui supportent tout l'édifice sont grecs.

Que l'on se souvienne d'où étaient partis les Hellènes, des conceptions naïves de la terre et du ciel qui survivent encore à l'époque des épopées, de la foi universelle aux apparitions des dieux que l'on imagine derrière tous les phénomènes naturels, si bien que pas une feuille d'arbre ne remue, pas un rayon de lumière ne brille, pas une nuée ne s'élève dans l'azur, sans qu'on y voie un signe divin. Il n'y avait certes alors ni astronomie ni météorologie, et pas plus de physique ou de physiologie que de chimie. Le monde était un miracle perpétuel, comme il le fut toujours en Judée ou en Arabie, et plus tard au temps de notre moyen âge. Le commencement et la fin de toute science, l'hypothèse, était inconnue. Après quelques générations cependant, on observe, on découvre des uniformités naturelles dans le cours des choses, et l'on s'élève à cette notion de lois nécessaires et universelles qui est l'unique fondement des sciences. Dès que celles-ci ont une méthode, que ce n'est plus le hasard, mais l'induction et l'hypothèse qui président à l'observation, elles se séparent de la philosophie spéculative qui, d'un coup d'aile, prétendait s'élever aux premiers principes des choses. Enfin les progrès de la mécanique, l'invention des instruments de précision et la pratique des expériences, donnent une portée et une solidité jusqu'alors inconnues à l'observation méthodique des phénomènes.

Le moyen de nier la haute perfection où parvinrent les mathématiques et la géométrie dans la patrie de Pythagore et de Platon, alors que les livres d'Euclide, après plus de deux mille ans, forment encore le fondement de cette discipline de l'esprit humain dans la patrie de Newton? Les observations astronomiques des Hellènes ont été infiniment plus exactes que celles des anciens contemplateurs du ciel en Babylonie et en Égypte. Il n'y a pas jusqu'au principe du système copernicien, la position centrale du soleil, qui ne se trouve dans Aristarque de Samos. Avant et après Aristote, que de descriptions exactes du monde, des plantes et des animaux, que d'investigations sagaces de la structure des corps organisés! C'est à Alexandrie que les résultats scientifiques des conquêtes du héros macédonien, furent appréciés et utilisés pour les premiers essais d'une morphologie comparée, s'élevant des organismes les plus inférieurs à l'homme. Déjà Pline l'Ancien a pu jeter un regard singulièrement pénétrant sur la place de l'homme dans l'univers. La physique expérimentale des anciens comprend les principes de l'acoustique, de l'optique, de la statique, et ceux de la théorie des gaz et des vapeurs.

La médecine scientifique, qui trouva dans Galien de Pergame sa plus haute expression, avait déjà découvert le rôle et l'importance des nerfs. Le cerveau, si longtemps considéré comme une masse inerte, d'une utilité aussi problématique que l'était naguère encore la rate pour les modernes, fut élevé à la dignité de siège de l'âme et des fonctions de la sensibilité. Au siècle dernier, Sœmmering trouva la science du cerveau presque au même point où l'avait laissée Galien. On connaissait aussi dans l'antiquité le rôle de la moelle ; des milliers d'années avant Magendie et Ch. Bell, on distinguait déjà les nerfs sensibles des nerfs moteurs, et Galien, au grand étonnement de ses contemporains, traitait une paralysie des doigts en agissant sur les régions de la moelle épinière où les nerfs des parties affectées ont leur origine.

Voici à quelle occasion. Un individu, que Galien nomme le sophiste Pausanias, originaire de Syrie, était venu à Rome. Depuis trente jours, il avait perdu le sentiment des deux petits doigts et de la moitié du doigt du milieu de la main gauche, le mouvement étant demeuré intact. Galien l'interrogea; il apprit qu'étant tombé de son char, le malade avait reçu un coup à la naissance du dos. Galien conjectura qu'à l'endroit où le nerf sort, après la septième vertèbre cervicale, quelque partie enflammée par suite du coup avait contracté une diathèse squirrheuse. « La portion inférieure du dernier des nerfs sortis du cou, écrit Galien, va aux petits doigts (nerf cubital) en se distribuant au derme qui les entoure et de plus à la moitié du doigt médius. Ce qui semblait le plus étonnant aux médecins, c'est que la moitié du médius paraissait affectée. Ce fait même me confirma dans l'idée que cette partie-là seule du nerf avait souffert, qui, se détachant du tronc à l'avant-bras, aboutit aux doigts indiqués. Faisant donc enlever le médicament appliqué sur ses doigts, je le déposai précisément à cette partie de l'épine où se trouvait l'origine des nerfs affectés. Et ainsi il arriva — chose qui sembla étonnante et extraordinaire à ceux qui la virent — que les doigts de la main furent guéris par les médicaments appliqués sur le rachis[1]. »

1. Cf. Galien, *Des lieux affectés*, I, vi. Cf. III, ii, iii, xiv.

Si vous connaissez le siège de la lésion anatomique, enseignait ce grand médecin, « vous ne tourmenterez plus les membres paralysés en négligeant le rachis, mais c'est en vous occupant de celui-ci que vous guérirez le lieu affecté. » Dans l'obervation que nous venons de rapporter, Galien témoigne que « la faculté sensitive ne découlait plus dans les doigts, l'origine du nerf étant lésée à sa sortie de la moelle. » La « dissection » lui avait aussi appris que, « dans toutes les parties de l'animal inférieures au cou qui sont mues volontairement, les *nerfs moteurs* tirent leur origine de la moelle dite dorsale (τὰ κινητικὰ νεῦρα τὴν ἔκφυσιν ἔχειν ἐκ τοῦ καλουμένου νωτιαίου). Les incisions transversales qui coupent entièrement la moelle, privent de sensibilité et de mouvement toutes les parties du corps situées au-dessous, attendu que la moelle tire de l'encéphale la faculté de la sensation et celle du mouvement volontaire. »

Quelle part le matérialisme antique a-t-il eue dans ces conquêtes de la science et de la philosophie expérimentale ? Au premier abord, la réponse ne laisse pas d'être paradoxale. Si l'on excepte Démocrite, c'est à peine si un seul de ces grands inventeurs appartient à l'école matérialiste. On ren-

---

IV, v. *Opera*, éd. C. G. Kühn (Lipsiæ, 1824), et la trad. de ses *Œuvres anatomiques, physiologiques et médicales*, par le Dr Ch. Daremberg, II, 500.

contre, au contraire, parmi les noms les plus considérables de la science grecque, toute une lignée d'idéalistes et même d'enthousiastes. Platon est bien le père de ces puissants génies qui portèrent si haut la perfection des mathématiques. Tous ou presque tous les mathématiciens d'Alexandrie étaient de son école. Aristarque de Samos, le précurseur de Copernic, se rattachait aux vieilles traditions pythagoriciennes. Le grand Hipparque croyait à l'origine divine de l'âme humaine. Ératosthène s'en tint à la moyenne Académie. Pline, Ptolémée, Galien, sans avoir de système proprement dit, étaient attachés aux principes panthéistes.

Naturellement ce n'est point sans raison que le naturalisme a eu si peu de part à l'invention des sciences. Il paraît bien que les voies droites et claires ne conduisent guère aux découvertes. En maintes occasions, le vol capricieux de la fantaisie et les mille détours d'une libre imagination ont mené plus vite à quelque vérité nouvelle que tous les efforts appliqués et méthodiques de l'intelligence. Certes l'atomisme antique était loin d'être le dernier mot de la science : il se rapprochait pourtant beaucoup plus de l'essence des choses, autant qu'il nous est donné de la concevoir, que la doctrine pythagoricienne des nombres ou celle des idées de Platon. Mais ces idées étaient en harmonie avec le goût étrange qu'apporte tout homme en ce monde pour les formes pures, dans lesquelles il croit contempler les types ou les idées éternelles de tout ce qui passe et périt autour de lui. La tendance inconsciente et innée de l'âme vers l'ordre et la symétrie suscitait dans l'esprit les idées divinatrices des phénomènes. Dans l'histoire entière des découvertes et des inventions, on voit que c'est par son libre essor vers la sphère des rêves et des pressentiments que l'âme humaine a trouvé les lois principales qui régissent le monde.

Toutefois, cette divination subjective des lois et des raisons cachées des choses n'est qu'un succédané de l'instinct religieux qui créa les mythes. Il y a longtemps qu'on a constaté que la capacité scientifique d'une race est en raison directe de la richesse de sa mythologie. Sans les sévères méthodes de l'observation et de l'expérience, sans la vérification expérimentale, les hypothèses scientifiques ne seraient que de vaines fictions comme les idées morales et religieuses. C'est ici que le matérialisme reprend ses droits, et, par la méthode, agit indirectement, mais d'une manière toute-puissante, sur l'élaboration des synthèses supérieures de l'esprit humain. La méthode est distincte de l'invention, mais elle est la condition de tout savoir logique et systématique des choses.

Rien ne serait plus facile que de vérifier à cet égard l'action de la philosophie de Démocrite sur les théories en apparence les plus contraires. Ainsi, la matière dont Platon n'a pu se passer pour construire son univers, se résout en corpuscules élémentaires doués de mouvement. Aristote, quoiqu'il s'oppose de toute sa force à l'hypothèse du vide et qu'il établisse comme un dogme la continuité de la matière, est bien forcé aussi de prendre en considération les idées théoriques de Démocrite sur le mouvement. Aujourd'hui, depuis la constitution de la chimie, depuis la théorie des vibrations et la théorie mathématique des forces agissant dans les plus petites particules matérielles, l'atomisme est bien plus mêlé aux sciences positives. Pourtant, grâce à cette hypothèse scientifique, dès l'antiquité le monde se dégagea des nuages de la mythologie, et l'on vit les disciples d'un Pythagore et d'un Platon méditer sur les phénomènes naturels ou les soumettre à l'expérience sans confondre le monde des idées et des nombres mystiques avec les réalités de celui-ci. Cette confusion ne se produisit qu'assez tard, en pleine anarchie intellectuelle, quand la ruine de l'antique culture hellénique laissa le champ libre aux enthousiastes néo-platoniciens et néo-pythagoriciens.

Nous croyons, avec Lange, que le contrepoids qui avait retenu si longtemps les idéalistes grecs, qui les avait empêchés de tomber du côté où ils penchaient plus que de raison, ç'a été le matérialisme avec ses méthodes d'observation et de vérification. L'honneur en revient tout entier à Démocrite, car les épicuriens n'ont guère été que des moralistes. Si les idéalistes n'avaient pas assez le sentiment de la réalité et se détournaient trop vite de l'observation patiente des phénomènes, les matérialistes ont toujours été beaucoup trop enclins à s'en tenir aux vaines apparences des choses, et, au lieu de rien approfondir, à se contenter des explications les plus prochaines.

Ce qu'on peut reprocher à Épicure et à son école, c'est de n'avoir point fait progresser la science antique, c'est de s'être complus et attardés aux explications multiples des phénomènes de la nature, c'est d'avoir négligé la physique pour la morale. Mais Épicure n'est pas seul responsable de cette décadence. Ceux qui, en Grèce, ont arrêté le développement de la physique, de l'astronomie et de toutes les sciences inductives, s'appellent Socrate et Platon. Voilà ce qu'il ne faut jamais oublier. Ce qu'on prend d'ordinaire pour l'âge d'or de la philosophie est proprement le commencement de la scholastique.

Nous avons dit combien dans l'école d'Épicure, la plus fermée, la plus immobile de toutes, l'éthique l'avait emporté sur la physique. De même, quand Gassendi, au dix-septième siècle, remit en lumière le système du doux penseur des jardins d'Athènes et l'opposa à celui du Stagirite, ce fut l'éthique qu'il mit encore en avant. On ne peut nier, après tout, qu'elle n'ait été une manière de ferment dans le développement de l'esprit moderne. Mais elle disparaît presque à nos yeux devant l'importance capitale de la physique de Démocrite : transformée de diverses sortes par des hommes comme Descartes, Boyle et Newton, la doctrine des atomes et de l'origine de tous les phénomènes cosmiques par le mouvement de ces atomes, est devenue le fond même de toutes les sciences de la nature à notre époque.

Malheureusement l'œuvre du philosophe d'Abdère avait presque toute péri. Ce fut donc chez Épicure, mais surtout chez Lucrèce que, depuis la Renaissance, les peuples modernes ont dû puiser ce qu'ils savent des principes de la théorie atomiste.

Ç'a été la destinée du poème de la *Nature* d'être peu lu et surtout très peu compris. Dans l'antiquité, de très grands esprits l'ont seuls étudié, souvent même imité, mais sans nommer le poète. En dépit d'obscures et profondes sympathies, Virgile et Horace semblent éprouver une sorte de crainte religieuse devant le prodigieux génie de Lucrèce. L'un et l'autre ont redit, comme un écho harmonieux et doux, quelques vers sublimes du sombre poète romain. Un moment ils ont semblé tout pénétrés de sa mélancolie, mais ils ont passé vite devant cette grande ombre des anciens jours. Cicéron, qui avait la vue au moins aussi courte dans les choses de la philosophie que dans celles de la politique, n'a rien compris au poème de la *Nature*. Les écrivains du bel air, les poètes de la nouvelle école, tout entiers à l'imitation de leurs modèles alexandrins, n'avaient pas plus de penchant pour les vers de ce revenant du siècle d'Ennius [1]. Quintilien, enfin, l'entend à peine. Les critiques et les historiens de la littérature romaine, en reportant à l'époque d'Auguste l'âge d'or de la littérature latine, ont relégué Lucrèce dans son ombre séculaire.

On admet pourtant aujourd'hui que, pour peu qu'on ait le sentiment de la poésie, sinon originale, du moins nationale, c'est Caton et Lucrèce, et non plus Cicéron ou Horace, que doit lire celu qui veut connaître le génie véritable des lettres romaines. Empédocle et Épicure ont été pour Lucrèce ce qu'Épicharme et Évhémère avaient été pour Ennius. Comme Ennius, Lucrèce parle une langue encore rude et peu polie, et, dans sa piété filiale pour les vieux Hellènes, il fait entrer volontiers des mots grecs en ses vers au cours lent et

---

1. Teuffel, Geschichte der rœmischen Literatur (2ᵉ édit. Leipzig, Teubner), § 202.

puissant, « semblable, dit Mommsen, à un fleuve d'or liquide[1]. » On connaît les beaux vers dans lesquels Lucrèce célèbre son précurseur Ennius, qui, « le premier, du riant Hélicon rapporta une couronne d'éternel feuillage pour s'en faire honneur et gloire parmi les hommes des nations italiennes. » (I, 117.)

Ce contemporain d'Hortensius et de Cicéron, qui nous paraît si archaïque, ce grave et voluptueux Romain qui vit Marius et Sylla, qui médita au milieu des massacres et des proscriptions, et, comme on sent venir l'orage, pressentit les guerres civiles, — sortit, à quarante-quatre ans, du banquet de la vie, fatigué et sans doute rassasié de ce monde, *ut plenus vitæ conviva*, comme le convive auquel en son poème s'adresse la Nature :

Quid tibi tanto operest, mortalis, quod nimis ægris
Luctibus indulges? Quid mortem congemis ac fles?
Nam gratisne fuit tibi vita ante acta priorque,
Et non omnia pertusum congesta quasi in vas
Commoda perfluxere atque ingrata interiere :
Cur non ut plenus vitæ conviva recedis,
Æquo animoque capis securam, stulte, quietem?...
Nam tibi præterea quod machiner inveniamque,
Quod placeat, nil est : eadem sunt omnia semper[2].

---

[1]. *Gleich dem Strome flüssigen Goldes.* Rœmische Geschichte, (IIIe vol., p. 595, 6e édit). Berlin, 1875. Les pages que M. Mommsen a consacrées à Lucrèce sont les plus érudites et les plus brillantes que j'aie lues.

[2]. *De R. N.*, III, 931-943.

Eadem sunt omnia semper; eadem... omnia restant. « Toujours, toujours la même chose! » répète la Nature comme un glas funèbre. Quand on triompherait des ans, rien ne changerait dans l'existence monotone de l'homme. Aussi bien il faut céder la place à d'autres :

Cedit enim rerum novitate extrusa vetustas
Semper, et ex aliis aliud reparare necessest.
Nec quisquam in barathrum nec Tartara deditur atra.
Materies opus est, ut crescant postera sæcla,
Quæ tamen omnia te vita perfuncta sequentur;
Nec minus ergo ante hæc quam tu cecidere, cadentque.
Sic aliud ex alio nunquam desistet oriri,
Vitaque mancipio nulli datur, omnibus usu.
Respice item quam nil ad nos ante acta vetustas
Temporis æterni fuerit, quam nascimur ante.
Hoc igitur speculum nobis natura futuri
Temporis exponit post mortem denique nostram.
Numquid ibi horribile apparet, num triste videtur
Quicquam, non omni somno securius exstat [1] ?

L'ardent et sombre désir de la paix suprême, du calme inaltérable, plus sûr que tout sommeil, *omni somno securius*, voilà le fond même de l'âme du poète, si agitée à la surface, si houleuse et tumultueuse, mais si sereine en ses profondeurs. La doctrine d'Épicure, toute de renoncement et de quiétude, est comme un avant-goût de cet évanouissement voluptueux de la conscience dans l'éternel sommeil. Pour se plonger et se perdre en cette

---

1. *De R. N.*, III, 962-975.

ivresse du néant, il fallait dissiper, ainsi que de mauvais rêves, toutes les vaines terreurs qui hantent les humains, d'abord la crainte des dieux envieux et redoutables, la peur de la mort et des destinées d'outre-tombe, puis les illusions de l'ambition, la vanité de nos rêves de bonheur et de gloire, surtout le mensonge humiliant de l'amour. Pour atteindre la paix, l'indifférence et le repos du sage, exempt de crainte et de douleur, qui dès cette vie goûte à la mort bienheureuse, il fallait fouler aux pieds tous les épouvantements de l'humanité, oser lever les yeux vers le ciel désert et mépriser la vie. En d'autres termes, la nouvelle conception morale du monde était liée à une nouvelle conception physique de l'univers.

Qu'on se représente un Romain du temps de Sylla, un chevalier sans doute riche et élégant, fort répandu dans la société polie, et reçu dans les premières maisons patriciennes, mais atteint à l'âme d'on ne sait quelle blessure, en proie aux anxiétés d'un cœur troublé, aux paniques religieuses; d'ailleurs ignorant comme tous ses compatriotes dans les sciences de la nature, mais sachant parfaitement l'une et l'autre langue. Qui l'induisit à dérouler quelques traités d'Épicure? On ne sait; mais tous les auteurs inclinent à penser que cette lecture fut pour Lucrèce une révélation. Et en effet, il n'est guère érudit. Il imite la manière d'Empédocle et paraphrase le grec d'Épicure. Depuis que de nouveaux fragments de la physique du maître sont sortis des fouilles d'Herculanum, on voit mieux encore avec quelle fidélité de copiste Lucrèce a rendu la pensée, souvent les expressions mêmes, de ce grand Hellène. Il ne remonte pas aux enseignements du père de la doctrine atomistique, à Démocrite. Les manuels d'Épicure, avec leurs maximes précises et leurs formules d'école, ont passé dans ses vers. Il devint physicien comme on devient croyant. Épicure fut le grand prêtre qui, pour lui, écarta les voiles du tabernacle. Il contempla le dieu, c'est-à-dire la matière éternellement en mouvement dans l'espace infini, et tout son être, envahi par un secret effroi, frémit d'une divine et sainte volupté.

C'est un lieu commun que le peuple le plus ignorant et le plus grossier du monde classique, le plus fermé aux sciences et aux arts, le plus entiché de ses coutumes, de ses institutions, de ses mœurs et de sa religion sans poésie — le peuple romain — a été précisément le plus spiritualiste. Ce peuple n'a guère pu entendre que le stoïcisme et l'épicurisme, deux systèmes dont la tendance pratique et la forme dogmatique devaient lui plaire. En tout cas, les matérialistes pratiques étaient fort nombreux à Rome dès le temps de Marius et de Sylla, et il paraît bien que la théorie ne les touchait guère.

La haine toute de flamme dont Lucrèce poursuit la religion n'est qu'à lui seul. Certes, délivrer l'homme de la crainte des dieux et des vengeances divines d'outre-tombe était bien aussi pour Épicure la fin de la doctrine matérialiste ; mais, avec quelle sérénité souriante et finement ironique, il s'inclina devant les grandes ombres lumineuses de ces immortels impuissants !

Lucrèce n'est pas seulement un contempteur des choses divines : il n'éprouve pas moins de dégoût devant les choses humaines, l'ambition, les vanités, les honneurs, les richesses, la gloire, l'amour. Lucrèce se passe des dieux ; mais il se passe aussi de patrie, de famille, de liberté. Dans la politique, il conseille l'abstention, le calme dédain du penseur, la contemplation presque ascétique du *Suave mari magno*.

Lucrèce ne montre de sérénité, d'apaisement, de résignation, que devant le cours éternel de la nature, et quand son regard s'abaisse sur les luttes éphémères de l'ambition et de la politique. Cette aversion, ce dédain à l'endroit de l'action en politique, est le caractère propre et général du matérialisme dans l'antiquité. *In Epicuro quiescere.* Cette doctrine fait volontiers l'éloge de l'obéissance passive : ce n'est pas le seul trait qu'elle ait en commun avec l'idéalisme, je ne dis pas avec le spiritualisme, dont les tendances généreuses et héroïques sont bien connues. En général on n'a pas assez remarqué que le plus grand poète matérialiste qui ait paru dans le monde a prêché une morale d'ascète, exhorté les hommes au renoncement et montré l'universelle vanité des choses. Ces vues morales sur la nature et sur l'homme ne sont pas nées de la fantaisie d'un penseur mélancolique : elles n'étaient qu'un reflet des théories physiques et physiologiques d'une doctrine que l'on considère, bien à tort, comme favorable aux goûts et aux appétits du vulgaire. La voie qui conduit à la paix suprême, *placidam pacem*, est âpre et abrupte. comme le chemin de la Croix.

La doctrine que Lucrèce embrassa avec tant d'ardeur n'était point nouvelle à Rome ; mais elle y avait été si altérée ou si peu comprise que Démocrite et Épicure eux-mêmes ne l'auraient guère reconnue. Le génie romain, foncièrement spiritualiste, répugnait absolument à une conception mécanique des choses. Point de peuple qui ait plus fortement gardé l'empreinte de la religion séculaire des ancêtres. Ce n'est pas qu'il fût pieux, au contraire : son imagination était trop pauvre. Il n'a point d'épopée, parce qu'il n'avait pas eu de grande mythologie. Mais il était formaliste, pratique, superstitieux, non moins attaché aux cérémonies du culte qu'à la fortune paternelle et à la dure administration des provinces.

L'Étrurie et Rome sont la terre classique des augures et des pontifes. Tous les monuments authentiques des cultes italiotes jusqu'ici retrouvés, ont un air de famille unique dans l'histoire des religions. Les inscriptions latines du temple des frères Arvales, près de Rome, ou les inscriptions ombriennes des frères Attidiens d'Iguvium [1], présentent presque les mêmes formules sacrées, les mêmes cérémonies, les mêmes prières, le même culte de divinités champêtres. Dans la vie du Romain, même incroyant, comme dans celle du pieux Israélite de l'époque de Jésus, il n'y a pas un phénomène de la nature, pas une action dans la maison, sur le forum ou dans l'armée, qui n'éveille l'idée de quelque rite, de quelque cérémonie, de quelque prescription liturgique. La curiosité éveillée de l'Hellène, l'insatiable désir de connaître les causes de ce qui arrive dans le monde, ne sauraient naître chez des gens aussi profondément édifiés sur toute chose, et qui, volontiers, s'imaginent que toute science repose dans les formulaires.

Ce que le Romain comprenait bien, c'était l'épicurisme pratique, le matérialisme vulgaire, étranger et contraire, est-il besoin de le dire? aux doctrines

---

1. Les *Tables Eugubines*, texte, traduction et commentaire, avec une grammaire et une introduction historique, par Michel Bréal.

scientifiques qui portaient ces noms dans l'antiquité. Certes, de tous les systèmes philosophiques de la Grèce, les Romains ne pouvaient guère entendre que les dogmes d'Épicure ou de Zénon. Encore ne s'attachèrent-ils qu'aux enseignements pratiques de ces doctrines, à la morale. Jusqu'à l'époque de Tibère et de Néron, où les stoïciens l'emportent définitivement, Épicure fut le maître principal. Mais, nous le répétons, l'austère et grave doctrine du sage des jardins d'Athènes, la douce mélancolie d'Épicure, son détachement du monde et ses doctes loisirs ne furent guère compris des épaisses cervelles romaines. Dès le temps de Marius et de Sylla, on confondait, comme aujourd'hui, le grossier matérialisme pratique, qui peut être le fait du plus ignorant, avec la doctrine très pure et très élevée, strictement scientifique, du matérialisme théorique. Le poème de Lucrèce est l'immortel témoin de ce que nous disons.

Horace n'est pas un épicurien : c'est un bon et naïf disciple de la philosophie d'Aristippe de Cyrène, un franc et sincère ami du plaisir plutôt qu'un voluptueux raffiné. C'est Horace, c'est Catulle et Properce qui nous convient à aimer, à nous couronner de myrtes et à jouir de l'heure qui s'envole. Mais Lucrèce, la lèvre gonflée de dédain, songeant à ces viveurs :

Tu quidem ut es leto sopitus, sic eris ævi
Quod super est cunctis privatu' doloribus ægris...
Hoc etiam faciunt ubi discubuere tenentque
Pocula sæpe homines et inumbrant ora coronis,
Ex animo ut dicant : « Brevis hic est fructus homullis;
Jam fuerit, neque post unquam revocare licebit. »
Tanquam in morte mali cum primis hoc sit eorum,
Quod sitis exurat miseros atque arida torres,
Aut aliæ cujus desiderium insideat rei [1].

Un autre mérite de Lucrèce, le plus grand à nos yeux, est d'avoir insisté sur la physique d'Épicure; c'est-à-dire, au sens antique du mot, sur le système du monde, sur la physiologie et la psychologie. Cette science au moins valait-elle les veilles et l'enthousiasme du poète? Les purs lettrés ont été jusqu'ici fort enclins à le nier.

Des générations de critiques, assez frivoles, il est vrai, en tout cas singulièrement étrangers aux choses de la science, se sont étonnés qu'entre tant de sujets Lucrèce eût choisi une matière aussi aride à mettre en vers latins. Il n'y avait d'aride que la cervelle de ces Aristarques. Ce n'est pas à notre époque qu'il est nécessaire de montrer que l'imagination des plus grands poètes pâlit et s'évanouit presque devant la moindre révélation des sciences de la nature, et qu'il y a plus de vraie poésie grandiose dans les théories de Kant, de Laplace et de

1. *De R. N.* III, 902 et s.

Darwin qu'en toutes les épopées de l'Inde, de la Grèce et de Rome.

Les savants, au contraire, avouent que « dans leur ensemble, les idées de Lucrèce sur la nature sont celles que nous partageons encore aujourd'hui. » Ajoutons que, depuis Gassendi, et par Descartes, Newton et Boyle, la théorie capitale de Démocrite — la doctrine des atomes ou corps simples et l'explication systématique de tous les phénomènes de l'univers par le mouvement de ces corps — est devenue le fondement même des sciences à notre époque. La chimie et la physique reposent encore sur l'atomisme; aucune hypothèse nouvelle sur la constitution de la matière n'a pu remplacer l'ancienne. La théorie atomistique n'est pas un dogme : elle n'a pu conserver jusqu'ici l'autorité qu'on lui accorde que parce qu'elle explique le plus grand nombre de faits, et qu'en chimie comme en physique les résultats auxquels on arrive en l'employant, se correspondent et s'ordonnent en système. C'est une hypothèse légitime. Il est donc assez difficile de comprendre pourquoi l'on a dit tant de mal de la physique de notre poète et des théories atomistiques. C'est le prendre de trop haut, en vérité, avec ce qu'il y a de plus vénérable au monde, — la science grecque.

Toute la métaphysique du matérialisme antique est fondée sur cette affirmation : *Rien n'existe que les atomes et le vide*. On sait le rôle des atomes dans la science de notre temps. L'idée du vide n'a pas eu la même fortune. Toutefois, ce n'est rien objecter contre l'hypothèse que de soutenir qu'on ne connaît pas de vide absolu dans la nature. Connaît-on mieux les atomes? Là où Lucrèce imaginait du vide, dans les interstices des corps ou dans les espaces infinis, on a découvert la présence d'une substance matérielle plus subtile que les corps pondérables, l'éther, qui remplit et feutre en quelque sorte l'étendue. Mais l'idée du vide n'est pas pour cela reléguée encore dans l'oubli où viennent dormir toutes les erreurs humaines. Ce que Démocrite disait du vide qu'il imaginait entre les atomes, on peut le dire du vide qui, par hypothèse, semble devoir exister entre les particules ultimes de l'éther. En tout cas, le mouvement considéré par Démocrite comme un mode éternel de l'atome, est incompréhensible sans le vide.

On le voit, ce n'est pas seulement la physique, c'est la métaphysique du poème de la *Nature* qui domine encore notre manière de penser. Quelques matérialistes n'admettent pourtant pas que Lucrèce ait eu une métaphysique. Mais il est trop évident qu'ils se trompent ou qu'ils ne parlent pas la même langue que nous. Il y a, on le sait, matérialistes et matérialistes. « Il est puéril, disent les uns, de mettre en doute l'existence des corps. » Soit, mais il est naïf de croire qu'on les connaît autrement que comme phénomènes. Ces phénomènes, que l'analyse résout en mouvements matériels, n'existent comme tels que dans l'esprit de l'homme. Ce sont de purs symboles d'une réalité inconnue et à jamais inconnaissable.

Les matérialistes naïfs se moquent du scepticisme de ceux qu'ils appellent « des matérialistes mystiques »; ils prétendent que Molière l'a pour toujours réduit en poudre, ce scepticisme, sur le dos de Marphorius. Voilà qui est bientôt dit; mais des coups de bâton ne sont point des raisons, et tout le bon sens du monde ne prévaudra pas contre une théorie de la connaissance qui a le rare mérite de réunir les idéalistes, les matérialistes et les savants, de Démocrite à Berkeley et à Kant.

Aux atomes subtils de l'air, de la vapeur et de la chaleur qui constituaient l'âme de l'ancienne théorie, matérialiste, Épicure, et avec lui Lucrèce, ont ajouté un quatrième élément sans nom d'une subtilité et d'une mobilité extrêmes, qui est en quelque sorte l'âme de l'âme. A ce propos, et contrairement à la théorie moderne de la conservation de l'énergie, Épicure paraît s'être figuré qu'en passant d'un corps plus léger à un corps plus lourd, l'énergie ou la puissance mécanique du choc augmentait, si bien que la somme du travail mécanique, au lieu de rester la même dans la nature, se multiplierait à l'infini. Ainsi, chez Lucrèce, l'élément le plus subtil de l'âme (le quatrième) met en jeu la chaleur, celle-ci le souffle vital, celui-ci l'air mêlé au sang, cet air le sang, et, enfin, le sang, les particules solides des corps. Cette innovation était bien inutile. La question demeure éternellement la même : comment, du mouvement d'atomes en soi insensibles, une sensation peut-elle naître ? Soutenir que ce qui n'était pas dans les parties apparaît dans le tout, dans l'organisme, n'est-ce pas créer, sans l'avouer, une entité métaphysique ?

Touchant le mouvement des atomes, le matérialisme théorique de Lucrèce diffère aussi de celui de Démocrite. On sait que, d'après une loi de la nature, ces corpuscules étaient considérés comme entraînés dans une chute éternelle à travers l'infini du vide ; chez Démocrite, les plus lourds rebondissant sur les plus légers, produisent les mondes par leur rencontre. Mais Aristote avait démontré que ces collisions sont impossibles, parce que dans le vide tous les corps doivent tomber également vite; il niait d'ailleurs, avec le vide, la possibilité du mouvement dans le vide. Épicure, expliquant par la résistance du milieu la rapidité différente de la chute des corps dans l'air et dans l'eau, trouva au contraire que, dans le vide, le mouvement doit être d'autant plus rapide qu'il ne rencontre point de résistance.

Restait à montrer comment les atomes, tombant

parallèlement dans le vide comme des gouttes de pluie, peuvent donner naissance à des tourbillons de matière cosmique capables de former éternellement des combinaisons nouvelles, c'est-à-dire des mondes. Sans doute, la plus petite déviation de la ligne parallèle doit, au cours des siècles, amener une rencontre, un choc d'atomes, et cela une fois accordé, on concevrait, avec la naissance des tourbillons, la possibilité de formations et de dissolutions de mondes. Mais nous ne voyons pas où est la *nécessité* que les atomes s'écartent de la ligne droite. *Paulum clinare necesse est corpora.* Voilà une des lacunes du système d'Épicure.

Lucrèce, en vrai Romain, tranche la difficulté : il invoque et transporte aux atomes les mouvements *volontaires* de l'homme et des animaux ! Du même coup, il explique la liberté humaine par la déclinaison des atomes ! On ne saurait rêver un plus curieux contraste avec le matérialisme de nos jours, qui ramène tous les mouvements de l'âme, spontanés, réflexes ou volontaires, à des processus purement *mécaniques*.

CHAPITRE VII

LES RELIGIONS MONOTHÉISTES ET LE MATÉRIALISME. LES STOÏCIENS. CELSE ET ORIGÈNE

C'est encore un problème historique fort obscur que celui de la fin ou plutôt de la transformation du monde antique et de la conversion des peuples aryens d'une partie de l'Orient et de l'Occident à une religion monothéiste. Le stoïcisme, surtout depuis Tibère et Néron, avait été à Rome la philosophie, j'ai presque dit la religion des classes élevées. Mais un jour vint, où les âmes désabusées de l'effort moral et du vain orgueil du sage, se détournèrent de cette espèce de puritanisme étroit et fanatique, qui a desséché l'âme d'Épictète et faussé le génie de Tacite. Tandis qu'à Rome, à Alexandrie, à Byzance, ce qui restait des grandes familles patriciennes périssait de consomption ou d'excès de tout genre, le néo-platonisme et le néo-pythagorisme, tout pénétrés de l'enthousiasme religieux de l'Orient et promettant l'union mystique avec l'Être ineffable, entraînaient aux saintes orgies tous ceux qui cultivaient encore les lettres et la philosophie. A force de réagir contre le matérialisme et le déterminisme scientifique, on en vint, dans l'école de Platon, à considérer la vérité comme une révélation et à préconiser l'extase et la théurgie !

Mais ce ne sont ni les patriciens ni les philosophes qui changent la face du monde. C'est bien plus bas, dans les couches inférieures ou moyennes du peuple, et par un travail obscur et lent, qu'ont lieu ces prodigieuses fermentations appelées révolutions sociales. Et de fait, l'avènement du christianisme et la décomposition de la civilisation gréco-romaine furent l'œuvre de la plèbe des villes et des campagnes. Les superstitions juives et syriennes, toujours méprisées par le païen d'une certaine culture, étaient depuis des siècles la source mystérieuse où se désaltéraient les pauvres et les esclaves des grandes villes. Si la religion de Jésus ou de Paul n'avait vaincu, une des nombreuses sectes du même genre qui pullulaient alors dans ce coin du monde, l'aurait emporté. A ces foules d'affranchis ignorants et crédules, à cette tourbe d'esclaves, de soldats, de prolétaires, de petits marchands, presque tous indigents, mendiants, affligés, éternellement en lutte sourde ou déclarée contre la société, contre les maîtres, contre les riches, contre les heureux ; à ces têtes exaltées par le jeûne et la misère, à ces esprits faibles tourmentés de visions et affamés de croyance, il fallait une religion d'amour et de charité, de purification et de renoncement, des symboles et des cérémonies très simples qui, de tous les malheureux, feraient des frères ; une foi inébranlable dans le salut, dans la délivrance prochaine de l'humanité souffrante par un Sauveur des hommes !

Ce fut là tout le christianisme primitif. La religion nouvelle avait vaincu depuis longtemps, que les empereurs lançaient encore des édits contre elle et que les philosophes essayaient d'en ruiner les fondements dogmatiques. Eh ! que peuvent contre la religion le droit public et la philosophie ? Ceux qui ont besoin de croire et d'aimer, s'inquiètent-ils de l'arsenal des lois ou des arguments de l'école ? Qu'est-ce qu'un jurisconsulte et un métaphysicien pour le misérable esclave, pour le pauvre homme affligé, dédaigné de tous, replié sur lui-même, qui nuit et jour s'entretient de ses rêveries et de ses hallucinations, et n'espère rien d'un monde qu'il n'a vu que du dehors, avec l'effarement d'un sauvage ou l'horreur d'un moine de la Thébaïde !

Le monde devenu chrétien, il y aurait quelque naïveté à demander ce que devinrent la science et la philosophie. La science n'a pas eu de pires ennemis que les religions monothéistes, — le judaïsme, le christianisme, l'islam. Les études d'histoire et de critique religieuses sont jusqu'ici demeurées si étrangères à la plupart des historiens de la philosophie que, sous le nom de religions, on confond les concepts les plus différents, voire les plus contraires. Il est vrai que la religion des races aryennes n'a pas plus empêché dans la Grèce que dans l'Inde la croissance hâtive de l'un des plus prodigieux développements de la science et de la philosophie. Mais là où les religions sémitiques ont dominé, chez les peuples de la même race ou parmi les nations aryennes et touraniennes, subjuguées par le dogme ou par l'épée, partout l'ignorance, le fanatisme et le plus abject abaissement de la raison ont fermé les écoles des philosophes, dénoncé la science comme une hérésie, brûlé tous les instruments du savoir humain. Rien ne saurait donner une idée de la haine féroce du juif contre la culture hellénique. Le vieux dogme israélite (non d'une très haute antiquité pourtant) de la création *ex nihilo* de l'univers, par un dieu placé hors du monde et conçu comme un monarque d'Orient, tout-puissant, ombrageux et jaloux, — ce dogme est précisément l'antithèse de la proposition fondamentale du matérialisme, et, ajoutons, de toute science : *ex nihilo nihil.*

Du moment que le monde a été créé, que ses lois ne résultent pas de la nature des choses, mais de la volonté arbitraire d'un être qui est intervenu et continue d'intervenir par des miracles et d'impénétrables desseins dans ce temple immense de l'univers, qu'il s'est construit pour s'y faire adorer, il n'y a plus ni astronomie, ni physique, ni physiologie, ni sociologie. C'est le règne de la grâce ; le plus ignorant de ce que nous appelons les lois de la nature, s'il plaît au maître, en sait plus long que toutes les académies. Le dieu se révèle de préférence aux petits et aux humbles. Il s'incarne dans le sein de la pauvre femme d'un charpentier de Nazareth ; il découvre la marche de l'histoire à un pêcheur ; volontiers il apparaît à des enfants, à de petites bergères, à de simples filles des champs ; il déroute toutes les connaissances des physiologistes en ressuscitant les morts, humilie les médecins en guérissant avec l'eau d'une source les lésions les plus anciennes de la sensibilité et du mouvement, les désorganisations les plus avancées. De là sa popularité.

Qu'importe que quelques-uns des dogmes du christianisme aient été élaborés par des néo-platoniciens d'Alexandrie, par des docteurs d'une dialectique savante et subtile, capables de discuter avec Celse ou avec Porphyre, et que, sous l'influence du génie aryen, la religion juive de Jésus et de Paul se soit peu à peu transformée en une sorte de polythéisme, en une mythologie compliquée qui rappelle l'Olympe ? Le christianisme, cent fois plus vivant aujourd'hui qu'au temps de Constantin, n'a tant de sève et de force que parce qu'il est resté la religion du peuple, la forme naïve de la conscience populaire éprise d'idéal, la grande école de la véritable fraternité, de la charité et du sacrifice.

On convient aujourd'hui que, des divers éléments dont le christianisme est la synthèse, l'hellénisme est le plus essentiel. Il détermine certainement la nature de cette combinaison très complexe dont le caractère général, comme il arrive souvent, diffère sensiblement de ses parties constituantes. L'hellénisme doit lui-même être décomposé en ses éléments simples, et il faut essayer de constater d'une manière approximative, au moyen de pesées délicates, si j'ose dire, quelle est la part du néo-platonisme, du néo-pythagorisme et du stoïcisme dans la doctrine des écrits du Nouveau-Testament et dans ceux des Pères et des Docteurs de la primitive Église.

On a souvent noté, dans l'antiquité comme aux temps modernes, de grandes et profondes ressemblances entre les idées stoïciennes et chrétiennes. On a fait des chrétiens de plusieurs stoïciens postérieurs à l'ère chrétienne, tels que Sénèque et Épictète ; on a soutenu, comme pour Marc-Aurèle, qu'ils avaient subi l'influence, soit dans leurs croyances, soit dans leurs actions, de la religion nouvelle. Or, bien loin de rien devoir aux chrétiens, les grands stoïciens que nous venons de nommer, héritiers des doctrines de Zénon, de Cléanthe, et de Chrysippe, ont plutôt fourni au christianisme naissant quelques-unes de ses croyances et même quelques-uns de ses dogmes. On peut prouver : 1° qu'il n'est pas vrai que le christianisme ait eu une action appréciable sur le stoïcisme ; 2° que le stoïcisme a exercé une influence évidente sur le christianisme primitif ; 3° que, en fait, les principales doctrines du stoïcisme ont passé dans le christianisme et y apparaissent clairement dans quelques livres du Nouveau-Testament [1].

La démonstration de ces thèses expliquerait en même temps et les ressemblances signalées de tout temps entre certaines idées stoïciennes et chrétiennes, et les prétendues conversions des derniers maîtres du Portique au christianisme, et le goût très marqué des Pères pour les doctrines stoïciennes en général. On reconnaît déjà que le caractère international d'universalité qu'a pris le christianisme, depuis saint Paul, était de tous points opposé à la nature d'abord exclusivement nationale de la révolution religieuse dont Jésus est l'auteur. On sait aussi quelles haines féroces ont divisé les deux véritables fondateurs de la religion nouvelle, les apôtres Pierre et Paul, dont les grandes figures personnifient très bien la lutte suprême des vieux

---

1. *Der Stoïcismus eine Wurzel des Christenthums. Ein Beitrag zur Geschichte der Stoa.* Leipzig, 1878, in-8°.

cultes locaux et de la foi nouvelle à laquelle étaient appelés, comme à un banquet fraternel, tous les peuples du vaste empire romain.

Or, les doctrines de la fraternité universelle et du cosmopolitisme avaient été répandues dans tout le monde gréco-romain plusieurs siècles avant Jésus, grâce à l'enseignement des stoïciens, si fort en faveur dans ce qu'on appelait alors le peuple, dans ce que nous appellerions aujourd'hui les couches inférieures et moyennes de la société. Tous ceux qui, sans goût ou sans moyens pour les hautes spéculations du néo-platonisme, avaient besoin de maximes pratiques pour diriger leur vie, se pénétraient volontiers des austères enseignements du stoïcisme. Le stoïcisme était devenu la religion de tous ceux qui n'en avaient plus. Et ceux-là, c'était l'immense majorité des citoyens du monde romain, devenus incrédules ou indifférents aux antiques légendes des dieux de l'Hellade et de Rome. Les poètes, les orateurs, les maîtres d'école faisaient de tous côtés pénétrer ces doctrines dans l'âme des multitudes.

Nées en Grèce, elles avaient été bien accueillies à Rome dès les dernières années de la république. Au deuxième siècle, quand la dernière rédaction de la plupart des écrits du Nouveau-Testament fut fixée, quelle partie de l'empire ignorait encore les principes de la religion philosophique dont nous possédons, sous le nom d'Épictète, une sorte de catéchisme ? Point de grande famille qui n'eût alors son philosophe stoïcien, comme au dix-huitième siècle les nobles et les gens du bel air entretenaient dans leurs hôtels des abbés domestiques. Et, de fait, les philosophes de l'antiquité qui appartenaient aux sectes cynique et stoïcienne, quand ils n'étaient pas des manières de moines mendiants, ressemblaient fort à des religieux séculiers. Le peuple, les simples laïques, admiraient fort ces sages au long manteau, à la tête rasée, qui n'avaient pour tout bien qu'une besace et un bâton.

Plusieurs sectes religieuses de la Palestine et de l'Égypte, telles que les esséniens et les thérapeutes, sont sûrement nées d'un mélange, assez difficile à définir, du judaïsme avec les doctrines stoïciennes et néo-pythagoriciennes. L'existence de ces doctrines dans les écrits des Juifs d'Alexandrie, d'Aristobule et de Philon, dans la version grecque des Septante et dans le livre de la *Sagesse*, a souvent été établie. L'auteur alexandrin du quatrième Évangile, Jean, est déjà presque un gnostique. Toutes les premières communautés chrétiennes en dehors de la Palestine, Corinthe, Éphèse, Antioche, etc., étaient composées d'Hellènes et de Juifs hellénistes. Le grand apôtre des païens, saint Paul, dont le maître Gamaliel parlait grec, possédait sûrement lui-même quelque teinture d'hellénisme. La ville de Tarse, en Cilicie, où était né celui qui devait élever les idées messianiques de quelques chrétiens judaïsants de Palestine à la hauteur d'une idée morale de portée universelle, Tarse était un ancien centre de philosophie stoïcienne.

Le terrain dans lequel tomba la jeune semence des idées chrétiennes était donc, semble-t-il, préparé depuis des siècles par les principes philosophiques, par la large doctrine morale du stoïcisme. Certes, en passant par des esprits imbus d'idées helléniques, la doctrine du Galiléen, déjà fort altérée par Paul et par ses disciples, devait devenir tout autre que dans des cerveaux juifs. L'événement a prouvé que la nouvelle plante poussa de plus profondes racines en terre païenne que sur le vieux sol sacro-saint d'Iahweh. Quel qu'ait été l'esprit judéo-chrétien de la primitive Église de Rome, en Occident comme en Orient c'est bien le grand courant du christianisme hellénique qui l'a emporté, tandis que le judéo-christianisme se retirait dans son lit étroit et bientôt desséché. Sans parler des doctrines stoïciennes de Justin Martyr, de Clément d'Alexandrie et d'Origène, la physique de Tertullien, comme sa théorie sensualiste de la connaissance et sa morale ascétique, est de même origine. « Tout ce qui existe est corporel, disait ce

Père de l'Église ; il n'y a d'incorporel que ce qui n'existe pas[1]. »

Entre le stoïcisme, voire la doctrine des cyniques, et le christianisme, la transition était si naturelle que le fameux Pérégrinus, par exemple, entra dans la nouvelle Église et en sortit sans rien changer à son genre de vie. On a lu l'admirable petit écrit qu'a consacré Lucien à cet étrange personnage, qui se brûla sur un bûcher (vers 165) devant les Grecs assemblés pour les jeux à Olympie[2]. Pérégrinus s'était affilié en Palestine à la secte des chrétiens ; il y jouissait même, paraît-il, d'un grand renom de sainteté. Au fond, et abstraction faite de la foi en la révélation divine, ce philosophe n'avait guère changé de doctrine : c'étaient les mêmes pratiques d'abstention, de renoncement et de détachement qui, chez les chrétiens de Palestine, allaient jusqu'à la pauvreté volontaire et à la communauté des biens. Même mépris du monde et de la mort, même espoir en l'immortalité, même croyance à la fraternité de tous les hommes. Toutes ces doctrines, Lucien en témoigne, étaient bien celles des sectateurs du « sophiste crucifié » ; c'étaient aussi celles des stoïciens de l'époque.

Avant d'exposer ces doctrines, disons quelle a

---

1. *Omne quod est, corpus est sui generis ; nihil est incorporale, nisi quod non est* (*De anima*, 7 ; *De carne Chr.* 11.)
2. Le bûcher fut élevé à Harpiné, à 20 stades d'Olympie.

été, au regard du christianisme, l'attitude des trois plus célèbres stoïciens qui ont vécu après Jésus : Sénèque, Épictète et Marc-Aurèle.

Quant à Sénèque, inutile de rappeler qu'on ne croit plus, avec saint Jérôme, qu'il ait été chrétien ni qu'il ait écrit à saint Paul. Outre qu'il était déjà assez âgé quand Paul vint à Rome, et qu'il ne parla jamais des chrétiens ni du christianisme, Tacite atteste que Sénèque était déjà mort avant ce qu'on appelle d'ordinaire, bien improprement, les persécutions de Néron contre les chrétiens[1]. Les fêtes expiatoires des jardins de Néron attirèrent pour la première fois l'attention des Romains d'un certain monde sur cette « classe d'hommes détestés pour leurs abominations », comme s'exprime le grand historien latin. Jusqu'alors, si Sénèque ou tout autre citoyen des hautes classes de Rome avait jamais entendu parler des chrétiens, il les avait à coup sûr considérés comme une secte juive, comme des initiés à quelqu'une des innombrables superstitions orientales qui pullulaient dans la capitale du monde. Sénèque n'a donc vraisemblablement jamais entendu parler des chrétiens, et il n'a pas plus connu leurs doctrines qu'il n'a lu leurs livres. Lesquels, d'ailleurs, aurait-il pu lire ? La source des fables qui ont eu cours sur le prétendu christianisme avoué

---

1. *Ann.*, XV, 44.

ou latent de Sénèque, a été depuis longtemps découverte : c'est une correspondance apocryphe entre Paul et Sénèque, consistant en quatorze lettres, que saint Augustin connaissait déjà, sorte de pieuse fraude littéraire dont les chrétiens comme les juifs étaient fort coutumiers en ce temps-là. Pour la critique moderne, pour Baur, ce n'est là « qu'une œuvre grossière, sans esprit et sans goût. »

Comme Tacite, Celse, Lucien et Marc-Aurèle, Épictète n'est pas tendre pour les Galiléens[1]. Ce qui a pu faire croire qu'il n'était pas demeuré étranger à l'influence des idées chrétiennes, c'est que son *Manuel*, sorte de catéchisme moral qui, s'il ne s'adressait pas au grand nombre, en était pourtant très lu, Origène l'atteste, fut remanié par des chrétiens. Un auteur anonyme d'une paraphrase dont on ignore la date, et saint Nil, au commencement du cinquième siècle, ont, grâce à de légers changements, accommodé le *Manuel* d'Épictète à l'usage de la vie monastique. Ainsi, le pluriel « dieux » fut remplacé par le singulier; à Socrate on substitua saint Paul. Polynice, Étéocle et d'autres héros païens furent rayés d'un trait de plume. Le chapitre XXXII, sur la divination, fut supprimé ainsi que le chapitre XVII, où le monde est comparé

---

1. *Discours*, IV, 7.

à un théâtre, etc.; çà et là quelques sentences bibliques ont passé dans le texte. C'en était assez pour faire croire qu'Épictète avait été, lui aussi, éclairé d'un rayon de la vraie foi.

Il semble qu'il soit plus difficile encore de faire entrer dans l'Église l'empereur Marc-Aurèle, le plus terrible persécuteur des chrétiens, sous le règne duquel il n'y eut pas assez de prisons, de tortures, d'édits contre ces foules de Galiléens que l'on décapitait ou livrait aux bêtes par milliers. Lui-même, de sa main auguste, a laissé le témoignage immortel de son hautain dédain pour les chrétiens. Au XIe livre de ses *Pensées* (III), parlant de l'âme toujours prête à mourir, Marc-Aurèle ajoute : « Je dis prête par l'effet de son propre jugement, non par opiniâtreté pure, comme les chrétiens, mais après mûre réflexion, avec gravité, de manière à pouvoir faire passer ses sentiments dans l'âme d'un autre, et non à la façon d'un acteur de tragédie. »

Voilà pourtant le philosophe stoïcien dont les chrétiens ont imaginé de faire le héros d'une légende pieuse, je veux dire de la légende de cette *legio fulminatrix* qui, loin d'avoir alors reçu son nom, existait déjà sous Auguste. Quant au prétendu édit favorable aux chrétiens, qu'aurait rendu Marc-Aurèle à la suite du miracle dont il fut, dit-on, témoin, lors de sa victoire sur les Quades, édit cité par Eusèbe et par Tertullien, Scaliger a prouvé d'abondance que c'était encore une falsification. La tactique constante des chrétiens a été de présenter comme des souverains favorables à leur religion tous les bons empereurs, ceux-ci eussent-ils été, comme ç'a toujours été le cas, leurs plus cruels persécuteurs, tandis qu'ils ont flétri la mémoire des mauvais empereurs, bien qu'ils n'aient jamais eu plus de liberté que sous les pires tyrans. C'est d'une profonde politique, mais d'une bien noire ingratitude.

Il est temps de parler des doctrines stoïciennes qui offrent de singulières analogies avec celles des chrétiens et qui peuvent faire croire que les premières ne sont pas demeurées sans action sur les secondes. Pour ce qui me concerne, je n'affirme rien, même quand l'origine stoïcienne de certaines idées chrétiennes paraît éclater avec le plus d'évidence; car, si je constate les ressemblances, je ne perds pas de vue les différences, et je ne puis oublier que, toutes les fois que les conditions suffisantes se rencontrent, l'esprit humain arrive à des résultats analogues, sans qu'il ait existé de liens ou de traditions historiques entre tel et tel foyer de culture intellectuelle.

C'est d'abord la doctrine du *Logos*, doctrine suprême du stoïcisme qui, modifiée par la théosophie judéo-alexandrine, et altérée par l'école d'où est sorti le quatrième Évangile, est encore reconnaissable dans les premiers mots de ce livre de haute philosophie chrétienne. Puis viennent, avec l'idéal du sage ou du saint, les paradoxes chrétiens. Celui que Lucien appelait un « sophiste crucifié », n'était-il pas « un scandale pour les Juifs, une folie pour les païens[1] »? Plus d'un signe auquel on reconnaît le sage, selon le Portique, reparaît dans le portrait du Christ ou du Juste, comme l'appelle l'Écriture. Peut-être ces traits ont-ils été ajoutés inconsciemment à l'image que s'en formèrent les chrétiens helléniques.

On peut, comme l'a fait Neander, sans conclure toutefois, mettre en parallèle un certain nombre de paradoxes stoïciens et chrétiens. « Le sage seul est riche », disaient les stoïciens. Dans la seconde épître aux Corinthiens (6, 10), il est dit des chrétiens que, « n'ayant rien, ils possèdent toutes choses. » Le sage est roi et prêtre, enseignaient les stoïciens. Origène avait déjà noté qu'on lit dans la première épître de Pierre (2, 9) : « Vous êtes la race élue, vous êtes sacrificateurs et rois. » — « Le sage seul est juge légitime. » — Qui ne se rappelle les paroles de l'épître aux Corinthiens (I, 2, 15) : « L'homme spirituel juge de toutes choses, et personne ne peut juger de lui. » Toutes les fautes, on le sait, étaient égales, c'est-à-dire également

---

1. I, *Cor.*, 1, 23.

graves aux yeux des stoïciens : « Quiconque aura observé toute la loi, est-il écrit dans l'épître de Jacques (2, 10), s'il vient à pécher en un seul commandement, est coupable comme s'il les avait tous violés. » Enfin, stoïciens et chrétiens s'accordaient à reconnaître que la loi seule est impuissante à faire des justes.

Pour les uns comme pour les autres, tous les hommes étaient frères. L'esclave, le gladiateur, l'ennemi, devenaient des hommes. Les Hellènes, bien avant les chrétiens, étaient arrivés à cette idée si fort opposée à celle d'Aristote qui, au commencement de sa *Politique*, enseigne qu'il y a des esclaves de nature. Le Stagirite estimait aussi que, seuls, les puissants et les riches peuvent être vertueux, non les artisans, les paysans et les gens de peu. L'espèce de proclamation des droits de l'homme du Portique était contraire à toutes les idées reçues dans la haute et la moyenne antiquité. Le principe commun au stoïcisme et au christianisme, que les pauvres, les mendiants, les esclaves même sont bien plus sûrs de leur salut que les patriciens opulents, n'était pas moins contraire à l'esprit aristocratique des anciennes républiques. De là ce mépris des richesses, l'amour de la pauvreté que les pauvres ou *ébionim* de Jérusalem, les ordres religieux et mendiants du christianisme, ont enseignés dans les livres du Nouveau-Testament et dans les écrits des Pères et des Docteurs, avec autant d'ardeur qu'Épictète mit de simplicité à les pratiquer.

Le Logos est le Verbe. Or l'homme, que les stoïciens considèrent comme participant du Logos, est appelé par l'apôtre Paul un « membre du Christ [1] ». Qu'on lise surtout le célèbre passage de la première épître aux Corinthiens (12, 12-13) : « Car nous avons tous été baptisés dans un même esprit pour n'être qu'un seul corps, soit Juifs, soit Hellènes, soit esclaves, soit libres. » Voilà bien l'universalisme stoïcien, qui n'admet ni « nation élue », ni distinction de naissance, de rang ou d'état. « Un seul corps et un seul esprit », lit-on dans l'épître aux Éphésiens (4, 4). C'est le mot de Sénèque : *Membra sumus corporis magni*. Et Marc-Aurèle : « Le même rapport d'union qu'ont entre eux les membres du corps, les êtres raisonnables, bien que séparés les uns des autres, l'ont aussi entre eux, parce qu'ils sont faits pour coopérer ensemble à une même œuvre. Et cette pensée touchera ton âme bien plus vivement encore, si tu te dis souvent à toi-même : « Je suis un membre du corps que « composent les êtres raisonnables [2]. » A Athènes, où il conféra avec des philosophes épicuriens et stoïciens, saint Paul déclare que « le dieu suprême

---

1. I, *Cor.*, 6, 15, etc.
2. *Pensées*, VII, 13.

a fait naître d'un seul sang tout le genre humain pour habiter sur toute l'étendue de la terre[1]. » Ce fut là, à Athènes, devant l'Aréopage, que, pour donner une forme plus concise à cette pensée que nous empruntons à Dieu la vie, le mouvement et l'être, l'apôtre cita aux Hellènes le quatrième vers de l'hymne célèbre à Zeus, où l'un des pères du stoïcisme, Cléanthe, a magnifiquement exprimé la théologie de sa secte.

Depuis des siècles, Anaxagore, Démocrite, Socrate, Diogène, Kratès de Thèbes, etc., avaient évoqué l'utopie de la *cité du monde*. Diogène de Sinope paraît avoir inventé le mot *cosmopolite*. Or, le stoïcien est « citoyen du monde[2]. » « O chère cité de Zeus ! » s'écrie Marc-Aurèle. La cité de Dieu des judéo-chrétiens, Διὸς πόλις, c'est la Jérusalem nouvelle que l'Apocalypse a peinte de si brillantes couleurs, c'est « la Jérusalem d'en haut » dont parle l'auteur de l'épître aux *Galates* (4, 26). Justin Martyr, Tertullien, Clément, Basile le Grand de Césarée, Minutius Felix, surtout et avant tout le Juif Philon, se sont élevés à la notion la plus haute du cosmopolitisme. Et puisqu'il n'y a qu'un État, le monde, le royaume de Dieu, qu'on l'entende comme les stoïciens ou comme les chrétiens, il

---

1. *Act.*, XVII.
2. Épictète, *Disc.* I, IX, 1, etc.

n'existe plus ni patrie ni patriotisme, et le sage et le saint sont également délivrés des antiques obligations du citoyen grec ou romain. Je ne citerai pas Sénèque, qui peut paraître ici suspect. Mais Épictète disait : « Tu me demandes si le sage se mêlera des affaires publiques; mais quel État est plus grand que celui qu'il gouverne? Il ne parlera pas aux Athéniens de leurs revenus, mais il s'adresse à tous les hommes, Athéniens, Corinthiens, Romains indifféremment, pour leur parler non de leurs revenus, ou de paix ni de guerre, mais de bonheur et de malheur, d'esclavage et de liberté[1]. »

Le stoïcien et le chrétien ont cessé d'être citoyens : ils ne seront non plus ni époux ni pères. La vertu ou le salut, voilà le prix que doit remporter l'athlète après s'être exercé sans relâche, tous les jours de cette vie, dans les pratiques de l'abstinence, du renoncement et de l'édification. Car à tous les préceptes sur l'endurance de la douleur, on préférait voir un Pérégrinus monter sur le bûcher ou un confesseur du Christ expirer sous la dent des fauves. Ni la science ni les lettres humaines ne faisaient des héros ou des saints. « Laisse là tes livres », dit Marc-Aurèle après Sénèque. C'est la doctrine des apôtres : « Dieu a choisi les choses folles pour

---

1. *Discours*, III, 22; cf. Marc-Aurèle, *Pensées*, IX, 29.

confondre les sages[1]. » La famille, au témoignage d'Épictète et de saint Paul, sans parler des Évangiles et des Pères, tels que Jérôme et Tertullien, la famille est un empêchement au salut ou à l'acquisition de la sagesse. Celui qui veut arriver à la plus haute perfection morale ne se mariera pas : sa vocation est d'instruire les hommes, son apostolat consiste dans la prédication de la vertu; il a mieux à faire que « d'introduire en ce monde deux ou trois enfants grognards » : il est le messager et le héraut des dieux.

Touchant la doctrine de l'immortalité de l'âme, mêmes analogies entre le stoïcisme et le christianisme. « Une telle doctrine, a dit M. Renan, sortie de la philosophie grecque, n'était pas dans les traditions de l'esprit juif. Les anciens écrits hébreux ne renferment aucune trace de rémunération ou de peines futures. » Les premiers chrétiens attendaient, comme les Juifs, la résurrection des morts, ce qui est différent de l'immortalité. Chez les stoïciens, cette croyance était plutôt pour le peuple que pour les sages. Outre que la vertu n'a point de récompense à attendre, la doctrine de l'immortalité de l'âme était en contradiction avec le dogme stoïcien de l'embrasement périodique du monde. « Les stoïciens nous mesurent la vie comme aux corneilles, disait Cicéron ; les âmes doivent vivre long-

---

1. 1 *Cor.*, 1, 27.

temps, mais pas toujours¹. » Ainsi que toute doctrine pratique, le stoïcisme avait paru admettre les idées du grand nombre sur la vie future comme sur l'existence des dieux. La méthode des allégories, dont aucune Église ne saurait se passer en vieillissant, sauvait les apparences auprès des gens entendus. Quelques stoïciens, comme Panaetius, de Rhodes, agitaient résolument cette croyance ; d'autres, tels que Marc-Aurèle, doutaient et inclinaient à croire que, pour l'homme, la mort est une dissolution, une « dispersion des atomes. » « Ce qui vient de terre, disait ce sage, citant les vers d'une tragédie perdue d'Euripide, retourne à la terre ; les choses auxquelles l'air — avait donné la naissance, le ciel — les fera rentrer dans son sein. »

Les peintures du purgatoire, de l'enfer et du paradis chrétiens existent déjà, quant aux couleurs élémentaires, chez Sénèque. Ce sont les Pères eux-mêmes, Tertullien, Lactance, qui avouent avoir trouvé dans les écrits de Zénon la description du séjour enchanté des justes, le tableau des supplices horribles des damnés. Même origine, semble-t-il, pour les bons et les mauvais anges : ce sont les *logoi* du Portique, les antiques « démons. » La fin du monde, l'embrasement final de la terre et des cieux, tel qu'il est décrit dans l'Apocalypse et

---

1. *Tusc.* I, 77.

la seconde épître de Jacques, rappellent les tableaux que les stoïciens ont faits de ce dernier acte d'un drame assez maussade, qui ne s'achève que pour recommencer. C'est, on le sait, à la physique d'Héraclite que les grands stoïciens de l'antiquité, Zénon, Cléanthe et Chrysippe, avaient emprunté l'idée de cette eschatologie.

Les premiers Pères, dont plusieurs avaient été philosophes avant que d'être chrétiens, ont donc subi l'influence des doctrines platoniciennes et surtout stoïciennes de leur temps. Les uns, tels qu'Irénée et Arnobe, faisaient dépendre l'immatérialité de l'âme de la volonté arbitraire de leur divinité; d'autres, comme Justin Martyr, étaient trop convaincus du dogme juif de la résurrection pour attribuer quelque existence à l'âme séparée du corps : presque aucun n'admit une substance d'essence immatérielle et spirituelle. Origène remarquait assez justement que le mot « incorporel » ne se trouve pas dans la Bible. Quant à Tertullien, il avait posé en principe, nous l'avons vu, que tout ce qui est réel est un corps d'une certaine espèce, que la divinité est un air lumineux répandu dans l'univers, et que l'âme est de nature aérienne, partant corporelle, car autrement elle ne pourrait être affectée par le corps[1].

---

1. *Quis enim negaverit deum corpus esse, et si deus spiritus est?*

Au troisième siècle, Plotin et les autres philosophes néo-platoniciens introduisirent dans le monde une doctrine qui exerça une influence capitale sur les derniers Pères et sur les scholastiques. L'unique ou le bien de Platon ne fut plus simplement la plus haute parmi les idées : tout être émane de l'unique comme les rayons du soleil ; il produit d'abord le νοῦς ou l'intelligence à son image ; l'âme, à son tour, est une image et une production du νοῦς ; elle-même produit ensuite le corporel, mais demeure immatérielle, quant à sa substance[1]. Le corps est dans l'âme, l'âme n'est pas dans le corps.

(*Adv. Prax.* 7.) Toute âme humaine est un rejeton (*surculus*) de l'âme d'Adam ; d'où l'héritage du péché : *tradux animæ, tradux peccati.*

1. C'est aux doctrines néo-platoniciennes, mais non à Platon lui-même, qu'il convient de faire remonter la doctrine du dualisme substantiel de l'âme et du corps. D'après une analogie inspirée d'une manière plus ou moins consciente par la contemplation des plantes, des animaux et de l'homme, Platon avait expliqué, au moyen de trois âmes, toutes les énergies spirituelles et morales de notre être. Une âme supérieure, raisonnable et immortelle, principe de mouvement et d'harmonie, est située dans la tête, sorte de petit cosmos. Deux autres âmes inférieures — qui, dans le *Phèdre*, semblent préexister à l'existence terrestre de l'homme, tandis qu'elles sont mortelles et attachées au corps dans la *Timée* — sont situées dans la poitrine et dans l'abdomen : la première se manifeste par l'énergie, le courage, la colère, etc., et appartient aussi aux animaux ; la seconde, qui se retrouve dans les plantes, n'a que des instincts de convoitise, de bas appétits, des besoins voluptueux. Toutefois, outre que chez Platon la matière est coéternelle avec les idées, l'âme humaine supérieure, faite de matières impures, transmigre avec le corps et possède les propriétés matérielles d'étendue et de mouvement.

Pour les fonctions supérieures de l'entendement, elle n'a que faire des organes des sens : elle n'en est pas moins présente dans tout le corps et dans chacune de ses parties.

Aux quatrième et cinquième siècles, les Pères, les Docteurs de l'Église suivent le grand mouvement spiritualiste du temps, qui les emporte bien loin du rude et naïf matérialisme des premiers Pères, de Tertullien surtout. Saint Augustin, Claudien Mamert, prêtre de Vienne en France, et, en Asie, Némésius, insistent sur les preuves de l'immatérialité de l'âme. L'âme n'est pas étendue comme la matière, elle donne vie et mouvement au corps qu'elle anime et pénètre en toutes ses parties, elle est invisible, incorporelle, et s'appelle proprement *esprit*. Si l'on demande comment l'esprit peut agir sur la matière, saint Augustin répond que l'âme n'agit pas directement sur les organes, mais sur une substance plus subtile, sorte de lumière ou d'air, qui s'interpose et se mêle aux éléments grossiers du corps.

Juifs et chrétiens croyaient, les uns que le Messie devait venir, les autres, qu'il était venu. Celse les comparait « à une troupe de chauves-souris, à des fourmis qui sortent de leurs trous, à des grenouilles campées autour d'un marais, à des vers qui tiennent leur assemblée au coin d'un bourbier, où ils disputent ensemble qui d'entre eux sont les plus grands pécheurs, disant : « Qu'il n'arrive rien que Dieu ne leur découvre auparavant; qu'il néglige le monde entier, qu'il laisse rouler les cieux à l'aventure et abandonne tout le reste de la terre pour ne prendre soin que d'eux; qu'ils sont les seuls à qui il adresse ses hérauts, et qu'il ne cesse de leur en envoyer, afin de lier avec eux une société indissoluble. » Ils disent, ces vers, que Dieu est le souverain être, mais qu'ils tiennent le premier rang après Dieu, qui les a faits entièrement semblables à lui, et que toutes choses — la terre, l'eau, l'air et les astres — leur sont assujetties, n'ayant été faites que pour eux et n'étant destinées qu'à les servir. Et, puisqu'il y en a d'entre nous qui ont péché, Dieu viendra lui-même ou il enverra son fils, afin de consumer les méchants, et que nous, qui resterons, possédions avec lui la vie éternelle. » Un pareil langage, ajoutait Celse, serait plus supportable entre des vers et des grenouilles qu'il ne l'est dans la dispute des Juifs et des chrétiens.

Ce philosophe platonicien, qu'Origène appelle épicurien, on devine pourquoi, avait tenté de ruiner les fondements historiques de la religion des chrétiens; à l'idée de l'amour et de la charité, il avait opposé celle de la justice; à la foi au salut de l'humanité par l'incarnation d'un dieu, la croyance en un ordre éternel et rationnel du monde ; au ferme espoir en la résurrection des corps, la doctrine de la caducité de la matière et de l'immortalité de l'âme. On connaît les arguments qu'Origène lui a opposés : l'accomplissement des prophéties de l'Ancien Testament, les miracles opérés chaque jour dans la personne des malades et des possédés par la vertu des Évangiles, etc. Un point très curieux de cette polémique était resté dans l'ombre : la nature des raisons alléguées de part et d'autre sur la question de la place de l'homme dans le monde.

L'ancienne Église enseignait, avec la Bible, que l'homme était le but de l'univers. Certains philosophes — et ce n'étaient pas seulement les épicuriens — soutenaient la vérité de l'explication mécanique de la nature et bannissaient toute téléologie, immanente ou transcendante, comme les darwinistes de notre époque. M. Kind[1] a rappelé que, de tous les philosophes de l'antiquité, celui qui avait commencé à faire de l'homme le but et la fin des choses fut Socrate, puis Aristote. Avec la ruine de l'étude de la nature et le goût des spéculations morales, la théorie des causes finales fleurit de nouveau chez les stoïciens et chez les éclectiques. Mais c'est surtout par les religions que cette

---

1. A. Kind, *Teleologie und Naturalismus in der altchristlichen Zeit. Der Kampf des Origenes gegen Celsus um die Stellung des Menschen in der Natur.* Jena, 1875. Cf. *Celsus Wahres Wort. Aelteste Streitschrift antiker Weltanschauung gegen das Christenthum vom Jahr* 178 n. Chr. Zürich, 1873.

doctrine semble avoir été inventée. L'homme, se sentant devant son dieu comme un esclave devant son maître, ou comme un enfant en présence de son père, imagine naturellement que tout ce qui l'entoure est l'œuvre de cet être. Qu'on relise les deux histoires de la création dans la *Genèse* (I-II) : l'homme est créé au dernier jour; Élohim le fait à son image; il lui confère la domination sur toutes les créatures, lui annonce que les bêtes et les plantes lui sont données pour sa nourriture[1]. L'ennemie irréconciliable de cette façon de voir, a très bien dit M. Kind, est l'étude scientifique de la nature : celle-ci ne connaît pas de buts, de tendances, de conscience obscure des choses qui se fait et se réalise dans la nature, mais seulement des forces aveugles, un enchaînement fatal de causes et d'effets. Après le système du monde de Copernic, la théorie de la descendance et de la sélection de Lamark et de Darwin semble avoir réduit à néant les « puériles explications » des cause-finaliers.

Celse soutient d'abord qu'il n'existe aucune différence entre le corps de l'homme, quant à la matière, et ceux d'une chauve-souris, d'un ver, d'une grenouille : c'est la même matière, le même principe de corruption dans l'un et dans les autres. Ὕλη γὰρ ἡ αὐτή[2]. Il croyait que d'elle-même la matière

---

1. Cf. le psaume VIII.
2. Origen. Κατὰ Κέλσου. IV, 52. (Edit. Bened.),

dépouille certaines qualités pour en revêtir d'autres. En principe, Origène admettait, avec son siècle, la possibilité de la génération spontanée et de la transformation organique des êtres; par exemple, que de la moelle épinière d'un cadavre humain il peut se former un serpent, d'un bœuf des abeilles, d'un cheval des guêpes, d'un âne des scarabées, des vers de la plupart des animaux en décomposition (IV, 57). Seulement Origène veut que ces transformations soient l'œuvre de Dieu, et, en outre, qu'un corps habité par une âme créée par Dieu soit plus parfait qu'un autre; il ne saurait donc admettre que le corps d'un homme ne diffère en rien de ceux d'une chauve-souris, d'une grenouille ou d'un ver.

Voici quelques arguments de Celse contre la téléologie judéo-chrétienne : « Dieu a tout fait pour l'homme, disent les chrétiens. Mais, en s'appuyant sur l'histoire des animaux et sur plusieurs traits merveilleux de leur instinct, on peut prouver que toutes choses n'ont pas plus été faites pour l'homme que pour les animaux privés de raison (IV. 74). Le tonnerre, les éclairs, la pluie ne sont pas l'œuvre de Dieu. Quand même on accorderait qu'ils sont l'œuvre de Dieu, ces phénomènes ne sont pas plus destinés à préparer la nourriture de l'homme que celle des plantes, des arbres, des herbes et des buissons. » (IV, 75.) C'est là, répond Origène, le langage impie d'un épicurien. La Providence n'aurait pas pris plus de soin de l'homme que des arbres! « Si vous dites que les arbres, les plantes, les herbes, les buissons sont faits pour les hommes, continue Celse, pourquoi dire plutôt pour les hommes que pour les animaux sauvages dénués de raison? » (IV, 75). Il se rappelle un vers d'Euripide, le disciple d'Anaxagore, le *Philosophe du théâtre* (σκηνικὸς φιλόσοφος), comme on l'appelait, qui dit que *le soleil et la nuit servent aux mortels* : « Pourquoi à l'homme plutôt qu'aux fourmis et aux mouches? Ces insectes aussi se reposent la nuit, ils voient et agissent pendant le jour. » (IV, 77.)

Mais c'est peu de mettre sur le même plan les hommes et les animaux; Celse prétend bien montrer que ceux-ci ont été plus favorisés que ceux-là par la nature. « L'homme cherche sa nourriture avec peine, travail et sueur : tout croît pour les animaux sans qu'ils sèment ni qu'ils labourent. » A quoi Origène répond que c'est exprès que la Providence a créé nu et indigent le seul animal qu'elle ait doué de raison, afin qu'il exerçât ses facultés sublimes, inventât les arts et les sciences. Celse fait un pas de plus. Ces animaux, que la nature a mieux traités que nous, ne sont point faits pour l'homme : « Si l'on nous appelle rois des animaux (ἄρχοντας τῶν ζώων), parce que nous les prenons à la chasse et les mangeons, je répondrai : N'est-ce pas nous plutôt qui sommes nés pour eux, puisque eux aussi nous chassent et nous dévorent? Contre eux nous avons besoin d'armes et de filets, de l'aide de plusieurs hommes et du secours des chiens : ils n'ont besoin que des armes que la nature leur a données pour nous vaincre (IV, 78). Vous dites que Dieu vous a donné le pouvoir de prendre et de mettre à mort les bêtes sauvages? Il est bien vraisemblable, au contraire, qu'avant qu'il y eût des villes, des sociétés et des arts, avant l'invention des armes et des filets, c'étaient les hommes qui étaient pris et dévorés par les bêtes, et non point les bêtes par les hommes. » (IV, 79.) Origène, qui croit que le premier couple humain fut instruit par Dieu et par les anges, dit qu'il est faux qu'au commencement les hommes aient été la proie des animaux sauvages.

Tel est le résumé de la première partie d'une polémique où l'attaque et la défense laissent fort à désirer; pourtant, quelque superficiels que fussent les arguments de Celse, Origène ne les a point réfutés. Celse cherche maintenant à montrer que les animaux ont les mêmes facultés intellectuelles que l'homme.

« Si les hommes paraissent différents des bêtes parce qu'ils habitent des villes, font des lois et mettent à leur tête des magistrats et des chefs, c'est ne rien dire, car les fourmis et les abeilles en font autant. Les abeilles, en effet, ont leur roi (ἡγεμών) qu'elles accompagnent et servent; elles ont leurs guerres, leurs victoires, leurs massacres de vaincus; elles ont des villes avec des faubourgs, des travaux réglés, des châtiments pour les paresseux et les méchants; elles chassent et châtient les frelons. » (IV, 81.) Éloge analogue des fourmis dont la prévoyance éclate dans les moyens qu'elles emploient pour se procurer des subsistances et les mettre en réserve. Elles viennent en aide à celles de leurs semblables qu'opprime un fardeau trop pesant. « Parmi les grains et les fruits qu'elles ont amassés, elles mettent à part ceux dont le germe commence à paraître, de peur qu'ils ne fassent germer les autres, et afin qu'ils leur servent de nourriture pendant toute l'année. » (IV, 83.) Celse ajoute que les fourmis vivantes assignent aux mortes un lieu de sépulture et que « ce sont pour elles les tombeaux des ancêtres, » πάτρια μνήματα. « Se rencontrent-elles, elles causent, aussi ne se trompent-elles jamais de chemin. *Elles possèdent donc la plénitude de la raison;* elles ont des notions communes de certaines choses générales, l'usage de la voix et la faculté de signaler ce qui arrive. » (IV, 84.) « Si quelqu'un regardait du ciel sur la terre, quelle différence apercevrait-il entre les ouvrages des hommes et ceux des abeilles et des fourmis? » (IV, 85.)

Origène s'indigne, argumente, se moque de l'adversaire, mais il se borne à répéter que l'homme est le but de la création, que seul il possède la raison et que les bêtes n'ont qu'un aveugle instinct. C'est toujours, on le voit, la vieille distinction classique. Celse produit un argument qui, débarrassé de quelques exagérations ridicules, n'a encore rien perdu de sa force, je veux parler de la faculté que possèdent les animaux de choisir certains remèdes et de distinguer entre les végétaux qui peuvent leur être nuisibles ou utiles : « Si les hommes sont fiers de leurs connaissances dans la magie, les aigles et les serpents en savent en cela plus qu'eux. Ils connaissent nombre de remèdes contre les poisons et les maladies, et les vertus de certaines pierres qu'ils emploient à la guérison de leurs petits. » (IV, 86.) Origène ne nie point ces faits. Il croit que les serpents se servent du fenouil pour rendre leur vue plus perçante, leur corps plus souple et plus agile; il est persuadé que les aigles, quand ils ont trouvé la pierre aétite, la transportent dans leur aire en vue de la santé de leurs aiglons. Un malencontreux passage du livre des *Proverbes* (XXX, 24-29) lui revient tout à coup en mémoire, passage où il est parlé de « quatre animaux très petits et pourtant sages et bien avisés, » — les fourmis, les gerboises, les sauterelles et les lézards; mais Origène s'en tire à son ordinaire : il refuse d'entendre le texte à la lettre et pense que l'Écriture a ici désigné allégoriquement les hommes.

Celse, encore plus osé, mais toujours assez heureux en ses plus grandes audaces, touche ensuite un point de doctrine fort controversé à notre époque : l'existence du sentiment religieux chez les animaux. Darwin, on le sait, a retrouvé les semences de ce sentiment dans l'âme des bêtes. Tel penseur contemporain écrivait naguère que Dieu parle et se révèle surtout dans l'animal, dans le peuple et chez l'homme de génie. C'est la thèse même de Celse, qui l'exagère seulement et la présente d'une manière paradoxale : « Si les hommes se croient au-dessus des bêtes parce qu'ils ont des notions divines, qu'ils sachent que beaucoup d'entre elles peuvent réclamer le même avantage. Et à bon droit, car qu'y a-t-il de plus divin que de prévoir et d'annoncer l'avenir ? Or, les autres animaux, et les oiseaux surtout, l'enseignent aux hommes, si bien que l'art des devins consiste tout entier dans l'observation des signes qu'ils révèlent. Si les oiseaux et les autres animaux propres à la divination nous montrent par certains signes ce que Dieu nous a caché, c'est qu'ils ont avec Dieu une société plus étroite, qu'ils lui sont plus chers et qu'ils sont plus sages. » (IV, 88.)

Mais si les animaux ont des sentiments religieux, ils doivent aussi avoir une morale, distinguer le bien du mal, pratiquer la vertu. Celse, « encore une fois précurseur du darwinisme, » fonde l'aptitude morale des bêtes sur leur connaissance du divin.

« Quant aux éléphants, aucun autre animal ne paraît plus fidèle au serment, *plus obéissant aux choses divines*, et cela, sans aucun doute, parce qu'ils en ont connaissance. » (IV, 88.) Enfin, pour prouver que les cigognes ont plus de piété que les hommes, Celse rappelle tous les traits qu'on raconte de la reconnaissance de cet animal envers ses parents et des soins qu'il prend de les nourrir. (IV, 98.) Il conclut en ces termes : « Tout n'a donc pas été créé pour l'homme, pas plus que pour le lion, pour l'aigle, pour le dauphin... Dieu ne s'irrite pas plus contre les hommes que contre les singes et les mouches. » (IV, 99.)

En somme, le problème agité ici était celui de la place de l'homme dans la nature. Pour Origène, l'homme, en tant qu'être raisonnable, est le but de la création, et les animaux n'agissent que poussés par l'instinct. Selon Celse, les bêtes ont au moins autant de droits que les hommes à tout ce qui existe, et ils l'emportent même sur quelques-uns de nous au triple point de vue physique, intellectuel et moral. Au lieu de répéter à satiété sa proposition téléologique, déjà fort rebattue, nous estimons qu'Origène aurait bien fait de rechercher et d'exprimer avec quelque précision en quoi consiste au fond cette fameuse distinction de l'instinct et de la raison. Mais il était trop possédé de sa croyance en la préexistence des âmes pour entendre seulement l'adversaire et discuter les faits. Rien ne le peut tirer de la vision où sans fin il contemple les anges, les démons et les hommes descendant du ciel à l'enfer et remontant de l'enfer au ciel. Toutes les âmes étaient à l'origine dans le sein de Dieu; elles sont tombées d'une chute plus ou moins profonde en ce monde, mais elles y agissent, elles commandent aux êtres inférieurs et domptent les forces de la nature. C'est que Dieu, après avoir accommodé les choses ici-bas aux besoins de l'homme, lui a donné pouvoir sur elles. Origène part toujours de ces hypothèses : il suppose démontré ce qui est en question. Celse argumente et discute en naturaliste du second siècle, Origène en théologien de tous les siècles.

Les temps devenaient de plus en plus difficiles. Depuis 529, les philosophes, bannis d'Athènes par l'édit de l'empereur Justinien, avaient dû se réfugier en Perse, chez ces barbares que les Grecs avaient vaincus à Marathon, à Salamine, à Platée, à Mycale. Chosroës offrait un asile à la philosophie, cette fille de l'Hellade, chassée de la ville de Périclès par les croyants de Jésus de Nazareth.

C'est encore dans l'empire persan, à Nizibin et à Gandisapora, que nous trouvons établis, dès le cinquième siècle, les Syriens nestoriens, tout entiers à l'étude d'Aristote et d'Hippocrate qu'ils traduisent et commentent. Bannis d'Édesse, en 489, par l'empereur Zénon, les nestoriens fugitifs avaient été bien accueillis par les Sassanides, dont quelques-uns, comme Chosroës, avaient un goût véritable pour la philosophie et les sciences. La connaissance de la langue grecque n'était pas très rare chez les Syriens instruits, et les conciles, les rapports de tout genre avec les Églises grecques, non moins que le désir d'apprendre et de puiser la science aux sources mêmes, en maintenaient l'usage. Sans parler des traductions syriaques de la Bible, des Pères grecs et des écrivains ecclésiastiques, il est certain que, dès le milieu du cinquième siècle, des maîtres de l'école d'Édesse, Cumas et Probus, avaient traduit avec Hibas plusieurs écrits d'Aristote. Vers la fin du septième siècle, Jacques d'Édesse traduisit, entre autres livres d'Aristote, les Catégories, l'Hermeneia et les Analytiques. Les livres du Stagirite que l'on lisait et que l'on commentait le plus chez les Syriens étaient, après l'Organon, la Poétique, la Rhétorique et la Physique. Les jacobites ne s'appliquaient pas moins que les nestoriens à l'étude d'Aristote. Au sixième siècle, Sergius de Resaina avait traduit des écrits d'Aristote, et, au septième siècle, le patriarche Athanase fit passer également en syriaque les livres de dialectique d'Aristote et l'Introduction de Porphyre.

Bien vus des rois de Perse, les nestoriens furent encore plus estimés des califes, quand les Arabes étendirent leur domination sur la Syrie et sur la Perse. Les califes faisaient le plus grand cas des connaissances médicales et astronomiques de ces Syriens chrétiens. Les Abbassides firent rechercher en Grèce, en Syrie, en Égypte, en Arménie, tous les livres de philosophie, de médecine et d'astronomie. A plusieurs reprises, ce fut sous leurs auspices qu'Aristote, Hippocrate, Galien, Dioscoride, Théophraste, Alexandre d'Aphrodisias, Euclide, Archimède, Ptolémée, etc., ont été traduits en arabe. Naturellement, les traducteurs étaient des Syriens. Comme ils étaient loin d'être tous assez familiers avec la langue arabe pour traduire directement du grec en cette langue, on faisait passer les textes grecs en syriaque avant de les rendre en arabe. Ce mode de traduction donna lieu à de graves erreurs. Les versions arabes, en effet, n'ont que trop souvent reproduit les contre-sens des versions syriaques en y en ajoutant de nouveaux toutes les fois que le texte syriaque lui-même n'était pas compris. Le plus célèbre de ces traducteurs syriens est le nestorien Honaïn Ibn Ishâk, qui vécut au temps du calife Almotawakkel. Familier avec les langues syriaque, arabe et grecque, il dirigea à Bagdad un collège de traducteurs parmi lesquels étaient son fils Ishâk ben Honaïn et son neveu Hobaisch el Asam. Au dixième siècle, on remarque surtout les nestoriens Abou Baschar Mata et Jahya ben Adi. Quelques écrits de Platon, la République, le Timée, les Lois, et des fragments d'auteurs néoplatoniciens, de Proclus, par exemple, furent également traduits en arabe. C'est grâce à ces versions que les philosophes arabes Alkindi, Alfarabi, Avicenne, Algazel, en Orient, et, en Occident, Avempace, Abubacer et Averroës, qui ne sont tous, à proprement parler, que des commentateurs d'Aristote, ont composé ces innombrables commentaires, ces paraphrases et ces traités de toute sorte, qui devaient avoir sur le développement intellectuel des chrétiens de l'Occident une influence si profonde et si durable.

C'est vers le milieu du douzième siècle, de 1130 à 1150, que les écrits des Arabes commencèrent à passer dans la langue latine. A cette époque, avant les croisades, Constantin l'Africain fit connaître à l'Occident divers ouvrages d'Hippocrate et de Galien, traduits sur des textes arabes. Constantin l'Africain est le premier en date de cette famille d'ardents chercheurs qui allaient demander aux mécréants un peu de science et de lumière. C'est généralement en Espagne, à Tolède, à Cordoue, à Séville, à Valence, que se rendait le chrétien avide de science. On sait combien la domination arabe fut naturellement douce, et quels étroits rapports unissaient, dans la vie commune, les chrétiens et les musulmans. Les mariages n'étaient point rares entre les familles des deux races. La langue arabe devint si familière aux chrétiens qu'on fut forcé de faire, au dixième siècle, une version arabe des canons ecclésiastiques. Ajoutez les relations politiques et commerciales, la présence des musulmans dans une partie de la Sicile et des îles voisines, les Sarrasins toujours si nombreux à Montpellier, et les Juifs répandus partout, à Marseille, à Narbonne, dans toutes les villes du littoral de la Méditerranée.

Le chrétien désireux de s'instruire se rendait donc en Espagne, dans une de ces grandes écoles qui jetaient alors un si vif éclat, il se faisait traduire les textes arabes en langue vulgaire par un musulman ou par un juif converti, puis il recueillait en latin les paroles de l'interprète. Au douzième siècle et au treizième siècle, les versions se faisaient toujours sur le texte arabe. Ce ne fut que beaucoup plus tard qu'on traduisit les philosophes arabes sur des versions hébraïques. Adélard de Bath, Platon de Tivoli, Robert de Rétines, Hermann Dalmate, Dominique Gondisalvi, Gérard de Crémone, Michel Scot, etc., firent ainsi connaître peu à peu, non seulement les commentateurs arabes d'Aristote, mais Aristote lui-même, le texte de ses écrits, la Physique, la Métaphysique, le Traité de l'Ame, l'Éthique, etc., avec les gloses de Théophraste, de Simplicius, d'Alexandre d'Aphrodisias, de Philopon.

Le triomphe des religions sémitiques, c'est-à-dire d'une conception dualiste de l'univers, fut néanmoins l'écueil où, non seulement le matérialisme, mais toute science et toute philosophie étaient venues se briser pour des siècles. Rien ne pouvait inspirer plus d'horreur à des chrétiens, à des musulmans, qu'une théorie qui suppose la matière éternelle et la tient pour le seul être de l'univers. Au premier abord, l'islam paraît avoir été plus favorable à la philosophie ancienne. Mais que d'illusion dans l'opinion commune à cet égard! Ce qui fait paraître si brillante la civilisation arabe du moyen âge, c'est le contraste avec les lourdes ténèbres où était alors ensevelie l'Europe chrétienne. Les ouvrages de Dozy, d'Amari, de Schack, nous ont édifiés sur les merveilles d'art, d'élégance et de science créées par les Arabes de la Sicile et de l'Espagne. Devant les musulmans de nos jours, qui d'instinct haïssent la science et voient une impiété dans l'investigation de la nature, on se demande si ce sont bien là les descendants de ces rares génies qui trouvaient des théories sur la pesanteur de l'air et sur l'évolution des êtres organisés.

Ce qui est vrai, c'est qu'au moyen âge rien n'était plus rare et plus mal accueilli chez les musulmans qu'un naturaliste, un physicien, un astronome. La medresseh était à la mosquée ce que l'école était à l'église. Les croyants, les pieux musulmans, qui, dans l'espoir d'être sauvés, donnaient leurs biens pour ces fondations, entendaient qu'on n'y enseignât que la parole d'Allah. Dans ces collèges richement dotés, on trouvait des exégètes du Coran, des professeurs de dogmatique, de droit, de grammaire et de rhétorique, — mais rien n'était moins commun qu'un écolâtre voué à l'étude de quelque branche des sciences de la nature. Il faut assez longtemps feuilleter les dictionnaires de biographie arabe avant que d'y rencontrer un naturaliste ou un mathématicien. Alors comme aujourd'hui, le mot science sonnait pour les musulmans comme théologie, grammaire, logique, rhétorique. Le Coran était, au même titre que la Bible, une véritable encyclopédie. Comment la science se serait-elle mieux accommodée du dogme à cette époque qu'aujourd'hui?

Il est certain que les philosophes arabes se sont bien plus occupés que nos scholastiques des œuvres de science naturelle d'Aristote. Mais on sait que, durant toute la première partie du moyen âge, les chrétiens n'ont pas connu ces écrits du Stagirite que les Arabes trouvaient à leur portée dans les versions syriaques. En outre, l'orthodoxie musulmane, plus étroite assurément que l'orthodoxie chrétienne, était plus ignorante, moins éveillée, moins savamment organisée : voilà comme on put parler chez les Arabes de l'éternité du monde et de l'unité de la raison. Dieu redevint le moteur immobile, ou mieux, l'éther cosmique d'Aristote. Il agissait aux confins de l'univers, sur le ciel des étoiles fixes, mais les phénomènes du monde terrestre dépendaient des lois naturelles et du mouvement des astres. Le monopsychisme, issu de la théorie aristotélicienne du νοῦς ποιητικός, supprimait l'immortalité individuelle de l'âme. L'intellect actif, unique pour tous les hommes, était considéré comme une sorte d'âme ou de raison universelle, objective et impersonnelle, qui éclaire tout homme venant en ce monde et pour laquelle tout est intelligible : telle avait été l'interprétation de la plupart des commentateurs grecs, d'Alexandre d'Aphrodisias, de Themistius, de Philopon. Les Arabes l'adoptèrent.

Les découvertes qu'ils passent pour avoir faites dans le domaine des sciences naturelles, en astronomie et dans les mathématiques comme en médecine, avaient également été préparées par les Grecs. C'est grâce à ces instituteurs païens qu'ils purent s'élever à la notion de l'uniformité des lois et du cours régulier de la nature, et cela en un temps où, comme aux époques mythologiques, les chrétiens de l'Occident croyaient tout possible dans un monde livré à l'arbitraire d'une divinité capricieuse.

La seule autorité spirituelle reconnue en fait par les philosophes arabes était Aristote. Malgré leurs résultats empiriques, l'alchimie et l'astrologie, d'où devaient naître la chimie et l'astronomie, étaient toujours subordonnées aux théories *a priori* du Stagirite. Enfin, dans ces écoles fameuses du mont Cassin, de Salerne, de Naples, d'où sont sorties toutes les écoles de médecine de l'Occident, leurs véritables maîtres étaient Hippocrate et Galien. A Salerne même les traditions médicales étaient plus anciennes que la présence des Arabes. L'Italie méridionale et la Sicile, contrées où règnent aujourd'hui l'ignorance et les superstitions, et qui, sous Frédéric II et sous les Arabes, ont été le berceau de la libre pensée et de la tolérance, n'avaient jamais cessé d'être des pays grecs.

Chez les chrétiens d'Occident, c'est aussi Aristote qui est salué maître et docteur; mais, si l'on considère de près les débats sans fin et toute la poussière que les écolâtres ont soulevé autour de l'œuvre et des idées de ce grand nom, depuis les *Catégories* et l'*Introduction* de Porphyre jusqu'à l'époque où, par les traductions de l'arabe et du grec, ils possédèrent toute l'encyclopédie aristotélicienne; si l'on va au fond de cette fameuse question des *universaux*, on s'aperçoit que c'est la conception platonicienne des notions de genre et d'espèce qui domine d'abord sans conteste, et qui, à la fin du moyen âge, l'emporte encore comme orthodoxe.

Qu'est-ce que l'opposition de la *forme* et de la *matière*, sinon la même question des universaux sous d'autres noms, la forme ne pouvant être conçue que comme un être universel existant par soi en dehors de l'homme? Quelque contraste que l'on rêve entre Aristote et Platon, l'empirisme du premier, grâce à ses contradictions, ramène toujours à l'idéalisme du second. Que dire encore des luttes séculaires des réalistes et des nominalistes sur le principe d'individuation? En plaçant ce principe dans les individus, Occam est assez d'accord avec l'Aristote pour qui les individus sont des substances, mais il ne l'est guère avec l'Aristote des « substances secondes » et des formes substantielles. Or tel est l'Aristote, je ne dis pas seulement de la scholastique, des Arabes et des anciens commentateurs, mais l'Aristote qui paraît être le véritable. Voilà pourquoi le nominalisme, surtout le nominalisme de la seconde période du moyen âge, peut être considéré comme marquant la fin de la scholastique. Une fois libres des entraves du néoplatonisme, et poussés vers la haute mer de l'aristotélisme, les écolâtres de l'Occident virent se dresser de tous côtés comme des écueils les dangers de la doctrine des universaux, c'est-à-dire des mots. Les premiers secours vinrent de la connaissance réelle des écrits du maître qui sortit de la première renaissance du treizième siècle.

Le treizième siècle est une aurore. Toute cette science, toute cette philosophie grecque, retrouvée contre tout espoir et rendue aux écoles d'Occident, produisit d'abord l'effet d'un éblouissement. Songez que, depuis la ruine des études romaines, les plus grands docteurs du moyen âge, Alcuin, Gerbert, Roscelin, saint Anselme, Guillaume de Champeaux, Abélard lui-même, avaient dû se contenter de quelques lambeaux de l'*Organon*. Jusqu'alors Aristote ne leur était apparu que comme un dialecticien : il se révélait maintenant comme naturaliste, physicien, astronome. On n'avait connu que sa Logique ; on en avait usé, abusé même. On va enfin lire tous ces grands livres où le génie grec a déposé ses plus sublimes méditations.

L'Église, au moyen âge, est de toutes les fêtes. Ne serait-elle pas de celles de l'intelligence ? L'Église célébra aussi l'*invention* des écrits d'Aristote, mais à sa manière.

En 1209, elle réunit à Paris un concile provincial, sous la présidence de l'archevêque de cette ville, Pierre de Corbeil, et, à la suite d'un examen canonique, elle déclare impies les livres d'Aristote traitant de sciences naturelles, en interdit la lecture sous peine d'excommunication, puis les jette aux flammes. Sur le même bûcher elle fait monter dix des disciples d'Amaury de Bène, qui avait tiré de la Physique les thèses panthéistes les plus sacrilèges.

Les doctrines d'Amaury et les écrits de David de Dinant ont le sort de la Physique et de la Métaphysique. Les Pères du concile, ne pouvant atteindre Amaury vivant, exhument son corps du cimetière. Pour empêcher le retour d'une hérésie si damnable, pour que nul ne soit tenté d'imiter l'héroïsme des diacres du Vieux-Corbeil et des clercs de Saint-Cloud, un légat du pape, Robert de Courceon, arrête, en 1215, dans les statuts qu'il donne à l'Université de Paris : « Que nul ne lira les livres d'Aristote sur la métaphysique et la philosophie naturelle. » Enfin, une bulle de Grégoire IX, de l'année 1231, prohibe sévèrement « ces livres de philosophie naturelle qui furent justement interdits par le concile provincial » de 1209. Voilà les faits.

Malheureusement pour le christianisme, la curiosité scientifique était trop excitée pour s'arrêter en si beau chemin. Décrets synodaux, statuts de l'Université, bulle papale, rien n'y fit. L'Église, qui avait brûlé vifs les disciples d'Amaury de Bène et proscrit tous les livres d'Aristote autres que l'Organon, a fait un saint de Thomas d'Aquin, le plus fameux des commentateurs d'Aristote en Occident. Aussi bien, plus on expliquait Aristote, moins on le comprenait. On avait beau recourir maintenant aux originaux grecs apportés de Constantinople ; Robert Grosse-Tête, évêque de Lincoln, Thomas de Cantimpré, Guillaume de Moerbeka avaient beau traduire Aristote sur le texte même : saint Thomas, avec les trois versions du grec qu'il avait sous les yeux, n'y voyait guère. Rien de plus faux que l'Aristote spiritualiste et chrétien d'Albert le Grand, de Thomas d'Aquin et de Duns Scot. Les idées qu'ils lui prêtent sont tout simplement monstrueuses. Le véritable péripatétisme resta toujours pour eux lettre close. Ils firent tant, qu'Aristote, plus écouté qu'un Père de l'Église, faillit presque être canonisé. Les deux ou trois idées empruntées à Anaxagore et à Platon, qui se trouvent dans le XIIe livre (apocryphe) de la *Métaphysique,* dans le VIIIe livre (VIIe) de la *Physique,* et dans le IIIe du *Traité de l'Ame,* auraient pleinement suffi pour cette béatification merveilleuse.

L'averroïsme ne fut pas non plus sans exercer une heureuse influence, bien que ce ne soit qu'au point de vue de la libre pensée qu'on puisse voir dans ce système philosophique un précurseur du matérialisme. La philosophie arabe, en effet, abstraction faite de ses tendances naturelles, est essentiellement réaliste au sens de notre moyen âge, c'est-à-dire platonicienne, et son naturalisme même n'est pas exempt de mysticisme. L'averroïsme de Padoue, dont le mouvement s'étendit à toute l'Italie du nord, persista avec l'idolâtrie d'Aristote et tout l'arsenal de la scholastique jusqu'au dix-septième siècle. Bien que libre penseuse, Padoue bravait, ainsi qu'une « forteresse de la barbarie, » les humanistes et les naturalistes de l'Italie. Pierre Pomponat est le type achevé de ces philosophes qui, grâce à la double vérité — sorte de tenue des livres en partie double — conciliaient d'une étrange façon la théologie et la philosophie. « Pomponat, philosophe, ne croit pas à l'immortalité, mais Pomponat, chrétien, y croit. Certaines choses sont vraies théologiquement, qui ne sont pas vraies philosophiquement. Théologiquement, il faut croire que l'invocation des saints et l'application des reliques ont beaucoup d'efficacité dans les maladies; mais philosophiquement, il faut reconnaître que les os d'un chien mort en auraient tout autant, si on les invoquait avec foi [1]. »

La connaissance de plus en plus répandue de la langue grecque et l'usage qu'on faisait des commentateurs grecs d'Aristote, tels qu'Alexandre d'Aphrodisias, devinrent funestes à l'autorité séculaire d'Averroès et des commentateurs arabes. Cependant, quoique haï des humanistes et dénoncé comme impie par les platoniciens, l'averroïsme se maintint à Padoue, à Venise et dans le nord de l'Italie jusqu'au milieu du dix-septième siècle. L'historien que nous venons de citer a raconté la lutte mémorable qui éclata entre les Averroïstes et les Alexandristes,

1. E. Renan, *Averroès et l'Averroïsme*, p. 359-60.

et à laquelle prirent part Pomponat, Achillini, Niphus, Simon Porta, Gasparo Contarini, Zarabella, Piccolomini, Césalpin et Crémonini. Marsile Ficin, dans la préface à sa traduction de Plotin, a résumé en quelques mots le débat entre les péripatéticiens arabes et les péripatéticiens hellénistes. Les paroles de Marsile Ficin, prises trop à la lettre, induiraient certainement en erreur, car une division bien tranchée entre les Averroïstes et les Alexandristes n'est guère possible à établir; mais elles ont le mérite d'être fort claires et de se rapprocher beaucoup de la vérité : « Totus fere terrarum orbis a peripateticis occupatus in duas plurimum sectas divisus est, *Alexandrinam* et *Averroicam*. Illi quidem intellectum nostrum esse mortalem existimant, hi vero unicum esse contendunt, utrique religionem omnem funditus æque tollunt, præsertim quia divinam circa homines providentiam negare videntur, et utrobique a suo etiam Aristotele defecisse. » Ainsi, négation de l'immortalité de l'âme, de la Providence et de toute religion, voilà quel fruit les chrétiens les plus instruits des quinzième, seizième et dix-septième siècles retirèrent de leur application à l'étude d'Aristote et de ses commentateurs.

Toutefois, c'est d'un côté où on ne l'aurait pas attendu, de la logique byzantine[1], de cette lo-

---

1. Voyez, pour les preuves, Lange, *Geschichte des Materialis-*

gique ultra-formelle des écoles grecques du bas Empire, que serait venue la première lueur d'une saine réforme de la philosophie. Répandue en Europe au treizième siècle, cette discipline porta l'attention sur les mots, sur leur ambiguïté dans l'emploi ordinaire, et, en émancipant la pensée des anciennes formes de langage, elle produisit peu à peu une nouvelle langue philosophique d'une précision inconnue à l'antiquité. Tel est, par exemple, le premier mérite du nominalisme (on devrait dire terminisme) d'Occam, véritable précurseur à cet égard de Bacon, de Hobbes et de Locke. Cette révolution était nécessaire pour qu'une nouvelle science pût naître qui, au lieu de tout tirer du sujet, laissât parler l'objet, les choses, dont le langage est souvent si différent de celui des grammaires et des lexiques.

Le nominalisme intéresse l'histoire du matérialisme, et par son opposition au platonisme et par l'attention qu'il a toujours accordée au concret. Il est bien remarquable qu'Occam est né dans cette grande Angleterre qui fut la terre d'élection, la vraie patrie de l'empirisme, du matérialisme et du sensualisme. En outre, le principe sceptique du libre examen, que représente le nominalisme, se dresse en face du principe d'autorité de la philoso-

---

mus, I, 176-179, et le livre de Prantl sur l'*Histoire de la logique en Occident*.

phie du moyen âge. Puis, Occam n'est pas seulement anglais ; il est franciscain, il appartient à ce terrible ordre de saint François, qui si souvent inquiéta la cour de Rome par son humeur frondeuse, son impatience de toute hiérarchie, son goût des nouveautés, ses audacieuses velléités de retour à la pauvreté évangélique de Jésus et des apôtres.

Occam n'hésita pas à traiter les prétentions séculaires de l'Église dans le temporel avec le même radicalisme, la même conséquence de doctrine, que la philosophie réaliste. Libre penseur à la manière anglaise, il s'en tint au côté pratique de la religion et jeta par-dessus bord toute théologie spéculative, comme fit Hobbes, estimant indémontrables les propositions doctrinales de la foi. Il savait de reste que l'universel, et non le particulier, est la fin de la science; il ne niait que les universaux comme tels. L'universel n'est qu'un nom. *Est universale vox.* Mais ce nom est le signe, l'expression d'un concept, d'une idée de l'entendement qui se résout en faits individuels ou particuliers. Bref, la proposition d'Occam, que la science n'a pas d'autre sujet, en dernière analyse, que les choses particulières perçues par nos sens, sert encore de fondement à la *Logique* de Stuart Mill.

TROISIÈME PARTIE

CHAPITRE PREMIER

LA RENAISSANCE DES SCIENCES ET DU MATÉRIALISME.

Que fallait-il pour que le matérialisme, ou tout au moins sa méthode scientifique reparût dans le monde? L'évanouissement progressif de l'ignorance et de la barbarie du moyen âge chrétien, la fin des vaines disputes de mots, la renaissance des sciences. Du milieu du quinzième siècle au milieu du dix-septième siècle, on peut discerner quatre moments du réveil de l'esprit humain. Dans le premier, c'est la philosophie qui renaît, et bien avant le quinzième siècle, en Italie, avec Pétrarque et Boccace, mais qui n'atteint sa haute signification philosophique qu'avec Érasme. Les humanistes comme Laurent Valla forment la transition entre la renaissance des lettres et de la critique et l'ère de cette théologie nouvelle, qu'ils ont tant servie sans le savoir, d'où est sortie la Réforme. La troisième époque est celle des sciences naturelles, des immortelles découvertes de Copernic, de Kepler et de Galilée. Enfin, dans la quatrième, la philosophie règne et domine sur le monde par Bacon et par Descartes, tandis que le matérialisme proprement dit, le matérialisme de Démocrite, d'Épicure et de Lucrèce, se reprend à vivre chez Gassendi et chez Hobbes.

Ce qui manque à ce temps, comme à toutes les époques où l'humanité a créé quelque chose, c'est la critique. Combien de Mélanchthons pour un Érasme ! L'humaniste, le théologien, le savant et le philosophe se dégagent avec peine du passé, et, dans leurs efforts aveugles, se blessent souvent les uns les autres. Ainsi, le système de Copernic est présenté comme une « hypothèse, » non par l'auteur, mais par ses éditeurs, surtout par Osiander ; on démêle ici l'influence de Mélanchthon, le plus déterminé adversaire du système après Luther.

Si Copernic avait passé par Wittenberg, et que Luther eût été le maître dans sa bonne ville, ainsi que Calvin l'a été à Genève, il l'aurait sans doute fait bannir comme un dangereux hérétique. En tout cas, il eût certainement vu en cet astronome quelque diable incarné. Il semble bien que c'est à Copernic et à son système que Luther fait allusion dans ce passage des *Tischreden :* « On fit mention d'un nouvel astronome qui voulait prouver que c'est la terre qui tourne, et non point le ciel ou le firmament, le soleil et la lune. Ainsi va le monde aujourd'hui, disait Luther; quiconque veut être habile ne doit pas se contenter de ce que font et savent les autres. Le sot veut changer tout l'art de l'astronomie; *mais, comme le dit la Sainte Ecriture, Josué commanda au soleil de s'arrêter, et non à la terre.* » On le voit, c'est l'argument même dont, un siècle plus tard, l'Inquisition romaine se servira contre Galilée. Et voilà celui qu'on appelle parfois le précurseur du rationalisme, le père de l'esprit moderne ! On se laisse duper par les apparences. Quand perdra-t-on l'habitude de mettre le nom de Luther dans toutes les préfaces, dans toutes les introductions à l'histoire de la Révolution française ? Luther y est aussi étranger que Thalès.

A Rome, on était alors plus éclairé qu'à Wittenberg, c'est-à-dire moins chrétien. Et cependant la Réforme, en brisant avec l'Église et les traditions catholiques, avait peut-être accompli la plus grande révolution des temps modernes. Mais elle sentait d'instinct que l'adversaire d'Aristote serait aussi celui de la tradition et de la foi chrétienne. Copernic n'était pas seulement un très grand génie; c'est aussi à sa manière, comme l'a dit Kepler, un libre esprit, *animo liber.* Par lui, les antiques rêveries des pythagoriciens étaient devenues une vérité. Que Copernic, en effet, ait connu l'idée d'Aristarque de Samos sur la place du soleil dans notre système, cela n'est pas invraisemblable; mais il ne la cite nulle part, tandis qu'il se réfère expressément à deux passages, l'un de Cicéron (*Acad. Quæst. IV*, 39), l'autre de Plutarque (*De placitis philos.* III, 13), qui lui ont donné l'occasion de réfléchir sur le mouvement de la terre. Cicéron cite Hicétas de Syracuse ; Plutarque les pythagoriciens Ekphantos et Heracleidès. Plus tard, la congrégation de l'Index désigna aussi cette théorie comme pythagoricienne, *doctrina pythagorica*.

Parmi les aristotéliciens les plus célèbres du quinzième et du seizième siècle, nous devons un souvenir à Gennadius, l'ardent adversaire de Gémiste Pléthon, à George de Trébizonde et à Théodore Gaza, l'un, traducteur de la Rhétorique, l'autre, de l'Histoire des animaux ; à Laurent Valla, à Rodolphe Agricola, à Jean Argyropulo, qui a traduit l'Organon, la Physique, l'Éthique et les Traités du Ciel et de l'Ame; à Angelo Poliziano, à Hermolao Barbaro, qui traitait de barbares des doctes comme Albert le Grand et des saints comme Thomas d'Aquin ; à Nizolius, à Érasme, à Lefèvre d'Étaples, à Louis Vivès enfin, qui ne reconnaissait pour disciples véritables d'Aristote que ceux qui interrogeaient la nature elle-même, comme l'avaient fait les anciens, et qui considéraient l'observation et l'expérience comme les conditions mêmes de la science.

Notre héroïque Ramus lui-même, qui se croyait si fort en contradiction avec Aristote, le continuait plutôt, dans la mesure de ses forces, en protestant bien haut contre un enseignement devenu absurde et inintelligible pour tout le monde. Peut-être même cria-t-il un peu haut. Après tout, les *Institutiones dialecticæ* (1543) n'ont pas fait oublier l'Organon. Si Ramus éprouva tant de vexations et de persécutions, s'il mourut de la mort tragique que l'on sait, nous croyons que c'est un peu sa faute. Le collègue qui profita du massacre de la Saint-Barthélemy pour le faire assassiner, lui en voulait bien moins de son hostilité à Aristote que de son insistance auprès du roi pour le faire destituer. Ramus avait exaspéré ce misérable. L'auteur des *Animadversiones in dialecticam Aristotelis* était un de ces esprits ardents et irascibles tels que le seizième siècle en a beaucoup produits, un érudit ombrageux, un penseur violent et intolérant, un juste un peu austère et volontiers redresseur de torts, une sorte d'apôtre de la science à la fois ridicule et sublime. On se figure sans peine en quels termes devait être, avec les professeurs de l'Université, un esprit de cette trempe, et cela dans un temps où les théologiens de la Sorbonne dénonçaient au Parlement de Paris (1551) un bénéficier qui avait adopté les réformes linguistiques des lecteurs royaux, et dont tout le crime consistait à prononcer *quisquis* comme nous faisons aujourd'hui, lorsque eux, théologiens, prononçaient *kiskis*, et voulaient qu'on prononçât *kiskis !*

Tandis que Mélanchthon introduisait dans les écoles protestantes, non pas l'Aristote du moyen âge et de la scholastique, mais l'Aristote des humanistes de la Renaissance ; tandis qu'il composait sa Dialectique, ses livres de rhétorique, et son Epitome de philosophie morale, qui, jusqu'à Leibnitz, devaient être dans les universités les principaux textes philosophiques, l'aristotélisme perdait de jour en jour son autorité en France ; il ne vivait plus que d'une vie toute factice, et il succomba d'une manière définitive lorsque, pour le défendre, on en fut réduit à demander main-forte à l'autorité, et à solliciter des « arrêts burlesques » — c'est le mot juste — des rois de France et du Parlement.

On sait, en effet, que François Ier dut condamner Ramus (1543-44), et que, sous Louis XIII, en 1624, un arrêt du Parlement défendit « à toutes personnes, « *à peine de la vie*, de tenir ny enseigner aucunes « maximes contre les anciens autheurs et approu- « vez, » c'est-à-dire d'attaquer le système d'Aristote. Cette façon de protéger une doctrine ayant toujours été excellente pour la ruiner, le cartésianisme succéda en France à l'aristotélisme. Cela ne veut pas dire que l'Aristote de saint Thomas et de a scholastique disparût tout à fait de l'enseignement. Adoptée par la Société de Jésus, en haine des libertins et des cartésiens, la doctrine de plus en plus méconnaissable du péripatétisme forma la substance de tous les manuels de philosophie à l'usage des établissements ecclésiastiques.

Un véritable précurseur de Bacon de Vérulam et de Descartes par son aversion contre la scholastique, mais un successeur du franciscain Roger Bacon pour sa foi dans l'investigation directe de la nature, l'espagnol Louis Vivès, soutenait que les disciples véritables d'Aristote devaient le dépasser et interroger la nature, à l'exemple des anciens. Giordano Bruno s'attache à Lucrèce : combinant de la façon la plus heureuse l'antique doctrine épicurienne de l'infinité des mondes avec le système copernicien, il enseigna que toutes les étoiles fixes étaient des soleils répandus en nombre infini dans l'univers, et que ces astres possédaient des satellites que nous ne voyons pas, « conception, remarque Lange, qui, si l'on songe à l'ancienne croyance en un univers fini et borné, est presque d'une importance aussi considérable que la théorie du mouvement de la terre [1]. » La matière n'était pas pour Bruno une simple possibilité du devenir, au sens aristotélique : elle était l'essence véritable des

1. *Geschichte des Materialismus*, I, 192.

choses, la mère éternellement féconde, qui de son sein tire toutes les formes vivantes qu'elle revêt en ses métamorphoses. Le matérialisme aurait quelque droit à revendiquer Bruno si, sur tous les points décisifs de son système, il n'inclinait décidément vers le panthéisme.

La première moitié du dix-septième siècle recueillit les fruits de cette culture étrange, un peu touffue et exubérante, mais d'une si puissante sève. Bacon et Descartes, que l'on a si souvent appelés les pères de la philosophie moderne, tiennent à certains égards de très près au matérialisme. C'est Démocrite que Bacon regarde comme le prince des philosophes, et non ces maîtres sophistes qui ont nom Platon et Aristote. Si la lignée spirituelle de Descartes va de Spinoza, de Leibnitz, de Kant et de Fichte à Schelling et à Hegel, celle de Bacon, avec Hobbes et Locke, se continue au dix-huitième siècle par les matérialistes français et ne paraît pas encore près de s'éteindre dans l'Europe contemporaine. En fait, c'est un pur hasard si le nom du matérialisme ne se rencontre qu'au dix-huitième siècle : les destinées futures de cette doctrine étaient déjà indiquées chez Bacon.

« Quant à ce philosophe, ce qui nous empêche, a dit Lange, de l'appeler le père ou le restaurateur du matérialisme moderne, c'est qu'il n'a guère donné ses soins qu'à la méthode, et que, sur tous les points les plus importants, il ne s'est exprimé qu'avec une extrême réserve. » Les graves lacunes de son savoir ont été signalées avec une sévérité inexorable, mais juste, par Liebig. Pour être tout à fait équitable, il convient pourtant de se rappeler, touchant l'usage que Bacon a fait des esprits dans l'interprétation de la nature, que non seulement dans la cosmologie et la physiologie néo-platoniciennes de la scholastique et chez les Arabes, mais aussi dans les doctrines des astrologues, des alchimistes et des médecins du temps, on admettait partout, au ciel comme sur la terre, l'influence des esprits élémentaires et des « démons. » Il est d'ailleurs permis de soutenir que ces « esprits » étaient de nature matérielle et à peu près identiques à ce que nous appelons « forces, » — conception qu'on peut considérer comme un résidu de l'ancienne croyance aux esprits. Pour Bacon, ces êtres ne sont souvent que des forces matérielles, si bien que l'on pourrait croire qu'il n'est jamais plus matérialiste que lorsqu'il parle des esprits. Mais la fascination des théories contemporaines était trop forte : il ne put se défendre des rêveries des kabbalistes, alors si fort du goût des grands seigneurs anglais, des femmes mêmes de la cour, et il indique volontiers, comme causes des phénomènes, « la sympathie » et « l'antipathie » des esprits.

Descartes se comporte comme Bacon à l'endroit

de la philosophie traditionnelle et de l'aristotélisme. Tous deux ont voulu commencer par douter de tout ce qu'ils avaient appris. Pour découvrir la vérité, Bacon n'a vu d'autres guides que l'expérience et l'induction ; Descartes a cru pouvoir l'atteindre par le raisonnement déductif, et la tirer toute de ce moi qui seul est resté debout au milieu des ruines imaginaires de son doute méthodique. Ce n'est pas seulement au dualisme, c'est à l'idéalisme que ce système devait mener, à un idéalisme dans lequel la seule réalité est le moi, tandis que l'univers n'apparaît plus que comme un phénomène, et s'évanouit presque. Tous les sophismes qu'on rencontre chez Descartes, plus peut-être que chez aucun autre philosophe de génie, tiennent à ce qu'il est parti de l'abstraction et qu'il a procédé par déduction. Il a donné la place d'honneur à la forme la plus pure de la déduction, à la mathématique, dont Bacon avait fait la servante de la physique. Descartes n'a vu dans la nature que des nombres et des figures. Et pourtant nul n'a peut-être plus fait que ce philosophe pour la conception mécanique de l'univers. Encore au commencement du dix-huitième siècle les matérialistes étaient quelquefois appelés *mechanici*. L'auteur de l'*Homme machine* affectait de se dire cartésien, alors qu'il réduisait à des processus mécaniques toutes les fonctions de la vie et de l'intelligence.

Descartes n'était pas ce qu'on nomme un atomiste; mais les corpuscules ronds dont il remplit l'espace sont de véritables atomes, aussi inaltérables que ceux de Démocrite, et qui ne sont divisibles qu'idéalement; il remplace le vide des anciens atomistes par une matière subtile que l'on pourrait comparer à l'éther de nos physiciens, hypothèse qui ne supprime pas l'hypothèse du vide. Ce n'est rien objecter de valable contre celle-ci, en effet, que de rappeler qu'on ne connaît pas de vide absolu dans la nature. Connaît-on mieux les atomes?

Où Démocrite imaginait du vide dans les interstices des corps, par exemple, ou dans les espaces infinis, on a découvert la présence d'une substance matérielle plus subtile que les corps pondérables, l'éther, qui remplit et feutre en quelque sorte l'étendue. Mais l'idée du vide ne nous paraît pas pour cela reléguée encore dans l'oubli où viennent dormir toutes les erreurs humaines. Ce que Démocrite disait du vide qu'il imaginait entre les atomes, on peut le dire de celui qui, par hypothèse, semble devoir exister entre les particules ultimes de l'éther. En tout cas, le mouvement, considéré par Démocrite comme un mode éternel de l'atome, le mouvement des dernières particules de la matière, est incompréhensible sans le vide.

Descartes déclare nettement que le mouvement des particules matérielles, comme celui des corps, a lieu en vertu du choc qu'elles se communiquent réciproquement selon les lois de la mécanique. A la vérité, la cause universelle du mouvement est Dieu. Mais tout phénomène naturel, sans distinction de l'inorganique et de l'organique, ne consiste que dans cette communication du mouvement d'un corps à un autre. Ajoutons que Descartes n'attribue aucune force à la matière : il ne lui reconnaît d'autre propriété[1] que l'étendue et les modes de l'étendue, si bien que, abstraction faite de la cause première du mouvement, l'univers s'explique ou doit s'expliquer par la pure méca-

---

1. L'atomistique de Daniel Sennert, médecin célèbre, né à Breslau (1572-1637), et contemporain de Descartes, se rapproche davantage des théories actuelles sur la matière. Sennert n'a pas eu la bonne fortune d'être rappelé à la lumière et à la gloire, comme il le mérite, par son compatriote Albert Lange. L'auteur de l'*Histoire du matérialisme* n'a connu, semble-t-il, que l'*Epitome scientiæ naturalis* de Sennert. La lecture des *Physica Hypomnemata* (Francofurti, 1650), sur lesquels un récent article du *Vierteljahrschrift für wissench. Philosophie* (1879, III, Jahrg. p. 408 et suiv.) avait attiré notre attention [*], nous a montré que Sennert était bien le père de la philosophie corpusculaire en Allemagne. Nature éclectique avant tout, Sennert s'est efforcé de concilier la conception atomique de Démocrite avec la physique scholastique. Bien différents des atomes de Démocrite, les atomes ou, pour parler plus exactement, les corpuscules de Sennert sont des atomes qualitatifs : ils possèdent des propriétés qui leur ap-

[*] Die Erneuerung der Atomistik in Deutschland durch Daniel Sennert. Von Lasswitz.

nique, absolument comme chez Démocrite et les atomistes.

Sur la question de l'âme humaine, qui devait tant passionner le dix-huitième siècle, Bacon est foncièrement matérialiste ; il admettait une *âme rationnelle*, comme Descartes et Newton admettaient une âme motrice de l'univers, au nom de la foi chrétienne ; quant à l'*âme sensitive*, seule susceptible d'être scientifiquement étudiée, il la considérait avec les anciens comme constituée par une matière subtile et d'une rare ténuité. Il ignorait ce que c'est qu'une substance immatérielle. Descartes ne faisait, dans sa théorie corpusculaire, aucune différence essentielle entre la nature inorganique et celle des plantes et des animaux. Chez Descartes, les « esprits animaux » ne planent pas entre ciel

partiennent. En réalité, ils ne diffèrent des corps que par leur grosseur ; ce sont proprement des molécules (*prima mixta*) constituées par des atomes *élémentaires*, c'est-à-dire par des atomes de feu, d'air, d'eau et de terre. Ces atomes sont des atomes physiques, simples, indivisibles, non mathématiques. Éloignés en général de la conception du monde purement matérialiste et mécanique de Démocrite et d'Épicure, c'est moins sur les atomes absolus et sur leur mouvement que sur les molécules ou corpuscules des corps que portent les théories physiques et chimiques de ce médecin allemand des premières années du dix-septième siècle. Nous parlerons ailleurs de ses théories, non moins remarquables, et, en tout cas, redevenues fort en faveur à notre époque, sur les « atomes animés » et la vie latente des corpuscules de la matière. Il résume, à la fin de ses *Physica Hypomnemata*, toute sa pensée dans ces paroles d'Aristote : *Omnia animarum modo quodam esse plena*, πάντα τρόπον τινα πλήρη ψυχῆς.

et terre ; ce sont des corps qui se meuvent et qui communiquent le mouvement à d'autres corps, ainsi que chez Démocrite, d'après les lois purement mathématiques de la mécanique.

En somme, le monde n'est pour Descartes qu'un problème de mécanique ; il a suivi, avec une rare pénétration de génie, l'enchaînement de ces actions du dehors et de ces réactions du dedans qui est toute la vie de l'esprit et du corps, notant comment, par le canal des sens, le monde extérieur arrive au cerveau et traverse l'entendement, pour ressortir au dehors par le moyen des nerfs et des muscles. « En cet état de choses, dit Lange, on peut se demander sérieusement si La Mettrie n'avait pas raison d'invoquer Descartes à l'appui de son matérialisme ; s'il avait tout à fait tort de soutenir que le prudent philosophe n'avait cousu une âme à sa théorie, comme une pièce à un habit, laquelle était tout à fait superflue, que pour ne point indisposer les prêtres. Ce qui nous retient et ne nous permet pas d'aller si loin, c'est l'incontestable importance qu'a l'idéalisme dans la philosophie de Descartes. »

CHAPITRE II

GASSENDI

Il y aurait une étude pleine d'agrément et de solide instruction à écrire sur Gassendi. Qu'un prêtre catholique, un prieur, un chanoine ait pris Épicure pour son maître, et pour bréviaire la doctrine matérialiste, voilà qui est bien fait pour nous donner une idée des lumières du clergé au dix-septième siècle. Précurseur de Descartes, il a, indépendamment de Bacon, discerné celui de tous les systèmes antiques qui répondait le mieux à la tournure d'esprit de ses contemporains. On parle toujours des cartésiens; mais il y eut aussi des gassendistes dans l'Université de Paris, et si les premiers, en dépit des vieux professeurs attachés à la philosophie d'Aristote, s'efforcèrent de ruiner la scholastique au nom de la raison, les seconds la battirent en brèche au nom de la physique expérimentale. En effet, la réforme de la physique et de la philosophie naturelle, attribuée d'ordinaire à

Descartes, est aussi bien l'œuvre de Gassendi. Chez celui-là, c'est le géomètre qui domine, c'est le physicien chez celui-ci. Tandis que l'un, à l'instar de Pythagore et de Platon, se laissait emporter par la mathématique bien loin du domaine de l'expérience, l'autre demeurait fidèle à la méthode expérimentale, à l'induction, à l'analogie.

On pourrait comparer Descartes et Gassendi, ces deux ancêtres de la pensée moderne, à deux fleuves qui coulent de conserve et dont les ruisseaux se sont souvent mêlés. Ainsi, Hobbes, matérialiste, ami de Gassendi, était partisan de la théorie corpusculaire de Descartes, alors que Newton se représentait les atomes à la manière de Gassendi. Plus tard les deux théories se confondirent, et, après un développement parallèle, les concepts d'atomes et de molécules en sont venus à coexister. Nul doute, en tout cas, que l'atomisme actuel ne soit sorti des idées de Gassendi et de Descartes, et partant ne plonge par ses racines jusqu'à Leucippe et à Démocrite.

« L'on peut dire que parmi les rochers tout escharpez, dans les neiges dont son pays natal est environné, cette belle fleur nasquit glorieusement pour l'ornement des lettres et des siens. » C'est avec ce pieux enthousiasme qu'un dévot de Gassendi, Antoine de La Poterie, a parlé de son maître dans une sorte de *Mémorial* qui n'est pas la moins belle *Vie de saints* qu'on puisse lire. Pourquoi un bon prêtre ne serait-il pas un saint selon Épicure? Le sage des jardins d'Athènes n'a point rencontré de disciples dans l'antiquité qui, plus que Gassendi, aient été selon son cœur. Il revit presque tout entier dans l'humble existence, dans les mœurs douces et pures, l'esprit fin et délicat, d'une ironie légère et enjouée, de ce philosophe du dix-septième siècle.

Aussi bien, on peut se demander si, longtemps fidèle à Descartes, la fortune ne reviendrait pas à Gassendi? Je ne parle pas des savants : il y a longtemps qu'ils ont dû choisir entre la doctrine du vide et celle du plein, par exemple, et, pour tout dire d'un seul mot, entre la physique de Démocrite et celle des cartésiens. « En tout ce qui regarde l'espace, la durée, les bornes du monde, écrivait Voltaire dans ses *Eléments de philosophie de Newton* (ch. II), Newton suivait les anciennes opinions de Démocrite, d'Épicure et d'une foule de philosophes, rectifiées par notre célèbre Gassendi. Newton a dit plus d'une fois à quelques Français qui vivent encore, qu'il regardait Gassendi comme un esprit très juste et très sage, et qu'il se faisait gloire d'être entièrement de son avis dans toutes les choses dont on vient de parler. » Ce que Newton disait de Gassendi, Galilée et les plus illustres astronomes et physiciens de son siècle l'avaient pensé.

Ce qu'a été le cartésianisme dans la seconde moitié du dix-septième siècle, le scepticisme épicurien, le matérialisme antique restauré par Gassendi, l'avait été dans la première.

Il y avait longtemps que, sans hostilité apparente, la raison et la foi n'allaient plus guère de compagnie dans les bonnes têtes pensantes de cette époque, quand Descartes et les philosophes de Port-Royal reconstituèrent l'ancienne alliance. Saint-Évremond, La Mothe le Vayer, Gabriel Naudé, Gui Patin, Molière, Chapelle, Bernier, Montmor et cent autres, sortis de l'école de Montaigne et de Charron, ont passé dans celle de Gassendi. Pour être plus bruyant, le scepticisme religieux et moral de notre dix-huitième siècle n'eut peut-être pas la profondeur de celui de la Fronde. Vrai disciple du maître, et digne d'être appelé le second Épicure pour la pureté et la sainteté de sa vie, Gassendi fut de plus que le sage des jardins d'Athènes un savant investigateur de la nature, un astronome de la grande famille des Copernic, des Képler et des Galilée, un observateur exact et infatigable des phénomènes célestes, un physicien et un mathématicien d'une rare solidité de méthode, un érudit à la manière des humanistes du seizième siècle, un historien de l'histoire de la philosophie, qui a, au dire de Bayle, laissé un chef-d'œuvre, enfin un philosophe d'un génie sans doute plus étendu que profond, mais qui, du moins, a l'honneur d'avoir retrouvé les titres de la physique et continué une des plus grandes traditions philosophiques de l'esprit humain.

Ajoutez que ce restaurateur de l'atomisme de Démocrite et de la morale d'Épicure, que ce matérialiste et ce sensualiste a été un bon prêtre, un chrétien soumis à l'Église, et dont les livres n'ont même jamais été, comme ceux de Descartes, censurés en Sorbonne ni mis à l'index par MM. du Saint-Office. Je sais bien qu'à considérer de près Gassendi, on est frappé d'un singulier sourire, très fin en sa bonhomie, d'une ironie fort douce, mais très marquée, qui illumine d'une lueur singulière ce délicat visage de savant. Le beau portrait de Nanteuil, rapproché de certaines lettres ou conversations que des amis intimes nous ont conservées, le caractère même et les opinions bien connues de ces amis modifient un peu les idées trop simples que l'on pourrait se faire de l'excellent prévôt de l'église de Digne. Certes, on ne fera pas de Gassendi un libre penseur à la façon de ce temps-ci, un libertin à la manière des deux derniers siècles : il était trop « honnête homme » pour donner dans ces travers.

Pierre Gassend ou Gassendi naquit le 22 janvier 1592, dans le village de Champtercier, non loin de Digne. Ce village est situé « sur une petite

colline regardant le midy, où l'air est très sain[1]. »
A l'âge de trois ans, « étant faible et fort maladif à
cause d'abondance d'humeurs, on lui fit un cautère
au bras gauche, mais peu de temps après on le
laissa se reboucher, voyant que cela ne lui fesoit
rien. » Au moindre froid il éprouva toute sa vie de la
douleur dans ce bras, si bien qu'il dût toujours le
tenir plus couvert que l'autre. A quatre ans, il
savait lire et s'exerçait à écrire. A huit ans, il alla à
Digne pour y étudier le latin (1599), circonstance
ignorée de tous les biographes de Gassendi. Ils ne
savent pas non plus qu'à dix ans il étudia dans la
ville de Riez. De retour à Digne, l'enfant fit, l'année suivante, une petite harangue latine qu'il prononça lors de la visite de l'évêque, Antoine de Boulogne. A douze ans il prit la tonsure et continua
d'étudier à Digne jusqu'à seize ans, où « il s'en
retourna à Champtercier, son village, et là estudia
à soy. » On ne dit pas, comme le répètent les biographes, qu'il obtint alors, au concours, la chaire
de rhétorique de Digne. Mais on apprend qu'il lui
arriva un nouvel accident : en descendant un escalier de bois, il glissa et se démit le pied droit ; il
s'en ressentit toujours, et ce pied dut aussi être
tenu plus chaudement que l'autre.

A dix-huit ans, Gassendi alla faire sa philoso-

---

1. *Documents inédits sur Gassendi* (Paris, 1878), p. 4.

phie, puis sa théologie à Aix, sous le P. Fezaye, carme. Trois ans plus tard (1612), il est principal du collège de Digne. Il prit dans cette ville les quatre ordres mineurs et le sous-diaconat, puis alla recevoir le bonnet de docteur en théologie à Avignon. Élu théologal de l'église de Digne, un chanoine de cette église prétendit que ce bénéfice lui appartenait, et Gassendi vint soutenir à Paris le procès qui lui fut intenté. Ce premier séjour à Paris, inconnu jusqu'ici de tous les biographes, dura d'avril à novembre 1615. L'année suivante, il était ordonné prêtre et disait à Aix, le jour de saint Pierre-ès-Liens, sa première messe. Cependant « les messieurs de la ville d'Aix, ne voyant pas revenir leur professeur espagnol, qui étoit allé faire un tour en Espagne pendant les vacances de la saint Remy, » prièrent Gassendi de prendre sa place (1617). Il enseigna publiquement la philosophie au collège d'Aix, au milieu d'un grand concours d'écoliers, mais d'une façon si originale qu'il parut à tous que ce professeur « avoit composé une philosophie à sa mode. »

Gassendi avait vingt-sept ans. Il commença ses observations astronomiques avec Joseph Gauthier, prieur de la Valette, son futur ami, et tous deux étudièrent d'abord une comète (1618). Dès lors, et jusqu'à sa mort, Gassendi ne manqua pas une éclipse de lune ou de soleil, pas une comète, pas une conjonction d'astres. Les jésuites, qui s'introduisirent dans Aix et « s'emparèrent aussitôt du collège, » arrêtèrent l'enseignement de Gassendi. Il dut achever son cours chez un ami, un chanoine de l'église de Saint-Sauveur d'Aix, qui lui prêta « une grande salle. » De retour dans son bénéfice de Digne, il revit et fit imprimer ses *Exercitationes paradoxicæ adversus Aristoteleos* (Grenoble, 1624), œuvre pleine de verdeur juvénile, de pétulance méridionale, partant assez peu équitable, où il ne se proposait rien de moins que de ruiner, jusque dans ses fondements, la philosophie vingt fois séculaire du péripatétisme. Cet ouvrage causa un tel scandale dans l'École, que Gassendi, redoutant peut-être le destin tragique de Ramus et de Giordano Bruno [1], n'en publia jamais que les deux premiers livres. Il eût été pourtant bien intéressant de le voir passer successivement en revue, ainsi qu'il se l'était proposé, la physique, la métaphysique et la morale d'Aristote.

Dès ses *Exercitationes paradoxicæ adversus Aristoteleos*, Gassendi adoptait déjà (du moins à ce qu'on peut supposer par ce qu'on connaît de cet ouvrage) la théorie des atomes contre la doctrine

---

1. Il était à Paris, d'ailleurs, lorsque parut un arrêt du Parlement (4 septembre 1624), défendant, *à peine de vie*, de tenir ni enseigner aucune maxime contre les auteurs anciens et approuvés.

aristotélicienne des éléments. La matière est en soi indestructible, et rien ne peut naître de rien. Identiques en substance, les atomes diffèrent en figure. Sur les autres propriétés de ces corps élémentaires, sur la non-divisibilité à l'infini, sur les mouvements, le vide, etc., Gassendi suit également Épicure. Il explique la chute des corps par l'attraction de la terre, mais il nie que ce soit une *actio in distans*. Il n'est pas besoin d'imaginer de petits crochets attirant les corps vers la terre : qu'on se représente plutôt un enfant attiré par une pomme dont l'image pénètre en lui par le canal des sens. Il a bien senti le côté faible de l'atomisme, l'impossibilité d'expliquer par l'atome en mouvement l'origine de la sensation et de la pensée, mais il constate que les autres systèmes n'éclaircissent pas mieux ce mystère. Gassendi ne diffère de Lucrèce que parce qu'il admet, outre l'âme composée d'atomes matériels, un esprit immortel et incorporel. Ainsi, les maladies mentales sont des affections cérébrales ; elles n'ont rien à faire avec cet esprit. Cependant, alors même qu'on ne verrait dans l'âme, avec Gassendi, qu'un instrument de l'esprit immortel, on constate que, dans ces sortes de maladies, la conscience, le « moi » de certains métaphysiciens sont gravement modifiés. Mais Gassendi n'y regarde pas de si près, et d'ailleurs il n'était pas psychologue.

Il avait aussi trop d'esprit pour faire un martyr :

il lui suffit d'avoir failli devenir le héros d'une tragédie. Sa vocation, à cet égard, s'il en avait eu, aurait bien plutôt été la comédie. Mais la mission du philosophe n'est pas de se donner en spectacle : il passe sur la scène du monde en simple spectateur. A tout prendre, ce n'est peut-être pas le rôle le plus ingrat. « Oh ! l'heureux temps, s'écriait Gassendi dans la préface de ses *Exercitationes*, adressée à son ami le prieur de la Valette, oh ! l'heureux temps où nous nous moquions de la comédie que joue le monde entier ! » On entrevoit d'ici le gai sourire ironique de ce charmant esprit, d'un scepticisme si fin, d'une prudence si précoce, et qui n'eut pas besoin, comme Gabriel Naudé, d'aller en Italie et d'y vivre dans le commerce des princes de l'Église, pour prendre des leçons de politique.

A Paris, où il vint dès lors très souvent, Gassendi, qui avait trouvé un puissant Mécène et un amateur éclairé de ses propres études dans Nicolas-Claude Fabri de Peiresc, conseiller au Parlement d'Aix, lia une étroite amitié avec le P. Mersenne, et surtout avec François Luillier, maître des comptes et conseiller au Parlement de Metz, le père de Chapelle. Ce bel esprit, ami de Balzac et de Saumaise, mena notre philosophe en Hollande et dans les Pays-Bas, mais non en Angleterre : ce fut l'unique voyage de Gassendi hors du royaume. Déjà en correspondance avec Galilée et avec Képler, Gassendi connut là

Henri Du Puy, Caramuel, Heinsius, Van Helmont, etc. Il avait déjà vu Grotius à Paris. Il écrivait à Gabriel Naudé, alors à Rome (1631).

Une observation astronomique d'une importance capitale, qu'il fit en 1631, consacra définitivement la réputation dont jouissait Gassendi parmi les savants. Képler avait prédit et fait connaître par un avis aux astronomes que Mercure et Vénus passeraient cette année-là sur le soleil. A l'époque indiquée, Gassendi se mit dans une chambre obscure avec La Mothe le Vayer et un autre de ses amis; il prit d'abord Mercure pour une de ces taches solaires qu'il étudiait si curieusement; mais, revenu de sa méprise, il observa bien la planète jusqu'à la sortie du disque. « Le premier, dit Arago, qui ait incontestablement aperçu Mercure sur le soleil, est notre compatriote Gassendi. Le 7 novembre 1631, ce savant, étant à Paris, observa Mercure sur l'image solaire projetée sur une feuille de papier blanc, dans une chambre obscure [1]. »

Gassendi, qui avait été élu prévôt de l'église cathédrale de Digne la veille de Noël 1634, trouva, après la mort de Peiresc, un nouveau Mécène dans le comte d'Alais, gouverneur de Provence (1637). Il visita avec lui toute la côte de cette belle contrée, examinant en physicien les curiosités naturelles;

---

1. *Astronomie populaire*, II, 495.

en passant à Salon, il examina dans la maison de J.-B. Suffren un horoscope écrit de la propre main de Nostradamus. Cette prédiction concernait justement le père de l'hôte de Gassendi ; il interrogea le fils, et constata que, du premier au dernier mot, l'astrologue n'avait pas une seule fois rencontré la vérité. Il n'avait pas besoin, d'ailleurs, de cette expérience pour se confirmer dans son scepticisme à l'égard de l'astrologie judiciaire. Ce n'est pas un des moindres mérites de Gassendi d'avoir rejeté l'astrologie comme une vaine superstition, dans un siècle où les plus grands hommes croyaient à cette prétendue science. Gassendi lui-même s'y était appliqué dans sa jeunesse, mais il avait trop de clarté et de pénétration dans l'esprit pour être longtemps dupe d'une illusion aussi grossière.

Il devint l'adversaire le plus redoutable des astrologues ; il les perça sans trêve ni merci de ses railleries les plus acérées, d'autant plus redoutables qu'elles partaient d'un sceptique et non d'un inquisiteur[1]. C'est bien le même esprit qui animait Naudé ; ce bon ami de Gassendi répétait volontiers qu'il y avait quatre choses dont il fallait se garder afin de n'être point trompé : les prophéties, les miracles, les révélations et les apparitions. Par état, Gassendi devait croire aux prophéties, mais il n'admettait

---

1. Bayle, *Dictionnaire historique et critique*, p. 2217.

guère les miracles modernes et expliquait en physicien les apparitions. Consulté sur de prétendues apparitions qu'avaient eues, à Marseille, le comte et la comtesse d'Alais, il passa en revue les diverses opinions des philosophes sur la production des hallucinations et ne décida rien. Bien lui en prit, car la comtesse avoua plus tard qu'elle avait fait jouer cette comédie par une de ses femmes de chambre. Gassendi a écrit d'excellentes pages, déjà dignes d'un psychologue élevé à l'école des sciences expérimentales, sur le spectre de Brutus et le démon de Socrate : c'étaient pour lui, comme pour nous, des illusions subjectives, de pures hallucinations.

En quoi Gassendi était encore un vrai disciple d'Épicure et de Lucrèce. Lui, si doux et si indulgent, il haïssait d'instinct la superstition. Je ne puis parler de son examen des doctrines du docteur anglais illuminé Robert Fludd, ni entrer dans le récit de sa querelle avec Morin, qui fut son collègue au Collège de France, sorte de maniaque à demi lucide, qui tirait, en tout cas, de beaux revenus de ses horoscopes. Ce ne fut pas d'ailleurs proprement l'astrologie, mais le mouvement de la terre, que Gassendi soutenait (avec quelles savantes réticences !) contre Morin, qui alluma dans l'âme de celui-ci une haine atroce pour son collègue. Il alla jusqu'à prédire fort exactement l'année et le moment de sa mort : Gassendi se vengea en ne se portant jamais mieux qu'au temps où il devait mourir.

De 1641 à 1648, Gassendi demeura à Paris chez le père de Chapelle; il enseigna la philosophie à ce jeune homme ainsi qu'à Poquelin et à Bernier. Grâce à l'ignorance où ont été jusqu'ici la plupart des critiques littéraires touchant la doctrine d'Épicure et celle de Gassendi, on ne s'est guère encore appliqué à démêler la part qui revient au prévôt de Digne dans l'œuvre immense de Molière. On ne parle que du fragment de Lucrèce conservé dans le *Misanthrope*, mais toute l'influence de Gassendi sur Molière n'a certes point consisté uniquement à lui faire entreprendre une traduction du grand poète latin. Quand on y songe, il ne paraît pas indifférent que le poète comique le plus profond qui fut jamais, le génie le plus doux et le plus triste de tous les siècles, ait eu pour maître Gassendi.

Ce philosophe, tout en continuant de travailler à son grand ouvrage sur la vie, les mœurs et la doctrine d'Épicure, composa en ces années fécondes une Vie de Peiresc, publia des lettres sur la grandeur apparente du soleil à son méridien et à son horizon, sur la communication du mouvement, et découvrit neuf satellites de Jupiter. Aussi, lorsque, en 1645, la chaire de mathématique au Collège de France devint vacante, le cardinal A.-Louis du Plessis de Richelieu choisit Gassendi pour remplir cette place. Le 23 novembre, Gassendi prononça son discours d'inauguration. Malheureusement il souffrait déjà (il avait cinquante-quatre ans) de la grave maladie qui devait le tuer : il avait toujours eu la poitrine très délicate; sous notre ciel froid et pluvieux, cet homme du Midi était devenu phtisique. Il se trouva mal de parler en public, et ses médecins le lui interdirent. Il ne faillit point pour cela à la tâche : il donna au public des ouvrages de mathématique et d'astronomie qui formaient la matière de son cours.

Enfin il publia sa *Vie d'Épicure,* œuvre d'humaniste et de critique encore plus que de physicien, et qui a fait dire de lui qu'il avait été le plus lettré des philosophes et le plus philosophe des littérateurs. Gassendi dut reprendre le chemin de sa Provence au commencement de l'hiver de 1648. Il resta six mois à Aix, alla à Digne, à Toulon; puis, se croyant mieux, il revint demeurer à Paris, dans l'hôtel de Montmor, conseiller du roi et maître des requêtes, l'un des quarante de l'Académie française, poète et surtout philosophe. Au rapport de Sorbière, Montmor avait fait prier très instamment Gassendi, par Chapelain et par Neuré, de prendre un appartement chez lui. C'est dans l'hôtel de la rue Saint-Avoye que Gassendi composa ses Vies de Tycho-Brahé, de Copernic, de Puerbach et de Jean Muller, connu sous le nom de Montréal ou Regiomontanus. Montmor, Chapelain, Ménage, l'avaient exhorté à entreprendre ce travail dans ces conversations aisées où l'esprit agréable et fin de Gassendi, comme s'exprime l'abbé de Marolles, rendait claires les choses les plus obscures. Il observait toujours; au mois d'août de 1654, étant allé prendre l'air des champs au château de Montmor, à sept lieues de Paris, il observa cette éclipse de soleil qui (M. Tamizey de Larroque l'a rappelé après Fontenelle et Arago) effraya si fort les Parisiens qu'ils se cachèrent presque tous dans leurs caves.

Revenu à Paris au commencement d'octobre, Gassendi retomba malade le 27 novembre et garda la chambre jusqu'au 6 janvier. Une lettre de Gui Patin, son médecin, nous apprend qu'il était assez mal à la fin de février.

« M. Gassendi, dit-il, a voulu faire le carême, et s'en est fort mal trouvé. Je l'en avais averti, mais il a voulu attendre que le mal le surprît, comme il a fait : hier au soir, il se trouva fort mal d'une colique furieuse, en suite de quoi il lui vint un grand flux de ventre et un vomissement qui l'ont cruellement agité toute la nuit. Il m'a envoyé quérir de grand matin. J'y suis allé sur-le-champ ; je l'ai trouvé fort ému, fort agité, le choléra-morbus persévérant avec grande fièvre : je l'ai fait saigner à l'instant... Je lui ai dit que je vous manderais aujourd'hui ce désordre, mais il m'a prié de vous avertir que vous n'en disiez encore rien à M. Barbier, *de peur qu'il ne l'écrive en Provence à ses parents*, qui s'en alarmeraient. Voilà un désordre prévu et survenu *per præposteram pietatem quæ multos morbos generat esuriali hac tempestate...* Je viens tout présentement de chez M. Gassendi, continue Gui Patin, lequel est tout autrement mieux que ce matin. Le sang qu'on lui a tiré est horrible de pourriture; il a encore vomi plusieurs fois, mais son ventre commence à s'arrêter... Cela désemplit son *poumon* de vilaines matières, lesquelles y étant retenues et supprimées plus longtemps y pourraient mettre le feu. C'est la partie la plus faible de son corps, naturellement à lui et par accident, *vitio ætatis*, à la plupart des vieilles gens[1]. »

Gassendi paraît s'être un peu remis; il espérait revoir encore sa Provence au printemps de l'année suivante; mais il fut pris, le 3 août, d'une « fièvre continue ». En octobre, il n'avait plus guère que le souffle : « M. Gassendi *vivit et spirat, sed tantum vivit et spirat*, constate Gui Patin. Une parotide avait commencé à paraître à gauche, *sed substitit in medio conatu;* cela lui aidera à mourir encore plus tôt... Aussi le bonhomme n'en peut-il plus... Il ne parle plus, il ne connaît plus personne. Son pouls est obscur et très petit, *fere vermicularis*. » Enfin ses médecins terminèrent sa longue agonie :

---

1. *Lettres*, II, 153 (23 février 1655).

ils lui tirèrent tout son sang en le saignant treize fois.

Dans un moment de connaissance, Gassendi semble avoir demandé grâce, mais avec discrétion, à son ordinaire : « Il était déjà extrêmement affaibli de neuf saignées, raconte Bougerel [1], lorsqu'il leur proposa, en forme de doute (à ses médecins), s'il ne serait pas plus à propos de ne le plus saigner, puisque les forces lui manquaient. Le plus vieux des médecins lui prit alors le pouls et opina qu'il ne fallait plus réitérer la saignée ; un autre fut du même avis ; mais un troisième, se promenant à grands pas dans la chambre, embrassa l'opinion contraire et entraîna les autres dans son sentiment, et le fit saigner de nouveau. Gassendi, qui n'espérait plus pouvoir guérir, s'abandonnant alors à la Providence, ne dit mot. » Quatre autres saignées suivirent encore. Épuisé, tendant son bras pour la dernière fois au chirurgien, le mourant dit d'une voix défaillante à son secrétaire, Antoine de la Poterie, ces mots qui sont bien ceux d'un philosophe épicurien : « Il vaut mieux s'endormir paisiblement dans le Seigneur que de perdre la vie avec de plus vifs sentiments. » Quand Gui Patin, s'approchant de son lit, lui avoua qu'il n'échapperait pas et qu'il donnât ordre à ses affaires, Gassendi

---

1. *Vie de Pierre Gassendi* (Paris, 1737), p. 409.

« leva gaiement la tête » et murmura ce vers à l'oreille du médecin :

Omnia præcepi atque animo mecum ante peregi.

Au moment de l'évanouissement suprême, il appliqua sur son cœur la main de son secrétaire et prononça ces paroles, qui furent les dernières : « Voilà ce que c'est que la vie de l'homme. »

Gassendi fut enterré « en belle compagnie, » comme s'exprime Gui Patin, le 26 octobre 1655, au matin, dans l'église de Saint-Nicolas des Champs. On le descendit dans le caveau de la chapelle de M. de Montmor. Au nombre des « honnêtes gens » et des savants qui honorèrent de leur présence les obsèques de ce sage, on remarquait S. Sorbière, qui écrivit l'éloge de Gassendi placé en tête de la grande édition des œuvres de ce philosophe, Ménage, Du Puy, Quillet, Chapelain, La Mothe le Vayer, de Valois, l'abbé Bourdelot, etc., et quelques conseillers du Parlement.

Aujourd'hui la science semble parfois séparée de la foi par un abîme. Ce ne sont pas les philosophes qui l'ont creusé ; l'Église, en devenant militante, en se proposant ouvertement de dominer les consciences, s'est elle-même chargée du soin de révéler au monde combien certaines de ses doctrines étaient inconciliables avec celles de la science et de la civilisation moderne. Moins ambitieuse, l'Église de

Rome recevrait encore vraisemblablement les hommages, parfois un peu ironiques sans doute, mais si respectueux et si courtois, que les savants et les hommes d'État des deux derniers siècles avaient accoutumé de lui rendre. Les gens d'une certaine culture et qui ont le sentiment des choses historiques, vénèrent naturellement les grandes ruines. L'Église catholique, héritière du monde romain, occupe une trop grande place dans toute notre vie intellectuelle et morale, pour qu'on lui refuse cette curiosité sympathique qu'on ne se défend pas d'éprouver devant l'Acropole d'Athènes. Les dogmes de l'Église n'ont paru à quelques-uns une tyrannie que depuis qu'on s'est avisé de les prendre au sérieux. Autrefois, les gens du meilleur monde croyaient à cette métaphysique comme à celle du collège; les devoirs religieux allaient de pair avec ceux de la bonne compagnie, et l'on était chrétien parce qu'on était honnête homme.

Au fond, les savants ne s'embarrassaient guère des dogmes de la religion : ils avaient appris à tourner les difficultés de ce genre. La conception du monde est, chez Descartes, absolument mécanique, et, chez Gassendi, purement matérialiste, ce qui est tout un. Qu'importe? Ces grands hommes en étaient quittes pour tirer leur chapeau à la Sorbonne et protester qu'ils croyaient, comme article de foi, que Dieu à l'origine avait créé la matière et le mouvement.

Mais, la fameuse chiquenaude donnée, ils faisaient leur révérence à l'Église et pensaient avec autant de liberté que Platon ou Aristote.

Il en était certainement de l'esprit immortel et immatériel admis par Gassendi, comme du Dieu créateur de la matière et du mouvement : ce sont choses tellement superflues dans le système qu'il est permis de n'en point tenir compte. Qu'en dépit de leurs affinités, le matérialisme ne soit pas l'athéisme, on l'a vu dans l'antiquité : Épicure sacrifiait aux dieux. Pourquoi Gassendi n'aurait-il pas dit la messe ? Puis, les naturalistes de cette époque (Descartes plus qu'aucun autre), à force d'habileté déliée et de compromis, avaient atteint une sorte de « virtuosité » dans l'art difficile de tout dire sans trop se compromettre aux yeux de l'orthodoxie religieuse. Bien qu'astreint peut-être à plus de ménagements que Descartes, Gassendi n'a pas poussé plus loin qu'il n'était nécessaire l'accommodement de sa doctrine avec celle de l'Église. Tandis que Descartes, faisant de nécessité vertu, dissimulait le naturalisme de sa philosophie sous le manteau de l'idéalisme, Gassendi demeura naïvement matérialiste. Pour tous ces hommes de science et de pensée, la création du monde selon la lettre de l'Écriture n'était qu'un symbole. On accordait que Dieu était la cause première qui avait mis en branle la grande machine universelle. A cela se bornait l'utilité du grand *impresario;* en réalité, il n'avait point de rôle dans le drame de la nature, lequel ne commençait qu'avec les causes secondes. Du reste, l'audace de ces physiciens n'avait d'égale que leur respect pour la religion de l'État, les coutumes de la nation, les mœurs de leurs compatriotes. Ce que Gassendi a dit d'Épicure, *pars hæc tum erat sapientiæ, ut philosophi sentirent cum paucis, loquerentur vero agerentque cum multis*, nous paraît bien mieux convenir à son temps, et surtout au nôtre, qu'à celui du sage des jardins d'Athènes.

C'est à peu près ainsi qu'il faut se représenter Gassendi. Le *Mémorial* de La Poterie, qui permet d'entrer dans des détails fort précis sur les principaux événements de la vie du philosophe, nous parle de sa piété, qui était grande. Nous le croyons sans peine, car rien ne convenait mieux à cette âme douce et sensible. Pourquoi Gassendi aurait-il été moins pieux qu'Épicure, qu'on voyait si souvent prosterné dans les temples? Le philosophe grec ne doutait pas de l'existence de ces êtres glorieux qui jouissaient, dans les purs espaces, d'une éternité bienheureuse. Gassendi pouvait croire que la science (ce qui n'est que trop vrai) ignore d'une ignorance invincible la nature réelle de cet univers, le mystère de la vie et de la pensée, les rapports de l'homme avec l'infini, et, pénétré de la faiblesse de notre raison, anéanti devant cette immensité silencieuse du ciel étoilé qu'il contemplait chaque nuit, il pouvait bien se cacher la tête dans ses mains et adorer.

Il a toujours existé au moins deux sortes d'épicuriens : les épicuriens selon Épicure, et les épicuriens selon le monde. Gassendi appartenait au petit nombre des premiers, mais il vécut volontiers parmi les seconds. Ce bon prêtre ne se trouvait point trop mal à l'aise dans la compagnie des libertins, j'entends des gens d'esprit qu'on appellerait aujourd'hui libres penseurs, mais avec cette différence que ceux du dix-septième siècle n'avaient pas rompu ouvertement avec l'Église. Charron, notre grand sceptique, avait donné de bonne heure à Gassendi le sens de la plus fine critique dans toutes les choses de l'esprit[1].

Jamais on n'a été plus pénétré que Charron de l'incapacité où se trouve la raison de rien connaître véritablement de ce monde ni d'elle-même : voilà en quoi consiste le scepticisme. Les esprits clairvoyants ne souffrent pas seulement d'ignorer beaucoup de choses que d'autres savent ou

1. H. Dufaur de Pibrac lui avait envoyé (1621) la *Sagesse*, de Charron, que Naudé appelait « une bonne anatomie de l'esprit de l'homme. » (V. les *Lettres* de Gui Patin, II, 480.) Gassendi témoigne, dans la lettre où il répond à Pibrac, que « rien ne lui a plu davantage que cette sagesse qui a été la fin de ses études. »

sauront peut-être dans la suite des temps : ils ont conscience des limites de l'intelligence, quelque développement ultérieur qu'elle prenne; ils reconnaissent le caractère nécessairement subjectif de toute notion des choses et désespèrent d'atteindre la réalité de cet univers qui, de tous côtés, se dresse comme une grandiose hallucination. Les choses mêmes nous échappent; nous n'en apercevons que l'ombre, et sur tout nous n'avons que des opinions qui ne sont pas même nôtres. « Les hommes sont tourmentés par les opinions qu'ils ont des choses, dit Charron, non par les choses mêmes. Presque toutes les opinions que nous avons, nous ne les avons que par aucthorité; nous croyons, jugeons, agissons, vivons et mourons à crédit. »

Cette impuissance d'atteindre le vrai, cette infirmité de la raison, rabaisse l'homme aux yeux du sceptique et en fait une créature misérable : « C'est la misère mesme toute visve, écrit Charron, en parlant de l'homme; en luy est toute misère et hors de luy il n'y en a point au monde. C'est le propre de l'homme d'estre misérable; le seul homme et tou homme est tousjours misérable. » Pourquoi, entre toutes les créatures, l'homme est-il voué à la misère? Charron n'est pas éloigné de répondre, comme le fera plus tard Jean-Jacques Rousseau : parce qu'il pense. Les animaux, bien qu'aussi en partie raisonnables, sont moins malheureux, parce qu'ils vivent plus dans le présent et suivent mieux la nature. Il est curieux de constater qu'au commencement du dix-septième siècle un chrétien, un prêtre, en tout cas un déiste, admettait l'existence d' « un grand voisinage entre l'homme et les autres animaux. » Charron ajoute ces paroles qui font songer : « Il y a plus grande distance d'homme à homme que d'homme à beste. » Les peuples les plus heureux sont ceux qui ont le moins d'esprit. En dix ans, Florence a eu plus de révolutions que la Suisse en cinq cents ans. Le moyen d'assagir les hommes, c'est de les abêtir. Montaigne l'avait dit avant Charron ; Pascal le répétera, et bien d'autres. Aussi quel dédain du vulgaire ! « Le vulgaire est une beste sauvage, tout ce qu'il pense n'est que vanité, tout ce qu'il dict est faux et erroné, ce qu'il réprouve est bon, ce qu'il approuve est mauvais, ce qu'il loue est informe et ce qu'il faict et entreprend n'est que folie. » Que fera le sage dans un monde aussi étrange ? Charron l'indique dans cette règle de vie, qui est bien le précepte de morale pratique le plus raffiné, le plus véritablement épicurien que l'on connaisse : « Ne se donner qu'à soy, prendre les affaires en mains et non à cœur, s'en charger et non se les incorporer, ne s'attacher et mordre qu'à bien peu et se tenir toujours à soy. »

Ces pensées sont dignes de ce fin sceptique, moins fin sans doute que Montaigne, moins aimable surtout, mais si libre d'illusion, si calme et si fort en son amer dédain ! Pascal seul a surpassé Charron dans l'expression du dédain transcendant.

Gassendi aimait aussi et admirait Hobbes ; il connaissait familièrement La Mothe le Vayer ; on sait ses relations de tendre amitié avec Luillier, le père de Chapelle, et l'on n'ignore point que le père et le fils se ressemblaient à bien des égards, ce qui est tout dire. Enfin, Gassendi fut très souvent aussi le commensal de Gui Patin et de Naudé. Le savant bibliothécaire de Mazarin n'était pas demeuré pour rien treize ans en Italie, dans la compagnie des cardinaux et des philosophes, car Naudé avait été l'intime ami de Cremonini, lequel n'était guère meilleur chrétien que Pomponat, que Machiavel, que Cardan. Naudé pratiqua toutes les maximes de ce pays, « où il y a bien plus de rusés et fins politiques que de bons chrétiens, remarque ironiquement Gui Patin, excepté les jésuites et les moines, qui sont fort gens de bien, gens d'honneur et de probité, grands serviteurs de Dieu, gens de charité et de conscience, qui aiment et servent Dieu et ne veulent que *votre bien.* »

Intus ut libet, foris ut moris est, telle était la devise tout italienne de Naudé. Après Machiavel, la *Sagesse* de Charron et la *République* de Bodin étaient ses livres de chevet. Le restaurateur de l'épicurisme antique, Gassendi, ne pouvait souhaiter un ami qui entrât plus dans cette doctrine. Car c'était bien avec Épicure, non avec Aristippe, qu'était Naudé, et son scepticisme lui avait découvert que si la fin de l'existence est le bonheur, la volupté n'est pas là où d'ordinaire la cherche le vulgaire, dans les plaisirs de la sensualité. C'était un sage, comme Gassendi, et dont la vie studieuse et réglée, la vie d'un bibliothécaire, était à coup sûr plus édifiante que celle de beaucoup de chrétiens.

Naudé invitait souvent Gassendi et Gui Patin à sa maison de Gentilly ; on y faisait la débauche. Il convient d'insister ici, car on a fait un crime de ces fameuses parties de « débauche » au bon prévôt de l'église de Digne. Voici donc ce qui se passait à Gentilly. Dans une de ses lettres, admirables de vie et de vérité pittoresque, Gui Patin raconte que Naudé l'avait invité, avec Gassendi, à aller souper et faire la débauche dans sa maison de campagne. « Mais Dieu sait quelle débauche ! s'écrie le sarcastique médecin. M. Naudé ne boit naturellement que de l'eau, et n'a jamais goûté vin. M. Gassendi est si délicat qu'il n'en oserait boire, et s'imagine que son corps brûlerait s'il en avait bu ; c'est pourquoi je puis bien dire de l'un et de l'autre ce vers d'Ovide :

Vina fugit, gaudetque meris abstemius undis.

« Pour moi, je ne puis que jeter de la poudre sur

l'écriture de ces deux grands hommes; j'en bois fort peu; et néanmoins ce sera une débauche, mais philosophique, et peut-être quelque chose davantage; peut-être tous trois guéris du loup-garou et délivrés du mal des scrupules, qui est le tyran des consciences, nous irons peut-être presque fort près du sanctuaire. Je fis l'an passé ce voyage de Gentilly avec M. Naudé, mais seul avec lui, tête à tête; il n'y avait point de témoins, aussi n'y en fallait-il point : *nous y parlâmes fort librement de tout*, sans que personne en ait été scandalisé[1]. »

On voit maintenant ce qu'étaient ces fameuses parties de Gentilly : c'étaient débauches de gens d'esprit, d'esprits forts à la vérité, mais presque de purs esprits, dont le corps, comme celui d'Épicure, ne vivait que de pain d'orge et d'eau claire.

Comme contraste, que l'on songe, je ne dis pas à Scarron, à Chapelle, mais à l'homme qui passe pour le plus parfait épicurien du siècle, à Saint-Évremond. Celui-ci connaissait Gassendi, et je rapporterai bientôt ce qu'il a écrit à la suite d'un entretien avec ce philosophe; mais il ne connaissait guère Épicure et sa doctrine, quoiqu'il fût digne de les comprendre. Il a parlé en termes exquis, à son habitude, de cette « volupté spirituelle du bon Épicure », de cette « agréable indolence, qui n'est pas

---

1. *Lettres*, 27 août 1648.

un état sans douleur et sans plaisir, mais le sentiment délicat d'une joie pure, qui vient du repos de la conscience et de la tranquillité de l'esprit ». Mais Saint-Évremond, qui était décidément de la famille d'Aristippe et d'Horace, ne se pouvait imaginer qu'Épicure, le « docteur de la volupté », se fût fait un ordinaire de pain et d'eau pour arriver au souverain bonheur. Passe encore pour les religieux qui ont en vue une félicité éternelle ; il leur pardonnait la triste singularité de ne manger que des herbes. Mais pour qu'un philosophe, qui ne connaissait d'autres biens que ceux de ce monde, eût donné dans ces bizarreries, et dans quelques autres plus étranges encore, telles que l'austérité des mœurs, la pauvreté volontaire et le renoncement universel, il fallait, à en croire Saint-Évremond, qu'il fût devenu « infirme et languissant ». Voilà, du moins, la conclusion de son petit traité *Sur la morale d'Épicure*, qu'il adressa, en dernier lieu, à « la moderne Leontium », c'est-à-dire à Ninon de Lenclos.

Saint-Évremond et son amie entendaient autrement que Gassendi, il faut en convenir, la doctrine d'Épicure : c'étaient des épicuriens pratiques, comme il y en avait tant en France, à la cour et à la ville, dans la première moitié de ce grand dix-septième siècle qu'on dépeint toujours comme un siècle de foi religieuse et spiritualiste. On avait dit beaucoup de bien à Ninon de Lenclos de l'estomac et de l'esprit de son vieil ami. « Il vient des temps, écrivait-elle à Saint-Évremond, il vient des temps où l'on fait plus de cas de l'estomac que de l'esprit ». — « Je n'ai jamais vu de lettre, lui répond Saint-Évremond (1698), où il y eût tant de bon sens que dans la vôtre : vous faites l'éloge de l'estomac si avantageusement, qu'il y aura de la honte à avoir bon esprit, à moins que d'avoir bon estomac. A quatre-vingt-huit ans, je mange des huîtres tous les matins ; je dîne bien, je ne soupe pas mal ; on fait des héros pour un moindre mérite que le mien... Étant jeune, je n'admirais que l'esprit ; moins attaché aux intérêts du corps que je ne devais l'être. Aujourd'hui je répare autant qu'il m'est possible le tort que j'ai eu, ou par l'usage que j'en fais, ou par l'estime et l'amitié que j'ai pour lui. Vous en avez usé autrement. Le corps vous a été quelque chose dans votre jeunesse ; présentement vous n'êtes occupée que de ce qui regarde l'esprit ; je ne sais pas si vous avez raison de l'estimer tant. On ne lit presque rien qui vaille la peine d'être retenu ; on ne dit presque rien qui mérite d'être écouté ; quelque misérables que soient les sens, à l'âge où je suis, les impressions que font sur eux les objets qui plaisent me trouvent bien plus sensible, et nous avons grand tort de les vouloir mortifier. C'est peut-être une jalousie de l'esprit, qui trouve leur partage meilleur que le sien ».

Plus fidèle aux enseignements du sage des jardins d'Athènes, Gassendi portait en lui un tout autre idéal moral, et cet idéal, il l'a en partie réalisé par sa vie. L'œuvre considérable à laquelle il consacra presque tout le temps que lui laissèrent ses observations astronomiques, est l'histoire de la vie et des doctrines d'Épicure. C'est un beau monument, et qu'il faut considérer de près pour en admirer l'ordonnance et la solidité. Bayle, un maître en ces matières d'histoire et de critique, estimait qu'on n'en avait jamais élevé de semblable à Épicure dans aucun pays; bref, c'est un « chef-d'œuvre ». Mais s'il convient de louer l'érudition et l'exactitude de Gassendi en ce travail de restauration, on ne doit pas oublier que, comme tous les biographes, qu'ils le sachent ou non, c'est bien un peu lui-même qui s'est peint dans son héros. Il y a quelque naïveté à nous parler des textes; on n'y trouve jamais que ce qu'on a déjà dans l'esprit. Eh bien, que s'est proposé Gassendi en écrivant la vie d'Épicure ? Lui-même le dit ingénument dans une lettre à Luillier, placée en tête de l'ouvrage : il a voulu démontrer, contre le préjugé du grand nombre, que de tous les philosophes, Épicure est celui dont la vie a été la plus irréprochable, la plus chaste et la plus sévère, dont l'esprit a été le plus clair et le jugement le plus solide. Gassendi avait sans doute formé le dessein de faire revivre la philosophie d'Épicure ; mais il avait surtout à cœur de justifier l'homme [1].

Épicure demeura jusqu'à la fin le modèle idéal que Gassendi s'était proposé d'imiter, non seulement dans sa doctrine, mais dans ses mœurs. De là cette piété sereine et presque souriante, cette douceur de mœurs d'une innocence enfantine, cette candeur d'âme relevée par une finesse spirituelle, ironique même. De là surtout cette vie tout entière vouée à l'étude de la nature et des lettres humaines. Jeune, il avait veillé « une infinité de nuits », rapporte le *Mémorial* de La Poterie. Il avait conservé des fortes études de sa jeunesse une admirable connaissance des textes grecs et latins ; il savait presque tous les auteurs par cœur et allait droit aux passages dont il avait besoin. A cet égard, Gassendi est un véritable érudit à la manière du seizième siècle. Aujourd'hui, où des secours de toute sorte abondent pour l'érudit, on n'a plus guère l'idée de la capacité et de la fidélité de la mémoire chez nos anciens humanistes. Bernier même, le disciple de Gassendi et son abréviateur, Bernier est frappé du nombre prodigieux de vers grecs, latins et français que son maître savait par cœur et récitait chaque jour. « De latins seuls, sans compter Lucrèce tout entier, il en

---

1. « Persuadé, dit Bougerel, que s'il pouvait venir à bout de faire connaître la bonté de ses mœurs, il lui serait ensuite plus facile d'insinuer ses sentiments, » p. 291.

sçavait six mille, dont il récitait réglément trois cents tous les jours en se promenant ou en faisant autre chose, comme pour se délasser l'esprit. Il en est de la mémoire, disait Gassendi, comme de toutes les habitudes ; voulez-vous la fortifier, ou empêcher qu'elle ne s'affaiblisse, comme il arrive ordinairement à mesure qu'on vieillit, exercez-la continuellement et de bonne heure; les beaux vers qu'on apprend par cœur et qu'on récite souvent entretiennent l'esprit dans une certaine élévation qui inspire de grands sentiments et qui ennoblit le style de ceux qui écrivent[1] ».

A l'époque où Bernier et La Poterie l'ont connu, et sans doute bien des années auparavant, Gassendi travaillait de préférence le matin. Il se levait à trois ou quatre heures, quelquefois à deux, et étudiait jusqu'à l'heure du dîner, c'est-à-dire jusqu'à onze heures, à moins qu'un visiteur ne le vînt détourner de son travail. « Car comme il était extrêmement humain, doux et facile, témoigne Bernier, un chacun pouvait aisément l'aborder ». Son dernier secrétaire, A. de La Poterie, atteste bien, de son côté, que, lorsqu'on venait le distraire de son étude du matin, le philosophe « n'estoit pas trop aise », mais il affirme, et nous l'en croyons sans

1. *Abrégé de la philosophie de Gassendi*, par F. Bernier, docteur en médecine de la Faculté de Montpellier (Lyon, 1684), I, 5 et 6.

peine, qu'en ces rencontres Gassendi ne laissait jamais paraître le moindre mécontentement : « Il recevait toujours son monde fort aimablement, joyeusement et civilement ». C'est bien cela ; cette aménité, cette égalité d'humeur, ce gracieux enjouement, j'ai presque dit cette large et sereine indifférence, c'est tout Gassendi. Comme les hommes d'une véritable valeur, Gassendi était supérieur à son œuvre. Il voulait bien lui consacrer sa vie, la porter au plus haut point de perfection possible, mais il savait la quitter, poser la plume pour écouter les gens qui avaient quelque difficulté de philosophie à lui proposer.

Après dîner, il s'entretenait une couple d'heures avec la compagnie, puis s'allait promener une heure ou deux dans les jardins ou à la campagne. Ses amis venaient quelquefois le prendre en carrosse ; on sortait de la ville. A Digne, presque tous les jours il montait à cheval et allait à travers champs. Lorsqu'il était à Aix ou à Toulon, il marchait en causant avec ses amis sous les oliviers. Le temps était-il trop mauvais pour sortir, Gassendi se promenait dans sa chambre, faisant ainsi autant de chemin que s'il eût été bien loin. C'est alors qu'il aimait à se réciter quelques centaines de vers, car son esprit était toujours en éveil. Même en voyage, il faisait suivre ses livres ; à table, il lisait ou avait la plume à la main. Quand il était malade (ce qui devint de bonne heure son état naturel), et ne pouvait supporter la lecture, il se faisait lire et écrivait dans son lit. « Il aimoit tant l'étude, raconte son secrétaire, et trouvoit le temps si cher et si précieux, qu'il ne vouloit point le perdre en se fesant raser le poil. Seulement se contentoit-il, n'ayant jamais voulu passer pour joly, de se le couper luy-mesme avec ses petits ciseaux d'estuy, quand il s'en ressouvenoit, et cela en estudiant ». Quoi qu'en dise La Poterie, le beau portrait de Gassendi, par Nanteuil, qu'on voit en tête du premier volume des *OEuvres* du philosophe, est pourtant d'un grand charme. C'est une fine et délicate tête de lettré, mais vaguement éclairée d'un sourire étrange, où l'on n'oserait dire s'il y a plus de gracieuse bonté que de douce ironie.

Après la promenade, Gassendi se remettait à l'étude jusqu'à huit heures du soir; il faisait alors une collation, après laquelle il se promenait un peu dans sa chambre, puis se mettait au lit vers neuf heures. Mais ses nuits étaient mauvaises. Gassendi était, on le sait, phtisique; la toux l'incommodait la nuit; quand il ne pouvait reposer, il demandait de la chandelle et se mettait à l'étude. Il avait coutume de tenir toujours devant ses yeux un morceau de papier qu'il mettait dans son chapeau ou son bonnet, afin d'empêcher la grande lumière de la chandelle ou celle du jour de lui blesser la vue. Très souvent aussi, et depuis sa jeunesse, Gassendi se relevait plusieurs fois la nuit pour observer le ciel. Il demeurait des nuits entières à suivre par le détail quelqu'une de ces éclipses de lune ou de ces conjonctions d'astres qu'il était si exact à noter. Sans avoir fait de grandes découvertes astronomiques, le disciple enthousiaste de Képler et de Galilée a relaté plus d'une observation curieuse et qui témoigne, chez le savant professeur de mathématiques du Collège de France, de connaissances étendues, sinon très profondes. Trois ans avant sa mort, lorsque l'état désespéré de sa santé exigeait tant de soins, La Poterie le vit, par le plus grand froid, observer soir et matin, durant de longues heures, la dernière comète qu'il ait étudiée, celle de 1652.

A ceux qui lui parlaient des dangers auxquels il s'exposait, en passant ainsi les nuits au froid, Gassendi répondait, comme il répondit sans doute à Gui Patin, son médecin, qui l'avait averti de ne point faire le carême de 1655 : « qu'il ne pouvait point s'en empêcher. » Je ne sais rien de plus touchant que ce doux entêtement de religieux et de savant. La vie, à coup sûr, ne vaut pas que l'homme lui sacrifie la moindre des pieuses habitudes de son enfance ou des goûts studieux de son âge mûr. C'est cette longue persévérance dans le devoir, ou dans ce qu'on tient pour tel, qui a fait les héros et les saints. Mais les saints eux-mêmes n'étaient pourtant que des hommes, et l'on s'en aperçoit dès qu'on les considère d'un peu près.

Gassendi, qui était d'humeur si pacifique, n'a pas laissé de montrer quelque aigreur, je ne veux pas dire quelque jalousie, contre son grand rival Descartes, contre le penseur qui allait devenir pour la fin du dix-septième siècle ce qu'il avait été, lui, Gassendi, pour le commencement, l'oracle des savants et des philosophes. Nous n'avons guère à prendre parti dans la dispute qui les divisa et où tous deux, au fond comme dans la forme, ont eu des torts, bien qu'en bonne justice on doive faire remonter tout le mal à Descartes, lequel manqua tout à fait de courtoisie. Gassendi n'avait pas vu sans déplaisir que Descartes, en son traité des *Météores*, avait parlé des parhélies sans daigner citer sa lettre à Reneri sur ce phénomène [1]. Ce fut alors qu'il entreprit la réfutation des *Méditations*, puis des *Principes* de Descartes [2].

Gassendi estimait que Descartes avait fait une nouvelle théologie pour la substituer à l'ancienne, et il s'étonnait, de très bonne foi sans doute, « qu'un

---

1. *Parhelia seu Soles IV spurii qui circa verum apparuerunt Romæ anno 1629 die 20 martis et de eisdem Epistola ad H. Renerium* (1630).

2. *Disquisitio metaphysica Gassendi adversus Cartesium* (1642). L'ouvrage fut traduit l'année suivante en français par le duc de Luynes et par Clerselier. *Disquisitio metaphysica seu Dubitationes et Instantiæ adversus R. Cartesii metaphysicam et Responsa* (1644).

si excellent géomètre eût osé débiter (*divendere*) tant de songes et de chimères pour des démonstrations certaines[1]. » Gassendi tenait, en effet, comme son maître Épicure (en quoi ils se trompaient, comme plus tard Locke et Condillac), que « l'âme, en venant au monde, est semblable à une table rase, où il n'y a aucun caractère empreint. » Au fond, il s'agissait du grave problème de la génération des idées, de l'origine de la connaissance, et, partant, de la nature de l'intelligence. Comme tous les matérialistes, Gassendi était sensualiste ; il constatait que les idées générales sont précédées et formées des idées particulières, et que celles-ci, sortes de copies plus ou moins imparfaites du monde extérieur, ne nous arrivent que par le canal des sens ; il n'y a donc rien dans l'entendement qui n'ait été plus tôt dans les sens ; il n'y a point d'idées innées.

A cet égard, et pour être issues des doctrines de Locke, de Hume et de Kant, la psychologie contemporaine n'est pas plus avec Gassendi qu'avec Descartes. Elle a découvert une explication plus compréhensive qui concilie, en les expliquant, les deux théories contraires : l'esprit de l'enfant, loin d'être à l'origine une *table rase*, apporte en ce monde sa part de l'héritage intellectuel et moral que lui ont légué ses ancêtres et les ancêtres de ses

---

1. Lettre à André Rivet (1645), *Opera*, VI, 217.

ancêtres, lesquels se perdent dans l'infini des formes organiques. Tous ces germes innés d'idées et de sentiments ne se développeront vraisemblablement point chez le même individu, mais quelques-uns se développeront et détermineront son caractère.

D'autre part, à quelque moment de la durée qu'on se place, il est bien évident que nos idées ou représentations subjectives, idéales, du monde extérieur, du moins à leur premier degré d'élaboration, ne sont que des sensations transformées et qu'il n'existe pas d'idées innées, nécessaires, universelles, au sens où l'entendent certains disciples de Descartes. Gassendi a écrit de très bonnes pages sur ce sujet dans ses *Instances;* il ne prend pas le ton hautain, tranchant, brutal même de son adversaire; rien n'était moins dans sa nature; il présente ses objections sous la forme la plus polie qui se puisse imaginer, mais il accable Descartes des traits acérés de son ironie, et, en somme, les blessures qu'il a faites, comme en se jouant, à ce puissant génie, sont demeurées béantes.

« Les idées innées devraient paraître avec d'autant plus d'éclat dans les enfants, disait Gassendi, qu'elles n'auraient encore pu être altérées par aucun mélange de préjugé et de sophisme : prenons-les donc dans le sein de leur mère. Bien loin que l'embryon puisse avoir aucune notion innée, il ne paraît pas même qu'il puisse penser à quelque chose; il ne peut en effet avoir aucune idée de la lumière, ni d'aucune chose qui soit dans le ciel et sur la terre, ni de son âme, ni de son corps; les pensées du fœtus ne peuvent avoir pour objet rien de ce qui est au dehors ni au dedans de sa coiffe; il est tout au plus borné aux sensations que lui causent la soif et une situation commode ou incommode. Or que le fœtus ait des pensées qui se succèdent sans intervalle, c'est ce que je ne conçois point. Si vous êtes plus clairvoyant que moi, vous n'avez qu'à le prouver; mais la raison et l'expérience ne seront pas de votre côté. Je n'irai donc point vous faire des questions importunes, ni vous prier de me dire si vous vous souvenez des idées que vous avez eues avant que de venir au monde ou les premiers mois qui ont suivi votre naissance. Et si vous me répondez que vous en avez perdu le souvenir, vous ne pourrez du moins me contester que dans ce temps-là vos pensées, supposé même que vous en eussiez, ne fussent bien faibles, bien obscures et pour ainsi dire nulles[1]. »

Ajoutez que Gassendi, qui n'avait jamais cessé de s'appliquer à l'étude de l'anatomie, qui avait même fait des dissections sur des cadavres d'animaux et de suppliciés[2], tirait parti de sa connaissance

---

1. V. Camburat, *Abrégé de la vie et du système de Gassendi* (Bouillon, 1770), p. 122. C'est un résumé exact, et en bon langage, des *Instances* de Gassendi, *Opera*, III, p. 299, et *passim*.

2. Bougerel, *Vie de Gassendi*, p. 138-40. Cf. Goujet, *Mém.*

des fonctions du cerveau pour montrer combien l'intelligence dépend de ces fonctions. Gassendi indiquait même, à l'appui, des faits de pathologie mentale. Voici une des preuves qu'il alléguait [1] contre Descartes : « Puisque le cerveau n'influe point sur la faculté de penser, il est naturel de croire que, dans une léthargie, l'âme aura des idées d'autant plus parfaites que le cerveau n'influe point alors sur ses opérations. Ainsi l'âme se trouvera alors dans cette situation heureuse où elle pourra jouir d'elle-même et sera dégagée du corps grossier qui la captivait. Combien doit-elle désirer cet état de liberté où elle peut contempler sans trouble et sans nuage les objets qu'elle connaît, sans être offusquée par les vapeurs grossières qui s'élèvent des sens ! Je laisse à ceux qui ont plus de sagacité que moi à décider si les choses vont de même dans une syncope[2]. » Enfin, il n'y a pas jusqu'au fameux : *Je pense, donc je suis*, qui n'ait excité la verve railleuse de Gassendi.

« Je me flattais, dit Gassendi à Descartes, de

---

hist. et litt. sur le Collège de France, II, 157 et suiv. Gassendi institua à Aix, avec Peiresc, dès 1634, de véritables recherches d'anatomie comparée sur la structure de l'œil.

1. Descartes, avec une parfaite logique, avait soutenu qu'une substance pensante pense toujours, aussi bien dans le fœtus que dans l'homme en léthargie. Gassendi rétorque ici simplement les objections de Descartes.

2. Ibid. *Op*. III, 299. *Abrégé*, etc., p. 124.

découvrir une vérité nouvelle qui fût la source de toutes les autres, lorsque je tombai sur ce passage de vos *Méditations* où vous faites si fort ronfler cet argument : *Je pense, donc je suis*. Bon Dieu! m'écriai-je, voilà donc cette merveilleuse découverte qui exigeait de si profondes recherches et un si grand appareil de preuves !... Si quelqu'un avant ce temps-là vous eût fait cette question : — Existez-vous, Descartes? Vous n'auriez su que répondre et vous auriez demandé quelques semaines et quelques mois pour vous convaincre de votre existence avant que de satisfaire à cette question... *Vous n'en avez point*, dites-vous, *une certitude métaphysique, c'est-à-dire fondée sur le raisonnement*. Mais qui dit certitude dit quelque chose d'assuré. Tout ce qui est susceptible de quelques degrés de plus d'assurance cesse d'être certain. Ou cette nouvelle méthode n'ajoute rien de plus à la preuve de votre question, ou cessez de nous dire que vous en avez une certitude...[1] »

C'est que, par une pente fatale, le sensualisme avait conduit Gassendi au scepticisme, et que rien n'indispose le sceptique comme cette « certitude » où croient toucher les esprits dogmatiques et absolus. Descartes fit tous les frais de la réconciliation de la foi avec la philosophie : l'hypothèse dualiste

1. Ibid. *Opera*, III, p. 289. *Abrégé*, etc., p. 134-35.

et spiritualiste des deux substances pacifia les deux camps ennemis et courba les consciences sous le joug d'une nouvelle religion. Gassendi et les gens d'esprit qui l'écoutaient comme un oracle (le mot est de Naudé), accueillirent ces nouveautés avec dédain. Ils avaient sur les cartésiens, et ils le sentaient bien, la supériorité que donne à tout homme la conscience de son ignorance, ou, si l'on veut, des limites de l'esprit humain. Gassendi, quand il était avec des gens capables de l'entendre, professait volontiers qu'il ne savait rien; il croyait les dogmes de sa religion et les principales vérités de la science de son temps : ce qui n'est pas la même chose. Saint-Évremond rapporte qu'en 1639, à une époque où il se sentait devenir de plus en plus sceptique, il eut la curiosité de voir Gassendi qui était pour lui, comme pour tous ses contemporains, « le plus éclairé et le moins présomptueux » des philosophes : « Après de longs entretiens, dit Saint-Évremond, où il me fit voir tout ce que peut inspirer la raison, il se plaignit que la nature eût donné tant d'étendue à la curiosité, *et des bornes si étroites à la connaissance;* qu'il ne le disait point pour mortifier la présomption des autres ou par une fausse humilité de soi-même, qui sent tout à fait l'hypocrisie; que peut-être il n'ignorait pas ce que l'on pouvait penser sur beaucoup de choses; mais de bien connaître les moindres, qu'il n'osait s'en assurer. »

Ce scepticisme, qui fait de Gassendi, comme de Démocrite d'ailleurs, et de tous les matérialistes instruits et conséquents, un précurseur de la grande école critique du dix-huitième et du dix-neuvième siècle, ce scepticisme n'était point fait pour plaire aux rationalistes, surtout aux jansénistes de Port-Royal. Gassendi avait démontré contre Descartes qu'on ne saurait prouver que notre âme n'est pas à notre corps ce qu'est un corps subtil à un corps grossier. Locke dira que la matière pourrait penser; c'était l'opinion des pères de la doctrine restaurée par Gassendi. Arnauld, qui croyait voir qu'avec le dogme de la spiritualité de l'âme, c'en était fait de celui de l'existence de Dieu, du devoir et de la morale, Arnauld constatait avec chagrin que le livre des *Instances* de Gassendi contre les *Méditations métaphysiques* de Descartes avait suscité dans Naples nombre « d'incrédules touchant le chapitre de l'immortalité de l'âme. » En tout cas, les raisonnements de Descartes avaient été énervés ; le nouveau dogme était ébranlé. Bayle, qui rapporte ces paroles d'Arnauld dans son *Dictionnaire*[1], n'a pas manqué de remarquer, de son côté, que c'était là une preuve que les principes de Descartes n'étaient pas évidents pour tout le monde ; si ces principes étaient évidents, comment Gassendi les aurait-il pu

---

1. Page 2352.

combattre « d'une manière qui satisfît quantité de gens? »

Quoique très réservé par état et par goût, Gassendi abonde en saillies spirituelles. Son esprit conserva toujours quelque chose de la vivacité et de la pétulance méridionales qui éclatent à chaque page du livre de sa jeunesse contre Aristote. Ainsi, il s'échappe à dire des géomètres et des mathématiciens, ses confrères, qu'ils ont établi leur empire dans le pays des abstractions, qu'ils s'y promènent tout à leur aise, mais que s'ils veulent descendre dans le pays des réalités, ils trouvent bientôt une résistance insurmontable[1]. Ailleurs, dans sa réponse à Van Helmont, où il examine s'il est plus naturel à l'homme de se nourrir de viande que de fruits[2], Gassendi écrit : « Rien n'est plus commun que cette manière de parler : l'homme est l'abrégé du monde. Faites, je vous prie, attention qu'il n'est rien de plus injuste que de nous attribuer tout à nous-mêmes. Si nous nous arrêtons à ce monde corporel, qu'avons-nous tant au-dessus des autres animaux dont nous puissions nous enorgueillir?

---

1. Cité par Bayle, *Dictionnaire historique et critique*, p. 2918. On sait que Gassendi était « d'une académie ou assemblée qui se tenait tous les samedis sur les mathématiques avec Bouillaud, Pascal, Roberval, Desargues, Carcavi et plusieurs autres célèbres mathématiciens. » (Bougerel, *Vie de Gassendi*, p. 408.)

2. Le savant médecin s'était déclaré pour la viande; Gassendi se déclara pour les fruits.

Ne ferons-nous jamais attention que nos corps sont composés de veines, d'artères, de fibres, de nerfs, de membranes, d'entrailles, et que les singes peuvent se vanter d'en avoir autant que nous? »

Il fallait tout l'art délié d'un écrivain qu'on a fort bien nommé le Cicéron des philosophes, il fallait toute sa connaissance du tempérament ecclésiastique, pour que l'Église, qui condamna Descartes, ne l'ait jamais inquiété. Gassendi sentait d'instinct, avec le tact d'un prêtre du Midi, jusqu'où il lui était permis de s'aventurer ; il n'a point fait de faux pas. Esprit critique, sincèrement éclectique comme tous les épicuriens, il excellait à exposer les idées des autres et laissait deviner plutôt qu'il ne disait de quel côté il inclinait. Il a accompli ce tour de force, d'avoir été le plus convaincu, le plus ardent copernicien de son temps sans l'avoir jamais laissé paraître ouvertement en public, surtout depuis la condamnation de Galilée. Tous les épisodes de la longue lutte héroï-comique qu'il soutint à ce sujet contre Morin, son collègue au Collège de France, révèlent des prodiges de souplesse, une entente admirable des nuances les plus délicates de la pensée et de l'expression, bref, cet art des réticences et des restrictions mentales qu'on n'apprend bien que dans l'Église.

Des esprits incultes ou naïfs pourraient seuls accuser Gassendi d'avoir manqué de franchise. En aucun temps et en aucun pays la vérité, toute la vérité, n'est bonne à dire. Si de nos jours encore elle a fait des victimes, que ne faisait-elle pas sous Louis le Grand, au siècle de Vanini et de Galilée? Puis, je le répète, depuis Démocrite, l'ancêtre de la doctrine, aucun philosophe n'a jamais été moins sûr de posséder la vérité, d'entrevoir seulement l'ombre d'une vérité quelconque. « L'ombre de la vérité que je poursuis partout, a écrit Gassendi, suffit à me remplir de joie ; je dis l'ombre, car, pour la vérité même, Dieu seul la peut connaître[1]. »

Comme l'a noté Bernier, en parlant des ouvrages de Gassendi, on n'y trouve partout que des *videtur*. Pour sceptique, Gassendi l'était, et j'approuve Bernier de l'en louer hautement : « Pour ce qui est de la sceptique, écrit ce disciple dans l'*Abrégé* de la philosophie de son maître, il est bien vray aussi qu'il se sert très souvent des termes ordinaires de cette secte, car l'on ne trouve partout que des *videtur;* mais qui ne sçait que les véritables philosophes, et qui ont bien reconnu *la faiblesse de l'esprit humain*, en usent de la sorte? C'est par cela mesme qu'il marque sa sincérité et sa modestie, et par où cependant il blasme secrètement l'arrogance de quelques modernes, qui, sans considérer combien leurs vues sont courtes et gros-

---

1. Lettre à Golius, *Opera*, VI, 32.

sières, décident magistralement de tout, comme s'ils n'ignoroient de rien, ou comme s'ils voyoient la nature à découvert[1]. »

Celui qui écrivait ces lignes, relisant plus tard son *Abrégé de la philosophie de Gassendi*, se sentait à son tour assailli de doutes, non sur le fond de la doctrine, mais sur les éternels problèmes qu'on rencontre au seuil de toute philosophie. Il fit alors de tristes réflexions sur « la pauvreté » de toutes les doctrines. « Il y a plus de trente ans que je philosophe, avouait Bernier, très persuadé de certaines choses, et voilà cependant que je commence à en douter[2]. » Grandes et dignes paroles, de sincérité absolue, de touchante candeur, et que tout esprit réfléchi, tout homme solidement instruit, s'est déjà dites ou se dira quelque jour !

Encore si Bernier n'eût été arrêté que par les questions de l'espace, du temps, du mouvement et de l'éternité ! Mais, chez ce disciple de Gassendi, après avoir dévoré le métaphysicien, le scepticisme du maître avait atteint l'homme moral lui-même. Causant un jour avec Saint-Évremond de la mortification des sens, Bernier fit cette étonnante confession : « Je vais vous faire une confidence

---

1. *Abrégé de la Philosophie de Gassendi* (Lyon, 1684), I, 3 4.
2. *Doutes de M. Bernier sur quelques-uns des principaux chapitres de son Abrégé de la philosophie de Gassendi.* (Paris, 1682.) *Au lecteur.*

que je ne ferais pas à madame de la Sablière, à mademoiselle de Lenclos même, que je tiens d'un ordre supérieur; je vous dirai en confidence que l'abstinence des plaisirs me paraît un grand péché. » Saint-Évremond fut surpris de la nouveauté du système, qui ne laissa pas de faire quelque impression sur lui.

CHAPITRE III

HOBBES

On sait jusqu'à quel point Hobbes porta, lui aussi, le respect des institutions politiques et religieuses de l'État. C'est à l'école nominaliste que ce matérialiste redoutable apprit la logique et la physique. Son esprit en garda un pli qui ne s'effaça jamais. Depuis les sophistes grecs, aucun philosophe peut-être n'a été plus pénétré du caractère relatif et subjectif de nos idées. Ce qu'il avait pu conserver de préjugés scholastiques et ecclésiastiques se perdit dans le commerce du monde où il vécut. C'est en France, où il fut en relations avec les personnages et les savants les plus célèbres, avec Mersenne, Gassendi, etc., que Hobbes lut pour la première fois, à quarante et un ans, les *Eléments* d'Euclide; deux ans plus tard, il commençait aussi à Paris l'étude des sciences naturelles.

C'est de ces deux disciplines, approfondies avec

une ardeur et une solidité de génie admirables, que sortit pour lui une conception purement mécanique des choses, un matérialisme d'une rare conséquence et un sensualisme qui contient en germe celui de Locke. Pour Hobbes la philosophie est une science naturelle ; la transcendance en est bannie ; la fin en est toute pratique. C'est là, du reste, une conception qui a chez les Anglais de bien profondes racines et dont témoigne assez le sens qu'ils attachent au mot *philosophy*. Hobbes est bien le successeur de Bacon[1].

Mais le père de la *Philosophia civilis* connaissait mieux que Bacon les sciences naturelles de son temps. Plus avisé que Bacon et moins prudent que Descartes, il a rendu à Copernic la place d'honneur. Même enthousiasme pour Képler, pour Galilée, pour Harvey. Selon Hobbes, la substance, ce qui persiste au milieu de tous les changements, ce sont

1. Toutefois il convient de noter que ces tendances pratiques de la philosophie existent aussi chez Descartes qui, dans son *Discours sur la méthode*, atteste que les notions générales touchant la physique qu'il a pu acquérir lui ont fait voir « qu'il est possible de parvenir à des connaissances qui soient fort utiles à la vie, et qu'au lieu de cette philosophie spéculative qu'on enseigne dans les écoles, on en peut trouver une pratique par laquelle, connaissant la force et les actions du feu, de l'eau, de l'air, des astres, des cieux, et de tous les corps qui nous environnent, aussi distinctement que nous connaissons les divers métiers de nos artisans, nous les pourrions employer en même façon à tous les usages auxquels ils sont propres, et ainsi nous rendre maîtres et possesseurs de la nature. »

les corps. Il distingue entre le corps et l'accident :
le premier est ce qui remplit l'espace, le second
n'est ni réel ni objectif ; ce n'est que l'aspect sous
lequel le corps nous apparaît. Lange a noté que
cette distinction, plus pénétrante que celle d'Aristote, trahit, comme toutes les définitions chez
Hobbes, un esprit formé par les mathématiques [1].
L'étendue et la figure sont les seuls accidents qui
ne sauraient manquer sans que le corps manquât
lui-même. Quant au repos, au mouvement, à la
couleur, etc., ce ne sont rien de plus que des modes
subjectifs des corps. Lorsqu'un objet change de
couleur, qu'il devient dur ou mou, nous lui donnons un nom qui correspond à la manière dont
nous sommes affectés, mais les qualités sensibles
n'appartiennent pas aux corps, elles n'existent qu'en
nous.

Voilà la doctrine sensualiste ; mais voici la thèse
matérialiste : toute sensation n'est rien de plus
qu'un mouvement interne communiqué du dehors
par le mouvement des objets. Aucune lumière
ne rayonne des corps lumineux, aucun son des
corps sonores ; la lumière et le son, notions
essentiellement subjectives, n'ont d'autre cause
réelle et objective que les mouvements des corps.
Ces mouvements se communiquent à nos sens par

---

1. *Geschichte des Materialismus*, I, 245.

le milieu matériel de l'air, — il ne saurait exister d'action immédiate *à distance;* — des sens ils se propagent jusqu'au cerveau, et du cerveau au cœur, qui réagit, car à tout mouvement de l'organisme ou de la nature correspond un contre-mouvement. C'est de la sensation que naît toute connaissance. Ainsi que l'a remarqué Ueberweg, Hobbes n'a pas plus expliqué que ses devanciers comment on peut concevoir qu'il y ait des êtres sentants et pensants, si ceux-ci ne sont que des agrégats de corpuscules matériels en mouvement dénués de sentiment et de pensée. Quant au concept de matière, il est, chez Hobbes (qui n'est pas atomiste), en progrès sur celui d'Aristote, bien qu'il le rappelle. La matière n'est ni tel ou tel corps, ni un corps tout à fait particulier; elle n'est rien qu'un nom. Elle n'est point conçue comme une substance qui, pouvant devenir toute chose, n'est rien de déterminé : la matière est le corps conçu d'une manière générale, c'est-à-dire une abstraction du sujet pensant.

Hobbes n'aime pas Aristote; il hait le pape. La théologie spéculative n'a pas eu de plus grand ennemi que ce contempteur de la philosophie d'école. Il repousse absolument, on le sait, la suprématie spirituelle et temporelle de l'Église. Point d'adversaire plus décidé de l'infaillibilité papale. Mais que la théologie continue à revendiquer le nom de science, que dis-je? à soutenir qu'elle est la science par excellence et que toutes les autres disciplines de l'esprit humain ne sont que ses humbles servantes, voilà ce que Hobbes ne saurait admettre. La théologie spéculative n'est pas une science, car elle n'a point d'objet ou du moins cet objet est inaccessible.

Penser, c'est calculer; là où il n'y a rien à additionner, rien à soustraire, il n'y a plus de pensée, partant il n'y a pas de science. Si l'enchaînement des causes et des effets conduit à admettre un premier principe moteur, ce qu'est ce principe en lui-même demeure absolument inimaginable, et, en tout cas, contradictoire à tout entendement humain. Là commence le domaine de la foi religieuse.
-- Les idées de Hobbes sur l'origine de la religion sont presque identiques à celles d'Épicure et de Lucrèce : c'est de la terreur de l'homme, tremblant et ignorant devant la nature, qu'est né le sentiment religieux ; en d'autres termes, c'est parce qu'il craint les esprits, ignore les *causæ secundæ*, adore ce qui l'épouvante et voit des présages dans de pures rencontres fortuites des choses, que l'homme est un animal religieux. Le fond de la pensée de Hobbes sur ce sujet est tout entier dans ces mots du *Léviathan*, qu'a cités Lange, en s'étonnant qu'on se soit souvent donné beaucoup de peine pour expliquer la théologie de Hobbes : *Metus potentiarum invisibilium, sive fictæ illæ sint, sive ab histo-*

riis acceptæ sint publice, religio est; si publice acceptæ non sint, superstitio.

On n'a jamais marqué avec plus de dédain la limite tout arbitraire (elle est ici essentiellement politique) qui sépare la superstition du sauvage des grandes religions du monde civilisé. Ajoutez que l'État seul a décidé que telle croyance serait la religion. Ainsi, l'autorité de la Bible étant établie en Angleterre par la toute-puissance de l'État, Hobbes doit tenir, il tient pour vrais tous les miracles qui sont racontés dans ce livre et s'efforce de le faire accorder, ainsi que les articles de foi de l'Église anglicane, avec la science de son temps.

C'est que l'État est pour Hobbes la plus haute et même la seule réalité morale. Tant qu'il n'existe pas, il n'y a dans le monde ni bien ni mal, ni vice ni vertu. A l'état de nature, l'homme suit ses instincts de brute, ses appétits violents et sauvages, et il serait alors aussi insensé de lui faire un crime de ses actions qu'à la bête de proie qui égorge et déchire à belles dents les animaux plus faibles. Faire intervenir pour l'homme le libre arbitre serait risible. Vivre, voilà la loi suprême de tout ce qui existe, et, pour parvenir à cette fin, les créatures doivent s'entre-dévorer. La nature est le théâtre de la lutte éternelle de tous contre tous; c'est le règne de l'égoïsme implacable et des convoitises féroces, toujours inassouvies; c'est le sombre empire de la faim et de la mort.

C'est encore de l'égoïsme, mais d'un égoïsme raffiné et bien entendu, qu'est sorti le besoin de protection mutuelle qui pousse les hommes, ainsi que d'autres animaux, à former des sociétés. Pour Hobbes, de même que plus tard pour Rousseau, il existe un contrat à l'origine entre les peuples et les fondateurs d'État; à cet égard sa théorie politique est révolutionnaire au premier chef : il ne sait rien d'une hiérarchie sociale ou civile instituée de Dieu, du droit divin au trône, etc. Les principes du *Léviathan* conviennent mieux au despotisme de Cromwell qu'aux prétentions des Stuarts. Hobbes n'éprouve d'aversion que pour l'anarchie des démocraties et les désordres des sectes religieuses ou politiques, tels qu'il avait appris à les connaître en Angleterre. Il sent donc la nécessité d'un gouvernement fort et il tient la monarchie pour le meilleur régime. L'hérédité dérive de l'utilité. La monarchie doit être absolue ; elle doit être assez puissante pour courber toutes les têtes et briser au besoin toutes les résistances.

L'homme en effet n'est point porté de sa nature à subir la contrainte, à observer les lois, à obéir même aux institutions qu'il s'est données lui-même. Cette créature n'a jamais été le ζῶον πολιτικόν rêvé par Aristote ; ce n'est pas l'instinct politique, c'est le besoin de protéger sa vie et sa propriété qui l'a poussé à s'associer avec ses semblables : mais c'est la terreur du châtiment qui, seule, peut dompter ses instincts naturels. Avec l'État, avec la vie civile et sociale, a commencé la distinction pratique du bien et du mal, du vice et de la vertu ; car de distinction métaphysique absolue, il n'y en a pas.

En face de l'égoïsme obtus et bas des multitudes, sorte de monstre indomptable dont les milliers de têtes aboient et hurlent, se dresse l'égoïsme supérieur de l'État, armé de sa verge de fer. De ces deux égoïsmes en présence, le meilleur est celui de l'État ; voilà pourquoi il faut qu'il triomphe, et sauve en quelque sorte les peuples malgré eux. Tout coup d'État, qui a le bien de la société pour fin, est donc justifié. C'est peu de dire que la force prime le droit : la force est le droit, et le droit est la force.

On admirera la rare conséquence de ce matérialisme, si fort en harmonie, d'ailleurs, avec la théorie scientifique de l'évolution. Il serait temps que ceux qui professent les doctrines darwinistes et matérialistes cessassent d'entretenir le monde de leur culte du droit, de la liberté et de la vertu, non pas à titre de simples phénomènes sociaux, mais en tant que réalités absolues, antérieures et supérieures aux faits. Si le citoyen a des droits et surtout des devoirs, l'homme n'en a pas. Mais, comme il serait puéril de supposer que la société puisse jamais triompher de la nature, et qu'il suffise de domestiquer et de brider une brute pour en faire un pur esprit, il suit que les devoirs et les vertus sont des nécessités sociales, et que le droit, d'individu à individu ou de nation à nation, n'est, en dernière analyse, que l'expression de la force.

Sans aucun doute, cela revient à dire qu'il n'y a pas plus de bien et de mal dans la nature que de haut et de bas dans l'univers, que le droit est une fiction, la liberté un mensonge et une hypocrisie. Mais ceux qui n'ont pas redouté les foudres de Jupiter, qui en sont venus à ce point d'audace de défier les cieux, tremblent comme des enfants devant les fictions ridicules de la morale. Tant est profonde, chez ceux-là mêmes qui se croient les plus libres de préjugés, l'empreinte des idées inconscientes et des habitudes héréditaires !

Quand on cherche à se représenter avec quelque précision en quoi le matérialisme du dix-septième siècle a différé de celui du dix-huitième, on note tout d'abord l'attitude des matérialistes de ces deux époques devant la religion et la morale. Gassendi et

Hobbes non seulement ont vécu en paix avec l'Église et préconisé la morale chrétienne, mais, à l'exemple d'Épicure, ils ont pratiqué la religion de leur temps et de leur pays. Au contraire, la philosophie matérialiste du dix-huitième siècle s'est efforcée avant tout de ruiner les fondements dogmatiques et historiques de la foi religieuse, et, par antipathie pour la morale de Jésus, elle a célébré volontiers la morale d'Aristippe. Gassendi avait bien mis en relief le côté sérieux et profond de l'éthique d'Épicure. La Mettrie et les matérialistes du dernier siècle, en plaçant le souverain bien dans la volupté des sens, ont assez montré qu'ils n'entendaient pas mieux le maître et la doctrine que les Romains des derniers temps de la république. Épicure aurait désavoué ces disciples frivoles et superficiels. S'ils se sont laissé corrompre par l'épicurisme, c'est qu'ils l'avaient d'abord corrompu.

Cependant, et abstraction faite de l'action des principes de cette doctrine sur le développement des méthodes et des hypothèses scientifiques, le matérialisme du dix-septième siècle a plus d'analogie avec celui du dix-huitième qu'avec celui du dix-neuvième. Hobbes et Gassendi ont vécu dans les cours ou auprès des grands. La Mettrie fut le protégé et l'ami d'un roi. Quand les philosophes, de soumis qu'ils avaient été si longtemps, devinrent agressifs envers l'Église et les pouvoirs publics, c'est que l'aristocratie était devenue hostile au clergé et au roi. A notre époque, le matérialisme n'a plus de protecteurs couronnés en Europe. Ce qui peut rester d'ancienne noblesse en France a trop perdu au triomphe des idées modernes, et la nouvelle aristocratie financière est en général trop ignorante ou trop insoucieuse des spéculations métaphysiques pour condescendre encore à soutenir de son crédit des doctrines mille fois dénoncées au monde entier par les églises, par les académies, par les universités. De nos jours, le matérialisme n'a d'autre appui que la curiosité d'un grand public toujours plus ouvert aux idées et aux généralités de la philosophie des sciences.

Lange a tracé, d'après Macaulay et Buckle, un tableau fort brillant de cette société anglaise du dix-septième siècle dont la frivolité élégante, la légèreté morale et le scepticisme religieux ont si fort favorisé les progrès du matérialisme. Toutefois la liberté des mœurs et de la pensée eut en Angleterre un destin tout autre qu'en France au siècle suivant. Le matérialisme aboutit chez les Français au culte de la volupté ; chez les Anglais, il mena à la pratique de l'économie politique, à la prospérité nationale et aux progrès des sciences industrielles. Enfin, dans l'Angleterre du dix-septième siècle comme dans celle de nos jours, dans la patrie de Robert Boyle et d'Isaac Newton comme dans celle de Darwin et de Faraday, on retrouve unies ou du moins coexistantes chez tous les penseurs éminents, les conceptions naturelles les plus décidément matérialistes et la vénération la plus profonde pour les dogmes et les habitudes de la tradition religieuse.

CHAPITRE IV

BOYLE ET NEWTON

Les deux savants anglais de la période où nous sommes arrivés qui contribuèrent le plus à introduire dans les sciences de la nature les principes et les méthodes du matérialisme, furent Boyle et Newton.

Par Boyle et par Newton, la philosophie de Gassendi et de Hobbes pénétra dans les sciences positives, et les découvertes de ces inventeurs assurèrent son empire. Aussi bien, c'est la méthode, c'est l'enquête dans le champ des recherches expérimentales qui passionnent ces deux grands esprits : ils s'écartent des questions spéculatives et se détournent des problèmes évidemment insolubles dans l'état de la science contemporaine. Tous deux sont des empiriques déterminés, bien qu'à considérer le génie de Newton pour les mathématiques et la portée de son principe de la gravitation, on puisse être tenté d'admettre chez lui une prédominance réelle des facultés déductives. Avec Boyle, la chimie entra dans une ère nouvelle; la rupture avec l'alchimie et avec les idées d'Aristote fut consommée.

Jamais peut-être on n'a poussé plus loin la méthode et le contrôle perpétuel de l'expérience dans les sciences. Boyle avait de l'essence des corps une idée purement matérialiste; il l'avait en partie puisée dans le *Compendium* de la philosophie d'Épicure de Gassendi, qu'il loue fort et regrette d'avoir connue tard. Cet éloge d'Épicure est accompagné, il est vrai, des plus vives et des plus sincères protestations contre les conséquences athées du système. Boyle compare l'univers à l'horloge de la cathédrale de Strasbourg : c'est pour lui un grand mécanisme mis en mouvement par des lois fixes et déterminées. Voilà pourquoi il doit avoir eu, comme la fameuse horloge, un auteur intelligent. Du matérialisme d'Épicure et de Lucrèce, il rejette surtout la théorie transformiste et évolutionniste d'Empédocle qui explique la finalité des organismes sans recourir à aucune prescience divine. Certes, il essaie de rendre raison de tous les phénomènes par les seules lois mécaniques du mouvement des atomes, mais ce mouvement, au moins quant à l'impulsion primordiale, il l'attribue, comme Newton, à Dieu, qui s'est même réservé la faculté d'intervenir par des *miracles*.

Boyle admettait que les corpuscules matériels

étaient impénétrables, mais il croyait à l'existence du vide, et il soutint même à ce sujet une polémique assez acerbe contre Hobbes, lequel estimait (sa théorie sur l'impossibilité d'une action à distance explique pourquoi) que, là même où l'espace est vide d'air, il existe encore une sorte d'air plus raréfié. Les attributs de tous les corpuscules matériels sont, suivant Boyle, la forme, la grandeur et le mouvement, et, dès qu'ils se rencontrent, l'ordre et la situation dans l'espace. Les impressions différentes dont les corps affectent nos sens répondent, comme chez Démocrite, à la diversité des éléments. Boyle refuse d'entrer plus avant dans la psychologie. D'ailleurs, il compare volontiers les « corps des êtres vivants » à des machines curieusement travaillées, *curiosas et elaboratas machinas*, et, avec tous les atomistes de l'antiquité, il ne voit dans la naissance et la fin du monde inorganique et organique que l'agrégation et la désagrégation des corpuscules de la matière. Comme Épicure aussi, mais avec une grande supériorité scientifique, il s'en tient dans ses explications multiples des phénomènes à ce qui est possible ; cela lui suffit pour atteindre son but le plus prochain : bannir de la science les qualités occultes et les formes substantielles, et montrer dans le monde entier, aussi loin que s'étend notre expérience, l'enchaînement naturel des causes et des effets.

Moins variée, mais, à coup sûr, plus profonde a été l'action de Newton sur la conception du système mécanique de l'univers. Quand on parle aujourd'hui de l'attraction, on entend généralement je ne sais quelle « force essentielle de la matière » que l'on se représente entre ciel et terre, dans une sorte de nuage mystique, occupée à attirer les molécules et à les faire agir les unes sur les autres, non sous forme d'ébranlements propagés à l'infini et de communication immédiate du mouvement, mais à distance. Ce serait faire grand tort à Newton (si cela était donné à quelqu'un) que de lui attribuer une pareille imagination.

Ennemi des systèmes, fidèle à l'esprit scientifique que nous venons d'indiquer chez lui comme chez Boyle, Newton a laissé complètement de côté la cause matérielle de l'attraction pour s'en tenir à ce qu'il pouvait démontrer : les rapports mathématiques d'un fait universel, d'une loi générale en vertu de laquelle les corps se comportent comme s'ils s'attiraient en raison directe de la masse et en raison inverse des carrés des distances. C'était au moins la troisième fois qu'on avait découvert la formule mathématique d'une loi avant d'en soupçonner l'explication physique. Le cas s'était déjà présenté pour Képler et pour Galilée. Newton croyait comme tout le monde à une cause physique de la gravitation et de l'attraction. Il répète qu'il laisse de côté, pour des raisons de méthode, les causes physiques inconnues de la pesanteur, mais, encore une fois, il ne doute pas de leur existence.

L'hypothèse qui se présentait d'elle-même touchant cette cause, c'était le choc des corpuscules matériels dans l'espace. Mais on commençait à ne plus se contenter des simples possibilités de la physique d'Épicure. A cet égard, Galilée est supérieur à Descartes, comme Newton et Huyghens le sont à Hobbes et à Boyle, qui croyaient avoir assez fait lorsqu'ils avaient expliqué comment les choses pouvaient se passer. Néanmoins, la modification essentielle que Hobbes avait fait subir au concept de l'atome en soutenant qu'il pouvait exister des corps inconnaissables à force d'infinie petitesse, ne fut pas sans influence sur l'hypothèse scientifique d'un éther impondérable, dont les particules en mouvement causeraient par leurs chocs innombrables le phénomène de la gravitation. La physique admet donc qu'on pouvait résoudre les éléments premiers de tous les corps en atomes pesants, c'est-à-dire soumis à la gravitation, et en atomes infiniment plus ténus, non pesants, bien que matériels et soumis aux lois générales du mouvement. C'est dans ces atomes impondérables que l'on chercha la cause de la pesanteur, et pas un seul physicien du temps n'eût songé à imaginer cette cause en dehors des lois mécaniques du mouvement propagé dans l'espace par le moyen de chocs corpusculaires.

On croit énoncer de nos jours le principe même du matérialisme en répétant comme un axiome : point de force sans matière. Mais c'est là une naïveté dont auraient souri les grands mathématiciens et physiciens chrétiens du dix-septième siècle. Ils n'auraient point compris ce que bien des savants et des philosophes contemporains entendent par le mot force, notamment quand ils parlent de l'attraction. Ils étaient encore de vrais matérialistes au sens antique [1] : ils n'admettaient d'action d'un corps sur un autre que par communication médiate ou immédiate du mouvement. Le choc des atomes ou leur traction imaginée au moyen de crochets, etc., simple modification du choc corpusculaire, demeurait le type de tout mécanisme. Newton eût surtout tenu pour absurde l'hypothèse d'une action à distance d'un corps sur un autre. En tout cas, attraction était pour lui synonyme d'*impulsus*, de choc.

Huyghens, le grand précurseur et le contemporain de Newton, Huyghens qui déclarait que, dans la vraie philosophie, les causes de toutes les actions naturelles devaient être expliquées *per rationes mechanicas*, disait de même qu'il ne pouvait croire

1. A. Lange, *Geschichte des Materialismus*, I, 261.

que Newton eût considéré la pesanteur comme une propriété essentielle de la matière. Kant, dans son *Histoire naturelle générale et théorie du ciel* (1755), où, avec la théorie de Newton, il présenta l'hypothèse hardie que l'on connaît sous le nom de l'hypothèse de Kant et de Laplace, reconnut dans la Préface que sa propre théorie ressemblait fort au système de Leucippe, de Démocrite et d'Épicure[1]. Mais, depuis bien des années déjà, une physique nouvelle était sortie de la grande découverte mathématique de Newton. On élimina la cause matérielle du phénomène de la gravitation, et la loi mathématique fut élevée au rang de cause physique. Le concept de choc corpusculaire des atomes se transforma en une vague abstraction cosmique qui régit l'univers sans se servir de la matière.

Dès 1713, le mathématicien anglais Cotes, dans la préface qu'il mit à la seconde édition des *Principes*, de Newton, prononçait une philippique contre les matérialistes qui dérivent toute chose de la nécessité et ne laissent rien à la volonté du Créateur. A ses yeux, le plus grand mérite du système de Newton est qu'il permettait de tout rapporter à cette libre volonté. En effet, quelle meilleure preuve de la belle ordonnance et de l'harmonie providentielle de l'univers ! Voilà ce qu'était devenue, dans la tradition même

---

1. V. plus haut, p. 74.

de l'école newtonienne, cette « cause physique » de la gravitation et de l'attraction, dont l'existence n'avait pas plus fait doute pour Newton que pour aucun des physiciens et mathématiciens instruits de son temps. Ce que dans l'œuvre de Newton la postérité a volontiers célébré comme la découverte de l'harmonie de l'univers, ce grand homme l'appelait une si *grosse absurdité* qu'à son sens aucune tête philosophique n'y tomberait jamais.

CHAPITRE V

LEIBNITZ

Il est certes impossible d'admettre qu'il puisse y avoir dans l'entendement quelque idée ou notion qui n'y soit point née d'une sensation transformée. Mais l'esprit humain, quand on le considère tel que les siècles l'ont façonné, demande une explication moins radicale ou plus prochaine. Si l'expérience sensible est un élément de la connaissance, l'intellect en est un autre. C'est, on le sait, dans Aristote que se trouve l'*image* de la table rase sur laquelle rien n'est écrit *actu*[1]; chez Locke, l'esprit est simplement donné comme « white paper ». Encore un coup, c'est trop simple. Aristote, au moins, appliquant à l'entendement la théorie de l'acte et de la puissance, n'était pas très éloigné de ceux qui, avec Leibnitz et Kant, croient que l'esprit apporte avec lui certaines formes qui concourent à la connais-

---

1. *De An.* III, 4. ... ἐν γραμματείῳ, ᾧ μηθὲν ὑπάρχει ἐντελεχείᾳ γεγραμμένον.

sance et déterminent la nature de toutes nos représentations subjectives.

Ce n'est pas que la philosophie de Leibnitz, en dépit de son attitude vis-à-vis du sensualisme et du matérialisme, soit venue apporter au monde la vérité. Par une coïncidence qui peut paraître étrange au premier abord, mais qui s'explique par les études premières de Leibnitz et par l'époque à laquelle il appartenait, non moins que par la simplicité de l'esprit humain, les principes et les conséquences de cette métaphysique sublime peuvent se réduire au petit nombre de concepts fondamentaux de l'atomisme et du naturalisme, bref, de la conception purement mécanique de l'univers.

Personne ne méconnaîtra la parenté des monades avec les atomes des physiciens. Les termes *principia* ou *elementa rerum*, que Lucrèce emploie pour désigner les atomes, conviennent fort bien aux monades. Les monades sont les êtres *primordiaux*, les éléments indivisibles, inaltérables et indestructibles (excepté pour le Créateur) des choses dans le monde métaphysique de Leibnitz. Il y a longtemps aussi qu'on a reconnu que le dieu qu'il a introduit dans son système comme la raison suffisante des monades, y joue un rôle au moins aussi inutile que les dieux d'Épicure. Les monades sont bien issues des atomes et des formes substantielles d'Aristote. « A la place des atomes matériels, dit

Édouard Zeller, ce sont des individus spirituels : les points métaphysiques remplacent les points physiques ; » voilà tout. Leibnitz, enfin, nomme lui-même les monades des atomes formels, *formelle Atome*.

« Au commencement, dit-il, lorsque je m'étais affranchi du joug d'Aristote, j'avais donné dans le vide et dans les atomes, car c'est ce qui remplit le mieux l'imagination ; mais en étant revenu, après bien des méditations, je m'aperçus qu'il est impossible de trouver les principes d'une véritable unité dans la matière seule, ou dans ce qui n'est que passif, puisque tout n'y est que collection ou amas de parties à l'infini... Pour trouver ces unités réelles, je fus contraint de recourir à un *atome formel*, puisqu'un être matériel ne saurait être en même temps matériel et parfaitement indivisible, ou doué d'une véritable unité[1]. » Leibnitz témoigne, quelques pages plus loin, que les atomes de matière, d'ailleurs composés de parties, sont contraires à la raison : « Il n'y a que les atomes de substance, c'est-à-dire les unités réelles et absolument destituées de parties, qui soient les sources des actions et les premiers principes absolus de la composition des choses, et comme les *derniers éléments* de l'ana-

---

1. *Système nouveau de la nature*, etc. (*Œuvres philos.*, II, 526, éd. P. Janet.) Cf. *De la nature en elle-même*, etc., p. 565.

lyse des substances. On les pourrait appeler points métaphysiques : ils ont quelque chose de vital et une espèce de perception... » Et dans la *Réplique aux objections de Bayle* : « Je considère les âmes, ou plutôt les monades, comme des atomes de substance, puisqu'à mon avis il n'y a point d'atomes de matière dans la nature, la moindre parcelle de matière ayant encore des parties[1]. »

Leibnitz l'avoue : il a « réhabilité » les formes substantielles. La substance étant un être capable d'action, la nature des monades, ces unités réelles, consiste dans la force. Conçues nécessairement à l'imitation de notre âme, la seule force dont nous ayons conscience, ces forces primitives, vivantes, ont paru douées, d'après la même analogie, de perception et d'appétit. Il y a de la vie, il y a de l'action partout, répète Leibnitz : point de corps sans mouvement, point de substance sans appétit ni sans effort[2]. Rien de plus contraire à l'opinion commune, qui considérait les choses comme inertes et purement passives. Telle était « la doctrine de ceux qui enlèvent aux choses créées une action vraie et propre, écrivait Leibnitz ; ce que fit aussi autrefois Robert Fludd, l'auteur de la *Philosophie*

---

1. *OEuvres philos.*, II, p. 585. Cf. *La monadologie, thèses de philosophie* (1714), 3. « Et ces monades sont les véritables atomes de la nature, et en un mot les éléments des choses. »

2. *Éclaircissement du nouveau système*, II, 541.

mosaïque, et ce que font aujourd'hui quelques cartésiens qui pensent que ce ne sont point les choses qui agissent, mais bien Dieu, d'après l'état et selon l'aptitude des choses, et que, par conséquent, les choses sont des occasions et non des causes; qu'elles reçoivent, mais n'effectuent et ne produisent pas[1]. » Mais si nous accordons à notre âme la vertu ou la force interne de produire des actions immanentes, d'agir immanément, rien n'empêche, et même il est conforme à la raison, continue Leibnitz, que la même force existe dans les autres êtres animés, dans les autres natures de substances, « à moins qu'on ne pense qu'il n'y a en ce monde que nos âmes qui soient actives, et que toute puissance d'agir immanément, et en quelque sorte vitalement, est toujours unie à la pensée : mais de telles assertions ne s'appuient sur aucune raison et ne se défendent que malgré la vérité. » Les actions internes des substances simples, ou monades, conçues à l'image de nos âmes, sont la perception et l'appétition. Sorties comme des fulgurations continuelles de la Divinité, on ne saurait parler rigoureusement de génération ni de destruction de monades. Leibnitz n'a pas donné, avec les cartésiens, dans le préjugé scholastique des âmes entièrement séparées[2]. « Ce que nous appelons générations,

1. *De la nature en elle-même*, II, 553 et suiv.
2. *Monadologie*, 14.

dit-il fort bien, sont des développements et des accroissements, comme ce que nous appelons morts sont des enveloppements et des diminutions [1]. » Il a rappelé de quel secours lui avaient été, dans cet ordre d'idées, les expériences de Swammerdam, de Malpighi et de Leuwenhoek, montrant que l'animal et toute autre substance organisée ne commencent point lorsque nous le croyons; que, dans les semences des plantes et des animaux (lesquels ne naissent pas de la putréfaction), existe déjà non seulement le corps organique, mais l'âme de ce corps, en un mot, la plante ou l'animal même, si bien que sa « génération apparente n'est qu'un développement et une espèce d'augmentation [2]. »

Mais il est un autre naturaliste, un savant médecin anglais, Francis Glisson, auquel, non sans apparence, Leibnitz devait bien plus encore. Il est curieux de rapprocher de ces idées du philosophe les thèses du *Tractatus de natura substantiæ energetica* [3], et quoiqu'il n'y ait guère, à ma connais-

---

1. *Monadologie*, 73, cf. 76.
2. *Système nouveau de la nature*, II, 529. *Monadologie*, 74. *Principes de la nature et de la grâce*, 6 et *passim*.
3. *Tractatus de natura substantiæ energetica, seu de vita naturæ ejusque tribus primis facultatibus* { *perceptiva*, *appetitiva et*, *motiva* } *naturalibus*, etc. Authore Francisco Glissonio, medicinæ doctore et regio in florentissima Cantabrigiæ academia professore, celeberr. Colleg. med. Lond. socio, necnon illustr. Societatis reg. collega. Londini,

sance, de lecture plus laborieuse que celle de ce gros traité, nous ne ferons pas difficulté d'avouer que, ne voulant en croire que nos yeux, nous avons trouvé un plaisir extrême à assister par nous-même à la genèse, ou plutôt à un moment de l'évolution des conceptions fondamentales de la *monadologie*. Nous rappellerons ailleurs, dans les termes mêmes du savant anglais, les principales thèses de philosophie naturelle contenues dans le *Traité* ; bornons-nous à indiquer ici certains traits qui trahissent une parenté évidente avec la doctrine de Leibnitz.

La nature de la matière, considérée comme un principe capable d'action, vivant, animé, manifeste les trois facultés ou puissances primordiales suivantes : perceptive, appétitive et motrice. Du moment que la substance matérielle, et toute substance, est une *nature énergétique*, une force vivante, elle perçoit ; autrement elle ne pourrait appéter, ni, par conséquent, se mouvoir ou agir. Non qu'on doive confondre cette perception de la nature (*naturalis perceptio*) avec la perception des animaux (*animalis perceptio*). On ne saurait dire que la pierre souffre sous les coups du marteau, comme

---

Flesher, 1672, in-4°. J'avais terminé la lecture de ce *Traité*, quand j'ai reçu l'excellent travail de M. H. Marion, présenté à la Faculté des lettres de Paris, *Franciscus Glissonius quid de natura substantiæ, seu vita naturæ senserit et utrum Leibnitio de natura substantiæ cogitanti quidquam contulerit* (Lutetiæ Paris., 1880).

un chien fouetté sent la douleur. Il faut donc ou refuser absolument la perception aux corps naturels, ou distinguer avec soin cette perception de la nôtre. On en doit dire autant des appétitions et des mouvements naturels comparés avec les mouvements et les appétitions des animaux. Toutefois, la perception naturelle n'est pas inconsciente. La nature vivante se perçoit d'abord elle-même ; en se connaissant, elle connaît ses facultés et leurs opérations : la première de celles-ci, c'est précisément l'acte de percevoir.

La nature entière vit et se développe par sa propre énergie. La matière possède une vie propre. Glisson le démontre, et par le sentiment des plus grands philosophes, tels que Platon, les péripatéticiens, Averroès, etc., et par des considérations naturelles. Aussi bien, comment imaginer que Dieu ait préféré créer un monde inerte et sans vie, alors qu'il a tout fait pour le mieux, que tout ce qui existe est bon, et que l'existence et la bonté ne sauraient même différer ? Car l'optimisme de Glisson est aussi l'optimisme de Leibnitz [1]. Le principe interne de mouvement, tel qu'il se manifeste dans tous les corps, et non pas seulement chez les plantes et chez les animaux, témoigne suffisamment que les corps vivent. Les automates se meuvent aussi, mais ce n'est pas

---

1. Ch. XVI, p. 218. Cf. p. 351, 367, et *passim*.

en eux-mêmes qu'est la cause de leurs mouvements. Soutient-on que la nature n'a pas en elle un principe de mouvement, et partant de vie, on est forcé d'admettre, contre tous les enseignements de l'expérience, que ni le ciel, ni la terre, ni les étoiles, ni les planètes, ni les éléments, ni les minéraux ne font rien par eux-mêmes, et que cet immense univers est privé de toute action propre. Que cela est difficile à croire ! Nous affirmons au contraire, dit Glisson, que tous les corps se meuvent d'eux-mêmes, et qu'ils vivent, car ce qui se meut a vie. Ces corps ne trahissent-ils pas un effort spontané ? Ils appètent donc, ils perçoivent, ils vivent. L'expérience constate que beaucoup de corps, appelés inanimés, se meuvent; faut-il se hâter de recourir au miracle ? Non, il faut confesser qu'il y a en eux une certaine vie, et que cette vie peut seule être la condition suffisante de ces mouvements. C'est à ce principe interne qu'il faut très vraisemblablement attribuer la tendance qu'ont les pierres à tomber plutôt qu'à s'élever, le mouvement annuel de la Terre et aussi les révolutions des autres planètes, des satellites et des étoiles. Grâce au principe de vie qui l'anime, notre terre dirige elle-même sa course dans l'espace céleste, perçoit ses mouvements et a une certaine conscience des diverses positions qu'elle occupe successivement du nord au midi. Enfin, il n'est pas jusqu'à ces formes régulières et symétriques, à ces idées esthétiques que manifestent d'elles-mêmes, sans cause extérieure, nombre de productions naturelles, de corps inanimés, qui n'attestent chez eux la présence et l'action de la vie. Si l'on n'hésite pas à reconnaître la vie végétative dans la formation des plantes et des animaux, le moyen de méconnaître l'œuvre de la vie de la nature dans les incomparables merveilles de grâce et d'élégance, défiant tout art humain, que présente, sous le champ du microscope, la moindre parcelle de neige, de givre ou de grêle ? C'est à croire que la nature est bien aise de montrer quelquefois des échantillons de son industrie.

Les idées de Leibnitz sur les atomes et sur l'atomisme se trouvent également chez Glisson. Il réfute longuement cette conception physique.

C'est en vain que, vaincus par les difficultés qu'offre l'explication de l'infinie divisibilité des corps, de grands philosophes ont soutenu que les corps sont composés de particules matérielles indivisibles, d'atomes. Glisson en appelle à l'autorité de Descartes : ce philosophe a écrit qu'il ne saurait exister d'atomes, de particules matérielles indivisibles ; quelque petits qu'on imagine ces atomes, puisqu'ils doivent posséder de l'étendue, il est toujours possible de diviser chacun d'eux par la pensée en deux ou plusieurs parties plus petites encore ; ils sont donc toujours divisibles ; il n'existe donc pas de corpuscules absolument indivisibles [1]. Glisson s'applaudit d'avoir pour lui Descartes en ce grand débat [2]. Mais les disciples de ce philosophe, dit-il, n'ont pas laissé paraître tant d'éloignement pour les atomes, et ils souffrent volontiers qu'on les compte au nombre des philosophes atomistes. Si l'atome est indivisible, comme le point mathématique, il n'est rien. Que si l'on substitue aux atomes des particules matérielles d'une ténuité extrême (*minima naturalia*), on n'échappe pas davantage à ce dilemme : ou ces particules n'ont ni grandeur ni parties, et alors elles ne diffèrent pas des points mathématiques, ou bien elles échappent à toute division ultérieure, non parce qu'elles n'ont pas de parties, mais parce qu'elles défient la délicatesse de nos instruments, et alors ce sont des corps, partant des objets divisibles. Les arguments se pressent chez Glisson contre la divisibilité infinie de la matière et contre l'existence du vide.

Mais, même en admettant ces particules, ces *minima naturalia*, qui échappent à nos sens, même armés du microscope, et dont on ne peut rien dire, sinon qu'ils défient toute division ultérieure, il ne suit point qu'elles soient les *principes de la nature*. Ces atomes (et en ce sens Glisson ne les nie pas)

---

1. *De princip. philos.*, p. II, 20.
2. *Tractatus*, p. 508. Cf. p. 519.

peuvent bien rendre raison de la grandeur et de la figure des corps, mais non du mouvement. Or le mouvement, le principe interne du mouvement des corps, voilà proprement en quoi consiste la nature. Non qu'il soit la nature elle-même; mais il en est l'effet le plus prochain; la *nature énergétique*, en tant que forme, est la cause immédiate du mouvement. Tout le *Traité*, au témoignage de l'auteur, a précisément pour but de montrer que les atomes diffèrent absolument des principes de la nature. Contre ceux qui remplacent la matière première par les atomes et les diverses natures additionnelles par leurs combinaisons variées — si bien que, des deux parties essentielles des corps, la matière et la forme, les atomes seraient l'une et leurs groupements tiendraient lieu de l'autre — Glisson s'efforçait de démontrer, ainsi qu'on le fait souvent de nos jours, que la situation des atomes dans l'espace et leur position respective ne sauraient rendre raison de ces principes essentiels qu'exprime et comprend le mot forme. L'eau de rose obtenue par distillation, écrivait Glisson, diffère beaucoup de cette eau quant à la position des parties élémentaires; on ne l'en distingue pourtant pas spécifiquement. Il y a plus; au point de vue du groupement de ces parties, l'eau de rose et l'eau commune distillée ne sauraient guère être distinguées; cependant elles sont d'espèce ou de nature fort diverses. La nature d'un corps est donc quelque chose qu'on doit chercher ailleurs que dans le groupement de ses parties matérielles constituantes.

Certes, il paraît impossible au matérialisme d'expliquer les processus conscients de l'âme humaine par le seul jeu des atomes. La sensation naît-elle seulement dans l'agrégat organique, dans une combinaison inconnue de la matière ? Alors elle résulterait d'un rapport de situation dans l'espace, c'est-à-dire de rien. L'identifiera-t-on au mouvement ? Mais le mouvement n'est rien non plus que l'état d'un corps qui se meut. Si le choc peut expliquer l'action réciproque des atomes, la propagation des mouvements corpusculaires dans l'espace comme dans les corps, il y a pour nous un abîme entre un atome ou un système d'atomes en vibration et une sensation. En quoi une corde qui vibre nous renseigne-t-elle sur l'essence du son ? Quand l'acoustique mathématique a établi les lois du mouvement des vibrations, il se trouve que la question qui nous occupe n'a point fait un pas. Le problème est bien plus compliqué dès qu'on cherche à concevoir le principe en vertu duquel une pluralité de chocs corpusculaires peut être convertie en une unité sentante, en une somme de sensations élémentaires déterminant un fait de conscience.

Il reste simplement à imaginer l'hypothèse contraire, celle dans laquelle la sensation, la pensée sont regardées comme résidant dans l'atome : l'atome, dès lors, est un petit monde fermé, qui tire de lui-même tout ce qu'il sent et tout ce qu'il connaît : c'est une *monade*. La monade n'a point de « fenêtres : » rien n'en sort, rien n'y entre[1]. Le monde extérieur est sa représentation. D'une manière claire ou obscure, mais chacune « selon son point de vue[2], » toute monade se représente l'univers, la somme de ce qui est, c'est-à-dire la somme de toutes les monades. Pas une ne ressemble à l'autre. L'une est riche en représentations, l'autre pauvre. Les monades de la nature inorganique n'ont que des représentations ou idées qui se neutralisent comme celles de l'homme plongé dans un sommeil sans rêve ; celles du monde organique, des animaux placés au bas de l'échelle de la vie, n'ont que de vagues rêveries ; plus haut, la sensation et la mémoire s'éveillent ; chez l'homme, c'est la pensée qui réfléchit le monde. Ce miroir animé[3] juge à peu près de l'univers comme le pourrait faire, par hypothèse, un miroir pensant.

Partant de ce principe qu'il n'y a dans le monde que des monades ou des miroirs, et des phéno-

1. *Monadologie*, 7.
2. *Principes de la nature et de la grâce fondés en raison* (II, 608 et suiv.), 3.
3. « Miroir vivant, » dit Leibnitz. *Principes de la nature et de la grâce*, 3.

mènes ou représentations, Leibnitz nie l'étendue et déclare que la continuité des surfaces est une illusion de notre sensibilité. Enfin une harmonie préétablie existe, avant le commencement des temps, entre toutes les monades, si bien que l'âme et le corps, par exemple, suivant avec une pleine « spontanéité » la loi de leur développement interne, se trouvent réciproquement dans une exacte « conformité, » dans un « parfait accord ». L'âme éprouve une sensation de douleur au moment où le corps est blessé ; l'âme n'a pas plutôt formé un désir que le bras s'étend pour la satisfaire. Ce roman, car c'en est un, a le même dénouement que celui de Berkeley. Le sensualisme a mené celui-ci au même point où l'atomisme a conduit Leibnitz : tous deux n'admettent le monde que comme représentation. D'où Leibnitz savait-il, si les monades tirent d'elles-mêmes toutes leurs représentations ou idées, qu'en dehors de son moi il existait encore d'autres monades?

Les monades et l'harmonie préétablie nous édifient aussi peu sur l'essence des choses que les atomes et les lois de la mécanique. Le succès du système de Leibnitz, Lange[1] l'attribue surtout à la prudente réserve et à la nature finement nuancée du génie de Leibnitz. Mais, pour être moins appa-

---

1. *Geschichte des Materialismus,* I, 393.

rentes que celles du matérialisme, les conséquences de ce système sont tout aussi radicales. Le pédant d'école qui se scandalise à la pensée que les ancêtres de l'humanité ont pu ressembler aux anthropoïdes de nos jours, se laisse prendre à une doctrine qui, au fond, déclare l'âme humaine absolument de même espèce que tous les autres êtres de l'univers, voire d'un grain de poussière. Toutes les monades, en effet, reflètent l'univers, toutes sont de véritables *dii minores* [1] et ne diffèrent qu'en degré de capacité représentative. « Chaque âme connaît l'infini, dit Leibnitz, connaît tout, mais confusément. Comme en me promenant sur le rivage de la mer, et entendant le grand bruit qu'elle fait, j'entends les bruits particuliers de chaque vague, dont le bruit total est composé, mais sans les discerner; nos perceptions confuses sont le résultat des impressions que tout l'univers fait sur nous. Il en est de même de chaque monade [2]. » On oublie que les monades des

---

1. Surtout celles des esprits. V. *Système nouveau de la nature*, Œuvres, II, 528. « Il y a un monde de créatures, de vivants, d'animaux, d'entéléchies, d'âmes, dans la moindre partie de la matière. — Chaque portion de la matière peut être conçue comme un jardin plein de plantes, et comme un étang plein de poissons. Mais chaque rameau de la plante, chaque membre de l'animal, chaque goutte de ses humeurs est encore un tel jardin ou un tel étang. » *Monadologie*, 66-67.

2. *Principes de la nature et de la grâce*, 13. V. surtout sur ces « perceptions insensibles », ou inconscientes, comme nous dirions, l'*Avant-propos* des *Nouveaux essais sur l'entendement*

singes ne sont pas moins immortelles que celles des hommes, et qu'elles peuvent devenir tout ce que nous sommes dans un développement ultérieur. Les disciples de Leibnitz et de Wolff n'ont pourtant pas manqué de tirer ces conséquences extrêmes de la doctrine : non seulement ils professèrent que les âmes des animaux étaient immatérielles comme celle de l'homme ; ils les tinrent aussi pour immortelles.

Locke avait fait justice des idées innées, au sens où l'entendait l'école. Leibnitz ressuscita cette doctrine, si bien que les matérialistes, La Mettrie surtout, ne se cachèrent point pour en rire. Qui avait raison[1] ? Leibnitz, n'admettant aucune action extérieure sur l'esprit, enseignait naturellement qu'il tire de soi toutes ses pensées. Cela revient à dire que, pour Leibnitz, toutes les idées, et non pas quelques-unes seulement, comme chez les scholastiques et chez Descartes, sont innées. Suivant Locke, l'esprit est, à l'origine, entièrement vide ; selon Leibnitz, il contient l'univers. Le premier fait venir du dehors toute connaissance, le second nie toute influence du monde ou du corps sur l'âme. Il n'est pourtant pas impossible de concilier ces extrêmes. Accordons à Leibnitz que ce

---

humain, les *Considérations sur la doctrine d'un esprit universel*, etc., etc.

1. *Ibid.* Nous reproduisons, comme souvent, la forte argumentation d'Albert Lange.

qu'on nomme expérience externe est, en fait, un processus interne ; de son côté il devrait accorder qu'en dehors de l'expérience il n'y a point de connaissance spécifique possible. Ce serait sacrifier, au moins en apparence, les idées innées, mais sauvegarder le principe des formes de l'intuition et de la subjectivité absolue des concepts de l'entendement. Aussi bien, qu'on reporte à l'espèce ou à la race la lente élaboration des idées que l'ancienne métaphysique prétendait voir spontanément apparaître dans l'individu, et le problème des idées innées sera résolu dans le sens de l'hypothèse sensualiste, sans toutefois méconnaître la légitimité du point de vue idéaliste.

L'optimisme du système, trop vanté par les uns, si raillé par les autres, n'est au fond que l'application d'un principe de mécanique à la création de l'univers. Dans le choix du meilleur monde entre tous les mondes possibles, Dieu n'a rien fait qui ne fût arrivé naturellement, du moment que l'on fait agir les « essences » des choses comme des forces les unes sur les autres. En créant le monde, Dieu procède à la manière d'un mathématicien « qui résout un problème de minima, ou plutôt, comme on dit aujourd'hui, un problème de variations : le problème, c'est de trouver dans un nombre infini de mondes possibles, non *créés*, celui pour lequel la somme du mal nécessaire est un minimum, comme on trouve le chemin le plus court entre deux points, la plus grande surface à volume égal, la courbe de la chute la plus rapide [1]. » Le monde peut bien, malgré tout, être encore détestable : ce n'est pas moins le meilleur des mondes possibles. Dieu a dû procéder comme il a procédé, parce que son intelligence parfaite ne saurait échapper au principe de la raison suffisante. Le principe du plus petit mal possible dans la création de l'univers joue ici le même rôle que le principe de la plus petite résistance dans un système où les corps sont éternellement en mouvement. Cela ne revient-il pas absolument au même que si l'on expliquait l'origine des choses d'après les hypothèses mécaniques d'un Laplace ou d'un Darwin ?

1. Du Bois Reymond, *Leibnizische Gedanken in der neueren Naturwissenschaft*, (Berlin, 1871), p. 17. Baumann a aussi très bien vu que Dieu a ici à compter avec des facteurs *donnés* (les possibilités ou « essences »). Tout s'accomplit d'après les lois de la mathématique et de la mécanique, l'intelligence du créateur suivant les mêmes règles que nous connaissons rationnellement comme étant les plus droites. *Die Lehren von Raum, Zeit und Mathematik*, II, p. 127-9.

CHAPITRE VI

LOCKE ET BERKELEY

Dans les temps modernes ainsi qu'aux jours antiques, le sensualisme est issu du matérialisme par une sorte de développement naturel. Quand rien ne vient troubler ce développement de la pensée philosophique, on l'a souvent vu évoluer comme aux deux derniers siècles, où l'empirisme de Bacon, par exemple, conduisit au matérialisme de Hobbes, et celui-ci au sensualisme de Locke, d'où sont sortis comme des rameaux l'idéalisme de Berkeley, le scepticisme de Hume et le criticisme de Kant. L'écueil du sensualisme, c'est sa simplicité. Locke, en cherchant à fixer l'origine et les limites de la connaissance, est bien un précurseur de Hume et de Kant, et la critique du langage, à laquelle aboutit toute sa critique de l'entendement, a une bien autre portée que celle des sophistes. Dans la lutte qu'il soutint contre la doctrine des idées innées, il possède également une érudition inconnue aux anciens.

Les Anglais ont eu bien raison de vouer une sorte de culte à Locke : ils contemplent en ce sage l'idéal de leur propre nature. Peu de penseurs ont résumé avec autant d'exactitude et de puissance le génie de leur nation. La complexion morale, le caractère, les habitudes d'esprit n'ont pas moins d'importance chez les philosophes que chez les poètes et les artistes, et un système de philosophie s'explique comme un drame ou une statue par les conditions de la race, du milieu et des aptitudes héréditaires ou acquises. En outre, pour qu'une œuvre supérieure apparaisse, il est presque toujours nécessaire qu'il existe quelque rupture d'équilibre chez l'homme qui le produit. Tout chef-d'œuvre, en quelque ordre que ce soit, naît d'une hypertrophie de telle ou telle partie de l'intelligence, et toute hypertrophie, toute suractivité fonctionnelle d'un organe, implique une atrophie correspondante, un vice de nutrition, une régression morbide en quelque autre partie de l'organisme.

Toute sa vie, Locke souffrit du mal auquel succombèrent son père, jeune encore, et son frère, à l'âge de vingt-quatre ans : il était phtisique. Sa mère, qui paraît avoir été une bonne Anglaise, pieuse et tendre, avait dix ans de plus que son mari. Ce ne fut que par un combat, sans trêve ni merci, de chaque jour, et presque de chaque heure, contre l'ennemi mortel qu'il portait en lui, que Locke parvint à maintenir si longtemps l'équilibre entre sa frêle organisation et les forces conjurées qui la minaient. Point de malade qui ait plus songé à son mal, qui l'ait étudié avec plus de persévérance, qui en ait noté avec plus de précision tous les symptômes[1].

L'*Essai sur l'entendement humain* aurait-il pu être l'œuvre d'un homme qui, avec les mêmes aptitudes que Locke, n'aurait pas été écarté, comme il le fut, par la sévérité du régime qu'il dut s'imposer, des différentes charges et occupations de l'existence, sans parler des passions? Je ne veux pas même poser cette question, qui aurait l'air d'un paradoxe; mais, si l'on ne s'en tient pas seulement aux dates et aux faits de la biographie de Locke, si l'on pénètre dans le détail de sa vie de chaque jour, dans les quelques préoccupations constantes qui se détachent, toujours les mêmes, comme des idées fixes, sur le fond si riche de ses pensées, on inclinera sûrement à voir dans l'état valétudinaire de ce philosophe la cause peu apparente, mais réelle, qui a déterminé, dans une certaine mesure, non la nature de sa philosophie, mais la longue et patiente analyse d'où elle est sortie.

---

1. Quant à ses propres maladies, c'est avec une extrême attention qu'il en suit la marche au jour le jour. Nous avons pour ainsi dire heure par heure l'histoire d'une fièvre qu'il eut en septembre 1679, à la campagne, chez un ami qu'il était allé soigner.

Après les cours de l'école de Westminster, Locke fut nommé, en 1652, étudiant à Christ Church College, le plus riche des collèges d'Oxford. Puis, l'enseignement du *trivium* et du *quadricium* achevé, il resta dans cette université comme *fellow*, ainsi qu'on dirait aujourd'hui. Enfant, il n'avait guère montré de précocité ; homme, il ne se sentit longtemps aucune vocation décidée ; il ne publia rien avant l'âge de cinquante-trois ans. A trente ans et au delà il ne savait pas encore s'il serait clergyman ou médecin. Et de fait, il ne fut ni clergyman ni médecin, bien qu'il ait écrit des livres de théologie et beaucoup pratiqué la médecine. Jamais il ne put prendre le titre de docteur (il n'était pas bachelier), nécessaire pour l'exercice de la médecine, et cela malgré la haute influence personnelle de lord Clarendon, alors chancelier de l'Université. Dès cette époque, à Oxford, Locke était déjà ce qu'il fut jusqu'à sa mort, un gentleman accompli, d'un commerce agréable et sûr, modéré et tolérant, sociable et « latitudinaire[1]. »

Locke éprouva de bonne heure une aversion

---

1. Voici la définition que donne de ce mot Locke lui-même, à la fin de son *Essai sur la tolérance* : « Avoir des lois strictes touchant la vertu et le vice, mais élargir autant que possible les termes du *credo* religieux, c'est-à-dire faire en sorte que les articles de croyance spéculative soient peu nombreux et larges, les cérémonies peu nombreuses et faciles, — voilà ce qui constitue le *latitudinisme*. »

marquée pour le syllogisme et la dialectique des écoles. La méthode inductive, la méthode préconisée par Bacon, allait mieux à son esprit exact, et, s'il n'a pas lu Bacon, il était trop de sa nation et de son temps pour ne pas donner la préférence à la recherche expérimentale. En tout cas, Bacon n'était guère alors en faveur à l'Université d'Oxford ; on l'y tolérait tout au plus. Mais la lecture de Descartes, que Locke fit à vingt-sept ans, paraît l'avoir réconcilié avec la philosophie. Locke demeura longtemps sous le charme de ce puissant génie, si différent du sien. C'est sans doute [1] par les tendances critiques et expérimentales de sa méthode que Descartes doit avoir séduit l'étudiant d'Oxford. Le physicien, l'anatomiste, le physiologiste, voilà ce qu'il aura surtout admiré chez le philosophe français. Renonçant décidément à l'état ecclésiastique, Locke s'était mis à étudier la botanique, la chimie et les sciences naturelles en général, auxquelles l'initiait Robert Boyle. Il commença aussi, vers trente-quatre ans, ces curieux cahiers de notes météorologiques où, durant tant d'années, il consigna chaque jour l'état de l'atmosphère.

---

1. Voyez *J. Locke, sa vie et son œuvre, d'après des documents nouveaux*, par M. H. Marion (Paris, 1878), p. 71, et le beau et savant livre de H. R. Fox Bourne, *The life of John Locke* (London, 1876), qui a servi de fondement à l'élégant essai de l'auteur français.

Ce fut comme médecin et conseiller intime que Locke entra dans la maison de lord Ashley, déjà un des grands personnages du royaume, et qui allait devenir ce fameux comte de Shaftesbury dont on sait le rôle historique. Locke était en rapport avec les plus fameux médecins de son temps, surtout avec Sydenham, qui faisait, paraît-il, très grand état de son jugement en matières médicales. Locke écrivit alors sur ces matières quelques petits traités manuscrits, dont on ne possède que des fragments, *Respirationis usus, de Arte medica, Tussis*, etc., conservés dans les *Shaftesbury's Papers*. Convaincu de la nécessité de fonder la thérapeutique sur une histoire préalable des maladies et de leur marche, Locke recueillait de toutes parts une multitude de cas, notant avec la plus extrême exactitude les moindres symptômes. « Écrire l'histoire naturelle de chaque maladie, a-t-il dit, en écartant rigoureusement toute hypothèse, voilà l'unique moyen d'en découvrir les causes, sinon les causes éloignées et secrètes (espoir chimérique), au moins les causes immédiates et prochaines, que nous pouvons saisir et qui nous indiqueront les remèdes. »

Locke, qui, partout et toujours, avait l'habitude de noter ses réflexions[1], rédigeait à l'aide de ces

---

1. « On doit toujours, disait-il, avoir sur soi de quoi écrire, et noter soigneusement toutes les pensées de quelque importance

notes quelques pages sur les sujets les plus divers : on l'y voit fort occupé de religion et de politique, mais il y est question de bien d'autres choses encore. Ainsi, la première note qu'on ait conservée de lui, écrite de sa main dans le *Memorandum book* de son père, est une « recette pour faire de l'encre brillante. » Membre de la Société royale de Londres depuis 1668, Locke se plaisait à réunir chez lui quelques savants pour discuter les questions scientifiques, morales et religieuses qui les intéressaient en commun. « C'est de ces entretiens que sortit, dans l'hiver de de 1670-71, la première idée de l'*Essai sur l'entendement humain*. Locke en vit la nécessité et en conçut l'objet à propos d'un débat qui l'amena à se poser ce problème : Quelles sont les sources et les limites de nos connaissances, quelle est la portée de nos moyens de connaître [1] ? »

Ces graves et absorbantes méditations venaient s'ajouter aux travaux que lui confiait lord Ashley. C'est ainsi qu'il fut chargé d'organiser la colonisation de la Caroline et de rédiger la constitution fondamentale de cette colonie. La toux opiniâtre dont il souffrait nuit et jour le força de prendre quelques semaines de repos. Persuadé que « c'était

---

qui peuvent venir. *Les réflexions qui surgissent soudain, sans qu'on les cherche, sont d'ordinaire les plus précieuses de toutes ; il faut aussitôt s'en emparer, car il est rare qu'elles reviennent.* »

1. J. *Locke*, p. 17.

la France seule qui pouvait lui rendre la vie », il accepta l'hospitalité de lady Northumberland, qui partait avec toute sa maison pour faire un long séjour sur le continent, et visita pour la première fois notre pays en 1672. Bientôt de retour en Angleterre, Locke se trouva mêlé, en qualité de « secrétaire des présentations », aux plus hautes affaires politiques. Lord Ashley, maintenant pair, comte de Shaftesbury et chancelier, avait plus que jamais besoin de ses services. « Comme les autres officiers de la maison du comte, Locke devait assister à la prière trois fois par jour et au sermon chaque dimanche, communier à Pâques, à la Pentecôte et à Noël. Quand le chancelier sortait en grande cérémonie, Locke et les autres secrétaires marchaient à côté de son carrosse, hormis certains cas où ils suivaient à cheval ; et, quand lui-même marchait pour monter en voiture, ou après en être descendu, ils allaient tête nue devant lui ».

Cependant la santé de Locke devenait chaque jour plus mauvaise; il voyait clairement que ses jours étaient comptés ; au sortir d'une crise redoutable, Sydenham le condamna à un régime sévère et à un repos absolu. On a signalé, dans les *Shaftesbury's Papers* (série VIII, n° 2), une intéressante lettre où l'illustre médecin conseille à Locke de se coucher « à huit heures, s'il se peut », de parler le moins possible, de manger des viandes légères et non épicées, de s'abstenir de fruits et de crudités, de boire, au lieu de vin, une bière très douce. « Voilà, dit Sydenham en finissant, ce que j'ai à vous recommander; j'y ai pensé et je pense toujours à tout ce qui a rapport à votre cas, avec la même contention d'esprit que s'il s'agissait de ma propre vie et de celle de mon fils ».

Locke revint en France. Son séjour dans les provinces de l'Ouest et du Midi, à Montpellier surtout, qui était alors pour les phtisiques ce qu'est aujourd'hui Nice, dura de novembre 1675 à avril 1679. Le *Journal* du philosophe sur les idées et les mœurs des Français, en ces années du règne du Louis XIV, nous paraît un document historique de premier ordre. Locke s'est livré, à son habitude, à une enquête scrupuleuse — et presque toujours d'après des observations personnelles, en causant avec des gens des villes et des campagnes — sur le système des impôts, sur les corporations, les métiers, le luxe, etc. Il était à Paris en 1677; il y resta plus d'un an, visita la Bibliothèque du roi, le Louvre, l'Observatoire, les Gobelins, assista à des expériences de physique, suivit les cliniques des hôpitaux. Grâce au patronage de Boyle, il fréquenta nombre de savants, de philosophes et d'érudits, tels que Bernier, le disciple de Gassendi, Thévenot, Toynard.

La société de Bernier doit avoir été pour quelque chose dans ces dispositions critiques de Locke à l'égard de la philosophie cartésienne qui se manifestent clairement après son retour en Angleterre. L'animal machine devient, dans ses lettres, un fréquent sujet de plaisanteries. Il réfuta même la fameuse preuve de l'immortalité de l'âme des *Méditations*. M. Fox Bourne nous paraît avoir très bien aperçu que, si Locke apprit de quelqu'un à fonder sur la sensation sa théorie de la connaissance, ce fut peut-être de Gassendi plus que d'aucun autre philosophe, de Gassendi qu'il lut certainement, quoique assez tard, « et dont il goûtait fort le néo-épicurisme délicat et le solide esprit critique ».

On connaît les événements politiques qui précipitèrent Shaftesbury du faîte des honneurs et le firent jeter à la Tour de Londres. Bientôt il n'y eut plus de sécurité pour Locke lui-même, ni à Londres ni à Oxford, où il fut rayé, par ordonnance royale, du nombre des *students*. Le philosophe se réfugia en Hollande. Ce fut dans cet exil, qui dura cinq ans et demi, qu'il se lia d'une amitié sincère avec Limborch et Le Clerc, le grand critique; ils l'affermirent dans ses pensées et le décidèrent à les donner enfin au public. La *Bibliothèque universelle*, revue fondée par Le Clerc, publia un abrégé de l'*Essai sur l'entendement*. Débarqué à Greenwich, après la révolution de 1688, qui lui rouvrait sa patrie, le premier soin de Locke fut de faire imprimer cette œuvre.

L'*Essai* fut mis en vente dès le commencement de 1690; Locke toucha trente livres pour ses droits d'auteur. Maintenant il était, comme on dit, bien en cour : il dut repousser, pour des raisons de santé, les ambassades qui lui furent offertes et n'accepta, à la prière de lord Mordaunt, que les fonctions de « commissaire des appels » qu'il garda jusqu'à sa mort. De cette époque sont ses ouvrages de théorie politique, ses deux *Traités sur le gouvernement*, l'un consacré à réfuter le droit divin, l'autre à fixer le rôle et les devoirs du « gouvernement civil, » à défendre les droits du peuple. Les questions économiques et religieuses l'ont toujours au moins autant intéressé que les questions politiques. Ce qu'il a écrit sur la valeur de l'argent, la monnaie, le taux de l'intérêt, fait de Locke un précurseur, sinon le fondateur de la science économique. Quant à ses croyances religieuses et à son idéal moral à cette époque de sa vie, on en trouve l'expression définitive dans l'espèce de *credo* en onze articles, qu'il rédigea pour une petite « Société des chrétiens pacifiques. »

Cependant l'air de Londres et de ses faubourgs lui convenait de moins en moins. Il alla s'installer à Oates (Essex), à vingt milles de la capitale, dans une jolie campagne où vivait une de ses amies dévouées (il en a rencontré quelques-unes) qui lui servirent de sœurs. Cette amie, alors mariée à un membre du Parlement, sir Francis Masham, était Damaris Cudworth, la fille du poète. Dans cette retraite, qu'il quittait rarement pour venir à la ville, les méditations de Locke se reportèrent sur les questions de critique et d'exégèse bibliques : c'est le principal objet des lettres qu'il échangea vers cette époque avec Newton. Une étroite amitié a certainement existé entre ces deux grands esprits. Locke alla à Cambridge, Newton vint à Oates. Le philosophe s'employa même auprès de ses amis pour faire nommer le savant au poste de directeur de la Monnaie. Mais, comme il arrive souvent entre les hommes de génie, les plus irritables mortels, les rapports des deux amis furent troublés par plus d'un orage. L'origine de ces violentes tempêtes, sans cause appréciable, remontait sûrement à Newton. On connaît les accès auxquels il devint sujet en vieillissant, et ce « trouble alarmant du système nerveux[1], » qui avait été la condition de son incomparable génie. Les deux lettres que ce très grand homme, tombé dans le mysticisme, écrivit à Locke durant une de ces crises, sont des documents bien précieux pour l'histoire de l'esprit humain : elles sont, à la lettre, d'un aliéné.

Locke était maintenant visité, dans sa retraite d'Oates, par tout ce qu'il y avait de grand en Angle-

---

1. *J. Locke*, p. 67.

terre par la naissance ou l'esprit. Mais il ne laissait pas, à son ordinaire, de vivre de la vie commune, de s'enquérir du sort des pauvres gens, de causer avec les métayers. Il se livrait volontiers aux exercices du corps, cultivait son jardin et montait à cheval. « Sa mise était très soignée, a écrit lady Masham, mais toujours simple ; son régime, celui de tout le monde, sauf qu'il ne buvait que de l'eau. » Économe par amour de l'ordre, il tenait ses comptes, comme ses cahiers de notes, avec une exactitude minutieuse. C'étaient surtout les pauvres qui gagnaient à cette sévère économie. Mais la vie l'abandonnait : il dut encore refuser, quoique le roi l'en eût prié en personne, une mission diplomatique en France. Il était devenu sourd ; une toux presque continuelle secouait son corps amaigri et baigné d'une sueur froide. Il étouffait, ne respirait plus qu'en râlant. Il éprouvait aux pieds un froid intolérable. Ses jambes enflaient. Ainsi que beaucoup de phthisiques, il semblait compter les heures qui le séparaient de la mort.

Quoiqu'il désirât sans doute être délivré du fardeau de l'existence (il avait soixante-douze ans), la douceur sereine et la touchante bonté de son caractère n'avaient jamais eu plus de charme. Lady Masham lisait la Bible à son chevet ; mais, ce qui est un trait bien caractéristique de cette grande époque, le précepteur de la maison, le traducteur de l'*Essai*, Coste, lisait aussi Horace au moribond. « J'ai à peu près fini ma tâche, disait Locke à son amie, et j'en remercie Dieu. Tout au plus ai-je deux ou trois jours à vivre encore : peut-être vais-je mourir cette nuit... Je meurs dans des sentiments de parfaite charité pour tous les hommes et en sincère communion avec tous les chrétiens, de quelque nom qu'ils s'appellent. » Il s'éteignit dans son fauteuil, tandis que lady Masham lui faisait la lecture. « Sa mort fut comme sa vie, a écrit cette femme ; vraiment pieuse, mais naturelle, douce et simple. » Les funérailles, elles aussi, furent modestes : Locke l'avait recommandé dans son testament, ordonnant qu'avec l'argent qu'elles auraient coûté on achetât des vêtements aux plus pauvres ouvriers d'Oates. Il fut enterré près de l'église de la paroisse, au village de High Laver, où se lit encore sur sa tombe l'épitaphe qu'il avait rédigée lui-même.

Telle fut la vie de ce parfait homme du monde, qui n'a guère été un grand philosophe que pour quelques contemporains et surtout pour la postérité. Je ne crois pas qu'on rencontre, chez aucun penseur, plus de simplicité, de candeur et d'innocence. Le style de Locke, d'une clarté et d'une pureté classiques, semble refléter les traits de cette figure ouverte et vraie, un peu souffrante. On a loué la solide raison, le robuste bon sens moral de ce véritable Anglais : ses lettres, semées de traits d'humour, attestent qu'il avait aussi l'esprit très fin. C'était un libre esprit, éveillé, curieux et porté d'instinct vers les problèmes les plus élevés.

Toutefois, n'étant nullement « géomètre » ni métaphysicien comme Descartes, Locke ne s'est élevé aux problèmes théoriques qu'après s'être pénétré des difficultés pratiques. L'analyse psychologique, voilà son arme, et Descartes n'a jamais su la manier avec cette force et cette sûreté. Il est bien remarquable que les trois chapitres du premier livre de l'*Essai sur l'entendement*, intitulés : *No innate principles*, « point de principes innés, » c'est-à-dire le premier livre tout entier, sont la partie de tout l'*Essai* qui fut écrite en dernier lieu : cela prouve que, loin de commencer par nier *a priori* les idées innées, le rationalisme cartésien, Locke n'est arrivé à son hypothèse de la table rase qu'après qu'une longue et minutieuse analyse de l'esprit humain lui eut appris que l'expérience seule explique la formation de toutes nos pensées.

Locke est le père de cette grande psychologie expérimentale, ou psychologie analytique, qui est l'honneur de l'Angleterre. Il est vrai qu'il n'a pas songé, comme on l'a fait depuis, à fonder l'étude de l'intelligence sur la physiologie de l'esprit. Mais, quoique très spiritualiste, il avouait que l'on n'a aucun moyen de savoir sûrement si les corps sont incapables de penser, réflexion qui frappa si fort Voltaire. « Nous avons des idées de la matière et de la pensée; mais peut-être ne serons-nous jamais capables de connaître si un être purement matériel pense ou non : par la raison qu'il nous est impossible de découvrir, par la contemplation de nos propres idées, sans révélation, si Dieu n'a point donné à quelques systèmes de parties matérielles disposées convenablement, la faculté d'apercevoir et de penser ; ou s'il a joint et uni à la matière ainsi disposée une substance immatérielle qui pense... En effet, je ne vois pas de contradiction à ce que le premier être, pensant, éternel, eût donné, s'il l'avait voulu, quelques degrés de sentiment, de perception et de pensée à certains systèmes de matière créée et insensible, qu'il joint ensemble comme il le juge à propos... Car comment peut-on être sûr que quelques perceptions, comme le plaisir et la douleur, ne sauraient se rencontrer dans certains corps, modifiés et mus d'une certaine manière, aussi bien que dans une substance immatérielle, en conséquence du mouvement des parties du corps?... On ne peut nier que nous n'ayons en nous quelque chose qui pense; le doute même que nous avons sur sa nature nous est une preuve indubitable de la certitude de son existence : mais il faut se résoudre à ignorer de quelle espèce d'être elle est[1]. »

Certes, il ne faut point faire de Locke ce qu'on appelait alors un libertin, et j'accorde bien volontiers que cet ancêtre du scepticisme de Hume et de Kant avait le tempérament d'un croyant. Il est certain que cet apôtre de la tolérance a écrit, dans la Constitution de la Caroline, « qu'on ne tolérera pas ceux qui nient l'existence de Dieu, parce que les promesses, contrats et serments, qui sont les liens de la société humaine, n'ont pas de prise sur un athée. » Le théologien reparaissait sous le philosophe, le spiritualiste perçait sous le sensualiste.

Mais enfin la religion de Locke en était arrivée à n'être qu'une manière de religion naturelle, avant tout « raisonnable, » et à laquelle on ne saurait reprocher qu'une grande fadeur. Sincèrement optimiste, comme l'a été Berkeley, comme l'est Herbert Spencer, quoique avec bien moins de conséquence, Locke croyait à la perfectibilité de notre espèce par l'éducation, à l'amélioration possible de la condition humaine, à la souveraineté du peuple, à la liberté, au droit et à la raison. Malgré tout, le tronc noueux et puissant d'où sont sortis, comme autant de rameaux énormes, l'idéalisme de Berkeley, le phénoménisme de Hume, la critique de Kant, et

---

1. Œuvres philosophiques de Locke (Ed. Thurot). *Essai sur l'entendement humain*, IV, III, § 6. V. la note.

presque toute la philosophie des sciences à notre époque, c'est l'*Essai sur l'entendement humain.*

S'appuyer sur l'exemple des enfants, des gens du commun et des idiots, pour prouver que nos propositions abstraites, loin d'être innées, n'apparaissent qu'à un moment du développement mental, ou n'apparaissent pas du tout, si certaines conditions viennent à manquer; montrer que l'enfant sait que ce qui est doux n'est pas amer longtemps avant de connaître le principe logique de contradiction, en d'autres termes, que la connaissance du particulier précède celle du général; établir savamment que toute connaissance a ses racines dans l'expérience sensible, et non seulement nos idées simples de couleur, de son, d'étendue et de mouvement, etc., mais ce que nous appelons nos idées abstraites; indiquer par quel artifice, pour avoir vu constamment paraître dans une certaine liaison des sons, des couleurs, etc., nous en venons à nous former l'idée composite d'une substance qui doit supporter ces apparences diverses; enfin, reconnaître que les sentiments et les passions naissent aussi de la répétition et de la liaison des sensations simples, — c'était faire de la psychologie une étude comparée, exacte, expérimentale, partant une véritable science.

On connaît les belles stances sur Berkeley et sa métaphysique qui commencent le onzième chant du *Don Juan*. « Quelle sublime découverte, s'écrie Byron, que de faire de l'univers un moi universel et de soutenir que tout est idéal, — que tout est nous ! » Quoi qu'on pense un jour de cette découverte, si jamais on arrive à prouver qu'elle est fausse ou qu'elle est vraie, il ne conviendrait guère aux hommes de notre temps de la rejeter sans examen, uniquement parce qu'elle est paradoxale. La science et la philosophie ne sont que paradoxes, puisqu'elles arrivent, dans tous les domaines de la connaissance, à des conclusions diamétralement opposées aux opinions du vulgaire, aux croyances invétérées du sens commun. Qu'on se rappelle la révolution capitale qu'apporta dans les idées le système de Copernic. Jamais les sens n'ont protesté plus hautement contre la raison que lorsqu'il fallut admettre que ce soleil, qu'on voyait chaque soir disparaître dans un lieu si éloigné de son lever, était pourtant immobile par rapport à la terre, et que c'était au contraire celle-ci, d'apparence si stable, qui tournait chaque jour sur elle-même en vingt-quatre heures. Ce qui était si monstrueusement invraisemblable était vrai, voilà tout.

Si les sciences contemporaines ont établi expérimentalement une vérité, c'est celle-ci : En nous-mêmes ou hors de nous, nous n'atteignons que des phénomènes, de pures apparences, des signes, non des substances, et nos diverses espèces de sensations, qui traduisent chacune le même fait dans une langue différente, loin d'être des images ou représentations fidèles des choses, n'en sont que d'obscurs symboles; elles sont aux choses ce que l'écriture et la parole sont aux objets qu'elles désignent; elles ne nous renseignent pas mieux sur le monde extérieur que ne le serait sur les couleurs un aveugle-né à qui l'on décrirait celles-ci. On a reconnu les comparaisons célèbres de Helmholtz. Mais cette conception idéaliste des choses n'est point particulière à l'illustre physiologiste. On la retrouve, surtout depuis Jean Müller, chez tous les savants contemporains qui étudient les sciences physiques et naturelles; la science de notre temps est bien, comme l'a écrit Drobisch, un « idéalisme formel tempéré par le réalisme expérimental. »

L'idéalisme ou plutôt l'immatérialisme de Berkeley nous semble donc tout à fait digne, comme il l'a paru naguère à Huxley, d'un examen sérieux et approfondi. Dans son *Essai sur une nouvelle théorie de la vision*, comme dans ses *Principes de la connaissance humaine* et dans les *Dialogues d'Hylas et de Philonoüs*, Berkeley a soutenu qu'il n'y a d'autre substance dans l'univers que l'esprit ou ce qui perçoit; que telle est la substance de tout ce qui est ou existe, la cause unique de tous les phénomènes. Il nie qu'il existe des objets distincts des idées que nous en avons, partant les corps et la matière en tant que choses réelles et existant en soi, d'une manière absolue, loin de nous et indépendamment de nous.

« HYLAS. — Je vous avoue, Philonoüs, qu'après un examen mûr et circonstancié de tout ce qui se passe dans mon esprit, je n'y sçaurois découvrir autre chose, sinon que je suis un être pensant, affecté de différentes sensations, et tel qu'il ne m'est pas possible de concevoir comment une sensation pourroit exister dans une substance qui ne seroit point douée de perception. Mais aussi, lorsque j'envisage les choses sensibles sous un point de vue différent ou que je les considère comme autant de modes ou de qualités, je trouve qu'il est nécessaire de leur supposer ce que l'on appelle un *substratum* ou un *soutien* matériel, et qu'on ne sçauroit concevoir sans cela comment elles pourroient exister.

« PHILONOÜS. — Un *substratum* ou un *soutien* matériel, dites-vous ? Apprenez-moi, je vous prie, auquel de vos sens vous êtes redevable de la connoissance de cet être-là.

« HYLAS. — Il n'est point sensible par lui-même : les sens ne peuvent en apercevoir que les modes et les qualités.

« PHILONOÜS. — Ce sera donc par la voie de la réflexion et de la raison que vous serez parvenu à vous en former l'idée ?

« HYLAS. — Je ne prétends en avoir aucune vraie

idée, aucune idée positive ; mais je conclus qu'il existe, de ce qu'on ne sçauroit concevoir que des qualités existent sans un soutien...

« PHILONOÜS. — Vous me dites que la matière soutient les accidents, ou qu'elle est sous eux. Comment cela, s'il vous plaît ? Serait-ce de la manière dont vos jambes soutiennent votre corps ?...

« HYLAS. — J'avoue que je ne sçais que vous dire. J'ai cru autrefois entendre assez bien ce que signifioient ces paroles, *la matière qui soutient les accidents* [1] ; mais maintenant, plus j'y pense, et moins je trouve qu'il me soit possible d'y donner un sens. En un mot, je ne sçais en aucune sorte ce qu'elles pourraient signifier.

« PHILONOÜS. — Il semble donc que vous n'avez absolument aucune idée, ni relative, ni positive, de la matière. En effet, vous ne sçavez ni ce

---

1. « Si l'on demandait à quelqu'un, avait dit Locke, quel est le *sujet* auquel est attachée la couleur ou la pesanteur, il ne pourrait répondre qu'en disant que ce sont des parties solides et étendues ; et si on lui demandait à qui sont attachées cette solidité et cette étendue, il ne serait guère moins embarrassé que l'Indien qui disait que le monde était supporté par un grand éléphant, et à qui l'on demandait sur quoi s'appuyait l'éléphant ; à quoi il répondit que c'était sur une grande tortue ; et comme on le pressait encore pour savoir quel était le support de cette tortue au large dos, il répondit que c'était quelque chose, mais qu'il ne savait pas quoi... Ainsi l'idée que nous avons, et à laquelle nous donnons le nom général de *substance*, n'étant autre chose que le support supposé, mais inconnu, de ces qualités dont nous connaissons l'existence, et qui ne peuvent pas, selon nous, exister *sine re*

qu'elle est en elle-même, ni quelle relation elle a avec ses accidents ; et cela, bien que ce soient les seuls accidents qui vous fournissent les moyens de la dénommer [1]. »

On le voit ; Berkeley établit à merveille que nous n'avons ni ne saurions avoir aucune idée d'un *substratum* matériel ou d'une substance. Mais son Esprit infini, qui soutient toutes les idées, est-il autre chose qu'un *substratum* idéal ?

Berkeley a répété cent fois, d'abord des objets visibles, puis des objets tangibles, qu'ils n'existent pas hors de l'esprit. Nos perceptions sensibles ne répondent à rien d'extérieur, puisqu'en dehors de nous il n'y a rien [2]. Le monde, en effet, est contenu dans l'âme, non l'âme dans le monde. Les phénomènes de la nature ou de l'âme ne sont que des idées de l'esprit. De quel esprit ? Du mien à

substante, c'est-à-dire sans quelque chose qui les supporte, nous appelons ce support du nom de *substantia*... » — *Essai sur l'entendement humain*, II, XXIII, § 2.

1. *Dialogues entre Hylas et Philonoüs.* — Traduit de l'anglais (Amsterdam, 1750), p. 80 et suiv.

2. « Toutes les choses que nous apercevons immédiatement sont nos idées, dit Philonoüs, et aucune idée peut-elle exister hors de l'esprit ?... Je nie qu'ils (les objets) aient une existence différente de la qualité d'être perçus, ou qu'ils existent hors de tous les esprits, quels qu'ils puissent être... Retenez, si vous voulez, le mot *matière*, et appliquez-le, si vous le jugez encore à propos, aux objets des sens ; *pourvu toutefois que vous ne lui attribuiez aucune subsistance distincte de la qualité d'être perçue.* » — *Dialogues*, p. 97, 281-283.

coup sûr, car je n'ai directement conscience d'aucun autre esprit. Berkeley semble avoir rangé, avec Descartes, les animaux parmi les choses sensibles, c'est-à-dire ici les idées, et ne leur avoir accordé qu'une réalité dépendante de l'esprit !

Ce n'est que par un singulier manque de conséquence, mais qui ne surprend pas chez un évêque, que Berkeley a cru devoir admettre d'autres esprits créés à côté du sien et un esprit infini, dans lequel tout ce qui est a son être, et qui soutient toutes choses, c'est-à-dire, encore une fois, toutes les idées, comme leur substratum. Les idées de l'esprit infini sont le monde sensible. Ce sont ces idées que nous appelons des phénomènes ou plutôt des choses réelles, car non seulement Berkeley n'admet pas l'existence des idées abstraites : il croit que nous connaissons directement les choses réelles ou les idées, et il élimine de l'esprit toute image représentative ou symbolique d'une réalité inconnue ou inconnaissable. Et, de même qu'il n'y a rien dans l'univers que les idées de l'esprit individuel ou d'un Esprit infini, toute activité de la nature, toute action de l'âme humaine doit être ramenée à des causes spirituelles, partant libres et absolument étrangères à tout déterminisme.

Dans le traité *De motu*, qu'il présenta à l'Académie des sciences de Paris, Berkeley destitua les corps de toute activité, nia l'espace et le mouvement absolus, et remplaça ce qu'on appelle les lois de la mécanique par l'action directe d'une volonté. Il n'existe ainsi dans le monde que des causes finales : les savants perdent donc leur temps à s'enquérir de prétendues causes efficientes des phénomènes. Les lois de la nature qu'ils s'imaginent avoir découvertes ne sont que l'effet arbitraire de la bonté de l'Esprit infini dans le gouvernement du monde. Elles n'ont rien de nécessaire ni de fatal; elles cesseraient d'être vraies, si l'action constante de la Divinité sur l'univers venait à se modifier. En somme, des esprits et des idées, auxquelles on peut ajouter des volontés, voilà tout ce qu'il y a dans le monde.

Avant de présenter une critique de cette hypothèse, que Berkeley prétendait imposer comme un dogme, il convient de rechercher quelles causes ont vraisemblablement contribué à la faire apparaître. Car les systèmes philosophiques, comme toutes les autres productions de l'esprit, comme les œuvres de l'art et de la littérature, doivent s'expliquer par la connaissance des conditions au milieu desquelles ils sont nés. Non seulement certaines philosophies, ainsi que certaines écoles littéraires, n'ont pu naître chez telle race ou sous tel climat, avant ou après telle époque, dans telle contrée plutôt que dans telle autre, mais les cararactères héréditaires, le tempérament, l'éducation et la position sociale n'ont pas moins d'importance chez les philosophes que chez les poètes et les artistes.

Sans insister ici sur la biographie de Berkeley, que l'on connaît, il est pourtant nécessaire, quand on traite du système de Berkeley, de ne pas oublier deux points.

D'abord, Berkeley a été et est resté, en dépit des apparences, un disciple de Locke : c'est un sensualiste. Nous savons qu'il avait fait une étude approfondie de l'*Essai sur l'entendement humain*. Pour Locke et Berkeley, le mot *idée* désigne l'*objet* immémédiat de la conscience, si bien que le seul univers objectif que nous connaissions directement, consiste dans les idées dont nous avons conscience. « La théorie berkeléienne de la substance, de la cause, de la matière, de l'esprit, de l'espace, du temps, a écrit M. Penjon, dans son excellente étude sur Berkeley[1], est une subtile et hardie transformation de la théorie des idées de Locke. » Berkeley a étendu, et non sans raison, selon moi, aux qualités primaires des corps ce que Locke avait concédé des qualités secondes ; mais nous reviendrons sur ce point.

D'autre part, la tournure d'esprit mystique, le tempérament d'apôtre et de missionnaire chrétien, enfin l'état ecclésiastique de Berkeley, qui semble

---

1. *G. Berkeley, évêque de Cloyne, sa vie et ses œuvres*, par A. Penjon (Paris, 1879). Cf. *The works, life and letters of George Berkeley, by Alexander Fraser*. Oxford, 1871.

lui avoir fait un devoir de prêcher la croisade contre les « infidèles », de répandre partout le plus pur spiritualisme et de réfuter sans relâche les erreurs des libertins, le matérialisme des savants et l'athéisme des esprits forts, en un mot l'impiété de ces « petits philosophes » qu'il a mis au pilori dans son *Alciphron*, toutes ces raisons ont nécessairement influé sur la nature et le développement de l'immatérialisme.

On ne saurait trop le répéter : Berkeley est un bon Anglais[1], un protestant convaincu, un théologien utilitaire, un réformateur pratique. Sa philosophie, issue de celle de Locke, est restée, malgré tout, sensualiste. Ce penseur, qui niait la réalité substantielle de l'univers, ne détestait rien plus que le scepticisme. C'est que tous les doutes des sceptiques, des matérialistes et des athées n'ont pas de plus solide fondement que la doctrine de la matière. Dès qu'on suppose qu'il existe des objets réels distincts des idées que nous en avons, l'on n'est pas éloigné de considérer la vie et la pensée comme une efflorescence de la nature inorganique, et l'âme s'évanouit avec Dieu dans le grand naufrage du spiritualisme.

En outre, comme on convient que, dans l'hypothèse où il existerait un univers matériel, notre con-

1. Il paraît prouvé que la famille de Berkeley était d'origine anglaise et qu'elle ne s'établit en Irlande qu'après la restauration des Stuarts.

science, finie et limitée comme elle est, ne pourrait connaître que des phénomènes ou apparences, sortes de fantômes qui hantent éternellement nos esprits hallucinés, il serait toujours impossible de découvrir dans quelle mesure nos idées sont ou ne sont pas conformes à la réalité. Or, Berkeley sait que le doute est par nature irréligieux. L'Esprit infini, qui a tout créé et qui gouverne ce que nous appelons l'univers, en y intervenant à chaque instant, en suscitant toutes nos idées du jour et de la nuit, l'Esprit infini ne peut avoir abandonné l'homme à sa science présomptueuse.

Il ne s'agit plus de chercher Dieu dans la nature : l'univers, c'est-à-dire l'ensemble des idées qui coexistent en se succédant dans notre esprit comme des ombres sur un écran, c'est Dieu même, et la nature n'est rien de plus que cette fantasmagorie. Comment, après cela, l'impiété et l'idolâtrie ne seraient-elles point écrasées pour toujours ? « Si les hommes, dit Berkeley, avaient considéré que le soleil, la lune, les étoiles et tous les autres objets sensibles, ne sont que des sensations de leur esprit et n'ont d'autre existence que d'être simplement perçus, sans doute ils n'auraient pas accordé un culte à leurs idées, mais ils auraient adressé leurs hommages à cet Esprit éternel, invisible, qui soutient toutes choses. »

Les controverses contre les infidèles, les matérialistes et les athées, n'ont pas été seulement la constante préoccupation de Berkeley : elles expliquent sa philosophie et sont la raison suffisante de son immatérialisme.

Voilà la nature et l'origine de cette philosophie. Voici la critique qu'on en peut faire.

Tout le monde convient, avec Locke et Berkeley, que les qualités secondes de la matière, comme s'exprime le premier, les sensations simples, ainsi que parle le second, — les couleurs, les sons, les odeurs, le goût, le toucher, la douleur et le plaisir, — ne sont que des faits ou états de conscience. Elles n'existent qu'en tant qu'elles sont perçues et connues, et leur prétendue nature matérielle est purement spirituelle. Une vibration de l'éther ou de l'air, et une sensation lumineuse, calorique ou acoustique sont des faits de nature absolument irréductible. Sans doute, les uns doivent exister d'abord pour que les autres apparaissent, et, au point de vue de la quantité (qui est peut-être l'essentiel), ils ont entre eux des rapports constants qu'expriment un grand nombre de formules mathématiques. Mais, quant à la qualité, quant au côté subjectif des phénomènes, ils sont, je le répète, irréductibles les uns aux autres. C'est bien des qualités secondes de la matière que l'on peut dire, avec Berkeley : « Leur essence est d'être perçues ; elles n'existent que dans les esprits. »

Mais où Berkeley se sépare de Locke, où il montre plus de pénétration et de conséquence logique, c'est au sujet des qualités premières des corps, telles que l'étendue, la figure, la solidité, le mouvement, le repos et le nombre. Ces qualités, auxquelles Locke attribue une existence absolue et indépendante de notre esprit, Berkeley les considère au contraire comme de pures idées : il nie qu'elles répondent à quelque substratum ou réalité extérieure à l'esprit.

On doit accorder à Berkeley, Huxley l'a démontré[1], que nos idées de coexistence, de nombre, de distance, d'étendue, ne sont que des idées de relation, et qu'une relation perçue ou connue entre deux sensations ne saurait exister en dehors de l'esprit. Il en faut dire autant de la figure, du mouvement, du repos, de la solidité géométrique ou mécanique, bref de toutes les qualités premières de la matière.

Voici comment le savant naturaliste anglais a résumé, à cet égard, les vues de Berkeley :

« I. Le sens du toucher donne naissance aux idées d'étendue, de figure, de grandeur et de mouvement.

« II. Le sens du toucher donne naissance à l'idée d'extériorité, dans le sens de localisation.

« III. Le sens du toucher donne naissance à l'idée

---

1. *L'évêque Berkeley et la métaphysique de la sensation.* Revue scientifique, 1re année (2° série), p. 124 et suiv.

de résistance et, par suite, à celle de solidité, dans le sens d'impénétrabilité.

« IV. Le sens du toucher donne naissance à l'idée d'extériorité, dans le sens de distance sous la troisième dimension, et, par suite, à celle d'espace ou de solidité géométrique.

« V. Le sens de la vue donne naissance aux idées d'étendue ou de figure, de grandeur et de mouvement.

« VI. Le sens de la vue ne donne pas naissance à l'idée d'extériorité, dans le sens de distance sous la troisième dimension, ni à celle de solidité géométrique, aucune des idées visuelles ne paraissant être en dehors de l'esprit ou à distance.

« VII. Le sens de la vue ne donne pas naissance à l'idée de solidité mécanique.

« VIII. Il n'y a aucune ressemblance entre les idées tactiles appelées étendue, figure, grandeur et mouvement, et les idées visuelles auxquelles on donne les mêmes noms, et il n'y a pas d'idées qui soient communes aux deux sens.

« IX. Quand nous croyons voir des objets à distance, ce qui arrive en réalité, c'est que l'image visuelle nous suggère l'idée que l'objet vu possède la distance tangible : nous confondons la forte croyance à la distance tangible de l'objet avec la vue réelle de sa distance.

« X. Les idées visuelles constituent donc une sorte

de langage, par lequel nous sommes instruits des idées tactiles qui doivent ou peuvent s'éveiller en nous. »

Tout le monde accordera la première et la seconde de ces propositions. Pour la troisième et la quatrième, on n'a qu'à entendre le sens musculaire sous le nom de sens du toucher pour qu'elles soient tout à fait exactes. On ne saurait guère contester non plus la vérité de la cinquième proposition. Il n'en est pas ainsi de la sixième. Berkeley nie absolument que la vue nous donne aucune notion d'extériorité, soit au sens de solidité géométrique ou de distance sous la troisième dimension. Or il paraît bien, au contraire, que les sensations visuelles donnent particulièrement naissance à l'idée de distance. Nous ne pouvons pas plus en douter que Huxley, qui renverse ainsi la sixième proposition de Berkeley : « Les sensations qui nous sont transmises par l'œil sont donc plus complètement attribuées à un objet extérieur que celles qui nous sont transmises par la peau, et la notion de l'existence distincte de corps extérieurs, et par suite de l'espace, nous est directement suggérée par la vue. »

De même pour la notion de solidité géométrique, si la vision de l'objet nous est donnée par un œil mobile et capable de s'adapter à des distances différentes. Les trois dernières propositions ne sont pas plus acceptables. S'il est vrai qu'une figure, une grandeur, un mouvement visibles soient des choses toutes différentes d'une figure, d'une grandeur, d'un mouvement tangibles, et qu'il n'y ait pas plus de ressemblance ni de commune mesure entre ces sensations simples ou primitives qu'entre la sensation d'une surface et celle de sa couleur, il est absurde d'affirmer qu'il n'existe aucune ressemblance entre les sensations secondaires de la vue et du toucher qui expriment les relations des premières. « De plus, c'est un fait certain que le sens musculaire est si intimement lié à la fois au sens de la vue et à celui du toucher, que, par les lois ordinaires de l'association, les idées qu'il suggère ne peuvent manquer d'être communes à ces deux sens. »

En somme, qu'il s'agisse des qualités premières ou des qualités secondes des corps, tout ce qui dans l'hypothèse ordinaire est appelé matière et mouvement se résout en des états de conscience, en des idées de l'esprit, et ces idées n'existent naturellement pour nous qu'en tant que nous les connaissons. C'est par une pure illusion que nous croyons connaître ce qui agit sur notre corps, car nous n'avons conscience que de ce qui se passe dans nos centres nerveux, en particulier dans notre cerveau. Le problème de la connaissance se dresse ainsi toujours devant nous, formidable comme une masse chaotique de monts inaccessibles qui nous cachent l'horizon, et qu'on ne saurait tourner par aucun artifice.

Tant que les énergies spécifiques des sens, c'est-à-dire des cellules nerveuses, seront un mystère pour nous, il sera impossible de rien affirmer touchant la nature de ces qualités premières et secondes de la matière, qui ne sont rien de plus que des modes de conscience, et qui n'existent pour nous qu'en tant que nous les percevons. La division des phénomènes physiques en son, lumière, chaleur, etc., les physiologistes la déclarent irrationnelle[1]. Ces aspects, en apparence si divers, du monde phénoménal, ne sont sûrement que des modalités spirituelles des différentes espèces de cellules nerveuses de l'encéphale. Si toutes les cellules nerveuses étaient de nature identique, les sensations qu'éveillerait en nous le monde extérieur seraient toutes de même nature et ne différeraient qu'en intensité. « Il existe peut-être des animaux qui ne possèdent que des sensations de ce genre, dit M. Rosenthal, parce que toutes leurs cellules nerveuses sont encore identiques et non différenciées. Ces animaux pourront bien concevoir un monde extérieur relativement à leur corps, et avoir, par suite, conscience

---

1. Voir l'excellent manuel de physiologie de M. Rosenthal, *Les nerfs et les muscles*, p. 242.

de leur propre existence; mais ils ne parviendront pas à la connaissance des phénomènes de ce monde extérieur. »

Nous avons accordé à Berkeley à peu près tout ce qu'il postulait pour son hypothèse. Et ces concessions, qu'on veuille bien le remarquer, ont été faites au philosophe par des physiciens et des physiologistes de ce temps, par des savants que l'évêque de Cloyne eût appelés matérialistes, bien qu'ils fassent naturellement profession, comme nous tous, d'ignorer ce qu'est la matière; en tout cas, par des adversaires résolus de tout dualisme spiritualiste. Il est très vrai que l'esprit, ne pouvant sortir de lui-même, ne connaît que ses idées, et que c'est là tout son univers. Nous ne pouvons rien savoir de ce qui n'est pas nous ou nos modifications personnelles. M. Virchow notait naguère, dans le célèbre discours de Munich, auquel M. Ernest Haeckel a répondu par un livre d'une haute philosophie scientifique [1], M. Virchow remarquait justement, à propos de la découverte récente du pourpre rétinien et de ses propriétés photographiques, qu'en réalité nous ne voyons pas les choses extérieures, mais leurs images dans notre œil.

Toutefois, de ce que l'existence de ce que je per

1. *Les Preuves du transformisme. Réponse à Virchow*, par E. Haeckel, traduit de l'allemand, avec une préface, par Jules Soury. Paris, Germer-Baillière, 1879.

çois consiste bien pour moi dans cette perception, il ne s'ensuit pas que les objets sensibles n'existent pas en soi, d'une manière que j'ignore, mais d'une façon absolument indépendante de mon esprit. C'est par un vice de judiciaire, par une généralisation que rien ne justifie, que Berkeley a pu raisonner ainsi : puisque la matière n'existe pour nous que dans l'idée que nous en avons, elle n'existe pas autrement, *extra mentem*. C'est là, M. O. Liebmann l'a bien fait voir [1], un digne pendant de la preuve ontologique. Le philosophe qui tient pour ce dernier argument ressemble à un halluciné qui prend pour réel tout ce qu'il voit, parce qu'il le voit ; il conclut de l'idée à l'être.

Le berkeléien, au contraire, l'immatérialiste, ressemble à un enfant qui se croit invisible parce qu'il ferme les yeux. Voici le « sophisme comique » dans lequel tombent les partisans du bon évêque de Cloyne : une image reflétée dans un miroir n'est rien de plus qu'un groupe de formes, de couleurs, d'ombre et de lumière ; or, ces qualités n'existent qu'autant qu'elles sont reflétées dans le miroir. Donc, sans miroir point de formes, de couleurs, d'ombre ni de lumière ! M. Liebmann abonde en comparaisons ingénieuses de ce genre.

---

1. *Zur Analysis der Wirklichkeit*, p. 19-35. Ces pages sont les meilleures, les plus fortement pensées et les mieux écrites que j'aie lues sur la métaphysique de Berkeley.

Ainsi, l'intelligence sert d'intermédiaire pour la connaissance entre la conscience et les objets sensibles; de même, l'œil ne peut voir les choses visibles que par le moyen de la lumière; mais, éclairées ou non, ces choses en existent-elles moins?

C'est précisément parce que nous ne saurions sortir de nous-mêmes qu'il nous est impossible d'affirmer qu'il n'existe rien hors de notre propre conscience. On n'a pas plus le droit de nier que d'affirmer ce qu'on ignore d'une ignorance absolue, ce qui dépasse les limites de la connaissance. Pour savoir s'il y a quelque chose ou s'il n'y a rien hors de l'esprit, il faudrait une intelligence capable de voir en même temps ce qui se passe sur la scène et dans les coulisses de ce singulier théâtre du monde. Mais on ne connaît point d'intelligence de cette nature; on n'imagine même pas comment il en pourrait exister de cette sorte, la conscience résultant d'une opposition antagoniste entre un sujet percevant et un objet perçu, ce qui, de toute nécessité, implique une limite de l'intelligence.

L'hypothèse de l'immatérialisme subsiste donc, malgré tout, en partie. Kant, qui a rabaissé le système de Berkeley au-dessous des divagations d'un fou, tient cependant aussi pour idéales, avec l'espace et le temps, les mêmes qualités premières des corps dont nous avons parlé. Il diffère de Berkeley en ce que, loin d'avoir douté de l'existence des choses, il assure aux phénomènes une réalité objective par sa théorie des formes *a priori* de la connaissance. Néanmoins il est impossible de ne pas trouver sévère le jugement qu'il a porté sur un de ses plus grands précurseurs.

CHAPITRE VII

DAVID HUME

C'est le propre des grands philosophes de n'avoir guère d'autre histoire que celle de leurs idées. Comme ils ont surtout vécu en eux-mêmes, ils se sont peu mêlés aux hommes de leur temps, et, quand ils l'ont fait, en vue de quelque utilité pratique ou par le désir de s'instruire, ils n'ont pas eu à s'applaudir des procédés et du train d'un monde dans lequel ils n'avaient point de place. *Bene vixit qui bene latuit*, voilà la devise des sages de tous les siècles. Descartes, qui l'avait prise à son tour, témoignait qu'il se trouvait au milieu de la foule d'une grande ville telle qu'Asmterdam comme dans les allées d'un parc, et qu'il y aurait pu demeurer toute sa vie sans être jamais vu de personne. « Je me vais promener tous les jours, écrivait Descartes à Balzac[1], parmi la confusion d'un grand peuple, avec autant de liberté et de repos que vous sauriez

---

1. 15 mai 1631. *OEuvres*, VI, 202.

faire dans vos allées; et je n'y considère pas autrement les hommes que j'y vois que je ferais les arbres qui se rencontrent en vos forêts avec les animaux qui y paissent; le bruit même de leur tracas n'interrompt pas plus mes rêveries que ferait celui de quelque ruisseau. »

La retraite et l'étude, les doctes loisirs à la campagne ou dans quelque faubourg isolé, le doux nonchaloir et les longues rêveries solitaires, la somnolence heureuse des grands troupeaux qui ruminent dans l'herbe, voilà, avec un réel amour de la vérité et un vif désir de gloire, quelles furent les passions maîtresses de David Hume.

At secura quies, et nescia fallere vita...

Lui-même cite les vers de Virgile, dans une lettre fort remarquable qu'il écrivit à l'âge de seize ans : « Pour le moment, disait Hume, je jouis dans une large mesure de ce bonheur pastoral et saturnien. Je vis comme un roi, beaucoup pour moi-même, sans agir et exempt de troubles — *molles somnos...* C'est seulement dans l'étude et la contemplation qu'on peut trouver cette grandeur et cette élévation de l'âme. L'étude seule peut nous apprendre à dédaigner les accidents de la vie humaine[1]. » Cet aimable épicurisme, dans le meilleur et le vrai

---

1. *Life and Correspondence of David Hume*, by John Hill Burton (Edinburgh, 1846), I, 14-15.

sens du mot, Hume le célébrera au déclin de ses jours comme en ses années d'adolescence. Alors il pourra se livrer en toute liberté à ses goûts innocents ; mais, dès sa jeunesse, il ne se dissimule pas que ce « bonheur saturnien » n'était point fait pour durer, et que « la paix de son esprit n'était pas suffisamment garantie par la philosophie contre les blessures de la fortune. » En d'autres termes, David Hume était pauvre, quoique son père et sa mère descendissent de fort bonnes et nobles familles écossaises.

Élevé par sa mère, restée veuve avec deux autres enfants, David Hume paraît avoir reflété, au moral comme au physique, les traits délicats de cette personne supérieure. Il est de la famille de ces rares génies qui ont dû à leur mère la meilleure partie d'eux-mêmes. « C'était une femme d'un rare mérite, dit-il lui-même dans son *Autobiographie*, qui, quoique jeune et belle, se dévoua tout entière à l'éducation de ses enfants[1]. » Le biographe de David Hume, Burton, écrit de son côté : « Son portrait, que j'ai eu sous les yeux, est celui d'une personne un peu chétive, mais agréable, et il trahit une grande *finesse d'esprit*[2]. » Enfin Hume a témoigné que sa mère « avait précisément le même tempé-

---

1. *La Vie de David Hume*, écrite par lui-même. Traduite de l'anglais (par Suard). A Londres, 1777, p. 5.
2. *Life*, I, 294 n. *expressive of great intellectual acuteness.*

rament que lui; » il mourut de la même maladie que sa mère. Hume n'avait pas toujours été le « gros David » à qui l'on fit si grande fête en France, à la cour et à la ville, vers le milieu du dernier siècle. Jeune, il n'avait guère que la peau sur les os. Pâle et chétif, miné par le scorbut, il se consumait dans ses interminables lectures d'auteurs anciens. Ces lectures, il les choisissait lui-même : Hume fut un véritable autodidacte ; il ne doit rien ou presque rien aux universités.

Cet amour pour l'étude fit croire aux siens que le barreau était un état qui lui pourrait convenir, car il lui fallait un état. Mais telle était l'insurmontable aversion qu'il ressentait pour tout autre objet que pour les recherches de la philosophie et de la littérature, que, tandis que ses parents le croyaient occupé à méditer sur Voet et sur Vinnius, « c'étaient les ouvrages de Cicéron et de Virgile qu'il dévorait en secret. » Plusieurs années s'écoulent ; il part pour Bristol avec des lettres de recommandation pour des négociants considérables ; mais, au bout de quelques mois, il découvre que le commerce ne lui convient pas mieux que le droit.

C'est alors qu'il passa en France, à vingt-trois ans, avec le dessein de continuer ses études dans quelque retraite, à la campagne et en province. Voici le plan de vie qu'il adopta dès lors et qu'il s'applaudissait, peu de jours avant sa mort, d'avoir constamment suivi : « Je pris le parti de suppléer à mon manque de fortune par une extrême sobriété, de conserver mon indépendance intacte et de regarder avec dédain tout ce qui ne tendrait pas à perfectionner mes talents littéraires. »

Les trois années de son premier séjour en France, Hume en a toujours gardé le plus agréable et plaisant souvenir. Il avait apporté les matériaux, rassemblés en Écosse, de son *Traité de la nature humaine*. Il le rédigea en partie à Reims, mais surtout à La Flèche, en Anjou, où il se lia avec les jésuites du célèbre collège. Malheureusement le succès ne répondit pas à la grandeur de l'effort, et l'une des plus profondes analyses de l'esprit humain tomba tout à plat en naissant. Tel était, d'ailleurs, le sort réservé à la plupart des ouvrages de David Hume. Mais il se releva toujours de ces coups de la fortune, et finit même par la vaincre.

Hume était revenu en Écosse, auprès de sa mère et de son frère, sorte de gentilhomme fermier. Là, à la campagne, Hume se remit à l'étude du grec; il fit imprimer à Édimbourg ses *Essais de morale et de politique* (1742); cette fois, et par exception, l'ouvrage fut bien accueilli du public. Deux ans plus tard, quelques amis de Hume s'employèrent pour le faire nommer à la chaire de philosophie morale de l'Université d'Édimbourg. On ne manqua pas d'élever contre le philosophe l'accusation « d'hé-

résie, de déisme, de scepticisme, d'athéisme, etc. »
C'est là une vieille histoire toujours nouvelle. Dès qu'un penseur original paraît dans le monde, les sots l'injurient d'instinct, comme les chiens hurlent à la lune. Hume, qui avait toujours un peu désiré d'être *scholar*, semble avoir espéré de réussir. Un moment, il se félicite, non sans vanité, de voir ces accusations mises à néant par le témoignage favorable de « toute la bonne société d'Édimbourg. »

Mais, néanmoins, dit très bien Huxley, le conseil de la ville ne voulut pas de lui, et « choisit pour occuper la place une nullité orthodoxe. » A la bonne heure ! Il fallait un philosophe, on prit un théologien : c'était dans l'ordre des choses humaines.

A trente-quatre ans, Hume n'avait pas encore d'état. Appelé auprès du marquis d'Annandale en Angleterre, dont les parents désiraient confier la direction au philosophe, Hume passa un an avec ce seigneur : il remarque seulement que ses « appointements contribuèrent à accroître sa petite fortune. » Le général Saint-Clair, qui avait déjà invité David Hume à le suivre, en qualité de secrétaire, dans une expédition contre le Canada, lui proposa bientôt de l'accompagner au même titre dans son ambassade militaire aux cours de Vienne et de Turin. Hume accepta, non sans regrets, car il laissait derrière lui des études interrompues qu'il n'aurait peut-être plus le loisir de reprendre. Mais le soin de sa fortune exigeait ce sacrifice. Aussi bien, roulant depuis longtemps dans sa tête le projet de consacrer à la composition de quelques livres d'histoire les années de sa maturité, il était bien aise au fond de voir « les cours et les camps. »

Le philosophe revêtit donc, comme avait fait Descartes, l'habit militaire, mais il était d'une telle corpulence dans son costume écarlate, qu'il avait l'air d' « un épicier de la garde nationale. » C'est du moins l'effet qu'il produisit sur lord Charlemont, qui le rencontra à Turin dans ce bel équipage. Hume était le premier à se divertir de sa tournure. Il raconte lui-même combien il sut gré à l'impératrice douairière, lors de la réception de l'ambassade, de l'avoir dispensé de la saluer en marchant à reculons : ses compagnons craignaient terriblement qu'il ne lui arrivât de tomber sur eux et de les écraser !

Hume fut deux ans aide de camp du général Saint-Clair. « Ces deux années, a-t-il écrit, ont été presque les seules interruptions qu'il y ait eu dans mes études pendant le cours de ma vie. » Il avait pourtant trouvé le loisir de refondre la première partie de son *Traité de la nature humaine* dans ses *Recherches sur l'entendement humain*, qui furent publiées durant son séjour à Turin, mais sans plus de succès. Une nouvelle édition qu'il fit à Londres de ses *Essais de morale et de politique* eut le même destin. Il revint en Écosse, dans le petit manoir de Ninewells, auprès de sa sœur et de son frère; sa mère, tant pleurée! n'était plus. Il s'enfonça avec plus d'ardeur que jamais dans l'étude et composa, en ces années (1749-1752), *les Dialogues sur la religion naturelle, la Recherche sur les principes de la morale, les Discours politiques.*

Hume avait passé la quarantaine. Le succès des *Discours politiques*, qui fut très vif, attira l'attention sur les autres ouvrages du philosophe, sinon sur le « malheureux *Traité.* » Ses économies, lentement accumulées, se montaient à mille livres. Sa sœur, qui vint le rejoindre à Édimbourg, ajouta au revenu commun une somme de trente livres par an, si bien que David Hume se trouvait heureux et parlait volontiers de son train de vie avec un sincère enjouement, relevé d'une pointe d'humour.

« Je veux me réjouir et triompher avec vous un peu, écrivait-il au docteur Cléphane, de ce que, aujourd'hui enfin, — ayant dépassé la quarantaine, — à l'honneur de la science, de ce siècle et au mien, je suis parvenu à la dignité de chef de famille. Depuis sept mois environ, je suis à la tête d'un ménage régulier et complet, qui se compose d'un chef, c'est-à-dire moi-même, et de deux membres subalternes, une servante et un chat. Depuis, ma sœur est venue se joindre à moi, et elle me tient compagnie. Avec de la frugalité, je suis sûr d'avoir un ménage propre, de quoi me chauffer, m'éclairer, enfin l'abondance et le contentement. Que voulez-vous avoir de plus? L'indépendance? Je la possède à un suprême degré. Les honneurs? Ils ne me font pas absolument défaut. La grâce? Elle viendra à son heure. Une femme? Ce n'est pas une des nécessités indispensables de la vie. Des livres? Ceci est une de ces nécessités, mais j'en ai plus que je n'en peux lire. Bref, je ne vois pas de plaisir important dont je ne jouisse plus ou moins; de sorte que, sans grand effort de philosophie, je puis m'estimer heureux et satisfait.

« Comme il n'y a pas de bonheur sans travail, je viens de commencer un ouvrage qui m'occupera plusieurs années et qui me procure beaucoup de plaisir... »

Cependant, une petite place de bibliothécaire étant devenue vacante à la bibliothèque du corps des avocats d'Édimbourg, on parla de nommer David Hume à cette charge. Aussitôt, la guerre de se rallumer contre l'impie; chrétiens et déistes de se menacer; bref, il ne fut bruit dans la paisible ville d'Édimbourg que du scandale de cette élection. Mais cette fois le bon David eut les femmes de son côté; elles se déclarèrent énergiquement. « C'est à leurs sollicitations, avoue-t-il, que je dois en grande partie mon succès. » Il fut élu à une forte majorité. Mais sait-on quel fruit il recueillit de cette victoire signalée? Quarante livres par an, encore n'est-il pas sûr d'avoir souvent touché cette somme mesquine. Il eut, il est vrai, la ressource de puiser dans les trésors d'une grande bibliothèque ; il entreprit d'écrire une histoire d'Angleterre.

On sait quelle tempête de malédictions, quels cris de colère et de haine accueillirent le premier volume de cette œuvre devenue classique : « Anglais, Écossais et Irlandais, whigs et tories, hommes d'église et sectaires, libres penseurs et orthodoxes, patriotes et courtisans, tous s'unirent dans leur fureur contre un homme qui avait été assez audacieux pour verser une larme généreuse sur la mort de Charles Ier et le comte de Strafford; et lorsque le premier feu de leur colère fut éteint, chose plus mortifiante encore, le livre parut tomber dans l'oubli. M. Millar me dit que, dans un espace de douze mois, il n'en a vendu que quarante-cinq exemplaires. Je ne sais pas, ajoute David Hume, s'il y a eu dans les trois royaumes un seul homme, considérable par le rang ou par la science, qui ait pu supporter la lecture de mon livre[1]. »

A son ordinaire, le philosophe fut peu ému de ces clameurs, et, après un moment de découragement, pendant lequel il songea à se retirer dans quelque ville de France, il reprit la plume et publia, en 1756,

---

1. *Hume*, par Th. Huxley, p. 45. *La Vie de David Hume*, p. 21.

deux ans après la chute du premier volume, le second volume de son *Histoire*. Les autres parties de l'œuvre furent accueillies tour à tour avec faveur ou défaveur, mais, en somme, ce fut un succès, et le philosophe écossais, toujours pratique et positif, avoue que l'argent qui lui fut versé par les libraires alla fort au delà de ce qu'on avait jamais vu en Angleterre. Il n'était pas seulement devenu indépendant : il était riche. Hume avait plus de cinquante ans; retiré à Édimbourg, il comptait y passer le reste de sa vie dans la méditation et le repos, lorsqu'il reçut, en 1763, de lord Hertford, avec qui il n'avait jamais eu aucune accointance, la proposition de l'accompagner en France, dans son ambassade, pour y remplir les fonctions de secrétaire.

David Hume arriva en France le 14 octobre 1763 : la renommée l'y avait précédé; quelques-uns de ses traités de philosophie, traduits en français, avaient remplacé sur les toilettes des femmes les livres de Fontenelle et ceux de Voltaire. Il avait échangé des lettres avec Montesquieu, Helvétius, Turgot; il écrivait à la duchesse de Choiseul, à la comtesse de Boufflers; aux soupers de madame Geoffrin et dans les salons qui s'ouvraient tout grands devant lui, Hume avait joui du commerce de ces « gens de lettres » qu'il aimait si fort, les délices du genre humain, d'Alembert surtout, Buffon, Diderot,

Duclos, d'Holbach, Raynal, Galiani, Marmontel, Suard, Malesherbes, La Condamine, Caraccioli, Vanloo, le vieux président Hénault, bref, tout ce qui avait alors un nom dans la littérature ou dans la science. L'empressement si naturel qu'on mit à bien accueillir le philosophe écossais se changea même en une sorte d'engouement public. « Il n'y avait aucune manie dominante dans ce pays lorsqu'il y est arrivé, écrivait madame d'Epinay en parlant de Hume; on l'a regardé comme une trouvaille dans cette circonstance, et l'effervescence de nos jeunes têtes s'est tournée de son côté. » David Hume s'en doutait bien un peu; il attribue modestement aux effets de la mode cet enthousiasme des Français pour sa personne et pour ses idées. « Ceux qui n'ont jamais connu les étranges effets de la mode, dit-il dans son *Autobiographie*, pourront difficilement concevoir l'accueil que je reçus, à Paris, des hommes et des femmes de tous les rangs et de tous les états. Plus je me dérobais à leur excessive politesse, plus j'en étais accablé. On trouve cependant, en vivant à Paris, une satisfaction bien réelle dans la société d'un grand nombre de personnes spirituelles, instruites et polies, dont cette ville abonde plus qu'aucun lieu de l'univers. »

Les femmes firent fête au philosophe; elles se l'arrachaient, le louaient tout haut, admiraient sa candeur, sa bonhomie, la naïve simplicité de ses manières. Peut-être même s'en amusèrent-elles quelque peu. Mais lui, le gros philosophe écossais, se plaisait dans leur société et prenait son martyre en patience. Voici un billet que lui adressait madame Geoffrin :

« Il ne vous manque plus, mon gros drôle, pour être un parfait petit-maître, que de jouer le beau rigoureux en ne faisant pas de réponse à un billet doux que je vous ai écrit par Gatti. Et, pour avoir tous les airs possibles, vous voulez vous donner celui d'être modeste[1]. »

On rencontrait Hume chez l'amie de d'Alembert, mademoiselle de Lespinasse ; chez madame Le Page du Boccage, qui n'avait garde d'oublier de lui offrir « un recueil de ses ouvrages, » afin de pouvoir l'entretenir de sa *Colombiade* et de ses *Amazones;* chez la comtesse de Boufflers, chez madame du Deffand. Il déplut à l'aveugle clairvoyante, ce qui se conçoit de reste, quand on songe que le philosophe était un adorateur de madame de Boufflers. Henri Walpole était aussi indiposé du bruit que faisait Hume à Paris ; il laisse paraître en secret quelque jalousie et malveillance, encore que Hume le crût son ami. Le gros David était trop heureux

---

1. *Life and Corresp. of David Hume,* II, 211. En *fac-simile* chez l'auteur anglais.

pour s'en apercevoir : il enveloppait le monde entier dans une universelle bienveillance. « C'est un excellent homme que David Hume, écrivait Grimm à cette époque[1] : il est naturellement serein, il entend finement, il dit quelquefois avec sel, quoiqu'il parle peu, mais il est lourd, il n'a ni chaleur, ni grâce, ni agrément dans l'esprit, ni rien qui soit propre à s'allier au ramage de ces charmantes petites machines qu'on appelle jolies femmes. »

Il en était pour Hume de certains sentiments bas et mesquins, tels que la jalousie, comme de certaines doctrines extrêmes : il ne les soupçonnait pas chez les autres, il ne les croyait même pas possibles, parce qu'il ne les avait jamais connus. C'est ainsi qu'il témoignait très naïvement n'avoir jamais rencontré d'athées. Samuel Romilly nous a conservé, à ce propos, l'anecdote suivante, qu'il tenait de la bouche même de Diderot : « Je vous dirai un trait de lui, mais il vous sera un peu scandaleux peut-être, car vous autres Anglais, vous croyez *un peu* en Dieu; pour nous autres, nous n'y croyons guère. Hume dîna avec une grande compagnie chez le baron d'Holbach. Il était assis à côté du baron; on parla de la religion naturelle. « Pour les athées, disait Hume, je ne crois pas qu'il en existe : je n'en ai jamais vu. » — « Vous avez été un peu

---

1. *Correspondance littéraire*, 1ᵉʳ janvier 1766.

malheureux, répondit l'autre; vous voici à table avec dix-sept pour la première fois![1]. »

David Hume, je l'ai dit, paraissait fort s'accommoder de ce train de vie toute mondaine, de ces soupers fins et de ces fêtes où la cour et la ville se disputaient l'honneur de se surpasser. A l'Opéra, on voyait sa large face insignifiante entre deux jolis minois. Dans les salons, les femmes lui confiaient des rôles dans les pantomimes et les tableaux vivants, mais il trompait souvent l'espoir qu'on avait conçu de ses talents en ce genre. C'était le moment où les cafés faisaient fureur. Le jeu de société qu'on appelait ainsi consistait à recevoir ses invités dans une salle où l'on avait placé plusieurs petites tables garnies de cartes, de damiers, de tric-tracs, de bière, d'orgeat, etc. Ce café improvisé était tenu par la maîtresse de la maison, vêtue à l'anglaise, robe simple et courte, tablier de mousseline, fichu pointu et petit chapeau; devant elle, une table longue, en forme de comptoir, sur laquelle on trouve des oranges, des biscuits, des brochures et tous les papiers publics[2]. En outre, on jouait, dans ces cafés, des pantomimes, on y représentait des proverbes. Madame d'Épinay, à qui nous emprun-

---

1. *Mémoirs of the Life of sir Samuel Romilly...* with a selection from his correspondence (London, 1840), I, 179.
2. *Mémoires et correspondance* de madame d'Épinay (Paris, 1818, III, 352).

tons les traits pittoresques de cette description, raconte précisément quelle figure lamentable fit, le soir même de ses débuts dans ce genre d'amusement auquel toutes les jolies femmes l'avaient décidé propre, le « grand et gros historiographe d'Angleterre. »

« Il fit ses débuts, dit madame d'Épinay, chez madame de T...; on lui avait destiné le rôle d'un sultan assis entre deux esclaves, employant toute son éloquence pour s'en faire aimer; les trouvant inexorables, il devait chercher le sujet de leurs peines et de leur résistance : on le plaça sur un sofa, entre les deux plus jolies femmes de Paris; il les regarda attentivement, il se frappa le ventre et les genoux à plusieurs reprises, et ne trouva jamais autre chose à leur dire que : « Eh bien! mesdemoiselles!... Eh bien! vous voilà donc!... Eh bien! vous voilà, vous voilà ici? » — Cette phrase dura un quart d'heure, sans qu'il pût en sortir. Une d'elles se leva d'impatience. « Ah! dit-elle, je m'en étais bien doutée, cet homme n'est bon qu'à manger du veau! » Depuis ce temps, Hume fut relégué au rôle de spectateur.

Quand il repassa en Angleterre, dans les premiers jours de 1766, Hume emmena avec lui un très singulier compagnon : je veux parler de Jean-Jacques Rousseau. Depuis le milieu de décembre, les Parisiens l'avaient vu se promener en habit d'Arménien au Luxembourg et sur les boulevards. Il existait un décret de prise de corps ; le ministère fut choqué de cette affectation de se montrer au public ; la police pressa le départ de Jean-Jacques[1]. Il avait traversé le royaume pour aller demander à l'Angleterre un asile, une « retraite solitaire et libre où il pût finir ses jours en paix », puisque ses ennemis acharnés le chassaient encore du comté de Neuchâtel. Tous les protecteurs actuels du philosophe, la comtesse de Boufflers, la marquise de Verdelin, mylord Maréchal, le prince de Conti, approuvaient ce voyage.

Aussi bien, c'était la seconde fois que le bon David, touché des malheurs de Rousseau, lui offrait l'hospitalité en Écosse. Comme il le croyait beaucoup plus pauvre qu'il n'était, il n'est point d'innocents artifices, de ruses touchantes, auxquels il n'eût recours dans sa sollicitude pour assurer, sans qu'il en prît ombrage, le vivre et le logement au philosophe génevois. Il l'établit dans une maison des champs, appelée Wootton, qui appartenait à un gentilhomme distingué, M. Davenport. Rousseau payait à celui-ci, pour lui et pour sa gouvernante, une modique pension. A l'époque de l'année où Rousseau arriva dans le comté de Derby, le froid était rigoureux, les chemins étaient couverts de neige, et le vent du Nord coupait le visage du pro-

---

1. *Corrrespondance littéraire* de Grimm, 1ᵉʳ janvier 1766.

meneur solitaire. Néanmoins, ivre de liberté, Rousseau déclarait dans ses lettres qu'il aimerait mieux habiter un terrier que le plus bel appartement de Londres.

Jean-Jacques était heureux, et, tout entier à l'effusion de sa reconnaissance, il écrivait à son « cher patron, » à son protecteur, à David Hume : « Faire un homme heureux, c'est mériter de l'être. Puissiez-vous trouver en vous-même le prix de tout ce que vous avez fait pour moi! Seul, j'aurais pu trouver de l'hospitalité, peut-être ; mais je ne l'aurais jamais aussi bien goûtée qu'en la tenant de votre amitié. Conservez-la moi toujours, mon cher patron, aimez-moi pour moi, qui vous dois tout; pour vous-même ; aimez-moi pour le bien que vous m'avez fait. Je sens tout le prix de votre sincère amitié ; je la désire ardemment ; j'y veux répondre par toute la mienne, et je sens dans mon cœur de quoi vous convaincre un jour qu'elle n'est pas non plus sans quelque prix. » (22 mars 1766.)

Survint la publication, dans les journaux anglais, d'une prétendue lettre du roi de Prusse, qu'Horace Walpole avait forgée à Paris, trois semaines avant le départ de David Hume et de Rousseau. On connaît ce document, fort haineux à coup sûr, mais si visiblement apocryphe que personne ne pouvait prendre le change. Rousseau répliqua avec aigreur aux journaux ; il soupçonnait d'Alembert d'être

l'auteur de cette pièce, mais il était convaincu que
« l'imposteur avait des complices en Angleterre »;
en d'autres termes, il soupçonnait l'homme auquel,
huit jours avant, il avait écrit la lettre la plus affectueuse, il soupçonnait David Hume d'être l'auteur
de cette atroce plaisanterie! Tout à coup, sans transition aucune, et dans le temps même où il travaillait à rendre à Rousseau les services les plus
essentiels, à lui faire obtenir une pension du roi
d'Angleterre, David Hume devint un traître, le plus
faux et le plus méchant des hommes!

Il y a là un problème de psychologie assez complexe, en tous cas fort curieux. La publication de
la prétendue lettre du roi de Prusse a été l'étincelle
qui a déterminé l'explosion; mais la mine était
chargée. Tôt ou tard, le bon Écossais aurait éprouvé
le sort commun à tous les bienfaiteurs de Rousseau.
Cet homme ne pouvait porter huit jours le fardeau
écrasant de la reconnaissance. L'orgueil et l'ingratitude, voilà, disait-on, le fond de sa nature. Mais
c'est le fond commun de la nature humaine qu'il
fallait dire, non de celle de Rousseau en particulier.
Les poètes et les philosophes manifestent seulement
avec plus de force et d'éclat les sentiments qui sont
le propre de l'âme humaine. Nul n'a reçu un bienfait sans se sentir humilié, et l'orgueil est encore
la plus haute vertu de notre cœur.

Après tant de traverses, un homme vulgaire se

serait réfugié dans cette médiocrité vantée des sages, il aurait joui en paix des biens modestes qu'il devait à l'amitié. Mais c'est l'honneur de Rousseau de n'avoir jamais trouvé ni repos ni contentement en ce monde. Cette inquiétude perpétuelle, cette douloureuse anxiété, ces soupçons qui le mordaient au cœur et empoisonnaient son existence, quelle nature sensible, exaltée par l'étude et la méditation, ne les a éprouvés? Et qu'on ne dise pas que ces pensées mauvaises calomnient la nature humaine; car, quelque mal qu'on en dise, la nature humaine est la seule chose qu'on ne puisse jamais calomnier. Il faut avoir jeté parfois la sonde aux profondeurs de l'âme pour savoir ce qu'on en retire de lâcheté, d'hypocrisie, d'écœurante sottise, d'immondices sans nom.

Ce ne sont pas seulement les vertus épanouies en leur fleur qui, dès qu'on les suit jusque dans leur racine, ne sont plus qu'égoïsme : quelle réputation, quelle gloire n'est pas faite de charlatanisme? Quelle âme hardie et fière, partie pour la conquête de l'idéal, ne s'est arrêtée à mi-côte, sous peine de n'être pas suivie par ce troupeau de porcs à l'engrais qu'on appelle la société? Voilà des vérités qu'il déplaît d'entendre. Rousseau eut le tort de les dire. Il en porta la peine. Mais son pessimisme pratique n'avait que de trop solides fondements. Un monde où il faut être dupeur ou dupé, où l'effronterie, l'impudence sont un avantage, la sincérité et la droiture un défaut; où le mérite se mesure au succès, et où l'homme médiocre non seulement l'emporte, mais a seul le droit d'exister, un pareil monde ne peut durer et se perpétuer que par la sottise et les plus bas instincts de la brute!

Néanmoins, je l'avoue, David Hume était le dernier des hommes qu'on pût avec vraisemblance accuser d'une si noire trahison. Les vues pessimistes de Rousseau étaient vraies de l'espèce; appliquées à l'individu, elles sont souvent fausses. Non pas qu'on ne découvre dans chaque homme des traces de son caractère spécifique, mais les mêmes ingrédients qui entrent dans la composition de la nature humaine se rencontrent à doses trop variables, et il y faudrait une chimie plus subtile que toute celle des moralistes.

Quoi qu'il en soit, dès qu'on apprit à Paris la brouillerie de Jean-Jacques avec Hume, « toute autre nouvelle, dit Grimm, fut rayée de la liste des sujets d'entretien pendant plus de huit jours, et la célébrité des deux combattants, qu'on se flattait de voir incessamment aux prises, absorba toute l'attention du public... Une déclaration de guerre entre deux grandes puissances de l'Europe n'aurait pu faire plus de bruit que cette querelle [1] ». L'étonnement

1. *Correspondance littéraire*, 15 octobre 1766.

du public redoubla quand on connut les griefs bizarres, vraiment extravagants, du philosophe génevois, exposés tout au long en cette lettre éloquente que Hume publia, avec les autres pièces du procès, dans une brochure intitulée : *Exposé succinct de la contestation qui s'est élevée entre M. Hume et M. Rousseau, avec les pièces justificatives.* (Londres, 1766.)

Toujours placide et calme, le bon Écossais s'épuise à demander au solitaire de Wootton ce qu'il a pu faire pour encourir une telle disgrâce. Je note seulement qu'il n'y a pas un seul élan du cœur dans les lettres de David Hume à Rousseau. L'Écossais est d'une correction froide et polie, il est même légèrement dédaigneux, il éprouve une compassion réelle pour Rousseau; il ne le condamne pas, comme Walpole et tant d'autres; il le plaint plutôt, avec d'Alembert; il incline tout à fait à admettre que c'est une de ces « têtes faibles qui flottent continuellement entre la raison et la folie, » sentiment plus juste et plus profond qu'on ne saurait dire, et où paraît bien le grand psychologue.

Rien de plus fantastique que les griefs imaginaires de Jean-Jacques. Ainsi, le premier des crimes de David Hume, c'est d'avoir, un soir, regardé Rousseau d'une certaine manière; le second, c'est d'avoir prononcé en rêvant le nom du philosophe génevois. Il faut entendre Rousseau lui-même raconter, avec son admirable éloquence, ces incroyables hallucinations de la fièvre ou du délire.

« Après le souper, gardant tous deux le silence au coin du feu, écrit Rousseau en parlant de lui-même et de David Hume, je m'aperçois qu'il me fixe, comme il lui arrivait souvent, et d'une manière dont l'idée est difficile à rendre. Pour cette fois, son regard sec, ardent, moqueur et prolongé, devint plus qu'inquiétant. Pour m'en débarrasser, j'essayai de le fixer à mon tour; mais, en arrêtant mes yeux sur les siens, je sens un frémissement inexplicable, et bientôt je suis forcé de les baisser. La physionomie et le ton du bon David sont d'un bon homme, mais où, grand Dieu! ce bon homme emprunte-t-il les yeux dont il fixe ses amis ?

« L'impression de ce regard me reste et m'agite; mon trouble augmente jusqu'au saisissement : si l'épanchement n'eût succédé, j'étouffais. Bientôt un violent remords me gagne; je m'indigne de moi-même; enfin, dans un transport que je me rappelle encore avec délices, je m'élance à son cou, je le serre étroitement; suffoqué de sanglots, inondé de larmes, je m'écrie d'une voix entrecoupée : « Non, non, David Hume n'est pas un traître; s'il « n'était le meilleur des hommes, il faudrait qu'il « en fût le plus noir. » David Hume me rend poliment mes embrassements, et, tout en me frappant de petits coups sur le dos, me répète plusieurs fois

d'un ton tranquille : « Quoi, mon cher monsieur!
« Eh! mon cher monsieur! Quoi donc? mon cher
« monsieur! »

Voici maintenant le second crime de David
Hume. Les longs et funestes regards de l'Écossais
reparaissent dans le récit, ainsi que les petits coups
sur le dos; c'est un genre d'obsession qu'on observe
souvent dans les cliniques de maladies mentales,
et qu'Edgar Poë a rendu avec une intensité si troublante dans quelques-unes de ses *Nouvelles*.

« C'était la première nuit qui suivit notre départ
de Paris. Nous étions couchés dans la même chambre, et, plusieurs fois dans la nuit, je l'entendis
s'écrier en français, avec une véhémence extrême:
Je tiens Jean-Jacques Rousseau. J'ignore s'il veillait ou s'il dormait[1]. L'expression est remarquable
dans la bouche d'un homme qui sait trop bien le
français pour se tromper sur la force et le choix
des termes. Cependant je pris, et je ne pouvais
manquer alors de prendre ces mots dans un sens
favorable, quoique le ton l'indiquât encore moins
que l'expression : c'est un ton dont il m'est impossible de donner l'idée, et qui correspond très bien

---

1. Je ne saurais répondre de ce que je dis en rêvant, et je sais encore moins si c'est en français que je rêve; mais M. Rousseau, qui ne sait pas si je dormais ou si je veillais quand je prononçais ces terribles paroles, avec une si terrible voix, est-il certain d'avoir été bien éveillé lorsqu'il les a entendues? — *Note de David Hume.*

aux regards dont j'ai parlé. Chaque fois qu'il dit ces mots, je sentis un tressaillement d'effroi dont je n'étais pas le maître; mais il ne me fallut qu'un moment pour me remettre et rire de ma terreur. Dès le lendemain, tout fut si parfaitement oublié, que je n'y ai pas même pensé durant tout mon séjour à Londres et au voisinage. Je ne m'en suis souvenu qu'ici, où tant de choses m'ont rappelé ces paroles et me les rappellent, pour ainsi dire, à chaque instant.

« Ces mots, dont le ton retentit sur mon cœur comme s'ils venaient d'être prononcés, les longs et funestes regards tant de fois lancés sur moi, les petits coups sur le dos avec les mots de *Mon cher monsieur* en réponse au soupçon d'être un traître, tout cela m'affecte à un tel point après le reste, que ces souvenirs, fussent-ils les seuls, fermeraient tout retour à la confiance, et il n'y a pas une nuit où ces mots : *Je tiens Jean-Jacques Rousseau*, ne sonnent encore à mon oreille comme si je les entendais de nouveau[1]. »

Flegmatique et positif comme on le connaît, on pense bien que David Hume ne se tourmenta point davantage des imaginations déréglées de son ami. Il revint à Édimbourg, résolu, comme autrefois, à s'ensevelir dans une retraite philosophique; mais,

---

1. *Exposé succinct de la contestation*, etc., p. 69 et 103.

dans le même temps, ses amis l'appelèrent aux fonctions de sous-secrétaire d'État, fonctions qu'il exerça à Londres, de 1767 à 1769. Dans ce nouveau poste encore, David Hume s'arrangea une existence assez agréable. Nous le voyons à la secrétairerie, où il paraissait régulièrement de dix heures à trois heures, ouvrir les dépêches venues de tous les points du monde : de l'Europe, de l'Asie, de l'Afrique et de l'Amérique. Rarement pressé, lui-même nous l'apprend, il avait le loisir de parcourir un livre, d'écrire une lettre privée, de s'entretenir avec un ami. Il désirait pourtant d'être déchargé de cet office, tant la plus légère dépendance lui pesait. L'idéal de sa seizième année, le rêve de la vie bienheureuse qu'il avait fait enfant au manoir de Ninewells, il l'exprimait encore, presque dans les mêmes termes, à soixante ans, au déclin de ses jours. « Lire, flâner, rêver, sommeiller, ce que j'appelle penser, voilà, disait-il, mon suprême bonheur, j'entends ma complète satisfaction. »

David Hume était riche, opulent même ; il se fit construire une maison dans les quartiers neufs d'Édimbourg, et là, loin de Londres et des Anglais, qu'il n'aimait pas, loin des « barbares des rives de la Tamise[1], » au milieu de la société brillante et polie de la capitale de l'Écosse à cette époque, par-

---

1. *Life*, II, 196.

mi ses amis, dont Adam Smith était le meilleur et le plus digne, David Hume termina ses jours dans une vie d'aimable et gai épicurien. Sa santé déclinait : dès le printemps de 1775, il fut pris d'un mal d'entrailles (sans doute d'une hémorrhagie intestinale) qui ne lui laissa guère d'espoir de guérir. C'est alors qu'il composa son *Autobiographie*, sorte de testament philosophique dont la conclusion, a très bien dit Huxley, est un des adieux à la vie les plus courageux, les plus simples, les plus dignes qui existent.

« Je m'attends maintenant à une prochaine dissolution. Cette maladie a été accompagnée de très peu de douleur ; et, ce qui est plus étrange, je n'ai jamais senti, malgré le dépérissement de toute ma personne, un seul instant d'abattement de l'âme ; en sorte que s'il me fallait dire quel est le temps de ma vie que j'aimerais mieux revivre, je serais tenté d'indiquer cette dernière période. Je n'ai jamais eu, en effet, plus d'ardeur pour l'étude ni plus de gaieté en société. Je considère d'ailleurs qu'un homme de soixante-cinq ans ne fait, en mourant, que se dérober à quelques années d'infirmité ; et, quoique plusieurs circonstances puissent me faire espérer de voir ma réputation littéraire acquérir un peu plus d'éclat, je sais que je n'aurais que peu d'années à en jouir. Il est difficile d'être plus détaché de la vie que je le suis à présent.

« Je terminerai ceci en historien exact, par la peinture de mon caractére. Je suis ou plutôt j'étais (car c'est le ton que je dois prendre maintenant en parlant de moi, et qui m'enhardit même à dire ce que je pense), j'étais, dis-je, un homme d'humeur douce, maître de moi-même, d'un caractère ouvert, sociable, enjoué, capable d'amitié, mais peu susceptible de haine, et très modéré dans toutes mes passions. Le désir même de la renommée littéraire, qui a été ma passion dominante, n'a jamais aigri mon caractère, malgré les fréquents revers que j'ai éprouvés. Ma conversation n'était désagréable ni aux jeunes gens, ni aux oisifs, ni aux hommes studieux et instruits; et comme je trouvais un plaisir particulier dans la société des femmes honnêtes, je je n'ai pas eu lieu d'être mécontent de la manière dont j'en ai été traité. En un mot, quoiqu'il n'y ait guère eu d'hommes distingués, en quelque genre que ce soit, qui n'aient eu à se plaindre de la calomnie, je n'ai jamais senti l'atteinte de sa dent envenimée; et quoique je me sois exposé assez légèrement à la rage des factions politiques et religieuses, elles ont paru se dépouiller en ma faveur de leur férocité ordinaire. Mes amis n'ont jamais eu besoin de justifier aucune circonstance de ma conduite ni de mon caractère : ce n'est pas que les dévots, comme on peut bien le croire, n'eussent été disposés à fabriquer et à répandre des fables à mon désavantage, mais ils n'ont jamais pu en inventer une seule qui eût quelque apparence de probabilité.

« Je ne puis pas dire qu'il n'y ait point de vanité à faire ainsi ma propre oraison funèbre, mais j'espère que, du moins, on ne le trouvera pas hors de propos : c'est un point de fait qui va être bientôt éclairci. — Ce 18 avril 1777[1]. »

Hume survécut quelques mois encore, jusqu'au 27 août. Adam Smith a rapporté les derniers entretiens du philosophe avec ses amis. Nulle trace de tristesse fâcheuse et lugubre. C'est avec une sorte de simplicité antique, avec une sérénité souriante que David Hume se dirigea vers la sombre barque. Il venait justement de relire les *Dialogues des Morts*, de Lucien, et il convenait avec enjouement que, des différents prétextes allégués par les morts pour différer le voyage, pas un seul n'eût pu lui convenir : il n'avait pas de fille à pourvoir, de maison à finir, d'ennemi à punir. Il s'amusa un jour (c'était le 8 août), au milieu de ses amis, à forger diverses excuses plaisantes, et voici le dialogue qu'il imagina : « Mon bon Caron, j'ai corrigé mes ouvrages pour en faire une nouvelle édition; donnez-moi le temps de voir comment le public recevra ces changements. » Mais j'entends Caron me répondre :

---

1. *La Vie de David Hume* (Londres, 1777) p. 35.

« Quand vous auriez vu l'effet de ces changements, vous voudriez en faire d'autres. Il n'y aurait point de fin à de pareils prétextes; ainsi, l'ami, entrez dans ma barque. » Je pourrais insister et lui dire : « Un peu de patience, honnête Caron : j'ai travaillé à ouvrir les yeux du genre humain; en vivant quelques années de plus, je pourrais avoir le plaisir de voir les hommes délivrés de quelques-uns des maux que la superstition leur a faits. » Mais Caron alors n'entendrait plus raison, et me crierait : « Ce que tu dis n'arrivera pas de cent ans. Crois-tu que je t'attende jusque-là? Allons, allons, paresseux babillard, passe dans ma barque sans raisonner davantage. »

Le grand penseur écossais qui réveilla Kant du « sommeil dogmatique, » David Hume, domine aujourd'hui encore, par la hauteur de ses idées, toute notre conception des choses. Revenir à Kant, tel a été depuis vingt ans, surtout en Allemagne, le vœu presque unanime des naturalistes et des physiciens, des savants tels que Helmholtz. Mais revenir à Kant, c'était revenir à Hume : de là quelques bons livres publiés en ces derniers temps sur l'immortel auteur du *Traité de la nature humaine*, et, entre tous ces livres, l'excellente monographie d'un dévot de Hume, d'un naturaliste qui a usé à la lecture son exemplaire des œuvres du philosophe, d'un des savants les plus philosophes et des philosophes les plus savants de l'Angleterre, de Thomas Huxley[1]. C'est à coup sûr une bonne fortune pour un philosophe d'être jugé par un naturaliste. Quelque différents que soient les objets de leur étude, ils ont même méthode. Du moins, c'est le cas pour Hume, dont le fameux traité porte en sous-titre ces mots : *Essai pour introduire dans les questions morales la méthode expérimentale*. En d'autres termes, Hume estimait que les règles et les méthodes scientifiques suivies dans les recherches naturelles des physiciens devaient être appliquées à l'étude philosophique des opérations de l'esprit, si l'on voulait que les résultats de la « philosophie morale » eussent la solidité et la précision de ceux de la « philosophie naturelle. »

Dès l'introduction de son premier ouvrage, Hume invoquait l'expérience et l'observation comme le seul fondement véritable que l'on puisse donner à la science de l'homme. *Nous ne pouvons aller au delà de l'expérience;* il faut rejeter, comme présomptueuse et chimérique, toute hypothèse qui prétend découvrir les derniers principes des qualités de la nature humaine ; bref, « l'essence de l'esprit nous étant aussi inconnue que celle des corps extérieurs, il doit être également impossible de former

---

[1]. *Hume*, par Th. Huxley, membre de la Société royale de Londres. Traduit de l'anglais, par G. Compayré. Paris, 1880.

quelque notion des qualités et facultés de l'esprit autrement que par des *expériences* faites avec soin et exactitude, et d'après *l'observation* des effets particuliers résultant de circonstances et situations diverses. »

Le scepticisme mitigé de David Hume s'accorde avec le criticisme de Kant au moins en ceci, que toute connaissance réelle est limitée au monde des phénomènes tel que nous le révèle l'expérience. On ne saurait pousser plus loin que Hume la défiance à l'endroit des forces de l'esprit humain : c'est le « doute pyrrhonien » qui a délivré ce fils spirituel de Locke, et avec lui Kant, du dogmatisme de l'école, des questions abstruses et transcendantes. « Alors qu'il nous est impossible d'expliquer par de bonnes raisons pourquoi nous croyons, après mille expériences, qu'une pierre tombera ou que le feu brûlera, pouvons-nous avoir la prétention de nous satisfaire nous-mêmes dans nos efforts de conception touchant l'origine des mondes et sur la marche que suit la nature de l'éternité à l'éternité? »

La prédominance qu'accordait Hume à l'expérience et à l'observation dans la philosophie ne doit pas le faire compter parmi les ancêtres d'un certain système qui enseigne que, dans l'investigation de la nature, on doit aller des choses à l'esprit, non de l'esprit aux choses, méthode qui paraît rationnelle, mais qui est décevante ; car l'univers n'existe pour nous qu'en tant que nous le percevons, que nous nous le représentons de telle ou telle manière, et toute connaissance de ce qu'on appelle le monde ou la réalité est par conséquent saturée d'intelligence. C'est par l'effet d'une illusion que les différentes sciences nous paraissent des constructions indépendantes de l'esprit humain. Les mathématiques elles-mêmes, Hume l'a très bien vu, dépendent en quelque façon de la science de l'homme. « Il est évident, a-t-il écrit, que *toutes les sciences* ont un rapport plus ou moins grand avec la nature humaine, et, quelle que soit la distinction qui semble les séparer d'elle, elles y reviennent par un chemin ou par un autre. » Au fond, il n'y a d'autre science que la science de l'homme, et l'impossibilité où l'on est d'expliquer les premiers principes de cette science reparaît pour la même raison dans toutes les autres sciences.

La seule distinction admise par Hume, c'est que la philosophie naturelle peut provoquer les expériences quand et comme elle le veut, tandis que la philosophie morale doit se borner à recueillir les expériences et à noter les phénomènes au fur et à mesure qu'ils se présentent. A ce propos, le philosophe écossais a déjà indiqué très nettement ce que doit être cette partie capitale de la psychologie à laquelle on a quelquefois donné le nom d'éthologie[1], mais qu'on peut continuer à appeler philosophie morale : « Nous devons, dit Hume, dans cette science, glaner nos observations par une étude attentive de la vie humaine, et recueillir les faits comme ils se présentent à nous, dans le cours ordinaire du monde, à raison de la conduite des hommes dans la société, dans les affaires et dans les plaisirs. Le jour où les observations de cette espèce auront été judicieusement rassemblées et comparées, nous pourrons espérer de constituer avec ces faits une science qui ne sera pas inférieure en certitude, et qui sera peut-être supérieure en utilité à toute autre science de compétence humaine. »

J'ai prononcé le nom de psychologie. Qu'est-ce, en effet, que cette science de l'homme dont parle Hume, sinon la psychologie? Or, toutes les sciences ayant pour fondement la science de l'homme, c'est-à-dire la psychologie, on doit convenir que David Hume a fondé la philosophie sur la psychologie. Huxley n'a eu garde de négliger ce point de doctrine chez son auteur favori. Il en a même pris texte pour exposer quelques idées qui lui sont personnelles sur le rôle et la place de la philosophie dans la science. On ne peut dire que ce soit la doctrine

---

1. Nous avons essayé d'esquisser les premiers principes de cette science dans l'introduction de la seconde série de nos Études de psychologie, les *Portraits du* xviiie *siècle* (1879).

même de David Hume qu'a présentée Th. Huxley : c'est sans doute celle que le philosophe écossais professerait de nos jours.

Pour l'illustre naturaliste anglais, la philosophie, loin d'être la chose des purs lettrés, comme on persiste à l'admettre en France, appartient, au contraire, au domaine de la science. Toute la différence entre les sciences proprement dites et la philosophie, c'est que l'office de celles-là consiste à répondre à cette question : « Que connaissons-nous? » tandis que l'office de celle-ci est d'essayer de répondre à cette question : « Que pouvons-nous connaître? » Or, comment entrevoir les limites de l'esprit humain, si l'on n'embrasse tout le domaine connu des sciences mathématiques, physiques et biologiques? Les opérations de l'esprit, grâce auxquelles les diverses sciences se sont constituées, reposent sur un certain nombre de principes premiers qu'il appartient spécialement à la philosophie d'examiner.

Quant à la psychologie, en tant qu'elle étudie les phénomènes de l'esprit, c'est une partie de la science de la vie, de la biologie. Les autres parties de cette science générale étudient les phénomènes physiques de la vie; la psychologie, les phénomènes psychiques. Mais il y a une anatomie de l'esprit, comme il existe une anatomie du corps. De même que l'anatomiste distingue, dans les organismes, un certain nombre de tissus et décompose ces tissus en cellules et autres éléments anatomiques, le psychologue dissèque les phénomènes psychiques, et, par l'analyse, les ramène aux états élémentaires de la conscience. Là, des éléments simples forment des organes complexes; ici, ils donnent naissance à des conceptions également complexes. Et comme il existe une anatomie, il existe également une physiologie et une pathologie de l'esprit, c'est-à-dire de l'aspect psychique de la vie. La physiologie du système nerveux contient, selon Huxley, les principes de la science des fonctions de l'esprit. Ajoutez que de la considération des opérations de l'esprit dans toute la série des corps organisés, naît une science nouvelle, d'infinie portée, la psychologie comparée. Enfin, la méthode doit être la même dans l'étude des esprits et des corps, et la théorie de l'évolution doit servir de guide dans le domaine moral comme dans le domaine physique. Il y a plus qu'un parallélisme : il y a une intime connexion entre la psychologie et la physiologie. Sur ce point, Huxley tourne peut-être un peu court. En principe, il repousse l'ancien dualisme cartésien de l'esprit et de la matière, mais il en conserve en fait quelque chose, puisqu'il parle encore de liaison, d'enchaînement, de connexion.

Le point de vue moniste, aujourd'hui dominant, exige qu'on regarde l'esprit et la matière comme les deux aspects de l'être unique, l'univers. Le monde ne nous paraît double que parce que nous le connaissons de deux manières différentes. Avec une autre organisation des êtres vivants, il pourrait encore se dédoubler sans cesser d'être un. C'est ainsi que les physiciens ont longtemps admis l'existence de fluides et de forces naturelles hétérogènes qui, peu à peu, se sont résolus en quelques modes de mouvement corrélatifs et indéfiniment transformables les uns dans les autres. La lumière, la chaleur, l'électricité, etc., qui correspondent chez nous à des états de conscience nettement définis et absolument irréductibles, en tant que lumière, chaleur, électricité, etc., ne sont pourtant que de pures modalités dynamiques de la matière.

De même, il est possible de ramener à une unité fondamentale de structure les divers appareils des organes des sens. Huxley a précisément rappelé naguère que toutes les données de l'histologie et de l'embryologie établissent que les différents organes des sens résultent de la modification des mêmes éléments morphologiques. Ainsi, tous les organes des sens se ressemblent d'abord par ces traits qu'ils possèdent en commun : 1° un appareil récepteur des impressions, l'épithélium ; 2° un appareil de transmission, la fibre nerveuse ; 3° un appareil d'élaboration, de sensation plus ou moins transformée, le cerveau chez les vertébrés. Or, l'épithélium de l'appareil olfactif, de l'oreille, de l'œil, etc., n'est qu'une modification de l'épiderme général. « Le cerveau lui-même, dit Huxley, commence par n'être qu'un reploiement de la couche épidermique de l'enveloppe générale. Il suit de là que les baguettes et les cônes de l'œil des vertébrés sont des cellules épidermiques modifiées, tout aussi bien que les cônes cristallins de l'œil d'un insecte ou d'un crustacé. » Cette unité élémentaire de structure des organes des sens, aujourd'hui connue et démontrée, n'empêche pas que chacun de ces organes ne réagisse diversement et ne traduise en quelque sorte dans une langue différente un seul et même texte. Les appareils de transmission, les nerfs, étant de simples fils conducteurs, c'est évidemment dans le sensorium que les vibrations des cellules de tel ou tel épithélium revêtent un caractère spécifique. La cause hypothétique, de tous points inconnue et inconnaissable, de ces modifications des centres nerveux, nous l'appelons matière et mouvement, ou mieux, matière en mouvement. « En réalité, témoigne Huxley, tout ce que nous savons du mouvement, c'est que c'est le nom donné à certains changements dans les rapports de nos sensations visuelles, tactiles et musculaires; et tout ce que nous savons de la matière, c'est que c'est la substance hypothétique des phénomènes physiques, et qu'en admettant l'existence de la matière on fait une hypothèse tout aussi hardie qu'en admettant celle de l'esprit. »

Que connaissons-nous donc de science certaine et positive? Nos propres sensations, nos plaisirs, nos douleurs, et leurs rapports, dans lesquels se manifeste un ordre de succession constant. L'idéaliste a raison de déclarer que nous ne connaissons que des états de conscience; mais il dépasse l'expérience en affirmant, avec Berkeley, que rien n'existe en dehors de ces faits et de l'esprit. Le matérialiste soutient que les phénomènes de ce qu'il nomme la matière déterminent les phénomènes de l'esprit; il y a apparence, mais on ne saurait le prouver. Bref, spiritualistes et matérialistes doivent être renvoyés dos à dos. Chacun d'eux n'a vu qu'un côté de la réalité. L'esprit n'est pas non plus lié à la matière, comme le dit Huxley, qui a dépassé, je le répète, le dualisme de Descartes et des disciples célèbres de ce beau génie. Vraisemblablement, il n'y a pas d'esprit sans matière, ni de matière sans esprit. A des degrés infiniment divers, tout est vivant et animé dans l'univers éternel.

David Hume n'était rien moins que physiologiste; il n'avait pas, quand il commença d'écrire, la forte préparation scientifique d'un Descartes, d'un Leibnitz ou d'un Kant; aussi n'a-t-il point laissé, comme ces grands hommes, un *De natura rerum*. Pur psychologue, Hume est pourtant d'accord avec les physiciens de nos jours sur tous les points importants et originaux de sa théorie de l'esprit humain. Rappelons d'abord sa définition de l'esprit, laquelle met à néant le *moi* et l'*identité personnelle*. « Ce que nous appelons esprit, dit Hume dans le *Traité*, n'est pas autre chose qu'un monceau ou une collection de diverses perceptions, unies les unes aux autres par certains rapports, et que l'on considère à tort comme parfaitement simple et identique. » Aussi, l'esprit n'est rien de plus qu'une série de perceptions. « L'identité que nous attribuons à l'intelligence de l'homme n'est que fictive et d'espèce semblable à celle que nous attribuons aux corps des animaux et des végétaux. » Un chêne qui devient d'une petite plante un grand arbre est toujours le même chêne pour nous : il n'y a pourtant pas, remarque très justement le philosophe, une particule restée la même, et la matière n'a plus la même figure. Descend-il en ce qu'il appelle *lui-même*, il ne rencontre toujours que des perceptions : une perception de chaud ou de froid, de lumière ou d'obscurité, d'amour ou de haine, de peine ou de plaisir, etc. Mais le *moi* des métaphysiciens, Hume n'a pu le découvrir.

Ces assemblages de perceptions diverses, qui forment proprement la trame de l'esprit, il les montre faisant successivement leurs apparitions sur le théâtre de l'intelligence, ou s'écoulant, comme un torrent, avec une « inconcevable rapidité; » c'est un flux et un reflux sans fin, un mouvement perpétuel. Seule, la mémoire nous instruit de la continuité de cette suite de perceptions. Mais « combien peu il y a de nos actions passées dont nous ayons gardé la mémoire ! s'écrie Hume. Qui me dira, par exemple, ce qu'il a pensé et ce qu'il a fait le 1ᵉʳ janvier 1715, le 11 mars 1719, le 3 août 1733 ? » et cependant, encore que les actions et les pensées de ces jours-là aient été complètement oubliées, le *moi* présent et le *moi* de ces temps constituent la même personne. « Sous ce rapport, conclut Hume, je ne saurais mieux comparer l'âme qu'à une communauté ou république, dont les membres sont unis par des liens réciproques de subordination et de gouvernement, et engendrent d'autres personnes qui donnent suite à la même république, avec un changement incessant de parties. Et comme il arrive qu'une même république individuelle non seulement change quant aux membres dont elle se compose, mais qu'elle peut encore changer de lois et de constitution; ainsi la même personne peut varier dans son caractère et sa manière d'être, aussi bien que pour ses impressions et ses idées, sans perdre son iden--tité[1]. »

1. *Traité de la nature humaine*, I. De l'entendement, IVᵉ partie, section 6, p. 329 et suiv. de la trad. française de MM. Ch. Renouvier et F. Pillon (Paris, 1878).

Toutes ces perceptions dont parle David Hume sont ou des impressions ou des idées. Les impressions, ce sont toutes nos sensations (par exemple, la couleur rouge, etc.), nos passions, nos émotions actuelles, nos sentiments de relation (ressemblance, contiguïté, causation). Les idées, ce sont les images ou copies, et comme les empreintes plus ou moins fortes ou faibles que laissent d'elles-mêmes les impressions dans notre pensée : ainsi, l'idée du rouge survit à la sensation de cette couleur. La critique des impressions sensibles est remarquable. Des trois espèces différentes qu'on y distingue, les impressions de la forme, du volume, du mouvement et de la solidité des corps sont d'ordinaire considérées par le vulgaire, et même par les philosophes, comme correspondant à des existences indépendantes de notre sensibilité. Quant aux impressions de saveurs, de couleurs, d'odeurs, de sons, de chaud et de froid, les personnes dénuées de culture imaginent seules qu'elles soient également objectives. Au contraire, les savants et les ignorants s'accordent à considérer les impressions de plaisir et de peine comme de simples perceptions. Eh bien, c'est par un préjugé ou par l'effet de l'imagination que nous établissons des différences entre ces trois espèces d'impressions ; en réalité, toutes sont les mêmes pour nous à l'origine. Nos sens ne perçoivent pas autrement le mouvement et la solidité que la couleur et le son, la peine ou le plaisir. Hume, on le voit, a dépassé Locke; il suit les traces de Berkeley, qu'il appelle un grand philosophe.

Ces conclusions de David Hume, comme toutes celles de l'idéalisme, nous paraissent inattaquables. Les prétendues qualités premières des corps ne nous sont pas connues autrement que les autres ; nos idées de forme, de mouvement, de solidité et d'étendue ne sont pas venues en nous par un autre canal que celles de couleur ou de température. Un mouvement est-il autre chose pour nous qu'une suite de changements dans l'ordre de nos sensations, et toutes nos idées de matière et de force ne se résolvent-elles pas au fond dans une impression de résistance? Rien n'existe pour l'esprit que des états de conscience ou perceptions. Confiné comme il l'est dans les limites de sa sensibilité et de sa pensée, de quel droit l'homme affirmerait-il quoi que ce soit touchant les qualités premières des corps et la nature réelle, indépendante, absolue des autres êtres de l'univers?

Et, qu'on veuille bien le remarquer, c'est en se plaçant au point de vue même des sciences inductives, du matérialisme, qu'on est amené à cette façon de penser purement idéaliste. Des savants tels que Th. Huxley, en même temps qu'ils donnent la main à Berkeley et à Hume, ne laissent pas de faire de la psychologie une province de la physiologie du système nerveux, de ranger les opérations de l'esprit dans l'ensemble des fonctions cérébrales, et de confesser que les fameuses formules de Cabanis renferment, en somme, une plus grande part de vérité que « la conception populaire qui représente l'esprit comme une entité métaphysique, logée, il est vrai, dans la tête, mais aussi indépendante du cerveau que l'employé du télégraphe est distinct de l'instrument qu'il emploie[1]. »

Hume, qui n'est pas plus matérialiste que les physiciens et les physiologistes éminents de ce temps, reconnaît pourtant qu'entre ceux qui affirment et ceux qui nient que la pensée puisse n'être qu'un mode du mouvement de la matière, « l'avantage appartient aux matérialistes sur leurs adversaires. » Hume a entrevu, en effet, que la production des phénomènes psychiques est accompagnée de changements moléculaires dans l'organisme. Du temps de David Hume, comme du nôtre, on répétait dans les écoles que, pour variés qu'ils soient, la matière et le mouvement ne laissaient pas d'être toujours de la matière et du mouvement, et que, quelle que soit la situation des parties de la matière, la nature des chocs et des combinaisons de ses éléments, il était impossible que la perception et la pensée pussent jamais être causées par la

---

1. *Hume*, p. 108.

matière et le mouvement. Le mouvement du cercle, par exemple, disait-on, ne serait qu'un simple mouvement en cercle, mais un mouvement elliptique serait une passion ou une réflexion morale! Le choc de deux particules globulaires deviendrait une sensation de douleur, et la rencontre de deux particules triangulaires apporterait un plaisir! On reconnaît les arguments vainqueurs qu'on ne se lasse point, depuis deux mille ans, de tourner contre l'atomisme et le matérialisme. Ils n'en ont pourtant pas imposé à l'esprit profond et subtil de David Hume. Il a même écrit qu'il n'y avait rien au monde de plus aisé que de les réfuter[1].

Voici comment il procède dans cette démonstration délicate, vrai chef-d'œuvre de fine et élégante dialectique. La rencontre, l'union constante de la pensée et du mouvement est un fait d'expérience. Par exemple, chacun peut s'apercevoir que les différentes positions de son corps changent ses pensées et ses sentiments. Si l'on compare les idées que nous en avons, la pensée et le mouvement diffèrent beaucoup, à coup sûr; mais nous trouvons qu'ils sont constamment unis. Or, ce sont là les caractères qui entrent dans l'idée de cause et d'effet. De connexion intime, de puissance génératrice entre les causes et les effets, on n'en saisit jamais : l'expérience ne

---

1. *Traité de la nature humaine*, I, IVᵉ p., 5ᵉ sect., p. 323.

nous instruit que de la constance de leurs relations. Il importe donc peu qu'on ne voie aucune sorte de connexion entre le mouvement et la pensée : il en est de même pour tous les autres rapports de causes et d'effets. « Vous raisonnez trop vite, écrit avec une fine ironie le philosophe écossais, lorsque, de la simple considération des idées, il vous plaît de conclure qu'il est impossible que le mouvement puisse jamais produire la pensée, ou qu'une différence de position des parties matérielles donne naissance à une passion ou à une réflexion différente... L'union constante étant tout ce qui entre dans le rapport de cause à effet, lorsqu'on l'applique aux opérations de la matière, nous avons le droit de conclure avec certitude que *le mouvement peut être, et qu'il est en effet, la cause de la pensée et de la perception.* »

Démontrerait-on mieux aujourd'hui qu'entre les vibrations moléculaires de la substance cérébrale et les états de conscience, il peut et doit exister un rapport de cause à effet? Mais, si nous sommes édifiés sur la plupart des conditions des phénomènes psychiques, nous attribuons encore généralement à ce mot de cause je ne sais quelle puissance mystérieuse qui ne contribue pas peu à obscurcir les idées qu'on se peut faire des rapports du mouvement et de la pensée. A cet égard, comme à tant d'autres, nous sommes retombés dans une sorte de barbarie scolastique d'où les philosophes du dix-huitième siècle pensaient avoir tiré le monde moderne. Il n'est donc pas indifférent de rappeler le principal titre de David Hume devant la postérité, sa critique célèbre du principe de causalité.

La critique du principe de causalité a dissipé l'illusion séculaire qui, pour expliquer la succession des choses dans le temps et dans l'espace, imaginait qu'elles sortent les unes des autres et s'engendrent; que la cause produit l'effet avec nécessité, et que l'une tient à l'autre par une force mystérieuse, par un lien substantiel. C'est bien un petit dieu de l'Olympe philosophique, à tout le moins un démon de cette antique mythologie, qui est ainsi rentré dans le néant. Mais, cette idole renversée et brisée, qu'a-t-on mis à la place, dans la niche déserte? Rien. L'office de la philosophie n'est pas, en effet, de relever les autels dressés à tous les dieux du ciel et de la terre. Si elle élevait un temple, ce serait à l'inconnu. Le premier, et aussi le dernier article de son *credo*, est un aveu d'ignorance. Philosopher, c'est apprendre à savoir qu'on ne peut rien savoir. *Principium philosophiæ esse inscientiam*[1].

Ce n'est pas seulement de nos jours, en ce siècle enivré de ses inventions et de son industrie, que le savant, fatigué de scruter l'éternel problème du

---

1. Cic., *De natura Deorum*, l. 1.

monde et de la vie, murmure avec amertume l'*ignorabimus* de Du Bois-Reymond. Les grands penseurs de tous les temps ont confessé la même impuissance. « La philosophie naturelle dans sa plus haute perfection, disait David Hume, ne fait que reculer un peu notre ignorance : la morale et la métaphysique ne servent peut-être qu'à nous la montrer dans une plus vaste étendue. Le résultat total de la philosophie, c'est de nous apprendre combien peu nous savons, et nous convaincre de notre insuffisance. Nous avons beau nous révolter, faire des efforts : quelque détour que nous prenions, nous sommes arrêtés au passage[1]. » Kant, dans la *Critique de la raison pure*, s'exprime à peu près comme le philosophe de Ninewells : « La plus grande et peut-être la seule utilité de toute la philosophie de la raison pure est, après tout, exclusivement négative, puisqu'elle est, non un instrument pour étendre la connaissance, mais une discipline pour la limiter ; au lieu de découvrir la vérité, elle a seulement le mérite modeste de prévenir l'erreur[2]. »

---

[1]. *Essais philosophiques sur l'entendement humain.* 4e Essai. Doutes sceptiques touchant les opérations de l'entendement.
[2]. Cité par Huxley, p. 60 de l'édit. anglaise. « Dans ce sens, a encore dit Kant, la métaphysique est une science des limites de la raison humaine (eine Wissenschaft von den Grenzen der menschlichen Vernunft). I. Kant's *sämmtl. Werke*, II, 375. *Träume eines Geistersehers erläutert durch Träume der Metaphysik* (1766).

Résoudre, avec le secours de l'analogie, de l'expérience et des observations, la foule des effets particuliers en un petit nombre de causes générales, tel est le dernier effort de la raison. Élasticité, pesanteur, cohésion des parties, communication impulsive des mouvements, voilà, pensait David Hume, les causes vraisemblablement les plus générales auxquelles on doit ramener tous les phénomènes de la nature. Les premiers principes sont complètement fermés à la curiosité de l'homme. « Tout est énigme, disait encore l'auteur des *Essais*, problème, inexplicable mystère. Le doute, l'incertitude, la suspension du jugement, voilà, semble-t-il, les seuls résultats de nos recherches les plus scrupuleuses. » C'est assez pour le penseur de pouvoir « se réfugier dans les régions obscures, mais calmes, de la philosophie. »

Rien n'est dans l'esprit qui n'y ait été imprimé par l'expérience de l'espèce ou de l'individu. Or, que nous apprend l'expérience touchant la causalité, l'enchaînement nécessaire et fatal des choses ? Rien, assurément. Lorsque nous avons observé que tel phénomène est toujours suivi de tel autre, nous en venons à prédire que, dès que l'un apparaîtra, l'autre suivra. Les deux impressions finissent par former dans notre esprit une couple d'idées solidement associées; nous supposons alors qu'il existe entre les deux faits auxquels celles-ci correspondent un rapport de filiation nécessaire, ou, comme on dit, de *cause* à *effet*. Si nous n'avions été témoins qu'une seule fois d'un phénomène, à coup sûr nous n'oserions prédire qu'il se reproduira toujours dans le même ordre. On ne devine pas la nature. Mais, qu'une chose ait eu lieu devant nous une fois ou cent fois, en quoi la répétition indéfinie d'un même fait pourrait-elle changer son caractère? Ce que nous avions pu prendre pour une rencontre fortuite, nous l'appellerons rapport, voilà tout.

Au point de vue objectif, mille expériences ne sauraient pas plus nous renseigner qu'une seule sur la raison pour laquelle certains faits se succèdent dans tel ordre plutôt que dans tel autre. Et cela est si vrai, que l'esprit conçoit très bien que le contraire puisse arriver. En dehors de la succession constante des mêmes objets et de l'inférence de l'un à l'autre qui en résulte, « nous n'avons aucune idée de la nécessité d'une liaison. » Néanmoins, la répétition des mêmes impressions dans un ordre déterminé ne laisse pas de faire naître dans notre esprit un sentiment, une *tendance* qui nous pousse à prévoir et à affirmer l'existence d'un phénomène dès l'apparition de celui qui lui a toujours été associé dans les limites de notre expérience. « Partant, lorsque nous disons qu'il y a un rapport entre deux objets, nous voulons dire simplement que ce rapport s'est établi dans notre esprit, et avec lui la possibilité de l'inférence qui fait que l'un de ces phénomènes est la preuve de l'autre : conclusion qui est peut-être extraordinaire, mais que semble légitimer une évidence suffisante. »

David Hume, Huxley l'a noté, avait déjà établi les principes des quatre méthodes indiquées par Stuart Mill pour rattacher les effets à leurs causes : méthodes de concordance, de différence, de variations concomitantes et de résidus. Il faut aussi reconnaître, avec Dühring, que ce n'est pas seulement de l'habitude et de la coutume que le philosophe écossais a fait dériver nos idées de causalité, mais bien de l'association des idées, doctrine qui paraît déjà en pleine lumière, au livre premier, ou de l'Entendement, du *Traité de la nature humaine*[1].

Aujourd'hui, les résultats de l'analyse profonde par laquelle David Hume a résolu en éléments purement subjectifs le principe de causalité ont passé dans les idées et dans le langage même des savants. Non seulement quand on parle des lois de la nature, on sait qu'on ne parle que des généralisations de notre expérience, mais, surtout en Angleterre, on appelle volontiers ces « lois » du nom plus modeste d'« uniformités » de succession ou de coexistence

---

1. Dühring, *Kritische Geschichte der Philosophie* (Leipzig, 1878, 3te Aufl.), p. 377.

des choses. C'est encore une vue de génie que d'avoir expliqué par une sorte d'« harmonie préétablie, » c'est-à-dire par des habitudes mentales héréditaires, l'accord qui règne entre le cours de la nature et la succession de nos idées. « Car, dit David Hume, quoique les puissances et les forces qui varient la scène du monde nous soient totalement inconnues, nous trouvons pourtant que nos pensées et nos conceptions leur ont jusqu'ici tenu fidèle compagnie. » L'habitude a établi cette correspondance si nécessaire pour conserver notre espèce.

Le scepticisme incurable à l'endroit d'une connaissance réelle de l'univers, dans lequel cette critique de l'idée de cause a plongé les principaux penseurs anglais, se rencontre d'ailleurs presque au même degré chez des savants français tels que Laplace. Pour ce grand mathématicien aussi, notre connaissance des phénomènes naturels est relative au nombre des observations. Il faudrait un nombre infini d'observations pour éliminer les circonstances étrangères et les causes perturbatrices qui nous empêchent de saisir les résultats moyens d'un ordre de phénomènes. Autrement, la probabilité d'un fait dépend toujours du nombre et de la valeur des observations. « On peut même dire, à parler en rigueur, écrivait Laplace, que presque toutes nos connaissances ne sont que *probables;* et dans le petit nombre des choses que nous pouvons savoir avec certitude, dans les sciences mathématiques elles-mêmes, les moyens de parvenir à la vérité sont fondés sur des probabilités; en sorte que le système entier des connaissances humaines se rattache à la théorie exposée dans cet ouvrage. » (*Théorie analytique des probabilités*[1].)

Et ce n'est pas seulement dans la nature que l'homme, ne pouvant atteindre les causes, doit se résigner à noter les phénomènes. Les opérations de l'esprit sont, dans leur essence, aussi loin de nos prises que celles de la matière. « Nous ne savons rien, dit Hume, de quelque causalité que ce soit. » Pour connaître l'intelligence et la volonté, nous n'avons donc qu'à recourir aux procédés qui ont servi dans l'investigation du monde, j'entends ceux de la méthode expérimentale. Hume admet pleinement ce qu'on appelle le déterminisme moral; il réfute la doctrine de la liberté. « La vogue de la doctrine de la liberté, dit-il, peut s'expliquer par cette sensation fausse, cette expérience trompeuse, que nous avons ou que nous pouvons avoir, de la liberté d'indifférence que nous posséderions dans plusieurs de nos actions.... Qu'entendons-nous par le mot liberté, lorsque nous l'appliquons aux actions volontaires? Assurément, nous n'entendons pas que les actions ont si peu de lien

---

1. *Introduction*, I et LX (Paris, 1814).

avec les motifs, les inclinations et les circonstances, qu'il n'y ait pas un certain degré d'uniformité dans la succession de ces deux termes, et qu'il soit impossible d'inférer de la présence de l'un l'existence de l'autre; car tout cela est une question de fait parfaitement hors de doute. Par liberté, nous ne pouvons donc entendre qu'un *pouvoir d'agir ou de ne pas agir selon les déterminations de la volonté*, c'est-à-dire que, si nous décidons de rester en repos, nous le pouvons; si nous décidons de nous mouvoir, nous le pouvons encore. Mais cette liberté hypothétique est universellement accordée à tout homme qui n'est pas prisonnier et chargé de chaînes. Il n'y a pas ici de discussion possible. »

Ce déterminisme moral, Hume l'appliqua résolument à la politique, à l'économie des nations et à l'histoire. Le troisième des *Essais moraux et politiques* (1741) contient déjà cette thèse : *Que la politique peut être constituée scientifiquement*[1] : « Telle est, dit-il, la force des lois et des formes particulières de gouvernement, et d'autre part si petite l'influence qu'exercent sur elles les tempéraments et les humeurs des hommes, que l'on peut quelquefois en déduire des conséquences presque aussi générales, presque aussi certaines que celles des mathématiques. » Dix ans plus tard, Hume

---

1. That Politics may be reduced to a science.

devait publier ses *Discours politiques* qu'on a appelés le berceau de l'économie politique. Mais vers le temps de la publication des *Essais*, Hume avait envoyé un exemplaire de son *Traité* au futur auteur de la *Richesse des nations*, à Adam Smith, alors jeune étudiant de dix-sept ans à l'Université de Glasgow. On a soutenu naguère que, même en ces matières d'économie politique, Hume avait été plus qu'un précurseur d'Adam Smith, et Dühring, dans son *Cursus der National und Socialökonomie*, n'a pas hésité à placer David Hume au-dessus de son jeune et fidèle disciple, au moins pour la vigueur de l'entendement.

Quoi qu'il en soit, Hume était convaincu que, sous une variété et une mobilité apparentes, qui semblent répugner à toute loi et à toute détermination expérimentale, la nature humaine présente un ensemble de principes permanents et universels. Il dit aux historiens et aux critiques, dans une page d'un éclat et d'une solidité admirables : « Voulez-vous connaître les sentiments, les inclinations, les mœurs des Grecs et des Romains? Étudiez à fond le caractère des Français et des Anglais. Vous ne pouvez vous tromper beaucoup en transportant à ceux-là la plupart des observations que vous aurez faites sur ceux-ci. L'humanité est à tel point la même, en tout temps et en tout lieu, que l'histoire sous ce rapport ne nous apprend rien d'étrange ni de nouveau. Son principal intérêt est précisément de nous découvrir les principes permanents et universels de la nature humaine, en nous montrant les hommes dans toute la variété des situations possibles, et en nous fournissant les matériaux avec lesquels nous établissons des lois et parvenons à connaître les principes réguliers de la conduite humaine. Ces récits de guerres, d'intrigues, de factions et de révolutions sont autant de collections d'expériences qui permettent au politique ou au moraliste de fixer les principes de sa science, de la même manière que le physicien ou le naturaliste apprend à connaître la nature des plantes, des minéraux et des autres objets extérieurs par les observations qu'il recueille sur ces divers objets. La terre, l'air, l'eau et les autres éléments étudiés par Aristote et par Hippocrate ne sont pas plus semblables à ceux que nous observons aujourd'hui, que les hommes décrits par Polybe ou par Tacite ne ressemblent à ceux qui maintenant gouvernent le monde. »

Un autre exemple de la sagacité profonde de David Hume, c'est qu'il est un des fondateurs de la psychologie comparée. A plusieurs reprises[1], il a déclaré qu'à ses yeux les bêtes sont douées de

---

1. *Traité de la nature humaine*, I, IIIe p., sect. XVI; *Essais philos. sur l'entendement humain*, IXe Essai, *De la raison des animaux*.

pensée et de raison aussi bien que les hommes.
« Les arguments pour le prouver sont si palpables,
dit-il, que le plus ignorant et le plus stupide les
aperçoit toujours sans peine. » Le raisonnement
d'un chien qui se garde du feu ou des précipices
ne diffère pas de celui que ferait un homme dans la
même occurrence; le jugement qui guide alors
l'animal repose sur certaines impressions présentes
à la mémoire ou aux sens. L'inférence qu'il tire de
l'impression présente s'appuie sur l'expérience
et l'observation de la conjonction des objets dans
les cas passés. Le philosophe écossais découvre
même ici une confirmation remarquable de son
système touchant l'origine empirique des idées de
cause et d'effet. Pas plus que les hommes, les bêtes
ne perçoivent jamais aucune connexion réelle, nécessaire, entre les objets : c'est donc par l'expérience
qu'elles infèrent une chose d'une autre, et c'est par
le moyen de l'habitude que l'expérience opère sur
elles. « Il paraît évident, écrit Hume, qu'à bien des
égards les bêtes s'instruisent par l'expérience aussi
bien que l'homme, et que, comme lui, elles infèrent
les mêmes événements des mêmes causes. C'est à
l'aide de ce principe qu'elles se familiarisent avec
les propriétés les plus communes des objets extérieurs, et que, dès leur naissance, elles accumulent
peu à peu des connaissances sur la nature du feu,
de l'eau, de la terre, des pierres, des hauteurs, des

profondeurs, etc., etc., et sur les effets qui en résultent. L'ignorance et l'inexpérience des jeunes animaux se distinguent manifestement de la ruse et de la sagacité des vieux, à qui de longues observations ont appris à éviter ce qui blesse et à poursuivre ce qui donne du plaisir. »

A coup sûr, ce n'est que par analogie que nous attribuons aux animaux, comme aux jeunes enfants et aux sourds-muets, des impressions de relation, des idées particulières et générales, des souvenirs et des prévisions servant de fondement aux actions, toutes opérations mentales qui existent indépendamment du langage et antérieurement au langage. Mais le moyen de ne pas conclure de la ressemblance des actions externes des animaux avec nos propres actions à celle d'actes internes semblables, et, faisant un pas de plus, de ne pas attribuer ces actes internes à des causes également semblables? « Lors donc qu'une hypothèse est avancée pour l'explication d'une opération mentale commune aux hommes et aux bêtes, nous devons appliquer cette hypothèse d'un côté comme de l'autre. »

Les naturalistes ont été frappés de la rare conséquence que fait paraître ici, comme en cent endroits, le penseur écossais, dans une matière qui a si souvent porté malheur aux philosophes. Ils approuvent sans réserve les thèses de Hume touchant les opérations mentales des animaux. Mais ce n'est pas seulement l'observation de leurs actions qui nous force d'attribuer aux bêtes des états intellectuels analogues ou semblables aux nôtres : l'anatomie et la physiologie ont démontré, par des comparaisons minutieuses, l'identité fondamentale des tissus et des organes chez l'homme et chez les animaux. « La structure et les fonctions du système nerveux sont essentiellement les mêmes chez un chien, chez un singe et chez un homme [1]. » La psychologie comparée sort donc, comme une efflorescence naturelle, des enseignements de l'anatomie et de la physiologie comparées; elle vient à son heure et à son rang dans la hiérarchie des sciences, et ce qu'Aristote n'avait qu'entrevu, ce que David Hume avait vu sans pouvoir l'étayer de preuves expérimentales, est devenu de nos jours une pleine réalité, une vérité dont l'avenir le plus lointain ne saurait épuiser les conséquences infinies.

L'anatomie et la psychologie comparées sont tombées d'accord, comme on pouvait le prévoir, sur la place de l'homme dans le règne animal. « De même que l'anatomie comparée, dit Huxley, est en état de démontrer que l'homme physique n'est que le dernier terme d'une longue série de formes qui descend, par gradations insensibles, des

---

[1]. *Hume*, par Th. Huxley, p. 143.

mammifères de l'ordre le plus élevé aux particules informes de protoplasma vivant qui marquent les frontières incertaines du monde animal et du monde végétal, — de même la psychologie comparée, bien qu'elle ne soit encore qu'une science toute jeune, très inférieure pour l'avancement à sa sœur aînée, tend, elle aussi, aux mêmes conclusions. »

L'instinct, Hume l'explique par l'habitude, par des tendances mentales héréditaires, comme les psychologues contemporains. Les instincts des animaux ne sont pas plus admirables ni plus étonnants que ceux de l'homme. Notre raison, dit-il, « la raison expérimentale, » que nous avons en commun avec les animaux, et de laquelle dépend toute notre conduite, n'est qu'un merveilleux et incompréhensible instinct, une espèce de puissance mécanique qui agit en nous à notre insu. « Ce qui enseigne à l'homme à éviter le feu, quoique ce soit un instinct différent, n'est pourtant pas moins un instinct que ce qui apprend à l'oiseau, avec tant d'exactitude, l'art de l'incubation et tout l'ordre économique de la nutrition des petits. » On ne saurait mieux dire. De nos jours, dans cet instinct qui porte l'oiseau à couver ses œufs, ainsi que dans tous les autres instincts, on a fait intervenir « l'inconscient. » C'est mettre un mot à la place d'une explication, un de ces mots qui rendent raison de tout pendant dix ans, jusqu'à ce qu'un autre mot, j'allais dire une autre panacée, le fasse oublier et devienne à la mode[1].

Il vaut mieux rapporter les instincts, ainsi qu'à leurs causes, à des « observations passées, » comme s'exprime David Hume, fixées par une sorte de mémoire héréditaire, — ou à des idées innées, comme l'a écrit Huxley, mais dans le sens le plus étendu que Descartes ait jamais donné à ce mot. On sait en quelle vénération ce savant anglais a toujours tenu notre philosophe[2]. C'est surtout quand on parle des idées innées qu'il importe de saisir la pensée véritable de ce puissant génie. Peut-être n'est-il pas inutile, surtout dans la patrie de Descartes, de montrer, en rappelant les paroles mêmes du maître, que par idées innées il entendait quelque chose qui existe en puissance dans l'esprit (comme l'instinct, les maladies héréditaires, les caractères moraux et intellectuels des ancêtres, etc.), avant

---

1. Voyez *les Sciences naturelles et la philosophie de l'Inconscient*, par Oscar Schmidt, que nous avons traduit de l'allemand, avec le Dr Edouard Meyer, et l'Etude critique sur la philosophie de l'Inconscient placée en tête de ce livre (Paris, 1879). « On n'aurait le droit, dit très bien O. Schmidt, de recourir ici à l'intervention d'un principe surnaturel (c'est-à-dire à l'Inconscient), que si l'on connaissait toute l'évolution paléontologique du reptile à l'oiseau que nous voyons couver, et qu'il devînt évident que, tout à coup, les oiseaux se fussent mis un beau matin à couver. »

2. V. *Les sciences naturelles et les problèmes qu'elles font surgir (Lay Sermons)*, par Th. Huxley, ch. xiv, sur le *Discours de la méthode*.

d'être appelé à l'existence actuelle par les objets extérieurs. « Je n'ai jamais écrit ni jugé, dit Descartes, que l'esprit ait besoin d'idées naturelles qui soient quelque chose de différent de la faculté qu'il a de penser ; mais bien est-il vrai que, reconnaissant qu'il y avait certaines pensées qui ne procédaient ni des objets du dehors, ni de la détermination de ma volonté, mais seulement de la faculté que j'ai de penser, pour établir quelques différences entre les idées et les notions qui sont les formes de ces pensées, et les distinguer des autres qu'on peut appeler *étrangères* ou *faites à plaisir*, je les ai nommées naturelles, mais je l'ai dit au même sens que nous disons que la générosité, par exemple, est naturelle à certaines familles, ou que certaines maladies, comme la goutte ou la gravelle, sont naturelles à d'autres ; non pas que les enfants qui prennent naissance dans ces familles soient travaillés de ces maladies aux ventres de leurs mères, mais parce qu'ils naissent avec la disposition ou la faculté de les contracter[1]. »

On le voit, de quelque côté qu'on la considère, l'œuvre de David Hume nous ramène à la psychologie. La critique des idées abstraites et générales a aussi dissipé l'illusion commune à cet égard. Nous croyons avoir des idées générales ou abstraites ; en

---

1. *Remarques de René Descartes sur un certain placard imprimé aux Pays-Bas, vers la fin de l'année* 1647. Œuvres, X, p. 94.

réalité, toutes ces prétendues idées générales ne sont que des idées particulières unies à un certain terme général qui les comprend et les résume d'une façon sommaire. C'est d'ailleurs, on le reconnaît, l'opinion de Berkeley, que David Hume célèbre comme « une des plus grandes et des plus importantes découvertes qui aient été faites » de son temps, et qu'il s'est proposé de placer « au-dessus de toute discussion et de toute espèce de critique. » D'après la théorie de Hume, l'opération intellectuelle de l'abstraction serait donc une sorte d'addition confuse. Voilà très vraisemblablement la vérité, vérité devenue plus sensible depuis l'invention des images génériques et des portraits composites. Nous n'avons pas d'idées générales ; mais nous possédons des idées génériques ou typiques. Ces idées se forment mécaniquement par la répétition des mêmes impressions, car il n'y a rien de plus dans l'esprit : des impressions et des idées dérivées de ces impressions.

On sait ce qui arrive quand les images formées par les physionomies de six personnes sont reçues sur la même plaque photographique pendant un sixième du temps nécessaire pour faire un seul portrait : tous les points dans lesquels les six physionomies se ressemblent ressortent avec force ; tous ceux par lesquels elles diffèrent restent dans le vague.

Nos idées génériques, nos idées abstraites ou générales, en tant qu'elles résultent comme une moyenne de plusieurs impressions semblables, sont aussi des espèces de photographies composites ; comme dans ces dernières, ce sont les points par lesquels les objets se ressemblent, les traits communs, qui constituent ce qu'il y a de permanent dans le souvenir ; tous ceux par lesquels ils diffèrent, les particularités individuelles et accessoires, s'évanouissent sans laisser de trace appréciable.

Voici un résumé des très ingénieuses et élégantes expériences de M. Francis Galton : « M. Galton projette plusieurs portraits distincts sur le même écran, au moyen de lanternes magiques disposées de façon que les images se superposent exactement : les traits communs se renforcent si bien que les autres disparaissent, et l'image obtenue est très nette. Il s'y prend encore d'une autre façon. Il photographie sur la même plaque une série de portraits, en ayant soin de ne laisser agir la lumière sur chacun d'eux que pendant un temps très court, et il a une photographie qui est la moyenne ou le résultat des divers portraits. Chose curieuse, ces photographies ont un caractère individuel très marqué, et, en même temps, une pureté de formes qui les rend plus agréables à voir que les portraits séparés. Il a combiné ainsi les traits de six femmes romaines, qui lui ont donné un type d'une beauté régulière et un charmant profil idéal. Il a obtenu un Alexandre le Grand, d'après six médailles du *British Museum*, qui le représentaient à différents âges, et une Cléopâtre, d'après cinq documents. Cette Cléopâtre était beaucoup plus séduisante que chacune des images élémentaires. N'est-il pas intéressant de voir le procédé de l'abstraction passer du domaine subjectif dans le domaine objectif, et fournir ainsi une sorte de traduction sensible des lois mystérieuses de la persistance ou de l'effacement graduel des images dans la mémoire? »

David Hume, je l'ai dit, n'a point laissé au monde de *De rerum natura*. Ses idées sur le monde, sur l'esprit et sur Dieu, sont celles du pur phénoménisme, ou, si l'on veut, de cet idéalisme qui, en dehors des impressions et des idées, confesse ne rien savoir des réalités spirituelles ou matérielles auxquelles elles sont censées correspondre. Non seulement on ne connaît rien, mais on ne peut rien connaître des substances hypothétiques de la chose pensante et de la chose étendue, de l'esprit et de la matière. Toute idée de substance est une fiction, un jeu de l'imagination, dont les éléments ou le résidu est toujours une collection d'impressions sensibles. Or, a dit Hume, « nous n'avons d'idée parfaite d'aucune autre chose que de la perception. Une substance est entièrement différente d'une perception : nous n'avons donc aucune idée d'une substance. L'inhérence est quelque chose qu'on suppose nécessaire pour soutenir l'existence de nos perceptions. Rien ne paraît nécessaire pour soutenir l'existence d'une perception. Nous n'avons donc aucune idée de l'inhérence. Où est alors la possibilité de répondre à cette question : *si nos perceptions sont inhérentes à une substance matérielle ou immatérielle,* lorsque le sens même de la question échappe à notre entendement? »

L'univers, c'est, pour Hume, la somme de nos impressions actuelles et possibles. Quant à ce qui peut exister dans le monde, sans que nous en soyons impressionnés, le moyen d'en discourir dès qu'on ne veut point cesser de s'entendre soi-même? La croyance au monde extérieur est encore une illusion, puisque l'esprit ne saurait jamais être conscient que de ses perceptions, c'est-à-dire de ses impressions et de ses idées. « Or, puisqu'il ne peut jamais y avoir rien de présent à l'esprit que des perceptions, et puisque toutes les idées sont dérivées de quelque chose antérieurement présente à l'esprit, il suit qu'il nous est également impossible de concevoir ou de former l'idée d'une chose quelconque, spécifiquement différente des idées et des impressions. Fixons notre attention hors de nous-mêmes autant que possible; que notre imagination s'élance vers les cieux ou vers les extrêmes limites de l'univers, nous ne ferons jamais réellement un pas au delà de nous-mêmes, et nous ne pouvons concevoir aucun autre genre d'existence que ces perceptions qui ont apparu dans cette étroite enceinte. »

Dans le pays et à l'époque où a vécu David Hume, comme de nos jours, d'ailleurs, Dieu faisait partie de la constitution du Royaume-Uni : il était, après le roi, le premier personnage de l'État. De là, les façons respectueuses, tout à fait dignes d'un galant homme et d'un loyal sujet, dont avait accoutumé de se servir le philosophe écossais en parlant de la divinité. Mais ceux qui, comme Huxley, ont fait de Hume la plus profonde étude, avouent qu'il n'eût point fallu le pousser beaucoup pour qu'il reconnût que son opinion sur l'existence de Dieu et sur les ressemblances plus ou moins lointaines de sa nature avec celle de l'homme, n'était qu'une hypothèse plus ou moins probable, incapable d'être démontrée. Le « déisme vague et inconsistant » de l'auteur de l'*Histoire naturelle de la religion* ne veut pas être approfondi. Si l'on prétend prouver par des raisonnements l'existence de ces attributs de sagesse infinie, de bonté, de justice, dont on décore d'ordinaire la divinité, Hume oppose une négation critique inflexible[1].

1. *Hume*, p. 213 ; cf 217.

Les historiens de la philosophie ont noté, depuis longtemps, les conséquences redoutables pour les choses de la foi de cette critique négative. « Cet écrivain, dit Tennemann, qui semble d'abord n'attaquer que les prétentions de la philosophie spéculative, mais dont le scepticisme sape profondément la réalité de la connaissance humaine, tourna spécialement ses objections contre l'existence de Dieu, la Providence, les miracles, l'immortalité de l'âme, et soutint que ces croyances ne sont garanties suffisamment par aucun principe évident et solide. » Ajoutez que David Hume lui-même, observateur exact dans la pratique des usages et des bienséances du siècle, n'était point d'humeur à faire les mêmes concessions sur le domaine de la pensée pure. C'est lui qui a écrit que, « sans doute, une opinion est certainement fausse, quand elle conduit à des conséquences absurdes, mais qu'il n'est pas certain qu'elle soit fausse quand elle conduit à des conséquences dangereuses. »

Qu'on relise le dixième *Essai* sur les miracles, où Hume se flatte d'avoir découvert un de ces arguments qui ferme la bouche « à la stupide bigoterie et à la superstition orgueilleuse. » Hume était justement en France à l'époque où il n'était bruit en ce pays que des miracles opérés sur la tombe de l'abbé Pâris. On n'entendait parler que de malades guéris, que de sourds retrouvant l'ouïe ou d'aveugles recouvrant l'usage des yeux. Ces miracles n'étaient pas seulement fort nombreux, ils avaient pour théâtre, en plein dix-huitième siècle, la ville alors la plus éclairée de l'univers. Parmi la foule des témoins se trouvaient des membres du Parlement, de grands seigneurs, la plupart des recteurs ou curés de Paris, enfin, prodige plus étonnant que tous ces prodiges, les jésuites ne purent jamais convaincre d'imposture les jansénistes! A coup sûr, les miracles jansénistes étaient de beaucoup supérieurs, en évidence et en autorité (Hume en fait l'aveu tout bas), à ceux de l'Évangile. La solide judiciaire du jeune penseur écossais n'en fut pas un instant ébranlée. Rêver un renversement des lois de la nature lui sembla toujours plus difficile que de rendre raison de pareils événements par les effets bien connus de la crédulité humaine. Nul n'a mieux éclairé ces bas-fonds de l'âme humaine où veille l'instinct vivace du merveilleux.

Quels qu'ils soient, et à quelque espèce de miracles qu'ils aient trait, jamais les témoignages ne paraîtront probables, bien loin de pouvoir être prouvés, à qui juge d'après les règles de l'observation et de l'expérience. Telle était l'opinion bien raisonnée de David Hume, qui ajoute : « C'est l'expérience seule qui donne du poids au témoignage des hommes, et c'est encore l'expérience qui nous fait connaître les lois de la nature. Lors donc que ces deux sortes d'expériences se trouvent en conflit, il n'y a qu'à soustraire l'une de l'autre, et embrasser l'opinion victorieuse, avec le degré d'assurance qui résulte du reste. Or, selon le principe posé, le résultat de cette soustraction, par rapport à toutes les religions populaires, devient zéro. Donc, nous pouvons établir la maxime générale qu'*aucun témoignage humain n'a assez de force pour prouver un miracle et pour en faire la base solide d'un système religieux*[1]. »

Ce que nous avons rapporté de la méthode et de la doctrine de David Hume consacre une fois de plus les titres de ce philosophe à la reconnaissance du genre humain. Locke, Berkeley et Hume ont été les pères véritables de l'esprit moderne, les précurseurs de cette philosophie critique de l'entendement sans laquelle il n'y a point de science. Les sciences surtout, en effet, se sont inspirées des résultats de ces analyses profondes de notre connaissance, de cette anatomie de l'esprit humain. Par là, la spéculation métaphysique n'a pas plus été bannie de la philosophie que de l'intelligence, dont elle est la plus haute fleur. Mais le matérialisme et le spiritualisme ont été relégués dans les disputes d'école. Le temps jadis perdu à scruter la substance a désormais un meilleur emploi. Sans doute, l'étude des phéno-

---

1. *Essais philosophiques*, p. 531.

mènes naturels, c'est-à-dire, en somme, l'étude de nos états de conscience, ne saurait nous révéler l'essence de l'être. Mais, s'il devient sage, l'homme saura se passer de révélations nouvelles, comme il s'est résigné à faire le bien sans espoir d'une récompense, trop heureux que ce rêve douloureux de l'existence n'ait point de réveil.

CHAPITRE VIII

LE MATÉRIALISME AU DIX-HUITIÈME SIÈCLE

Quand les littérateurs parlent du matérialisme, ils songent d'ordinaire aux philosophes français du dernier siècle. C'est en France, il est vrai, que, pour la première fois depuis l'antiquité, cette doctrine fut ordonnée en système par le baron d'Holbach. Mais ce serait bien mal connaître les Français que de croire qu'ils aient jamais pu être matérialistes, surtout pendant un siècle ! Ils ont en général trop de légèreté et de fantaisie dans l'esprit pour s'accommoder d'une conception purement scientifique des choses. Le sens commun, qui chez eux a toujours le dernier mot, n'a pas de goût pour une philosophie qui prétend se passer de Providence, de causes finales, d'intuitions rationnelles *a priori*, de morale naturelle ou révélée, d'âme immortelle et de Dieu personnel. Le jour où les Français, avec leur génie géométrique, se résigneraient à perdre ces belles illusions, ils seraient bien prêts de devenir matérialistes ; mais seraient-ils encore Français ?

La terre classique du matérialisme dans les temps modernes, ce n'est pas la France, c'est l'Angleterre, c'est la patrie de Roger Bacon et d'Occam, le pays de Bacon de Verulam, qui ne manqua que d'un peu de conséquence et de décision, et de Hobbes, qui ne manqua ni de l'une ni de l'autre, et qui doit certes autant aux traditions de la pensée anglaise qu'à la doctrine de Gassendi [1]. Ce pli de l'esprit britannique est si fort que le déisme même d'un Robert Boyle ou d'un Newton s'y concilie avec une conception mécanique et purement matérialiste de l'univers. « Il semble, écrivait Leibnitz à la princesse de Galles, en 1715, il semble que la religion naturelle même s'affaiblit extrêmement (en Angleterre). Plusieurs font les âmes corporelles, d'autres font Dieu lui-même corporel... M. Locke et ses sectateurs doutent au moins si les âmes ne sont pas matérielles, et naturellement périssables. » Sans doute une telle manière de voir n'impliquait pas la négation d'une cause suprême intelligente : elle était encore plus éloignée d'exclure l'athéisme, et Laplace s'est chargé de tirer la con-

---

1. « Le caractère de la pensée spéculative en Angleterre, au commencement du dix-huitième siècle, était essentiellement sceptique, critique et matérialiste. » Huxley, *L'évêque Berkeley et la métaphysique de la sensation*, l. l.

clusion véritable des principes de la physique de Newton.

Parmi les matérialistes anglais du dix-huitième siècle, deux furent précisément théologiens. Hartley et Priestley ramenaient la sensation et la pensée aux vibrations cérébrales, et, partant, considéraient ces phénomènes comme des fonctions du cerveau[1], mais ils n'entendaient pas qu'on fût sceptique dans les choses de la foi et ils regardaient le monde comme l'ouvrage d'un créateur. C'est même sous cet aspect de théologiens qu'ils apparurent à l'Allemagne, alors fort travaillée par le rationalisme religieux. En France ce fut le contraire. Toutefois, nous le répétons, les Français n'étaient point portés

---

1. Le matérialisme n'a peut-être pas trouvé en ce siècle un plus puissant défenseur que le fameux chimiste et physicien Priestley : nul n'a réfuté avec plus d'efficacité le sophisme de l'école qui ne voit dans la matière qu'une substance morte, inerte, indifférente au repos ou au mouvement, alors qu'elle déploie dans l'univers entier ces forces d'attraction et de répulsion qui sont l'âme du monde. L'activité psychique n'est qu'un mode de l'universelle activité de la matière. Puisqu'il ne saurait y avoir d'influence réciproque là où il n'y a point de propriété commune, comment une substance immatérielle et inétendue exercerait-elle une action quelconque sur la matière ? Car c'est toujours là le grand argument que l'on a produit et reproduit en tous temps contre les spiritualistes, sans qu'ils y aient jamais pu répondre que par le mot « mystère. » Or, Priestley était trop pénétré des principes de la logique de Newton, pour ne pas rappeler aux spiritualistes qu'il ne faut pas multiplier les causes et les mystères sans nécessité. Où rencontre-t-on toujours la sensation et la perception ? Dans la matière vivante, dans les corps or-

au matérialisme. Ils inclinaient bien plus du côté du scepticisme. Charron et Montaigne, de croyances si diverses, s'étaient entendus sur un point : ruiner le dogmatisme, et leur œuvre avait été continuée par La Mothe Le Vayer et Pierre Bayle, à une époque où Gassendi et Descartes étaient entrés dans la grande voie de l'explication mécanique du monde. Lange a remarqué finement que cette tournure sceptique de l'esprit français se retrouve même chez les matérialistes les plus décidés du dix-huitième siècle, chez un Diderot, chez un La Mettrie, qui, lui-même, se nomme « pyrrhonien, » tant on était loin, en notre pays, de la rigueur implacable et froide du génie philosophique d'un Hobbes !

ganisés. Jusqu'à ce qu'on ait démontré que les propriétés de l'esprit sont incompatibles avec celles de la matière, l'hypothèse d'une seule substance doit être tenue pour vraie. — V. A. Bain, *L'esprit et le corps*, p. 192.

Voici, d'après M. Bain lui-même, quel avenir paraît réservé à l'étude de l'âme : « Les arguments en faveur des deux substances semblent avoir maintenant perdu toute leur force ; ils ne sont plus d'accord avec les résultats acquis par la science et avec la clarté de la pensée. La substance unique, avec deux ordres de propriétés, deux faces : l'une physique, l'autre spirituelle, — une unité à deux faces, — semble plutôt satisfaire à toutes les exigences de la question. Nous devons considérer cette substance, selon le langage de la profession de foi athanasienne, sans confondre les personnes ni diviser la substance. L'esprit est destiné à être le sujet d'une double étude, — étude pour laquelle le métaphysicien devra s'associer au physicien, — et ce qu'Aristote n'avait fait qu'entrevoir pendant un instant est enfin devenu une vision claire et durable. »

Le commerce intellectuel de la France et de l'Angleterre commença surtout, on le sait, après le règne de Louis XIV. Tandis qu'auparavant les plus grands esprits de ce pays venaient souvent en France compléter leur instruction, les meilleures têtes françaises allèrent à l'école de la Grande-Bretagne; on apprit la langue des Anglais, on voulut connaître leur littérature, on s'initia à leur philosophie. Le goût inné des Français pour les spéculations politiques fut surtout séduit par l'esprit libéral de la constitution anglaise, par les doctrines de la liberté civile et de l'inviolabilité des droits du citoyen. Le fruit de cet hymen étrange du matérialisme anglais et du scepticisme français fut la haine, chaque jour grandissante en France, du christianisme et des institutions de l'Église. En somme, cet embryon de philosophie tenait bien plus de l'humeur française que du tempérament anglais. Car ce n'est pas précisément à ce résultat qu'étaient arrivés Newton, Hartley et Priestley. C'est donc une chose assez singulière, mais cependant fort explicable, que la philosophie de Newton ait servi en France de préparation à l'athéisme.

Quand cette philosophie fut introduite en France par Voltaire, les cartésiens n'avaient plus guère de crédit, si ce n'est, est-il besoin de le dire? à l'Académie et dans l'Université. Ce qui manquait surtout à la doctrine des tourbillons, c'était ce qui imposait à tous les bons esprits la théorie de la gravitation et de l'attraction, j'entends un vaste ensemble, un système magistral de preuves mathématiques. Aucun système n'était plus propre à frapper l'esprit exact et clair des Français, et non pas seulement un Maupertuis ou un d'Alembert, mais un Voltaire, un pur lettré, qui, malgré son beau zèle de physicien, de chimiste et de géomètre, ne dépassa jamais les éléments des sciences physiques et mathématiques[1].

Ce n'est pas Voltaire qu'on prendra, comme Laplace, à tirer les dernières conséquences de la conception du monde de Newton. S'il ne fit pas sa paix avec l'Église, comme ses maîtres d'au delà de la Manche, il resta toujours fidèle aux deux grands principes de leur métaphysique. Le même homme, qui ne respire que pour écraser « l'infâme, » est grand partisan des causes finales et soutient avec plus de décision qu'un Clarke le dogme de l'existence de Dieu. Dieu est pour lui un artiste suprême qui a fait le monde avec sagesse et le dirige vers le bien. Si, après le tremblement de terre de Lisbonne, dit-on, Vol-

[1]. V. à ce sujet, s'il nous est permis de nous citer après le beau livre de M. Saigey, *les Sciences au dix-huitième siècle; la Physique de Voltaire* (1873), l'étude que nous avons consacrée à *Voltaire physicien* dans nos *Portraits du dix-huitième siècle*, 2ᵉ série des *Études de psychologie historique* (Paris, Charpentier, 1879).

taire, jusque-là optimiste, devint pessimiste, et composa le prodigieux chef-d'œuvre d'ironie qui n'a, je crois, d'égal dans aucune langue, rien ne demeura pourtant plus éloigné de sa pensée que d'imaginer l'univers comme un nuage de matière cosmique, passant par différents états de condensation et produisant tout ce qui existe, sans but ni dessein.

Voltaire tenait fort à n'être point matérialiste. Lange a trouvé le germe inconscient d'une pensée maîtresse de Kant dans le mot célèbre : « Si Dieu n'existait pas, il faudrait l'inventer. » De même que le philosophe de Kœnigsberg posait l'existence de Dieu à titre de postulat, comme fondement de la morale, Voltaire était persuadé que l'idée de Dieu est nécessaire, parce que sans elle il n'y aurait plus ni vertu ni justice sur la terre. S'il a montré moins de fanatisme, de rage froide et sectaire que Rousseau, contre le *Système de la Nature*, c'est qu'il n'était pas de Genève et qu'il possédait infiniment d'esprit : mais il était homme à faire brûler cette « Bible de l'athéisme. »

Si Voltaire n'était guère mieux doué pour la philosophie première que pour les sciences naturelles, il ne manquait nullement de pénétration en psychologie, et il allait même ici plus loin que Locke. Il ne reculait pas devant ce fait d'expérience : la matière sent et pense. Il tenait donc volontiers

« l'âme » pour une « abstraction réalisée. » Mais, avec Locke, il s'empressait d'ajouter qu'aussi bien ce serait une impiété de soutenir qu'il est impossible au créateur d'avoir pétri l'homme d'une matière pensante. Il estimait toutefois qu'il faudrait avoir perdu le sens pour croire que de la matière en mouvement pût produire de tels êtres. Ainsi, non seulement Voltaire avait besoin d'un créateur pour créer une matière pensante : il n'accordait pas même à ce tout-puissant démiurge, comme Hobbes l'avait admis, la licence de susciter la conscience des diverses combinaisons de la matière. Croyait-il à l'immortalité de l'âme? On ne le saurait dire. Il balançait entre les raisons théoriques, qui rendent cette croyance invraisemblable, et les raisons pratiques qui semblent l'affirmer comme une nécessité morale, nouveau trait qu'a Voltaire de commun avec Kant.

Dans la philosophie morale, ce n'est plus Locke, c'est un disciple de Locke, Shaftesbury, que suit Voltaire. Il ne pouvait se faire à la doctrine de la relativité des notions de bien et de mal que Locke, après Hobbes, avait établie sur l'absence d'idées innées et sur les observations des voyageurs dans les différentes parties du monde. Le bon sens de Voltaire se révoltait à l'idée d'admettre que ce pouvait être une bonne action, selon les latitudes, de pardonner à son ennemi ou de le manger. Cela dérangeait la belle ordonnance des choses qu'il rêvait dans l'univers et contrariait son amour de la symétrie. Il s'en tenait donc à la doctrine aussi simple que superficielle de la distinction absolue du bien et du mal, quels que soient le temps et le lieu. Avec Rousseau, avec tous ceux qui, surtout en France, ont cultivé la philosophie oratoire, Voltaire invoque la conscience, et croit qu'en naissant chaque homme apporte avec soi un exemplaire tout relié de la loi morale.

Diderot a élevé jusqu'à l'enthousiasme cette foi en la vertu et en l'excellence de l'âme humaine. Avant la publication de l'*Homme machine*, Diderot n'était rien moins que matérialiste; la société du baron d'Holbach, les écrits de Maupertuis, de Robinet, de La Mettrie, ont eu plus d'influence sur lui à cet égard qu'il n'en a exercée sur le matérialisme de son siècle. S'il n'avait rédigé des parties considérables du *Système de la Nature*, on pourrait, sans inconvénient, ne pas même prononcer son nom dans cette histoire. A l'époque où il commença l'*Encyclopédie*, Diderot n'était rien encore de ce qu'on veut qu'il soit devenu. La Mettrie avait composé son *Histoire naturelle de l'âme*, qu'il en était encore au point de vue de Shaftesbury, d'accord en cela avec la plupart des philosophes et des libres penseurs français, qui, dans leur lutte contre la foi chrétienne, s'appuyaient volontiers sur les déistes anglais. En traduisant l'*Essai sur le mérite et la vertu*, Diderot tempérait l'audace de son auteur, et, dans les remarques, atténuait la force des propositions malsonnantes. Il croyait alors à l'existence d'un ordre providentiel dans la nature et malmenait les athées. Dans ses *Pensées philosophiques* (un an plus tard), il estime, en se rattachant à la téléologie anglaise dérivée des *Principes* de Newton, que les progrès des sciences de la nature ont porté le plus rude coup à l'athéisme et au matérialisme. Où la toute-puissance, l'industrie infinie du Créateur se montre-t-elle avec plus d'éclat que sous le champ du microscope ! L'aile d'un papillon, l'œil d'une mouche, il n'en fallait pas plus pour écraser un athée.

Je ne puis douter que Diderot, avec le tour d'esprit et le genre d'humeur qu'on lui connaît, ne fût de très bonne foi en parlant ainsi. Jamais on ne réussira, quelque peine qu'on se donne, à tirer un athée et un matérialiste de cet artiste enthousiaste, de ce poète panthéiste, de cet esprit indécis et timide dans les choses de la pensée pure, et toujours religieux, même lorsqu'il se monte au blasphème. Rosenkranz, qui a si bien étudié la vie et l'œuvre de Diderot, a noté que, même dans le *Rêve de d'Alembert*, règne une philosophie dynamique aussi contraire que possible au matérialisme. Les molécules sensibles et vivantes, dont l' « apposition successive » constitue l'homme ou l'animal, possèdent un moi avant cette réunion : comment de tous ces moi, un moi, une conscience résulte-t-elle ? La difficulté n'est pas, à proprement parler, psychologique, car ce que nous savons du son, démontre qu'une perception unique pour la conscience est, en réalité, constituée par la somme d'innombrables sensations élémentaires. La contiguïté des atomes n'expliquerait pas ce phénomène ; il faut admettre la continuité, du moins chez certains êtres organisés. « La différence de la grappe d'abeilles continues et de la grappe d'abeilles contiguës, dit Bordeu dans le *Rêve de d'Alembert*, est précisément celle des animaux ordinaires, tels que nous, des poissons et des vers, des serpents et des animaux polypeux. »

Cette question est traitée avec bien plus de suite et de profondeur dans un écrit de Maupertuis, que Diderot crut devoir réfuter dans ses *Pensées sur l'interprétation de la Nature* (1754). Je veux parler d'une très curieuse dissertation que Maupertuis présenta au public, en 1751, comme une thèse latine soutenue par un prétendu docteur allemand, Baumann, et qui a été réimprimée dans ses œuvres sous le titre de *Système de la Nature*.

C'est à Maupertuis que revient le mérite d'avoir restauré l'hylozoïsme, comme Gassendi avait restauré l'atomisme antique. Depuis que Maupertuis, en 1751, a proposé aux méditations des philosophes, les atomes sensitifs et pensants, ils ne les ont plus perdus de vue. A cet égard, comme à quelques autres, Maupertuis a été plus qu'un restaurateur d'anciennes doctrines, et l'idéalisme le compte au nombre des précurseurs de Kant[1], en même temps que le pessimisme voit en lui un ancêtre spirituel de Schopenhauer et de Hartmann [2].

1. Dans ses fameuses *Lettres* (1752), si raillées par Voltaire, Maupertuis a soutenu (Lettre IV, *sur la manière dont nous apercevons*. Œuvres, II, 196 et suiv.) que *l'étendue* ou l'espace n'est qu'une perception de notre âme. « Si je réfléchis attentivement sur ce que c'est que la dureté et l'étendue, dit-il, je n'y trouve rien qui me fasse croire qu'elles soient d'un autre genre que l'*odeur*, le *son* et le *goût*... Si l'on croit que dans cette prétendue essence des corps, dans l'étendue, il y ait plus de réalité appartenante aux corps mêmes que dans l'odeur, le son, le goût, la dureté, c'est une illusion. L'*étendue*, comme ces autres, n'est qu'une *perception de mon âme* transportée à un objet extérieur, sans qu'il y ait dans l'objet rien qui puisse ressembler à ce que mon âme aperçoit... Réfléchissant donc sur ce qu'il n'y a aucune ressemblance, aucun rapport, entre nos perceptions et les objets extérieurs, on conviendra que tous ces objets ne sont que de simples phénomènes : l'étendue, que nous avons prise pour la base de tous ces objets, pour ce qui en concerne l'essence, l'étendue elle-même ne sera rien de plus qu'un phénomène... Des êtres inconnus excitent dans notre âme tous les sentiments, toutes les perceptions qu'elle éprouve ; et, sans ressembler à aucune des choses que nous apercevons, nous les représentent toutes. » Ces *êtres inconnus* sont les *choses en soi* de Kant (*Dinge an sich*) ; les *perceptions* (couleur, son, goût, odeur, toucher, étendue, grandeur, forme, distance) sont les phénomènes ou représentations qu'excitent les choses en soi. V. *Briefe über die Schopenhauer' sche Philosophie* von Dr Julius Frauenstädt (Leipzig, 1854).

2. *Essai de philosophie morale*, ch. I et II. (*Que dans la vie ordinaire la somme des maux surpasse celle de biens.*) Œuvres, I, 171 s.

En vain quelques philosophes ont cru qu'avec la matière (ou l'étendue) et le mouvement, ils pouvaient tout expliquer dans la nature. D'autres ont doué la matière d'un certain nombre de propriétés, telles que l'impénétrabilité, la mobilité, l'inertie, l'attraction. Mais, écrivait Maupertuis, les opérations les plus simples de la chimie ne sauraient déjà s'expliquer par cette attraction, qui rend si bien raison des mouvements des corps célestes. Tant on est encore loin d'expliquer, avec ces propriétés, la formation d'une plante ou d'un animal! Une attraction uniforme et aveugle, répandue dans toutes les parties de la matière, ne saurait servir à expliquer comment ces parties s'arrangent pour former le corps dont l'organisation est la plus simple : *il faut avoir recours à quelque principe d'intelligence,* à quelque chose de semblable à ce que nous appelons *désir, aversion, mémoire.* Si on l'admet, ce « principe d'intelligence, » dans les gros amas de matière, tels que sont les corps d'un éléphant ou d'un singe, quel péril plus grand trouvera-t-on, demande Maupertuis, à l'attribuer aux plus petites parties de la matière, aux éléments [1]?

On objecte que l'« organisation » distingue un animal ou un végétal d'un grain de sable. Mais, demande encore Maupertuis avec beaucoup de raison,

---

1. *Système de la nature,* XVIII, XIX, XXXI.

comment l'organisation, qui n'est qu'un arrangement de parties, pourrait-elle jamais faire naître un sentiment, c'est-à-dire une perception, une pensée (XVI)?

Maupertuis n'admet point de distinction fondamentale entre la sensation et la pensée. « Tout sentiment, dit-il, toute perception est une pensée; elle est nécessairement accompagnée du *sentiment du soi*, de ce que les philosophes appellent *conscience;* ou plutôt n'est que ce sentiment même, modifié différemment suivant les différents objets auxquels il est appliqué. Or, c'est ce sentiment du soi qui caractérise la simplicité et l'indivisibilité de la substance à laquelle il appartient : ainsi le sentiment le plus léger ou le plus confus qu'aurait une huître, suppose autant une substance simple et indivisible que les spéculations les plus sublimes et les plus compliquées de Newton [1]. »

Maupertuis s'est surtout élevé contre la distinction essentielle des deux substances. Si l'étendue (ou la matière) et la pensée ne sont que des propriétés, elles peuvent, quoique distinctes l'une de l'autre, appartenir toutes deux à un sujet dont l'essence propre nous est inconnue. Le raisonnement des cartésiens tombe donc, et ne prouve pas plus l'impossibilité de la coexistence de la pensée avec

---

1. *Lettres*, L. V. *Sur l'âme des bêtes* (Œuvres II, 215).

l'étendue, qu'il ne prouverait qu'il fût impossible que l'étendue se trouvât jointe à la mobilité (XXII). Certes, si avec l'étendue et le mouvement on pouvait donner des explications suffisantes de la formation des corps organisés, Descartes serait le plus grand de tous les philosophes, et l'on ne devrait pas recourir à des propriétés nouvelles. Mais si, avec ces propriétés et toutes celles admises jusqu'ici, la nature reste inexplicable, force est d'admettre des propriétés d'un autre ordre que celles qu'on appelle physiques, des propriétés d'ordre vital et psychique — une matière vivante, sentante et pensante. « Plus on a de phénomènes à expliquer, plus il a fallu charger la matière de propriétés. » (XXIV-XXV). Au fond, toute la répugnance qu'on éprouve à accorder à la matière un principe d'intelligence, ne vient que de ce que l'on croit toujours que ce doit être une intelligence semblable à la nôtre, mais c'est de quoi, affirme Maupertuis, il faut bien se donner de garde. Que l'on considère, d'ailleurs, l'intelligence humaine elle-même, on y découvrira une infinité de degrés, tous différents entre eux ; par exemple, au moment où l'homme s'endort, à celui où il se réveille. Il existe une foule d'états dans lesquels son intelligence n'est guère préférable à celle des animaux (LXII).

S'il combat l'hypothèse dualiste des deux substances, Maupertuis est plus contraire encore à l'antique système de l'atomisme grec, qui n'admet pour principes de l'univers que des atomes éternels, sans sentiment ni intelligence, dont les rencontres ont formé toutes choses, si bien que l'âme apparaît et disparaît avec un certain état d'organisation. L'intelligence que nous éprouvons en nous-mêmes indique nécessairement l'existence d'une source d'où émane, dans le degré qui convient à chacun, l'intelligence de l'homme, des animaux et de tous les êtres, jusqu'aux derniers éléments de la matière. Cette source, c'est Dieu, qui a doué d'intelligence chaque partie de la matière (LXIII-LXVI).

La *perception* étant une propriété essentielle des éléments, doit toujours, dans l'univers, former une même somme, car elle ne saurait ni diminuer ni s'accroître (LIII). Chez nous, de toutes les perceptions des éléments rassemblés résulte une perception unique beaucoup plus forte qu'aucune des perceptions élémentaires, et qui est peut-être à chacune de ces perceptions dans le même rapport que le corps organisé est à l'élément. « Chaque élément, dans son union avec les autres, ayant confondu sa perception avec les leurs et perdu le sentiment particulier du soi (*sui conscientia*), le souvenir de l'état primitif des éléments nous manque, et notre origine doit être entièrement perdue pour nous.. » (LIV) Chaque partie de notre corps ne concourt pas également à cette perception unique, résultat des perceptions élémentaires; il existe des différences extrêmes, dues à la diversité acquise ou innée des perceptions des divers éléments; ainsi, il y a des éléments dont les perceptions font la pensée; — d'autres, la sensation — d'autres enfin, dont les perceptions n'arrivent pas à la conscience. La perte d'un bras ou d'une jambe, par exemple, n'a pas d'influence appréciable sur l'intellect, qui subit de si profondes altérations par suite de changements imperceptibles dans la disposition des éléments du cerveau. On peut certainement conclure, par analogie de ce qui se passe chez nous, à ce qui se passe chez les animaux, en descendant jusqu'aux zoophytes, aux plantes, aux minéraux, aux métaux, sans qu'il soit possible de dire où s'arrête cette analogie décroissante (LV).

Les hypothèses biologiques que Maupertuis a établies sur les propriétés et les différents modes d'union des particules élémentaires, douées de perception, de mémoire, d'appétit et d'intelligence, sont d'une telle fécondité que la morphologie et la physiologie de nos jours ne paraissent pas en avoir encore épuisé toute la richesse. Je rappellerai seulement l'essai d'explication de l'hérédité, de la production des monstres et de celle de la stérilité des animaux métis.

Comment les qualités de l'âme du père se retrouvent-elles dans l'âme du fils? demande Maupertuis. Pourquoi ces familles de géomètres, de musiciens, etc.? Comment le chien transmet-il à sa race son habileté pour la chasse? « D'une même quantité, d'un même assemblage de parties élémentaires, doivent résulter les mêmes concours de perceptions, les mêmes inclinations, les mêmes aversions, les mêmes talents, les mêmes défauts, dans les individus qui naissent de ceux qui les ont » (LVI). Chacun des éléments séminaux propres à former le fœtus, extrait de la partie semblable à celle qu'il doit reproduire, conserve une espèce de *souvenir* organique, de mémoire ancestrale, de son ancienne situation, et il l'ira reprendre, toutes les fois qu'il le pourra, dans le nouvel être. De là la conservation des espèces, et, ajoute Maupertuis, la ressemblance des descendants aux parents (XXXIII-XXXIV). Ce mode de reproduction doit être étendu aux végétaux, aux minéraux et aux métaux.

En effet, quelque chose de semblable à ce qui se passe dans les germes des plantes et dans les matrices des animaux a lieu, lorsque les parties les plus subtiles d'un sel s'unissent et cristallisent en ces corps réguliers, cubiques, pyramidaux, etc., qui appartiennent à la nature de chaque sel (XLVII). Toutes les matières de notre terre ayant été fluides, les métaux, les minéraux, les pierres précieuses, ont été bien plus faciles à former que l'insecte le moins organisé. Les parties les moins actives de la matière auront formé les métaux et les marbres; les plus actives, les animaux et l'homme (XLIX). Si notre terre traversait quelque nouvelle catastrophe, embrasement ou déluge, de nouveaux animaux, des plantes nouvelles, bref tout un ordre de choses nouveau pourrait sortir de nouvelles combinaisons d'éléments (L. cf. XLVIII).

Dans l'état actuel des choses, la perception et la mémoire des éléments expliquent, avec la conservation des espèces et la ressemblance des enfants aux parents, ces curieux phénomènes d'hérédité lointaine qu'on appelle ataviques. En ce dernier cas, les éléments ont sans doute mieux conservé la mémoire organique de leur situation dans l'aïeul que dans le père, soit qu'ils aient été plus longtemps unis dans l'un que dans l'autre, soit qu'ils aient obéi à quelque affinité élective inconnue.

Mais ce n'est pas seulement la conservation des espèces qu'explique ainsi Maupertuis, c'est aussi la formation de nouvelles espèces. Que faut-il pour qu'apparaissent des espèces nouvelles, si bien que toutes les espèces les plus dissemblables de plantes et d'animaux puissent être sorties d'une seule ou d'un petit nombre de formes organiques? La ténacité de nouveaux arrangements des éléments générateurs, capables d'effacer les traces des arrangements antérieurs, une accumulation d'écarts répétés du type ancestral, bref, des variétés devenues héréditaires (XLV). Car, comme le prouve l'exemple des animaux et des végétaux soumis à la « culture, » de telles variétés héréditaires peuvent finir par former des espèces [1].

C'est encore à la mémoire organique que Maupertuis attribue et les générations hétérogènes et, je le répète, la production des monstres : les premières, par exemple, la production d'anguillules de farine délayée, seraient dues au *souvenir confus* de certains éléments (XL. cf. XLVI); les seconds, à un *oubli total* de la situation antérieure des éléments (XXXV-VII, XLII). Quant à la stérilité des métis, l'arrangement nouveau des éléments générateurs, diffère chez le mulet et la mule de ce qu'il était chez l'âne et la jument, *balance ou éteint la mémoire* de l'arrangement passé, de sorte que les éléments demeurent dans un certain équilibre et ne s'unissent ni d'une manière ni d'une autre (XXXVIII, XLIII-IV).

En somme, des trois systèmes que l'on peut faire sur la formation des corps organisés, l'un, où les éléments bruts et sans intelligence auraient formé l'univers par leurs rencontres fortuites; l'autre, où l'Être suprême ou des êtres subordonnés auraient employé les éléments comme l'architecte les pierres

---

1. Cf. *Vénus physique*, IIe P. Variétés dans l'espèce humaine; Ch. IV, *Des nègres blancs*. V. surtout le ch. III intitulé : *Productions de nouvelles espèces*.

dans la construction d'un édifice ; la troisième, enfin, où les éléments eux-mêmes, doués d'intelligence, se seraient disposés et unis. — Maupertuis adopta le dernier et il s'efforça de l'établir par des vues aussi fines que profondes. La puissance que possèdent, suivant lui, ces éléments de s'assembler et de s'unir pour former des corps, il la compare à des *instincts* particuliers ; il en vint donc à considérer les plus petites parties de la matière comme des animaux (LX-LXI) ; ces animaux étaient sans doute aux insectes ce que ceux-ci sont aux animaux supérieurs, mais si l'on vante, sans les pouvoir expliquer, les merveilleux instincts que déploient les abeilles, les fourmis, les polypes, etc., est-il plus difficile de concevoir, demande Maupertuis, que des « animaux moins animaux que ceux-là » soient capables de se placer et de s'unir dans un certain ordre ?

Diderot, frappé par la *Dissertatio inauguralis metaphysica* du docteur Baumann, comme il croyait, en présenta une analyse et une critique dans ses *Pensées sur l'interprétation de la nature*. Tout en louant « la fécondité de cette hypothèse, les conséquences surprenantes qu'on en peut tirer, le mérite des conjectures nouvelles, » et bien qu'il eût appelé cette entreprise hardie d'expliquer le système universel de la nature, « la tentative d'un grand philosophe, » il crut pourtant devoir signaler les « terribles conséquences de cette hypothèse, » qui attribue aux parties élémentaires de la matière, le désir, l'aversion, le sentiment et la pensée : il l'avait appelée « l'espèce de matérialisme la plus séduisante ¹. » Diderot — Grimm nous l'apprend lui-même ² — s'était surtout proposé, en affectant de dénoncer les dangereuses conséquences d'un tel écrit, d'en tirer tout le parti possible et, ce que n'avait pas fait l'auteur, de pousser la chose aussi loin qu'elle pouvait aller.

Mais Maupertuis, avec sa naïveté ordinaire, tomba dans le piège et se défendit d'avoir donné dans les dangereuses erreurs qu'on lui reprochait³. Comment Diderot pouvait-il faire un crime à l'auteur de la *Dissertation*, d'avoir accordé quelque degré de perception aux éléments, lui qui admettait dans les éléments une « sensibilité sourde, » une « sensation semblable à un toucher obtus et sourd? » N'est-ce pas là, s'écriait Maupertuis, un vrai jeu de mots pour surprendre le lecteur? Car une sensation est une vraie perception. De sorte que le docteur d'Erlangen n'avait pas dit autre chose que ce que son critique aurait voulu qu'il eût dit. En effet, Diderot était au fond plus d'accord avec le prétendu docteur Baumann qu'il n'affectait de le paraî-

---

1. *Pensées sur l'interprétation de la nature.* (Œuvres, 1875, II, 45, s.)
2 *Correspondance littéraire*, I, 147, 1ᵉʳ mai 1854.
3. *Réponse aux objections de M. Diderot.* Œuvres, II, 169 et s.

tre, et la lecture de ses *Principes philosophiques sur la matière et le mouvement* (1770), de l'*Entretien entre d'Alembert et Diderot* (1769), et surtout du *Rêve de d'Alembert*, le prouve d'abondance.

CHAPITRE IX

J.-B. ROBINET

Je ne sais si, parmi ses écrivains et ses penseurs de second ordre, voire de troisième ordre, le dix-huitième siècle français compte un plus parfait représentant de sa culture générale que Jean-Baptiste Robinet. Né à Rennes, en 1735, où il mourut aussi quatre-vingt-cinq ans plus tard, Robinet fit de bonnes études chez les Pères jésuites, et, comme Voltaire et tant d'autres, il emporta de ses années de collège, avec un excellent viatique de lettres anciennes, une tournure d'esprit sceptique, d'un scepticisme fin et aimable, d'autant plus funeste aux dogmes de la foi. Comme toute gymnastique, les fortes humanités de ce temps-là donnaient aux esprits une souplesse et une vigueur qui les rendaient propres à tout entreprendre avec aisance. Il fait toujours bon d'avoir vécu dans le commerce des anciens, ces maîtres éternels du bien dire et du bien penser : c'était et c'est toujours ce qui fait l'honnête homme, au sens excellent où nos pères entendaient ce mot.

On n'avait pas tant d'ambition que de vouloir faire des savants, des philologues, des physiciens, des géomètres : c'est qu'en effet, on devient tout cela quand on en a l'étoffe, mais il importe, avant tout, d'être homme de goût, de bon sens et de bonnes manières. Peu de faits, beaucoup d'idées générales, tel était alors le fond de l'instruction. L'écueil de ce système, c'était la déclamation, les habitudes fâcheuses des anciennes écoles de rhéteurs. Robinet y a donné ; mais il aimait les faits, et ce qu'il avait lu à vingt-cinq ans, lorsqu'il publia son *De Natura rerum*, je veux dire son livre *De la Nature*, est chose prodigieuse. Malheureusement, toute la sève de ce viril esprit s'épuisa et se perdit en productions sans nom, obscures, connues des seuls libraires. Sans fortune, peut-être pauvre, mais doué, comme beaucoup de penseurs, d'une vitalité robuste, Robinet survécut plus d'un demi-siècle à son livre.

L'histoire de la philosophie, et aussi l'histoire des sciences, n'ont peut-être pas accordé jusqu'ici à Robinet toute l'attention que mérite ce métaphysicien qui « n'avait point négligé l'histoire naturelle, » comme il s'en vante avec raison, ce philosophe qui « a plus osé que tous les physiciens qui l'ont précédé, » ainsi qu'il s'exprime avec une candeur qui désarme la critique. Le livre *De la Nature* parut à Amsterdam (1761), où J.-B. Robinet, sans doute en souvenir de Descartes, était allé méditer en paix.

L'embarras est grand pour le critique qui veut analyser une œuvre aussi vaste, aussi touffue et inextricable par endroits que le livre *De la Nature*. Ajoutez que l'auteur, prenant ce ton d'oracle si cher à certains philosophes du temps, à Diderot et à Rousseau, par exemple, nous dit sans ambages, dès la préface : « Mon livre n'est pas fait pour cette foule d'êtres frivoles qui n'aiment point à réfléchir. Je les préviens : c'est du poison pour eux. S'ils y prenaient goût, ils perdraient aussitôt celui des petits riens qui les occupent si agréablement. Et quel gain compenserait cette perte? Mais, n'ayant pas la moindre teinture des connaissances métaphysiques et physiques en tous genres, qu'il leur faudrait pour m'entendre, ils seront rebutés, à coup sûr, dès la première page. Tant mieux ! *Procul este, profani.* » Robinet était pourtant, je le répète, un Français fort aimable, mais il avait les défauts de son éducation et de son temps : il déclamait quelquefois. Laissons cette rhétorique et considérons l'ensemble de l'œuvre.

Des sept parties dont elle se compose, les quatre premières, qui traitent : 1° *D'un équilibre nécessaire des biens et des maux dans la nature;* 2° *De la génération uniforme des êtres;* 3° *De l'instinct moral;* 4° *De la physique des esprits,* sont de beaucoup les plus importantes, avec la septième, qui traite *De l'animalité*. Il faut joindre à cette dernière partie tout ce qui a paru d'un autre ouvrage conçu par Robinet, intitulé : *Considérations philosophiques de la gradation naturelle des formes de l'être, ou les essais de la Nature qui apprend à faire l'homme* (Paris, 1768.) Voilà les parties capitales de l'œuvre de Robinet.

Quant à la cinquième partie du livre *De la Nature*, — *De l'auteur de la Nature et de ses attributs*, et à la sixième : *De l'origine de la Nature, de son antiquité, de ses bornes et de sa durée*, il suffit d'en rapporter les titres pour qu'on voie qu'il s'agit d'une manière de théodicée. Si tout le talent d'écrivain et le charme incomparable d'un Fénelon ne suffisent plus guère à rendre supportable, même pour les gens de goût, la lecture des traités de ce genre, Robinet tenterait en vain de nous retenir, et, quoiqu'il ait sans doute dépensé, comme il arrive, plus de force de raisonnement et plus d'effort de dialectique pour cette partie de son livre que pour tout le reste, nous avouerons que, à notre avis, il y a perdu et sa peine et son huile. Ainsi, Robinet s'évertue à montrer qu'il ne peut y avoir rien de commun entre Dieu et l'homme, entre l'infini et le fini, et que rien n'est plus illusoire que d'attribuer à la Divinité, en les supposant infinies, toutes les vertus et perfections humaines : l'intelligence, la bonté, la justice, etc. Il ruine les fondements de l'anthropomorphisme vulgaire, mais c'est pour évoquer sur ses ruines le fantôme d'une cause unique, dont la Nature n'est que « l'acte. »

Aussi bien, ici comme à peu près partout, c'est Leibnitz qui inspire et guide notre philosophe. Robinet avait une sorte de culte pour le grand penseur de Hanovre, et nous l'approuvons fort d'avoir choisi un tel maître. Peu de Français étaient alors capables de bien entendre Leibnitz, et surtout de discerner, dans l'arsenal immense des théories, des systèmes et des doctrines du philosophe, les principes et les lois naturelles dont la postérité a reconnu la portée universelle et la profonde vérité. Comme ses monades, Leibnitz a tout entrevu, s'il n'a pas tout vu, et jamais plus vaste génie n'a reflété, miroir pensant, le spectacle des choses.

Ce que dit Robinet d'un équilibre nécessaire des biens et des maux dans la nature n'est guère fait pour captiver l'attention. Il a peint un tableau de la nature, sans puissance ni grandeur d'ailleurs, où les ombres contrastent merveilleusement avec la lumière, le mal avec le bien. Partout, il voit « le mal germer auprès du bien, croître en même proportion, se propager avec une énergie pareille. » Il ne saurait convenir, avec Bayle et Maupertuis, qu'il y ait beaucoup de mal et quelque bien; il ne voit pas, d'un autre côté, avec Jean-Jacques Rousseau, que les biens aient ou puissent jamais surpasser les maux. Ce partage inégal serait la négation de cet équilibre des biens et des maux dont il prétend établir la nécessité. Ainsi les créatures perdent à chaque moment, selon lui, autant d'existence qu'elles en reçoivent, la beauté de la nature est en raison composée du bien et du mal qu'il y a dans l'univers, etc.

On rencontre, au contraire, quelques idées physiologiques fort justes dans les chapitres où Robinet traite de la nutrition considérée comme un principe nécessaire de destruction dans la nature. Contre Buffon, qui estimait que tout être sentant a, en général, plus de plaisir que de douleur, Robinet soutient que l'existence n'est qu'un flux et reflux de bien-être et de mal-être ; qu'il est aussi naturel de souffrir que d'être heureux ; que la satisfaction particulière des êtres n'est pas le but de la nature ; qu'ils n'existent pas pour avoir du plaisir, et que la volupté attachée aux fonctions de la nutrition et de la génération n'est qu'un appel dont se sert la nature pour entretenir et perpétuer la vie. Robinet retrouve partout son système des compensations, son équilibre nécessaire des biens et des maux, des avantages et des désavantages, dans l'industrie et le commerce, les arts et les sciences, la guerre, les passions, et même le « babil des femmes. » En somme, le mal étant nécessaire, le bien ne l'est pas moins, et, tout étant réglé, mesuré et déterminé dans la nature, la quantité de biens dont jouissent certains êtres égale toujours la quantité de maux dont ils souffrent, de sorte que la mesure des biens est aussi celle des maux. Ainsi, un homme a plus de biens qu'une plante; il a aussi plus de misères.

Notons encore une bonne appréciation du système des molécules organiques de Buffon. Robinet montre très bien que, si une molécule organique n'est pas vivante, dans sa petitesse, comme un animal ou une plante sont vivants dans une plus grande étendue, il est impossible d'imaginer qu'une combinaison de molécules organiques produise un être vivant. En effet, « le vivant ne peut résulter du non-vivant, même d'une infinité de non-vivants, » écrit notre philosophe, formulant ainsi d'avance l'axiome célèbre de Virchow: *omnis cellula e cellula*, ou mieux celui de Preyer, l'éminent physiologiste d'Iéna : *omne vivum e vivo*. Pour donner une idée de la formation des animaux par des parties organiques semblables, Buffon rappelait qu'un grain de sel est un cube composé de millions d'autres cubes microscopiques, composés eux-mêmes d'autres cubes dont la petitesse défie toute imagination, et ainsi à l'infini. De même, écrit Robinet, l'animal est composé de petits animaux ou animalcules, un chien de petits chiens-germes, un homme d'homoncules. Les animalcules microscopiques dont fourmillent les semences des animaux, des plantes et des éléments, sont eux-mêmes des combinaisons vitales secondaires, ternaires, etc.; les derniers termes de la division sont les germes.

Les pages que Robinet a écrites sur l'*Instinct moral* sont d'un tour piquant et ingénieux. Il cite Hume et surtout Hutcheson qui, dans ses recherches sur les idées que nous avons de la beauté et de la vertu, admet l'existence d'un sens moral (*moral sense*), d'une sorte de sentiment, de goût ou d'instinct moral. Selon Robinet, c'est errer du tout au tout que de chercher la raison du mérite et du démérite de nos actions dans une conformité abstraite avec l'ordre et la raison universels. Toute cette métaphysique lui paraît une invention des savants. Les enfants, les gens simples, ignorent-ils quand ils font bien ou mal? C'est d'instinct, et non par la voie du raisonnement et de la réflexion, que l'homme arrive naturellement à sentir, à discerner, à aimer et à faire le bien. « Nous sentons le juste et l'injuste par une impulsion naturelle, comme nous jugeons des saveurs avant toute réflexion. »

C'est en effet aux autres sens que Robinet compare l'instinct moral, ce sixième sens. « L'âme, dit-il, perçoit le bien et le mal comme elle goûte le doux et l'amer, comme elle distingue au tact ce qui est mou de ce qui est dur, comme elle voit le blanc et le noir, comme elle entend les accords et les dissonances, comme elle sent la suavité des parfums et la vapeur des matières infectes. Car, puisque les différences morales nous sont immédiatement connues par une disposition organique de notre être, il est nécessaire qu'elles soient le fruit d'un sixième sens tout semblable aux autres. » (I, 233.) De même qu'à l'aspect d'un tableau ou d'une statue on admire sans connaître les lois de l'esthétique, ou qu'on distingue les accords des dissonances sans connaître la théorie des sons, on sent la beauté morale de certaines actions avant de songer aux avantages que l'humanité en retire. Le sens moral nous fait toucher, pour ainsi dire, le bon et le mauvais des actions humaines, comme le sens du tact nous fait juger du poli et de la rugosité des surfaces, de la dureté et de la mollesse des corps, etc.

Mais si les sensations morales sont des sensations comme toutes les autres, quoique d'une espèce différente, quel est leur organe ? On connaît les organes des autres sens ; ils sont nécessaires pour transmettre à l'âme les impressions des objets, dit Robinet, et y faire naître des sensations. L'analogie exige donc que le sens moral ait aussi son organe, encore qu'il soit difficile de l'indiquer avec précision. Toutes les sensations, on l'admet depuis Démocrite, ne sont que des modifications du toucher ; or, qui empêche de supposer que le toucher arrive à ce degré de finesse qu'il produise dans l'âme un sentiment moral? Robinet découvre des rapports entre « l'organe moral » et les organes de la vue et de l'ouïe : « Je vois un homme qui en tue un autre : je le vois parce que ce tableau est peint dans mon œil; je sens aussi la méchanceté de cette action : n'ai-je pas tout lieu de croire, non pas que cette méchanceté est peinte dans mon œil, puisqu'elle n'est pas visible, mais qu'elle affecte à sa manière des *fibres morales* répandues, sinon sur la choroïde, au moins dans une région particulière de la moelle du cerveau, d'où elles correspondent avec celles de la choroïde ? » De même, au récit d'une action, ne peut-on pas supposer que la moralité en est communiquée par des fibrilles du sensorium, comme les vibrations de l'air par les fibres de l'ouïe? L'organe des sensations morales n'est pas plus celui de la vue que celui de l'ouïe : mais il semble bien qu'il existe des filaments en connexion avec les nerfs optiques et acoustiques, qui, en présence des objets moraux, « éprouvent une émotion pour en avertir l'âme. » Robinet ne comprend point la répugnance que l'on sent à admettre ces filets, propres à recevoir l'impression, non des odeurs ni des couleurs, mais de la moralité. Certes, le sens moral ne s'entend, ni ne se voit, ni ne se goûte; qu'en conclure, sinon que le sens moral n'est ni l'ouïe, ni la vue, ni le goût, mais un autre sens, une sorte de tact infiniment plus subtil et plus parfait?

Telle est l'hypothèse de Robinet sur l'existence d'un instinct ou d'un sens moral. Elle n'appelle pas, je crois, une discussion sérieuse; elle renferme pourtant deux grandes vérités.

D'une part, elle montre bien que la morale, au moins dans ce qu'elle a d'élémentaire et d'universel, est indépendante aujourd'hui de toute conception métaphysique ou religieuse, et qu'elle habite dans ces obscures et profondes régions inconscientes de l'être où la lumière de la réflexion et du raisonnement n'arrive presque jamais. D'autre part, elle constate que nos sentiments moraux et esthétiques sont de véritables instincts. Mais ce ne sont point là, comme le pense Robinet, des dispositions primitives. De même que les actes instinctifs, inconscients, réflexes, automatiques, ont commencé par être intelligents dans une certaine mesure, l'évolution des idées morales et esthétiques a certainement été dirigée dans un sens plutôt que dans un autre par un ensemble d'idées métaphysiques plus anciennes et de croyances religieuses invétérées.

L'hérédité morale étant la règle, aussi bien que l'hérédité physique, nous apportons tous en cette vie, avec nos organes et nos sens, certaines idées innées du bien et du mal, du beau et du laid, etc. Seulement, celles de ces idées qui sont particulières à l'humanité n'ayant été acquises, comme le langage, qu'à une époque relativement peu ancienne, l'éducation doit en quelque sorte les réveiller chez chacun de nous, les aviver comme un feu qui couve sous la cendre, ou encore comme une substance phosphorescente qui, sans excitation, ne jetterait aucune lueur appréciable. Issu, ainsi que tous les instincts, de l'adaptation des organismes, et fixé par l'hérédité, l'instinct, ou le sens moral, n'est donc pas une force primitive de la vie, et l'on ne saurait comparer la solidité d'association des idées qu'il constitue à celle des idées des autres sens.

Non seulement le sens moral peut être à tel point oblitéré dans certains organismes, sans doute par un phénomène d'atavisme, qu'il ne réagit plus, ne répond plus à aucune excitation appropriée; il pourrait s'affaiblir avec les siècles chez certaines races humaines, si les causes qui l'ont formé cessaient d'agir, en d'autres termes, si les idées religieuses et métaphysiques disparaissaient du monde. C'est, du moins, notre conviction raisonnée. Sans doute ces idées peuvent être remplacées par d'autres notions, succédanées des premières, telles que les principes civils et politiques des sociétés modernes. Les animaux, certains hyménoptères, nous donnent à cet égard d'admirables exemples. Mais l'immense supériorité de l'intelligence dans notre espèce échappera de plus en plus à toute discipline sociale de ce genre, et l'on peut douter que l'unique sanction des lois ait autant d'efficace sur la moralité future de l'humanité qu'en ont eue les idées religieuses, grâce au puissant mirage des peines et des récompenses d'outre-tombe.

Dans la IVe partie du livre *De la Nature*, Robinet a essayé de présenter les principes d'une théorie de la *physique des esprits*. La position qu'il a prise tout d'abord dans cette difficile question est, à coup sûr, digne de remarque. Ce qu'il s'est proposé, c'est de décrire les opérations de l'esprit tel que nous le connaissons, c'est-à-dire toujours uni à un corps organisé, si bien que les principes ainsi obtenus demeurent vrais dans l'hypothèse de la matérialité comme dans celle de la spiritualité de l'âme, car ils sont indépendants de l'une et de l'autre. On ne trouverait guère aujourd'hui une meilleure définition de la psychologie expérimentale. Nous indiquerons brièvement les problèmes et les solutions de cette partie de l'œuvre.

Selon Robinet, qui regarde comme un fait la préexistence des germes, les esprits ou les âmes ont existé dans les germes organiques humains « dès l'instant de la création : » le germe humain, en effet, est tout l'homme en petit. Avant la fécondation et le développement des germes organiques auxquels ils sont unis, les esprits ou les âmes ne sentent, ne pensent ni ne veulent : ils n'ont pas même conscience de leur existence. L'essence de l'âme ne consiste donc pas dans la pensée, la volonté, etc. « Je raisonne des facultés de l'esprit, dit Robinet avec un grand sens, de la même manière que j'ai fait de la puissance motrice des fibres musculaires. Ne puis-je pas, en effet, envisager la pensée comme une appartenance du système organique, puisque je suis sûr qu'elle en dépend autant qu'il se peut, sans en procéder physiquement? Bien que l'intelligence ne soit pas terminée au physique du cerveau, elle lui est pourtant si intimement liée et subordonnée quant à ses modifications, qu'elle ne le serait pas davantage si elle en émanait comme un effet physique d'une cause du même ordre. » (I, 270.)

La manifestation des facultés de l'esprit suit le progrès de l'organisation corporelle. Les plus petits fœtus observés par Ruysch, rapporte Robinet, sont de la grosseur d'une semence d'anis ou d'une graine de laitue : on ne peut douter que l'âme de Leibnitz, lorsqu'elle était unie à un si petit volume de matière, n'eût un sens beaucoup plus obtus que celui du plus stupide des animaux. Nul ne se rappelle ce qu'il pensait dans le sein de sa mère. Cependant, quelque faibles et obscures que soient les perceptions du fœtus, elles existent, et si nous ne nous rappelons pas celles que nous avons éprouvées alors, ou même dans notre première enfance, c'est qu'elles n'ont pas plus laissé de trace dans notre cerveau qu'une figure qu'on dessinerait sur l'eau ou dans l'air. « Notre entendement est pour nous un astre que nous voyons près de son midi, et dont un brouillard épais nous a dérobé le lever. Encore les nuages se sont dissipés si lentement, avec une dégradation si nuancée, qu'il nous serait difficile d'assigner l'instant où l'astre a cessé d'en être couvert. »

La psychologie de Robinet, à ne la considérer qu'au point de vue des processus de l'organisme, rappelle souvent celle des physiologistes de notre temps, et avant tout celle du savant éminent qui a le mieux mérité de l'anatomie et de la physiologie du système nerveux, de Jules Luys[1].

Qu'on lise avec attention le chapitre XI de cette IV⁰ partie : *Du système intellectuel vu dans l'appareil intérieur du cerveau.* « L'anatomie, dit Robinet, vient à propos nous prêter son flambeau et nous éclairer dans une route si obscure, marquée par tant de faux pas. Elle nous montre, dans les ventricules du cerveau et à la moelle allongée, de petits corps globuleux, olivaires, cannelés, grainés, guillochés, etc. Ces protubérances sont des réunions de fibres qui forment des pelotons, paquets et faisceaux, diversement organisés. Le nombre en est innombrable, et, avec de meilleurs instruments, on en verrait encore davantage. Voilà le fond matériel de nos pensées. » L'âme a des sensations ;

---

1. *Recherches sur le système nerveux cérébro-spinal* (Paris 1865). *Le cerveau et ses fonctions* (Paris, 1876).

elle sent par les nerfs. Les nerfs, dont les ramifications sans nombre se distribuent à chaque point du corps, sont des sortes de « cordes plus ou moins tendues, composées de filets médullaires ; » à leur origine, ce sont des « pulpes nerveuses très déliées, semées de corps glanduleux singulièrement organisés. » A la diversité de structure de ces organes, manifeste dans les nerfs optiques et olfactifs, par exemple, correspond la nature diverse des sensations, si bien qu'en variant la structure des nerfs, on varierait les sens. De là, différents ordres de fibres sensitives pour les différentes espèces de sensations. Mais, comme les fibres sensitives n'impriment à l'âme que le *sentiment* d'un objet, l'*idée* du même objet doit, suivant Robinet, lui être communiquée par un changement analogue survenu dans d'autres fibres : « chaque nerf a donc, à son origine, non seulement des paquets de fibres sensitives, mais aussi des faisceaux de *fibres intellectuelles* — de fibres propres à exciter dans l'âme l'idée, le concept, l'aperception de l'objet senti. » Il y a autant d'ordres de fibres sensitives, qu'il existe d'ordres correspondants de fibres intellectuelles, et, bien qu'une fibre intellectuelle ne puisse pas remplir la fonction d'une fibre sensitive, une idée n'étant pas une sensation, on doit admettre, au sentiment de Robinet, « une correspondance immédiate entre une fibre sensitive et une fibre intellectuelle de l'ordre du même nom, car une sensation est suivie d'une idée, et une idée rappelle quelquefois une sensation, quoique plus faiblement. »

Enfin, outre les fibres sensitives et les fibres intellectuelles, Robinet compte dans le cerveau une troisième sorte de fibres, distincte des deux autres espèces, « à laquelle sont attachées les volitions de l'âme. Selon que les sensations produites dans l'âme par les fibres sensitives seront agréables ou désagréables, les fibres volitives affectées de cette différence porteront l'âme à en aimer et appéter l'objet ou à le haïr et à le fuir. » Aussi bien tout ce qu'on vient de dire des fibres intellectuelles, par rapport aux fibres sensitives, vaut pour les fibres volitives comparées aux unes et aux autres. A ces trois espèces de fibres correspondent les trois facultés classiques de l'âme : la sensibilité, l'entendement et la volonté. Mais les sensations, les idées et les volitions, non seulement sont liées entre elles par des rapports de dépendance, de succession et de coexistence : les idées et les volitions reposent manifestement sur les sensations. Robinet soupçonne donc, afin de se mieux représenter l'enchaînement de ces actions psychiques, que les fibres sensitives, intellectuelles et volitives d'un ordre correspondant sont entre elles dans la proportion harmonique $1, \frac{1}{3}, \frac{1}{5}$: la fibre sensitive, mettant toujours en vibration les fibres intellectuelles et volitives, joue le rôle de son fondamental, toujours accompagné de ses harmoniques.

Poussant plus avant l'étude des principes de sa psychologie physiologique, Robinet établit, dans une série de propositions qu'il appelle « lois », que nos sensations suivent toutes les variations du jeu des fibres, et que rien n'existe dans l'entendement humain qui n'ait sa raison d'être dans l'activité des fibres intellectuelles du cerveau. Ce qu'on appelle une idée simple est la vibration d'un seul système de fibres; pour une idée complexe, il y a « plusieurs paquets de fibres ébranlées. » Les idées sont des forces qui se composent et se décomposent sans cesse : elles luttent pour l'existence, comme dans la philosophie de Herbart. Soit une idée double ou composée : deux fibres intellectuelles vibrent dans le cerveau. Si la vibration de chacune d'elles est égale, l'attention de l'âme l'est aussi sur les deux parties de l'idée composée. Si les mouvements des deux fibres diminuent et s'éteignent de concert, l'idée reste, en s'évanouissant peu à peu, ce qu'elle était au début. Enfin, si une cause quelconque augmente le mouvement vibratoire de l'une des deux fibres, des deux idées composantes, l'une deviendra plus vive que l'autre, l'attention s'y portera avec plus de force; bref, l'âme aura encore conscience de l'une quand elle aura perdu jusqu'au souvenir de l'autre. Et cela, parce que le mouvement fibrillaire le plus faible se sera éteint avant le plus fort.

Même conception mécanique des processus de la volonté. Qui a mieux démontré que Robinet, avant les belles découvertes anatomiques et physiologiques de notre temps, que l'activité volontaire consciente est toujours subordonnée à l'entendement et à la sensibilité, comme celle-ci l'est aux impressions extérieures, si bien que, après avoir parcouru le cycle des opérations psychiques, la volonté rend au milieu ambiant, sous la forme de force vive, l'énergie latente, la force de tension accumulée par la nutrition dans les nerfs et dans les muscles?

« Au point de vue physiologique, a écrit Luys, l'acte moteur volontaire qui émane du cerveau n'est toujours que la répercussion plus ou moins éloignée d'une impression primordiale sensitive... L'acte de la volonté n'est qu'un phénomène de la sensibilité transformée... Les divers processus de l'activité du cerveau se résument, en dernière analyse, en un mouvement circulaire d'absorption et de restitution de forces. » (*Le cerveau*, 52,258). Voici, maintenant, les propres paroles de Robinet : « Une volition est, pour le cerveau, le mouvement d'un certain système de fibres. Dans l'âme, c'est ce qu'elle éprouve en conséquence du mouvement des fibres : c'est une inclination à quelque chose, une complaisance dans cette chose-là. En effet, le propre du mouvement des fibres volitives est de faire vouloir l'âme, de la porter, de l'incliner à quelque chose. Ce quelque chose est une sensation ou une idée. Ce doit être ce qui produit le mouvement des fibres volitives : or, elles ne sont mues que par l'action des fibres intellectuelles et des fibres sensitives... Les fibres des muscles sont remuées par les fibres volitives auxquelles elles tiennent (ou s'anastomosent, comme le dit expressément Robinet). L'ébranlement des fibres volitives est le produit du jeu des fibres intellectuelles et sensitives. Enfin, le jeu des organes intellectuels et sensitifs est soumis à l'action des objets. Cela veut dire que la liberté est déterminée à l'acte par la volonté ; que *la faculté de vouloir est elle-même déterminée par celle de sentir et de penser, et celles-ci par les impressions des objets sur les sens.* » (I, 300.)

Les habitudes de l'esprit, et aussi les passions, qui ne sont que des habitudes de la volonté, sont ramenées par Robinet, ainsi qu'à leur cause, à une certaine disposition organique des fibres nerveuses qui, grâce à la fréquente répétition de vibrations semblables, exécutent avec une facilité de plus en plus grande ces vibrations, et se mettent comme d'elles-mêmes à vibrer de la même manière sous la moindre excitation. Plus les fibres retiennent fortement l'habitude contractée, plus la mémoire et la réminiscence sont tenaces : car la mémoire, ou la faculté d'avoir de nouveau des idées qu'on a déjà eues, n'est rien de plus que l'habitude qu'ont les fibres de vibrer dans le même ordre où elles ont été d'abord successivement ébranlées, habitude qui ne s'émousse et ne se perd que par le manque d'usage ou par la prédominance de vibrations contraires.

Avant d'aborder l'examen du *Traité de l'animalité*, la partie capitale du livre *De la Nature*, et même la seule qui ait jusqu'ici attiré l'attention des historiens de la pensée, il convient de rappeler que, tandis que les uns y ont vu une contrefaçon de la monadologie de Leibnitz, les autres y ont reconnu un prototype de la philosophie de la nature de Schelling[1]. C'est plutôt, à notre avis, une conception moniste de l'univers, une sorte de naturalisme panthéiste.

L'écueil inévitable du matérialisme antique, c'est qu'il attribuait à une agrégation d'atomes, en soi insensibles, la sensation et la pensée ; il constatait dans le tout, homme ou animal, des propriétés qui, par définition, n'existent point dans les parties. Peut-être en est-il réellement ainsi, mais l'entendement humain ne le saurait comprendre. Gassendi n'a pas plus réussi que Hobbes à lever la difficulté en identifiant avec la pensée un genre déterminé de mouvements corpusculaires.

1. Ueberweg appelle Robinet un « précurseur de Schelling. » Grundriss der Geschichte der Philosophie, III, 113.

Tout le monde admet que la sensation et la pensée ne se manifestent jamais sans mouvements matériels; mais s'il est possible qu'il n'y ait là qu'un fait unique considéré sous deux aspects, interne et externe, il n'est pas impossible non plus que la chose soit plus compliquée.

La seule solution consistait à douer du sentiment, comme d'une propriété essentielle, les particules ultimes de la matière, ou atomes : c'est ce qu'essaya de faire Robinet, après Diderot et Maupertuis. « Tout étant lié dans la marche de la nature, disait-il, comment a-t-elle pu passer de la matière inorganisée à la matière organisée, ou de celle-ci à l'autre? Il n'y a point de liaison, point de passage entre le positif et le négatif. Ce saut que l'on fait faire à la nature est certainement un phénomène plus difficile à admettre que l'organisation invisible d'un grain de terre et d'une particule d'eau. » (IV, 81). Ainsi Robinet commence par repousser d'emblée la distinction de la matière en organique et inorganique, parce qu'il n'y aurait plus ni unité ni continuité dans la nature. La matière est pour lui essentiellemement organique, vivante : elle n'est que semences, graines ou germes animés, portant en soi le principe de la sensation, bien que d'une façon inconsciente.

Depuis Maupertuis, je le répète, personne n'avait poussé aussi loin les conséquences de la doctrine hylozoïste qui étend aux dernières parties de la matière les propriétés vitales, et aussi, par conséquent, les propriétés psychiques, que nous connaissons par les êtres vivants. Pour notre philosophe, tout vit dans la nature, tous les êtres qu'elle produit, sous quelque forme qu'ils se présentent, animal, plante, pierre, métal, eau, air, feu, terre et étoiles, sont essentiellement organiques : ils se nourrissent, ils croissent et se reproduisent. L'origine et comme la source prochaine de cette doctrine, c'est Leibnitz.

L'idée qui domine et dirige toute la philosophie de Robinet, c'est le principe ou la loi de continuité dans la nature : la doctrine du philosophe français est tout entière fondée sur ce principe, que Leibnitz a appelé *sa méthode générale*, et sur cette grande maxime : *Natura non facit saltum*. Robinet lui-même a indiqué la source de ses idées générales sur la gradation naturelle des formes de la vie, lorsqu'il a cité les paroles d'une lettre de Leibnitz à Herrmann, publiée par Kœnig, qui la tenait pour authentique [1].

1. *Appel au public du jugement de l'Académie royale de Berlin sur un fragment de lettre de M. de Leibnitz, cité par M. Kœnig* (Leyde 1752), p. 42 et suiv. A la place où devrait se trouver cette lettre, dans la grande édition des *Œuvres* de Leibnitz par Dutens, après la quinzième épître du philosophe à Herrmann, on lit une note, émanée des auteurs des Mémoires de l'Académie de Berlin, qui objectent contre l'authenticité de ce document que

Les hommes, écrivait le philosophe de Hanovre, les hommes tiennent aux animaux, ceux-ci aux plantes, et celles-ci aux fossiles, liés à leur tour aux corps que les sens et l'imagination nous représentent comme parfaitement morts et informes. Or, la loi de continuité exige que, quand deux êtres sont voisins, toutes les propriétés du premier se rapprochent graduellement de celles du second : « il est donc nécessaire que tous les ordres des êtres naturels ne forment qu'une seule chaîne, dans laquelle les différentes classes, comme autant d'anneaux, tiennent si étroitement les unes aux autres, qu'il est impossible aux sens et à l'imagination de fixer précisément le point où quelqu'une commence ou finit. » Toutes les espèces affines doivent être, par conséquent, équivoques; leurs caractères doivent pouvoir se rapporter également aux espèces voisines. Ainsi l'existence des zoophytes, loin d'avoir rien de monstrueux, est convenable à l'ordre de la nature.

Leibnitz « aurait prédit l'étonnante propriété des polypes, » pour ne rien dire du principe de la moindre quantité d'action que revendiquaient Euler et Maupertuis. A nos yeux la lettre de Leibnitz du 16 octobre 1707, publiée par Kœnig sur les copies qu'il tenait directement de Henzi, est aussi authentique que l'est la seconde du même recueil (p. 48), écrite de la même main, et dont M. Foucher de Careil, qui la croit à tort inédite, a retrouvé l'original dans la bibliothèque royale de Hanovre. V. *Nouvelles lettres et opuscules inédits de Leibnitz* (Paris, 1857), p. 1 et suiv. L'éditeur cite, p. 433, un passage de la lettre contestée à Herrmann.

« Et telle est la force du principe de continuité chez moi, ajoutait Leibnitz, dans un éclair de génie, que non seulement je ne serais point étonné d'apprendre qu'on eût trouvé des êtres qui, par rapport à plusieurs propriétés, par exemple, celles de se nourrir et de se multiplier, puissent passer pour des végétaux, à aussi bon droit que pour des animaux, et qui renversassent les règles communes bâties sur la supposition d'une séparation parfaite et absolue des différents ordres des être simultanés qui remplissent l'univers ; — j'en serais si peu étonné, dis-je, que même je suis convaincu qu'il doit y en avoir de tels, que l'histoire naturelle parviendra peut-être à les connaître un jour, quand elle aura étudié davantage cette infinité d'êtres vivants que leur petitesse dérobe aux observations communes, et qui se trouvent cachés dans les entrailles de la terre et dans l'abîme des eaux. »

Ces vues prophétiques de Leibnitz, indiquées dès 1707, reparaissent avec des contours plus précis dans une lettre écrite à Bourguet quelques années plus tard (5 août 1715). Leibnitz contemple dès lors dans la nature un certain ordre « qui descend des animaux aux plantes. Mais, ajoute-t-il, il y a peut-être ailleurs des être entre-deux. » Ces êtres ambigus, dont Leibnitz, sans les avoir vus, annonçait l'existence, ces êtres sans lesquels le principe de continuité dans la nature, et partant tout le système naturaliste de Robinet serait resté lettre morte, ces êtres si précieux pour l'histoire de l'évolution de la vie sur notre planète, ce sont précisément, est-il besoin de le rappeler? les psychodiés de Bory de Saint-Vincent, les protistes de Hæckel.

Aristote dans l'antiquité, Leibnitz dans les temps modernes, ont eu un sentiment très profond de la continuité des formes de la vie, de la suite et de l'enchaînement des êtres, toujours plus animés, plus sensibles, plus intelligents, à mesure qu'on s'élève des protistes et des zoophytes aux plantes et aux animaux. Robinet, nous le verrons, étend bien au delà de ces formes de l'être l'empire de la vie et des propriétés physiologiques de la matière. Les êtres innombrables, épars sur la surface ou dans les entrailles de la terre, dans les hauteurs de l'air ou dans les abîmes pélagiques, ces êtres, de la pierre à la plante, de la plante à l'insecte, au reptile, à l'oiseau et au quadrupède, sont comme des ébauches variées à l'infini d'un exemplaire original, d'un prototype qui, pour se réaliser, a dû passer par toutes ces formes, où se montrent d'ailleurs des traits frappants du modèle idéal.

Ce chef-d'œuvre de la nature, à l'achèvement duquel tout conspire, et dont toutes les créatures ne sont que des essais plus ou moins réussis, c'est l'homme. « La nature, dit Robinet, ne pouvait réaliser la forme humaine qu'en combinant de toutes les manières imaginables chacun des traits qui devaient y entrer. Si elle eût sauté une seule combinaison, ils n'auraient point eu ce juste degré de convenance qu'ils ont acquis en passant par toutes les nuances. Sous ce point de vue, je me figure chaque variation de l'enveloppe du prototype comme une étude de la forme humaine que la nature méditait; et je crois pouvoir appeler la collection de ces études l'apprentissage de la Nature ou les essais de la Nature qui apprend à faire l'homme[1]. » Et Robinet, dont l'élégante et tout aimable érudition d'humaniste aime à semer de fleurs, voire de fleurettes des champs, ces arides matières, rappelle que Pline avait déjà nommé le liseron « l'apprentissage de la nature qui apprend à faire un lis, » *convolvulus tirocinium naturæ lilium formare discentis*.

J'ai nommé Aristote et Leibnitz. Robinet, à coup sûr, n'est point digne de figurer auprès d'aussi grands noms. Il était fort jeune, et plutôt curieux que scrutateur des choses de la nature, lorsqu'il écrivit son livre. Le grand mérite de Robinet, après celui d'avoir choisi un maître tel que Leibnitz, c'est d'avoir poussé jusqu'à l'absurde les conséquences des principes posés par ses précurseurs de génie. Bonnet a

---

1. *Considérations philosophiques de la gradation naturelle des formes de l'être, ou les essais de la nature qui apprend à faire l'homme* (Paris, 1768), p. 4.

eu tort, selon nous, de reprocher à Robinet d'avoir tout transformé en animal[1]. Si Robinet a péché, c'est par excès de logique. En effet, du moment qu'on admet, avec Glisson et Leibnitz, que tout vit, perçoit et appète dans l'univers, on animalise la nature, on transporte au monde entier le seul mode d'existence que nous connaissions, et, des plus lointaines étoiles aux derniers atomes, on transforme plus ou moins tous les êtres en animaux.

Robinet était donc bon logicien lorsqu'il écrivait que, pour lui, il aimerait mieux donner même de l'intelligence au moindre atome matériel, pourvu que ce fût d'un degré et d'une qualité convenables, que de refuser l'organisation aux pierres et aux minéraux, et, sous le nom de substances brute et inorganique, d'en faire des êtres isolés, sans liaison avec les autres. « On aurait beau me dire, ajoutait Robinet, que mon sentiment est bizarre, et qu'il n'est pas possible qu'une pierre pense ; je croirais avoir très bien répondu en disant que je ne suis pas responsable des conséquences bien déduites, que je n'ai point mesuré l'étendue des possibles, que, la loi de continuité admise, on doit admettre également tout ce qui en découle, au lieu qu'il n'est pas pardonnable d'abandonner tout à coup un principe aussi général sans raison suffisante. » (IV, 11.)

Fort du principe de continuité, qui est pour lui la

---

1. *Contemplation de la Nature*, t. Ier, part. VIII, ch. XVII.

loi et les prophètes, Robinet, devançant quelques-uns des plus illustres naturalistes de ce siècle, déclare tout net qu'il n'existe dans la nature rien de pareil aux espèces, aux genres, aux classes et aux règnes : il n'y a que des individus, et point d'espèces ; déjà même il estime que l'infécondité ne peut servir de criterium pour distinguer les espèces. Le premier corollaire du principe de continuité, d'uniformité et d'unité de la nature, c'est que l'organisation, propriété physique de la matière, doit descendre et monter graduellement d'une extrémité à l'autre de l'échelle des êtres. Les animaux, les plantes et les minéraux, simples modifications de la matière organisée, doivent tous participer à une même essence ; ils ne diffèrent entre eux que dans la mesure suivant laquelle ils y participent.

Quels caractères choisir, en effet, pour faire d'une certaine collection d'êtres une classe à part, essentiellement distincte de toutes les autres classes d'êtres naturels? Les formes extérieures et la structure interne? Robinet s'est efforcé d'établir qu'il n'y a ni forme ni structure particulières aux êtres vivants. Le premier point, il le démontre par les métamorphoses des insectes et des batraciens et par la morphologie des zoophytes. Les polypes marins ont été pris pour des fleurs ; Trembley se demanda d'abord s'il devait prendre les polypes d'eau douce pour des animaux ou pour des plantes sensibles, d'un genre un peu plus élevé que les sensitives. En somme, toutes les formes conviennent à l'animalité et elle n'en exclut aucune : la morphologie ne fournit donc pas un criterium suffisant pour distinguer l'animal du végétal, le végétal du minéral, « toutes les formes naturelles étant animales. »

Sans suivre Robinet jusqu'au bout de ses déductions, il est permis de noter qu'il a très bien compris que la vie est indépendante des formes vivantes, et que la morphologie n'a pas en biologie l'importance capitale qu'on lui a si longtemps attribuée. Ce qu'il a dit des formes extérieures, Robinet le répète de la structure interne des organismes. Il peut exister, et il existe en fait des animaux qui n'ont absolument rien de ce qu'on a cru nécessaire à l'animal. Par exemple, le cœur, le cerveau, la moelle, les nerfs, etc., peuvent manquer tout à fait. « Le polype est un animal dont la structure organique ne ressemble en rien à celle des autres animaux, remarque Robinet ; il peut de même y avoir un autre animal dont la structure ne ressemble ni à celle du polype ni à celle de tous les autres individus animés... La nature, qui nuança l'animalité du singe au polype, a bien pu aussi la pousser du polype au grain de poussière, sans que ce soit encore là son dernier terme. » (IV, 56.)

De même pour la nutrition, l'accroissement et la

génération : il n'existe point de manière de se nourrir, de croître et de multiplier particulière à l'animal. Fera-t-on de la sensibilité un criterium? Mais qu'est-ce que sentir? C'est éprouver une impression, un choc, une résistance. Or, comme il n'y a point d'êtres dans la nature sur lesquels n'agissent d'autres êtres, il paraît à Robinet que tous les êtres sentent, c'est-à-dire éprouvent des modifications internes dues à l'action d'autres êtres. Le sentiment n'est que cette impression; le sens est l'organe qui la reçoit. Tous les êtres ont leur façon de sentir, et, de l'homme à l'huître, de la plante au minéral, cette propriété générale de la matière est proportionnée au degré de l'organisation. Rien ne prouve qu'aucun être naturel, dans n'importe quel règne, soit absolument dépourvu de sentiment, quelque obscure et vague que soit la manière dont il exprime ses sensations particulières, — ne nous en donnât-il aucune marque.

Car, encore que le mouvement soit la suite et le signe du sentiment chez un grand nombre d'êtres, Robinet a très bien vu qu'on n'en saurait faire non plus un criterium, d'autres êtres sentants pouvant exister sans qu'on perçoive chez eux le moindre indice de ce genre. Qu'il y ait de l'action et du mouvement bien au delà de la portée de notre vue, c'est ce qu'ont montré d'abondance le microscope, le télescope et tant d'autres instruments qui étendent indéfiniment dans l'espace et dans la durée la puissance de nos sens et de notre raison. Il se peut donc, non seulement qu'il existe actuellement, mais qu'il ait existé éternellement des êtres sensibles chez qui l'expression de la sensibilité demeure toujours au delà des prises de nos sens. Leibnitz l'avait dit avant Robinet, Leibnitz qui estimait que « celui qui aurait les organes sensitifs assez pénétrants pour s'apercevoir des petites parties des choses, trouverait *tout organisé*, et que, s'il pouvait augmenter sa pénétration continuellement selon le besoin, *il verrait toujours des organes nouveaux* qui y étaient imperceptibles pour son degré précédent de pénétration [1]. »

C'est que la nature n'a rien fait que d'organique, soutient Robinet dans le livre IIIe du *Traité de l'Animalité*, intitulé : *De l'organisme universel*. Buffon avait dit que l'organique est l'ouvrage le plus ordinaire de la nature, et apparemment celui qui lui coûte le moins. Mais Robinet ne saurait admettre qu'il existe de la matière brute, morte, inorganique. Et il n'y en a pas, parce qu'il ne saurait y en avoir. En effet, le principe d'unité et de continuité nous force d'en nier *a priori* l'existence. Contre Bonnet qui, dans sa *Contemplation de la*

---

1. A Bourguet, 22 mars 1714. Erdm., p. 721.

Nature, oppose toujours les minéraux, êtres bruts et inorganiques, aux plantes et aux animaux, Robinet affirme que tout ce qu'on dit des substances organisées se trouve vrai en quelque mesure des différents minéraux; qu'il n'y a aucune différence essentielle entre un sel et un lichen, un cristal et un polype, entre le fossile le plus régulier et la machine organique la plus simple; bref, notre philosophe en appelle à l'autorité de Bourguet, qui a présenté, en effet, les sels et les cristaux comme des productions organiques.

Parmi les arguments qu'apporte Robinet à l'appui de sa thèse, j'en note deux qui n'ont rien perdu de leur force, si l'on en juge par l'usage que des naturalistes tels que Claude Bernard en font encore. Cette *analogie générale* que Robinet découvre dans tous les phénomènes naturels, cette affinité, cette parenté que tous les corps trahissent les uns pour les autres, elle éclate, en quelque sorte, dans la propriété que possèdent toutes les substances d'échanger leurs matériaux, ou, comme il s'exprime, de se nourrir les unes des autres : « Le corps animal ne se nourrit pas seulement des débris des autres animaux; tous, ou presque tous les aliments qu'il prend sont imprégnés de parties minérales, de terres, de sels, de métaux finement dissous; et je crois que, pour s'incorporer à une substance organique, elles doivent être organiques elles-mêmes.

Car, comme nous l'avons dit, le résultat de la décomposition d'un corps organisé est toujours un organe. » En s'incorporant aux tissus des substances animales et végétales, les molécules de matière deviennent partie constituante d'un tout organique : pourraient-elles le devenir sans être organiques elles-mêmes ? « Qui dira que la matière brute s'organise ? Autant vaudrait dire que ce qui n'est pas se donne l'existence. Loin que la matière brute ait quelque disposition à s'organiser, elle a dans son essence un obstacle insurmontable à l'organisation. On doit donc convenir que la nourriture était organique avant que de s'insinuer dans le tissu du corps animal. » (IV, 184.)

D'autre part, la morphologie des cristaux et des minéraux n'atteste pas moins que la morphologie des plantes et des animaux un certain état d'organisation. Les végétaux et les animaux ne sont pas seuls à se présenter sous des formes spécifiques et constantes : les cristaux forment en s'associant des figures typiques. « L'analogie ne s'arrête pas à cette première ressemblance générale, » disait Claude Bernard, qui aimait à citer les faits de rédintégration cristalline pour montrer dans le cristal quelque chose d'analogue à la tendance par laquelle l'animal blessé se sépare, se complète et reconstitue son type morphologique individuel. Dans le cristal comme chez l'animal, le travail de reformation des tissus est bien plus actif à la partie lésée que dans les conditions évolutives ordinaires. Nombre d'animaux et de végétaux affectent des formes géométriques presque aussi régulières que celles des cristaux, constantes dans une même espèce et dans un même genre. Chez les Polythalames, et bien plus encore chez les Radiolaires, toutes les formes élémentaires possibles, tous les types géométriques se rencontrent. « Dans un grand nombre de cellules végétales, par exemple dans celles de l'albumen du Ricin, des cotylédons du *Bertholletia excelsa*, de la pomme de terre, etc., la subtance protoplasmique se présente sous une forme cristalloïde très régulière, qui ne diffère des cristaux véritables que par la variabilité de ses angles[1]. » Enfin, il résulte des recherches de Naegeli sur la structure intime du protoplasma, que les particules solides de cette matière vivante ont des formes anguleuses : il est donc permis de supposer qu'elles sont régulièrement cristallines. « Dites-nous comment se font ces collections de particules élémentaires, demande Robinet à ceux qui admettent de la matière brute ; ce qui les rassemble toujours sous la même forme, car la configuration des minéraux est aussi constante dans ce que vous appelez les espèces, que celle des végétaux et des animaux, et leur

---

1. J. L. de Lanessan, *Manuel d'histoire naturelle médicale*, p. XIII.

structure intérieure n'est pas moins permanente. »

Ainsi, tout vit dans la nature, la matière étant essentiellement organique et animale. Il n'y a point de matière brute, voilà ce que Robinet avait déjà soutenu contre Bonnet; il n'y a pas non plus de matière morte, voilà ce qu'il soutient contre Diderot et contre Buffon. En tant qu'organique et vivante, la matière est dans un mouvement perpétuel, que nous percevions ou non ce mouvement. Ce mouvement est spontané. Certes, Robinet admet bien, avec Leibnitz, les lois du mécanisme universel; mais il estime qu'il faut entendre par là un « mécanisme organique[1]. »

Quant aux éléments des corps, aux molécules et aux atomes dans lesquels la physique vulgaire décompose la matière des choses et qu'elle considère comme des êtres simples, Robinet les tient pour des abstractions, non pour des êtres réels. Il n'existe pas plus d'atomes au sens des physiciens que de matière informe, inactive, insensible, sans organisation ni vie propre, et incapable par elle-même de croître, de se nourrir et de se reproduire. L'être le plus simple de la nature est encore un composé d'êtres. Il n'y a point d'autres éléments que les germes, et la matière n'est que semences. Tous les germes ont des différences in-

1. IV, 106, cf. 112.

dividuelles; tous les éléments sont donc hétérogènes. Loin d'être des êtres simples, tous les éléments sont donc composés d'autres éléments, les germes d'autres germes, et ainsi à l'infini, car il n'y a point de moyen naturel ni artificiel qui puisse porter un germe à sa dernière division possible. Les germes sont en soi indestructibles; seuls, les composés qu'ils forment sont périssables. Rien ne périt dans la nature : tout se transforme et se métamorphose.

Le livre IV de la VIIe partie du *Traité de l'Animalité* est tout entier consacré à l'examen et à la solution des questions posées par Diderot à la fin de ses *Pensées sur l'interprétation de la Nature*. On connaît la nature de ces problèmes, qui sont encore ceux de la philosophie naturelle de notre temps.

Les antiques fondements du monisme et de l'évolutionisme s'y découvrent par instants et s'illuminent aux lueurs des éclairs du génie philosophique de Diderot. Depuis les vieux penseurs de l'Ionie, nul n'a eu peut-être de plus profondes intuitions. Comme ces anciens Hellènes aussi, Diderot arrive quelquefois au vrai par la seule force de son esprit, ou, si l'on veut, par une sorte de divination, sans s'embarrasser des démonstrations et des vérifications expérimentales de la science. Les « métaux, » les plantes et les animaux ont-ils toujours été et seront-ils toujours tels qu'ils sont? demandait, par exemple, Diderot. Les espèces ne passent-elles point comme les individus? Les éléments de la vie ou de l'animalité n'étaient-ils pas de toute éternité épars et confondus dans la masse dé la matière? Quand les conditions sont devenues favorables, ces éléments ne se sont-ils pas réunis d'eux-mêmes? Au cours de millions d'années, l'embryon formé de ces éléments n'a-t-il point passé par une infinité d'organisations et de développements? Après s'être développée au point de posséder un langage, des lois, des sciences et des arts, l'humanité ne s'arrêtera-t-elle pas dans sa croissance, ne perdra-t-elle pas peu à peu toutes ses facultés comme elle les a acquises, et finalement ne disparaîtra-t-elle pas pour jamais de la nature? — Quelques-unes des réponses que Robinet a faites à ces questions et à beaucoup d'autres, éternellement insolubles pour la plupart, ne sont point indignes de celui qui les a posées, de Diderot lui-même.

Voici, par exemple, comment notre philosophe résout les doutes de Diderot sur la caducité des espèces : « Il n'y a que des individus et point d'espèces. Ainsi, il est inutile de demander si les espèces entières commencent, s'accroissent, durent, dépérissent et passent comme les individus. » Et sur l'évolution universelle de la vie dans le temps et dans l'espace : « Le philosophe ne se contentera pas de soupçonner que l'animalité avait, de toute éternité, ses éléments particuliers épars et confondus dans la masse de la matière ; qu'il est arrivé à ces éléments de se réunir parce qu'il était possible que cela se fît; que l'embryon formé de ces éléments a passé par une infinité d'organisations et de développements : il lira, dans le grand livre de la nature, que l'animalité est essentielle à la matière ; que la matière essentiellement animale est originairement divisée en germes qui se développent par succession, chacun dans son temps, etc. Combien fallait-il de millions d'années ou de siècles pour faire mûrir la graine humaine?... Nous ne sommes pas en état de le dire. Il n'y a point d'intervalle, ni grand, ni petit, entre deux développements successifs et voisins. La nature passe de l'un à l'autre sans discontinuité. Lorsque nous croyons apercevoir de l'interruption, une solution de continuité, c'est que les nuances intermédiaires nous échappent. » (IV, 128.)

Ce qu'on appelle matière vivante, demandait Diderot, ne serait-ce pas seulement une matière qui se meut par elle-même, au contraire de la matière morte ou inerte ? « Toute la matière, répond Robinet, qui ne connaît pas de matière morte, toute la matière, en tant qu'organique (active), et vivante, a la faculté de se mouvoir elle-même. Cette spontanéité de mouvement lui est inhérente ; les effets en sont réglés et déterminés par les besoins naturels de chaque être. Les germes n'ont pas d'autre besoin que celui d'exalter tellement leur force évolutive qu'ils parviennent au degré nécessaire pour procurer leur développement dans les circonstances favorables. » Les molécules vivantes, demandait encore Diderot, ne pourraient-elles pas reprendre la vie après l'avoir perdue, pour la reprendre encore, et ainsi de suite à l'infini? Puisque toute la matière est organique et vivante, répète Robinet, elle ne saurait perdre sa vie ni son organisation. Quand un organisme vivant se dissout, c'est un composé vivant qui se décompose en d'autres composés vivants, sans que la moindre parcelle de matière périsse jamais dans toutes ces décompositions sans fin. « Le passage de la matière de l'état de vie à l'état de mort et son retour de l'état de mort à l'état de vie ne peuvent pas avoir lieu, la vie étant essentielle à la matière. »

Robinet, je l'ai dit, n'a reculé devant aucune des conséquences de son système. Il a consacré les quatre derniers livres de son *De rerum natura* (V-VIII) à montrer que, quels que soient les modes sous lesquels on la considère, dans les plantes, les minéraux, la terre, l'eau, l'air, le feu, les astres, etc., la matière, essentiellement organique, vivante, animée, présente partout et toujours les trois propriétés fondamentales de l'animalité : la nutrition, la croissance et la reproduction. Ajoutez-y les propriétés d'ordre psychique, telles que le sentiment et la connaissance, qui, à des degrés divers, ne sont pas moins essentielles à la matière.

Les différences si profondes qu'on surprend dans l'ensemble des manifestations psychiques ne sont pas plus considérables que celles qu'on observe dans la série des formes et des fonctions organiques. Dès qu'un être laisse paraître qu'il est sensible, dès qu'il réagit d'une façon quelconque contre les excitations du milieu, il semble qu'il existe chez cet être, à quelque degré que ce soit, du sentiment, de l'intelligence et de la volonté. Certains auteurs, et Lamarck en particulier, dont on connaît la division des animaux en intelligents, sensibles et apathiques, n'ont pas aperçu que ce qu'ils nomment l'irritabilité est une forme rudimentaire de la sensibilité ; que sentir est une manière de percevoir, un acte intellectuel, et que, comme l'a écrit Condillac, si le sentiment n'était pas un commencement de conscience, il se réduirait à rien.

Formé à la même école, Robinet estime également que « sentir, c'est connaître. » Fuir une chose et en rechercher une autre, ajoute-t-il, n'est-ce pas juger que l'une est désagréable et nuisible, l'autre agréable et utile ? Or, si l'on accorde le sentiment aux plantes, le moyen de leur refuser une espèce de perception et de pensée, analogues à leurs sensations et dérivées de ces sensations ?

Il serait inutile de rechercher dans quelle mesure ces inductions sont susceptibles de vérification expérimentale. Nous n'avons conscience que de nos propres états d'esprit. Ce n'est déjà que par analogie que nous étendons, non seulement aux autres hommes, mais à tous les animaux, la faculté de sentir, de penser et d'agir. De quelle sorte doivent être ces actes psychiques chez les végétaux[1]?

Le raisonnement analogique ne souffre pas qu'on s'arrête dans cette voie, où l'imagination n'évoque plus que de vagues apparences. Cependant la logique seule ne force pas notre foi : la science — une autre foi, je le veux bien, mais une foi raisonnée ou raisonnante, et qui se retrempe à toute heure dans l'expérience — la science contemporaine incline fort à admettre quelques-unes des idées ou des rêveries de Robinet sur « l'animalité des plantes. » D'accord avec le grand maître de la pensée moderne, avec Aristote, dont la psychologie embrassait les animaux et les plantes, on s'est souvent demandé de nos jours pourquoi, alors que l'anatomie et la physiologie générale ont découvert de si profondes affinités, ou plutôt une unité si

---

1. Voyez IV, 159-60, une bonne page de Robinet sur l'obscurité croissante ou décroissante, par rapport à nous, des phénomènes psychiques chez les différents êtres, chez les plantes en particulier.

évidente dans les deux règnes organiques, la psychologie comparée laisserait de côté l'étude du monde végétal. Le principe de continuité, qui n'est pas moins absolu pour nous que pour Robinet, n'admet point ces sortes de lacunes dans la suite des choses. Quand on a suivi les manifestations psychiques dans toute la série animale, jusqu'aux vagues frontières qui séparent les animaux des végétaux, comment ne voit-on pas que les mêmes phénomènes persistent, quoique à des degrés bien différents?

Si tout dans la nature n'est qu'une suite éternelle et un ensemble infini de variations sur un même thème, si la structure anatomique et les fonctions physiologiques des plantes et des animaux demeurent essentiellement les mêmes dans leurs parties et dans leurs activités élémentaires, pourquoi n'en serait-il pas ainsi de leurs propriétés psychiques? Entre certaines fonctions des végétaux, telles que les habitudes des plantes, par exemple, et certaines façons d'agir de l'Étoile de mer, y a-t-il plus de distance, demande un philosophe italien contemporain, M. T. Vignoli, qu'entre celles-ci et les actions du chien? On ne saurait donc conclure d'une différence de degrés à une diversité de nature. Dans la plante comme dans l'animal, l'activité psychique est plus ou moins manifeste : elle existe. Cette force consiste proprement, au sentiment de M. Vignoli, dans la perception de soi-même et des choses[1]. La plante n'est pas seulement sensible : sa « volonté, » nous dit-on, se montre dans le choix qu'elle fait des éléments utiles à sa nutrition, dans l'élimination des substances nuisibles, dans tout ce qu'elle accomplit pour se conserver et se reproduire. Enfin, l'intelligence de la plante paraît dans l'ordre où ont lieu ces mouvements si variés pour atteindre un but et réaliser une fin.

Aujourd'hui comme à l'époque de Robinet, on croit donc apercevoir dans les végétaux des phénomènes analogues à ceux que manifestent les animaux : seulement ce qui devient clair et brille avec éclat chez l'animal, demeure, chez la plante, sub-obscur ou tout à fait obscur.

La doctrine capitale qui ressort des *Leçons sur les phénomènes de la vie*, de Claude Bernard, c'est l'unité fonctionnelle, l'« unité vitale » de tous les êtres vivants, depuis la plante la plus humble jusqu'au vertébré le plus élevé : il n'y a qu'une seule physiologie ; on ne saurait admettre une physiologie végétale et une physiologie animale distinctes. L'identité fondamentale des phénomènes vitaux que présentent les plantes et les animaux, Claude Bernard en voyait la raison dans la nutrition identique des parties

---

[1]. *Della legge fondamentale dell' intelligenza nel regno animale.* Saggio di psicologia comparata per Tito Vignoli (Milano, 1877), cap. III.

essentielles des organismes, les cellules animales et végétales. Les belles observations de M. Clark et de Charles Darwin n'ont-elles pas montré que les plantes capturent et absorbent de petits animaux et des substances azotées? M. E. Morren a établi que la digestion végétale et la digestion animale sont des opérations chimiques analogues. Ces observations ont même inspiré à M. Charles Martins quelques pages de haute philosophie naturelle, très favorables au fond à « l'animalité des plantes. » « Tout le monde convient aujourd'hui, a écrit le célèbre naturaliste de Montpellier, qu'on observe chez les végétaux, comme chez les animaux, des *organes rudimentaires* et inutiles à l'être organisé qui les possède. On est, par conséquent, en droit de se demander s'il n'existe pas des *fonctions* qui se trouvent dans le même cas ; si ces captures d'insectes, la dissolution et l'absorption de leurs parties molles par les feuilles de la plante, ne seraient pas un mode d'assimilation, sinon anormal, du moins accidentel, comparable à l'absorption de substances actives par la peau chez les animaux supérieurs. On peut, écartant toute idée de finalité, aller encore plus loin : en effet, cette absorption de matériaux qui, d'après certains observateurs, ne contribuent en rien à l'alimentation du végétal, ne serait-elle pas l'*ébauche d'une fonction sans profit pour lui, mais qui déjà dans les animaux inférieurs les plus rap-*

prochés des végétaux et immobiles comme eux, tels que les Polypes, les Coraux, les Actinies, devient la fonction principale? Nulle chez les végétaux, qui absorbent par leurs racines l'eau chargée de principes nutritifs et par leurs feuilles les gaz qui composent l'air atmosphérique, cette fonction devient le principal et le seul mode de nutrition chez les animaux inférieurs fixés sur des pierres, dépourvus de racines absorbantes. mais qui capturent aussi des animalcules vivants au moyen de tentacules mobiles, les digèrent, les absorbent, se les assimilent et s'en nourrissent exclusivement [1]. »

Hæckel, enfin, a montré, par de nombreux exemples, que ce qu'on appelle les fonctions supérieures de l'âme, la sensibilité consciente et le mouvement volontaire, absentes en apparence chez quelques animaux, ne font point défaut chez toutes les plantes. La plupart de ces animaux (éponges, vers, ascidies, mollusques) vivent fixés au plus profond des mers : on les appelle même en Italie, sur les marchés aux poissons, du nom de *frutti di mare*, car les pêcheurs les tiennent pour des fruits de végétation marine. En regard de ces « animaux sans âme, » se dressent les plantes animées, la sensitive, les plantes insectivores, etc. Mais pourquoi ne citer que des plantes d'une organisation supérieure?

---

1. *Les Plantes insectivores*, par Ch. Darwin. Introduction et notes par Ch. Martins.

Beaucoup d'algues, nos conferves vertes d'eau douce, nagent avec autant de vivacité, de constance, de volonté apparente que les formes larvées de beaucoup d'animaux. « Lorsque, il y a trente-sept ans, raconte Hæckel, le botaniste viennois Unger découvrit ces algues, il fut si frappé de la spontanéité de leurs mouvements, qu'il intitula son Mémoire : « La plante au moment où elle devient animal. » (*Die Pflanze im Momente der Thierwerdung*).

Pour Robinet, qui a pressenti tant de vérités de la science contemporaine, « les plantes respirent et transpirent aussi bien que les animaux; » elles ont leurs maladies, leurs infirmités et leurs monstruosités; elles luttent pour l'existence contre les autres êtres, succombent ou triomphent selon l'occurrence, car « il est du destin de tous les êtres de s'entre-manger les uns les autres. » Ainsi, Claude Bernard, pour ne rien dire des naturalistes transformistes de ce temps, comparant et identifiant ce qui s'observe dans les phénomènes intimes de la nutrition, au fond de nos tissus, avec l'éternel combat que se livrent les êtres dans la nature — sombre empire où règne seule la loi du plus fort, où la vie s'entretient et se perpétue par la mort — nous montre « cette mêlée silencieuse qu'on appelle, par antiphrase, l'harmonie de la nature, et dans laquelle viennent s'entre-détruire toutes les existences [1]. »

1. *Leçons sur les phénomènes de la vie*, I, 147.

Robinet notait encore, ce qui est vrai, qu'il y a plus d'analogie entre certaines plantes et certains animaux qu'entre ceux-ci et d'autres animaux ; que la nutrition et l'accroissement des plantes s'opèrent d'une manière semblable à la nutrition et à l'accroissement des animaux, etc. Quant à ses conjectures touchant le sentiment et la connaissance des plantes, elles s'appuient surtout sur l'exemple classique de la sensitive, dont Robinet compare les mouvements, après un froissement, à ceux d'un homme qui, atteint par une étincelle, retire d'instinct sa main. Les efforts des végétaux pour reprendre leur position naturelle lorsqu'on les en écarte, l'industrie avec laquelle ils se tournent et se dirigent vers les fenêtres et les soupiraux, l'instinct qu'ils font paraître lorsqu'à la rencontre de deux veines de terrain ils choisissent celle qui leur convient le mieux, toutes ces observations l'amènent à soutenir que les végétaux étant sensibles, « ont un certain degré de connaissance et d'intelligence, de pensée et de jugement, puisqu'on est forcé d'y reconnaître du sentiment, du désir, de l'aversion, attestés par les actes qui les supposent. » D'ailleurs, l'idée seule de l'existence entraîne invinciblement, dans la pensée de Robinet, le sentiment et la connaissance. Sans doute, les perceptions des plantes doivent être très obscures ; « leur intelligence doit être très confuse, très obtuse :

telle qu'elle est, elle leur suffit pour remplir le but de la nature. Ce n'en est pourtant pas encore le dernier terme. »

En effet, au dire de Robinet, les métaux et les minéraux se nourrissent, croissent et se multiplient comme les autres animaux placés au-dessus d'eux dans l'échelle universelle des êtres.

Les imaginations du philosophe à ce sujet sont exposées tout au long dans le livre sixième, intitulé : *De l'Animalité des métaux, des pierres et de toutes sortes de substances fossiles*. Robinet parle non seulement des semences, mais des matrices, des enveloppes, cordons et placenta des minéraux : il témoigne avoir vu une infinité de fœtus pierreux et métalliques. Ces idées paraîtront moins étranges si l'on prend garde que, dans plusieurs mémoires insérés dans l'*Histoire de l'Académie royale des sciences* [1], Tournefort avait très doctement disserté sur l'accroissement et la génération des pierres. Bien avant Bourguet, sans parler d'auteurs plus anciens, Tournefort avait soutenu, comme une vérité d'ailleurs évidente, que les pierres sont organisées, qu'elles tirent de la terre un suc nourricier à l'instar des végétaux, et qu'elles se multiplient sans doute de la même manière. « Au moins, nous

---

1. V. Année 1702. *Description du Labyrinthe de Candie avec quelques observations sur l'accroissement et sur la génération des pierres*, par M. Tournefort, p. 217 et suiv.

avons plusieurs pierres dont on ne saurait comprendre la génération, écrivait Tournefort, sans supposer qu'elles viennent d'une espèce de *semence*, s'il m'est permis de me servir de ce terme, c'est-à-dire d'un germe dans lequel les parties organiques de ces pierres sont renfermées en petit, ainsi que celles des plus grandes plantes le sont dans le germe de leurs graines. » Parmi les observations sur la végétation des pierres, Tournefort en rapporte une bien curieuse de Peiresc, qui, le premier, aurait « proposé la génération des pierres par le moyen des semences. »

Un jour qu'il se baignait dans le Rhône, près d'Avignon, Pieresc, alors fort jeune, s'aperçut que le fond de cette rivière était couvert de petits cailloux mollasses semblables à des œufs durcis. Quelle ne fut pas sa surprise quand, quelques jours après, il trouva que ces cailloux étaient devenus aussi durs et aussi solides que les autres cailloux épars sur les rives du fleuve ! Les germes de ces cailloux s'étaient développés ! ils étaient devenus adultes !

Et ce que Tournefort a dit de la génération des pierres, il l'étend aux métaux : les germes des pierres et des métaux sont une espèce de poudre qui peut-être se détache des pierres et des métaux dans le temps de leur croissance. Ces germes, il les compare aux semences de plusieurs plantes, aux œufs des oiseaux et des poissons. De même que la licorne de mer, qui a plus de vingt pieds de long, a été dans le germe d'un œuf d'un quart de ligne, un banc de pierre, une montagne peut être renfermée dans un germe de la grosseur d'un grain de sable.

Voilà la voie où, à son tour, Robinet s'engagea ; nous ne l'y suivrons pas. Il convient pourtant de noter que, aveuglé par les préjugés de son système, Robinet eut le tort très grave de nier l'existence des fossiles d'origine organique. Il se moque des gens qui parlent de forêts, d'éléphants, de géants pétrifiés, voire d'une « armée tartare pétrifiée aussi avec un grand nombre de bestiaux qui marchaient à sa suite pour provisions. » Mais, quoiqu'il se vante d'avoir été initié par la nature au secret de la végétation des fossiles, il y a apparence que les rieurs ne seront pas de son côté. « Je ne nie pas, écrivait Robinet, que les fossiles ne puissent représenter plusieurs parties du corps humain, un pied, un œil, une oreille, même le sexe de l'homme ou de la femme : on en a des exemples ; mais ces fossiles ne sauraient être ces parties-là même pétrifiées. Ce sont de simples pierres provenues d'un germe et accrues comme toutes les autres. Les coquillages fossiles, les nautiles, les cornes d'Ammon, les huîtres et les oursins ne sont pas davantage des corps marins pétrifiés : ce sont des pierres figurées. » Robinet traite avec la même légèreté les empreintes de plantes, d'insectes et de poissons découvertes dans les lits d'ardoises. Leibnitz, Jussieu, presque tous les grands esprits de cette époque avaient pourtant été d'avis que c'étaient bien des plantes et des animaux véritables dont on distinguait la figure sur ces pierres ; Robinet n'y voit qu'une illusion semblable à celle d'un sauvage qui, ignorant de l'art des peintres, dirait à l'aspect d'un portrait enfumé : « Il y a eu là un homme d'os et de chair comme moi, mais le temps a détruit la substance de cet homme, et il n'en reste plus que des linéaments délicats. »

Mais c'est surtout dans les livres où il traite de l'*Animalité des particules terreuses, aqueuses, aériennes et ignées* que l'hylozoïsme de Robinet s'élève jusqu'à la plus haute fantaisie et s'y perd tout à fait. Pour prouver que l'eau est animée et vivante, il invoque les observations microscopiques de Leeuwenhoek, qui montrent que les moindres particules aqueuses sont remplies d'animalcules. Robinet tombe ainsi dans les plus étranges confusions. Les eaux multiplient, dit-il, et ce qui le prouve, c'est que la quantité de la pluie surpasse celle de l'évaporation des eaux. Des germes aqueux sortent des embryons qui se nourrissent d'air, de terre, de sels, de métaux. L'eau ronge et mine tous les corps, le bois des digues comme les rochers des côtes marines : c'est la corrosion des animaux aqueux qui satisfont ainsi la faim qui les presse et les porte à pourvoir à la conservation de leur existence. Beaucoup plus subtils sont les animalcules aériens : ces vermisseaux, pliés en spirale, possèdent la faculté de se resserrer ou de s'étendre ; de là le phénomène du ressort ou de l'élasticité de l'air. Ils se nourrissent surtout de feu : Robinet parle de leur digestion, de leur transpiration, de leurs évacuations. En outre, comme l'air transmet les sons, ceux des chants et des symphonies comme les autres, il est nécessaire, suivant lui, que les animalcules aériens soient eux-mêmes, et tout les premiers, affectés des sentiments d'amour ou de haine, de joie ou de douleur, qu'éveillent et propagent dans nos âmes les sons musicaux. Autrement, comment nous donneraient-ils des émotions qu'ils n'auraient pas éprouvées ?

. . . . . Si vis me flere, dolendum est
Primum ipsi tibi.

Les atomes ou germes du feu sont sans doute de petits vers luisants et brûlants. En passant à travers un prisme, ces animalcules se réfractent chacun suivant son âge et sa force : d'où la diversité des sept rayons avec leurs couleurs propres. Notons encore l'existence d'animalcules fiévreux, rhumatisants, varioliques, gangréneux, qui causent toutes les espèces de maladies, mais surtout les maladies virulentes, sorte de panspermie pathologique qui rappelle involontairement les belles et fécondes découvertes de M. Pasteur, et fait songer aux recherches qu'institue en ce moment même l'illustre savant. Il vaut mieux finir par cette remarque l'examen des doctrines de Robinet et ne pas insister sur l'*Animalité du globe terrestre et des corps célestes*. En somme, comme il le confesse en terminant, dans toute la matière de cet univers il n'a vu que vie, organisation, sensibilité et intelligence, mais il convient qu'il faudrait peut-être que les autres hommes eussent ses yeux pour voir ce qu'il a vu.

CHAPITRE X

D'HOLBACH

Dans ce grand dix-huitième siècle qui, à en croire la renommée, aurait été en France le siècle de l'athéisme et du matérialisme, on ne trouve guère qu'un athée déclaré, le baron d'Holbach, et un franc matérialiste, La Mettrie.

Diderot, nous l'avons vu, est une sorte de grand prêtre ivre de son dieu, la Nature; si on le veut absolument, nous accorderons qu'il a traversé le matérialisme, mais comme Sainte-Beuve a traversé le romantisme. D'Alembert avait dépassé le point de vue du matérialisme vulgaire, d'un matérialisme qui n'est pas d'ailleurs celui de La Mettrie : il admettait que ce que nous appelons la nature n'est qu'un flux et reflux de vaines apparences sensibles, et qu'en dehors de nous il n'y a rien qui réponde réellement à ce que nous croyons apercevoir. D'Alembert aurait pu être pour la France, a écrit Lange, ce que Kant a été pour le monde, s'il avait approfondi le problème de la connaissance et avait été plus qu'un sceptique. Buffon, Grimm, Helvétius inclinent bien vers le matérialisme, mais l'un était trop prudent, l'autre trop diplomate, et le troisième trop superficiel pour développer cette doctrine avec ampleur et conséquence.

Parlons d'abord de l'athée, nous parlerons ensuite du plus grand matérialiste de ce siècle, quoique l'*Histoire naturelle de l'âme* et l'*Homme machine* de La Mettrie aient précédé de bien des années le *Système de la Nature*.

Ce livre est tout allemand : la marche didactique de l'exposition, le langage un peu solennel, la rigueur et l'enchaînement des déductions en font une œuvre austère qui ne pouvait être du goût de tous les Français de la fin du dix-huitième siècle. Paul Heinrich Dietrich von Holbach, riche baron allemand, né en 1723 à Heidelsheim, dans le Palatinat, était venu fort jeune à Paris; comme Grimm, il était presque devenu Français; mais, au contraire de Grimm, il resta allemand dans sa façon d'écrire et de penser. S'il y a de bonnes pages dans le *Système de la Nature*, elles sont de Diderot, de Lagrange et de Naigeon. Le baron d'Holbach n'en demeure pas moins l'auteur véritable de ce livre ; s'il n'a pas tout écrit, il a tout conçu et voulu. Il possédait, dans les sciences naturelles, une foule de connaissances très réelles; il avait particulièrement étudié la chimie. Bien qu'elle ne dépasse pas l'hédonisme antique, son éthique est pure et grave : il lui manque la belle harmonie, surtout la sérénité souriante de celle d'Épicure. Ainsi que ses contemporains français, d'Holbach méconnaît absolument la haute valeur morale et la part d'idéal que contiennent les institutions traditionnelles de l'Église et de l'État.

Le *Système de la Nature*, divisé, comme on sait, en deux parties, l'anthropologie et la théologie, s'ouvre par ces paroles fameuses : « L'homme n'est malheureux que parce qu'il méconnaît la nature. Son esprit est tellement infecté de préjugés qu'on le croirait pour toujours condamné à l'erreur, etc. » Voilà le ton ; voici quelques-uns des arguments : Ç'a été pour l'homme un grand mal que de *vouloir* être métaphysicien avant d'être physicien. La vérité est une, mais sa voix n'est entendue que par des « cœurs honnêtes. » L'erreur, voilà l'officine d'où sortent les chaînes accablantes que les tyrans et les prêtres ont forgées pour les peuples. Etc.

La *nature*, le *mouvement*, la *matière*, l'*ordre* et le *désordre*, l'*intelligence* et le *hasard*, tels sont les principaux sujets étudiés par l'auteur dans les cinq premiers chapitres de son livre : c'est surtout le dernier, où tout vestige de théologie a disparu, qui sépara décidément les déistes des matérialistes et détermina Voltaire à sonner le tocsin contre le *Système*. L'auteur y niait qu'il y eût dans la nature de l'ordre ou du désordre ; l'un n'était rien de plus que ce qui est conforme à notre être, l'autre ce qui lui est opposé. Ce qui est vrai, c'est que tous les effets sont des suites de causes naturelles agissant infailliblement comme elles doivent agir. « Tout semble nous autoriser à conjecturer, a écrit d'Holbach, que l'espèce humaine est une production propre à notre globe, dans la position où il se trouve, et que, vu qu'il n'y a que ce qui peut se coordonner avec le tout, ou s'enchaîner avec lui, qui puisse subsister, c'est cette aptitude dans l'homme à se coordonner avec le tout, qui non seulement lui donne l'idée de l'ordre, mais encore qui lui fait dire que tout est bien, tandis que tout n'est que ce qu'il peut être; tandis que ce tout est nécessairement ce qu'il est; tandis qu'il n'est positivement ni bien ni mal. Il ne faut que déplacer un homme pour lui faire accuser l'univers de désordre. »

L'intelligence attribuée à l'ordre est également empruntée à nos propres façons d'agir et d'être affectés. D'Holbach rejette la « cause intelligente » que l'on suppose être le moteur de la nature ou le principe de l'ordre, et reconnaît que tout ce qui existe dérive des propriétés inhérentes à la matière éternelle. Le hasard n'existe pas. Le *Système de la Nature* suit la voie ouverte par Hobbes. Il va de soi que les idées de bien et de mal, quoique l'auteur ait évité d'en parler, doivent être conçues de la même manière que l'ordre et le désordre, l'intelligence et le hasard dans la nature, j'entends comme purement relatives et subjectives.

La nature étant tout, l'homme n'est qu'un être « physique » : l'homme moral n'est que cet être considéré sous un certain aspect, dans certaines manières d'être dues à son organisation particulière. Cette nature n'a en soi ni bonté ni malice ; elle produit et détruit les êtres avec une inaltérable sérénité. D'Holbach, qui sera le premier à violer les principes qu'il pose, avertit qu'on ne doit point personnifier la nature. Dire que la nature *produit* quelque chose, c'est dire que tel effet résulte nécessairement des propriétés de l'ensemble des choses. Or le même auteur définit ainsi le mouvement, quelques pages plus loin : « Le mouvement est un *effort* par lequel un corps change ou *tend* à changer de place. » Ainsi, le mouvement est identifié avec le *nisus* ou *conatus* des physiciens de l'époque ; outre qu'un tel effort implique déjà la notion du mouvement, on ne saurait nier qu'il n'ait une couleur très anthropomorphique. C'est en vain que le baron d'Holbach cite les *Letters to Serena*, de Toland ; il ne paraît pas les avoir très bien comprises. Cette définition du mouvement est mauvaise. La question est d'ailleurs traitée à fond et examinée sous toutes ses faces : — mouvements des masses, mouvements moléculaires, mouvements psychiques qui ont lieu dans l'intimité des organes des sens et de la pensée.

Nous ne pourrions rien savoir d'un corps qui,

immédiatement ou médiatement, ne causerait pas de changements dans notre conscience. Pour cette raison même, bien des êtres doivent exister dans la nature, dont nous n'avons aucune idée. Tout dans l'univers étant éternellement en mouvement, le repos est une illusion, ainsi que le mouvement « spontané » : la volonté elle-même est toujours secrètement déterminée par des causes extérieures ou intérieures. Quant au concept de matière, d'Holbach n'est point atomiste : il admet des particules élémentaires, mais il confesse que nous ne connaissons point les « éléments des corps » ; nous ne connaissons que quelques-unes de leurs propriétés ou qualités. Toutes les modifications de la matière sont la suite du mouvement.

Les idées de ce philosophe sur l'échange circulaire et les transformations de la matière dans les trois règnes sont encore celles des anciens. Comme chez Épicure, chez Lucrèce et chez Gassendi, les molécules de nature ignée produisent une foule de phénomènes aux formes presque infinies. Le principe de la vie organique, la source de l'énergie humaine, c'est le principe du feu, le phlogistique. Quatre ans après le *Système de la Nature*, Priestley découvrit l'oxygène; Lavoisier inaugurait déjà ces découvertes auxquelles on doit la théorie de la combustion et les principes de la science qu'avait étudiée d'Holbach : mais, à l'instar d'Épicure, il s'en tenait volontiers aux explications et aux résultats de la science de son temps, pourvu qu'ils fussent naturels.

Sur la question de l'âme, il est curieux d'observer les attitudes différentes du baron d'Holbach et de La Mettrie devant le cartésianisme. L'auteur de l'*Homme machine*, nous le verrons, loue fort Descartes, avec plus de bonne foi peut-être que de malice, d'avoir donné une explication toute mécanique du jeu des organismes, et il ne veut voir qu'une concession aux préjugés théologiques dans la doctrine cartésienne de l'âme. D'Holbach, au contraire, prend très au sérieux cette doctrine, et fait peser sur Descartes tout le poids de la responsabilité du dogme de la spiritualité de l'âme. C'est Descartes qui, le premier, aurait établi que ce qui pense doit être distingué de ce qui est étendu. « N'eût-il pas été plus naturel de conclure que puisque l'homme, qui est matière, et qui n'a d'idées que de la matière, jouit de la faculté de penser, la matière peut penser ou est susceptible de modifications particulières que nous nommons pensée? »

D'Holbach n'oublie pas le « roman métaphysique » et les ingénieuses chimères connues sous les noms de système de l'harmonie préétablie et des causes occasionnelles. Après Leibnitz, Malebranche. Il est notable qu'il ne voit partout que l'influence de la théologie sur la philosophie ; il méconnaît l'action de la métaphysique, qui, a dit Lange, paraît avoir chez l'homme d'aussi profondes racines. Avec Berkeley, il essaie de prendre le ton d'une ironique pitié : « Que dirons-nous d'un Berkeley, qui s'efforce de nous prouver que tout dans ce monde n'est qu'une illusion chimérique ; que l'univers entier n'existe que dans nous-mêmes et dans notre imagination, et qui rend l'existence de toute chose problématique à l'aide de sophismes insolubles pour tous ceux qui soutiennent la spiritualité de l'âme? »

Mais lui, qui est loin de soutenir cette hypothèse, il ne peut s'empêcher de remarquer que « le plus extravagant des systèmes » est en même temps le plus difficile à combattre. Aveu précieux ! Le matérialisme, en effet, a souvent pris le monde de l'apparence pour celui de la réalité. Le réalisme naïf a été, pendant des siècles, son point faible. Mais telle est l'invincible puissance de la critique que, dès qu'elle laisse seulement planer un nuage sur la réalité de nos connaissances, c'en est fait du repos et de la quiétude où s'endormait le disciple d'Épicure.

L'éthique du *Système de la Nature* est très soignée, mais on y découvrirait difficilement une pensée qui ne fût point chez La Mettrie : il n'y a ici de plus que l'ordre systématique, la marche didactique et un style constamment noble. Le bonheur, la félicité solide et durable, non l'éphémère plaisir, voilà quel serait le but de tous les efforts de l'homme. Mais le point de vue d'Épicure est dépassé. D'Holbach essaie déjà de fonder la morale sur la biologie. « Si l'on consultait l'expérience au lieu du préjugé, dit-il, la médecine fournirait à la morale la clef du cœur humain, et en guérissant le corps, elle serait quelquefois assurée de guérir l'esprit. » Vingt ans plus tard, un médecin de l'école de Condillac, Pinel, fondait la psychiâtrie moderne et permettait de conclure qu'une foule de crimes ne sont que des maladies de l'esprit. C'est le dogme de la liberté et de la spiritualité de l'âme qui a fait de la morale une science conjecturale. D'Holbach était persuadé que si l'on connaissait le tempérament d'un individu ou d'une nation, on connaîtrait du même coup les lois et les institutions convenables. Bref, « la morale et la politique pourraient retirer du matérialisme des avantages que le dogme de la spiritualité ne leur fournira jamais. » Cette idée du baron d'Holbach a passé en partie dans les faits. Toutefois c'est la statistique morale plutôt que la physiologie qui paraît devoir rendre le plus de services à la physique des mœurs.

Toutes les aptitudes morales et intellectuelles de l'homme, d'Holbach les dérive de notre capacité d'être excités par les impressions du monde extérieur : « Une âme sensible n'est que le cerveau d'un homme disposé de manière à recevoir avec facilité les mouvements qui lui sont communiqués. » Peut-être y a-t-il là le germe d'une éthique matérialiste ; elle nous manque encore. Il s'agit de trouver un principe qui dépasse l'égoïsme. La pitié, la compassion est insuffisante. Lange estimait que l'on pourrait fournir un solide fondement à cette éthique en montrant que, dans le cours des siècles, du commerce des hommes ou de certaines familles d'hommes, s'est peu à peu développée une communauté d'intérêts, une sorte de conscience morale générale, qui fait que chaque individu éprouve, dans ses sensations et dans ses idées, des modifications correspondantes aux différents états de plaisir ou de douleur par lesquels passent nos semblables ou la société tout entière. Mais, loin d'imaginer une explication de ce genre, fondée sur notre connaissance de la continuité dans la nature et de la lente accumulation des instincts héréditaires, le baron d'Holbach, à la suite ici d'Helvétius, n'a pas manqué de disserter sur l'essence de l'esprit et de l'imagination, de manière à faire venir la morale de la connaissance toute rationnelle des moyens qui mènent au bonheur. Cette explication artificielle d'un fait organique atteste une fois de plus, avec l'absence de sens historique, le goût dominant de l'époque pour les pures abstractions.

De même en politique : sous l'apparence de la

résignation philosophique percent une aigreur, une âpreté de langage qui ne permettent point de douter du radicalisme de l'auteur. Tout ce qui existe dans l'État est mauvais; les abus sont le fait de quelques privilégiés. L'arbre est déjà condamné au feu; on n'attend plus que l'heure d'y mettre la hache. Nul doute que cette haine amère, contenue, frémissante, n'ait plus fait pour la Révolution que les longues tirades des rhéteurs du temps. « Le gouvernement n'empruntant son pouvoir que de la société, et n'étant établi que pour son bien, il est évident qu'*elle peut révoquer* ce pouvoir quand son intérêt l'exige, *changer la forme de son gouvernement*, étendre ou limiter le pouvoir qu'elle confie à ses chefs, sur lesquels elle conserve toujours une autorité suprême par la loi immuable de nature qui veut que la partie soit subordonnée au tout. »

De tels passages ne sont pas rares; on les aurait sans doute remarqués davantage s'ils n'étaient courts et disséminés dans l'œuvre. Mais on pourrait citer telle page[1] où le baron d'Holbach, qui mourut en juin 1789, représente les révolutions politiques comme des révolutions terribles dans lesquelles il n'y a pas une seule action, pas une seule parole, pas une seule pensée, pas une seule volonté qui ne soit fatale. Autant dire qu'il ne tombe pas alors une tête

---

1. I, 56.

de trop et que nul n'est responsable des extrémités où l'emporte la tourmente morale. « Cela paraîtrait évident, remarque-t-il avec profondeur, pour une intelligence qui serait en état de saisir et d'apprécier toutes les *actions* et *réactions* des esprits et des corps de ceux qui contribuent à cette révolution. »

Ce qui distingue le *Système de la Nature* des autres livres matérialistes, c'est la franchise avec laquelle l'idée de Dieu y est attaquée, ruinée, nettement niée. Toute la deuxième partie de l'œuvre, la plus considérable, est consacrée à cette lutte décisive dans l'histoire de la pensée. Presque aucun écrit matérialiste, soit dans l'antiquité, soit aux temps modernes, n'avait osé tirer cette conséquence des prémisses du système. Lucrèce lui-même, qui a trouvé son génie dans la haine des dieux, et qui, avant tout, a voulu délivrer l'homme du joug de la religion, laisse encore, d'accord avec son maître, les vagues fantômes des immortels couler une existence bienheureuse dans quelque province de l'univers. Hobbes est certainement, en théorie, le philosophe le moins éloigné de l'athéisme qui se puisse imaginer : dans un État athée, il eût fait pendre tout citoyen qui aurait enseigné l'existence de Dieu ; en Angleterre, il crut tous les articles de foi de l'Église anglicane. Enfin La Mettrie, en dépit de son franc parler, a dissimulé en cette matière son sentiment véritable et ne s'est d'ailleurs occupé que de l'homme.

Chez le baron d'Holbach, la négation de Dieu est, pour la première fois, radicale et absolue. C'est, il est vrai, parce que la religion est pour lui la source principale des misères de l'humanité qu'il livre bataille aux idées déistes et panthéistes de son siècle; le point de vue pratique de la tradition de l'école matérialiste est bien encore celui de l'Encyclopédie. On peut trouver aussi que l'auteur s'arrête trop à discuter les prétendues preuves de l'existence de Dieu. Il est trop évident que ceux qui font état de telles preuves sont déjà convaincus. Le goût des vaines disputes de mots peut seul expliquer qu'on examine si « l'être existant par soi-même est infini et partout présent, » ou si « l'être existant nécessairement est nécessairement unique. » Qui n'admirerait la naïveté un peu lourde du baron d'Holbach, réfutant en une cinquantaine de pages les raisonnements de Clarke en faveur de l'existence de Dieu ? Ajoutez qu'il savait fort bien qu'il ne combattait que contre des ombres, l'idée de Dieu n'étant que « le néant infini. » Quand on songe que spinozisme et matérialisme avaient longtemps sonné de même et qu'on avait quelquefois donné le nom de naturalisme aux deux doctrines, on sait gré à l'auteur d'avoir repoussé le panthéisme avec autant de décision que le déisme et l'on s'explique les colères des libres penseurs du dernier siècle, si peu mûrs encore pour l'athéisme.

Ce n'est pas qu'on ne puisse relever mainte petite inconséquence chez le plus conséquent des matérialistes et des athées du dernier siècle. Il s'échappe à parler (mais c'est sûrement Diderot) du culte et des autels de la Nature! La nature et ses filles, la vertu, la raison et la vérité, sont invoquées en manière de prosopopée comme les « seules divinités auxquelles sont dus l'encens et les hommages de la terre! » Après avoir réduit en poudre toutes les religions, le *Système de la Nature* apporte-t-il au monde une religion nouvelle? Si cette religion allait enfanter un sacerdoce ambitieux? Si, grâce à son penchant pour le mystère, l'homme allait transformer ces figures de rhétorique en dogmes d'une nouvelle Église, ressusciter les cérémonies sacrées en l'honneur de quelque culte de la Raison?

Le baron d'Holbach a pourtant bien mis à nu la fibre du merveilleux dans l'homme. Il a rappelé très à propos qu'un grand nombre de nations ont d'abord adoré le soleil, dont les effets sensibles sur la vie des plantes et des animaux devaient porter les hommes à lui rendre un culte. On l'a abandonné, ce dieu visible, pour un dieu abstrait et incompréhensible. « Si l'on demande la raison de ce phénomène, je dirai que le dieu le plus caché, le plus mystérieux, le plus inconnu doit toujours par là même plaire davantage à l'imagination du vulgaire que le dieu qu'il voit tous les jours. » Le baron d'Holbach remarque ici que le mystère est l'essence même de toute religion, réflexion excellente, sinon très neuve, mais qui l'amène à conclure que là est « le secret du clergé, » — comme si les prêtres avaient fait les religions, comme s'il n'était pas plus légitime de conclure que le sacerdoce est sorti de cet instinct inné pour le mystère que tout homme apporte en ce monde ! Mais l'explication la plus prochaine paraissait toujours la plus vraie, et l'on ne doutait plus que l'État et l'Église ne fussent le fruit de la conspiration des tyrans et des prêtres.

Les chapitres où le baron d'Holbach a prouvé qu'il y a des athées et que l'athéisme est compatible avec la morale, sont solides et bien pensés. Il s'appuie ici sur Bayle, qui a montré le premier que les hommes n'agissent point d'après leurs principes, mais selon leurs passions et leurs appétits. « Ce ne sont point, a dit Bayle, les opinions générales de l'esprit qui nous déterminent à agir, mais les passions. » Autre question qui ne manque point d'intérêt : un peuple d'athées pourrait-il subsister ? Certes, si le matérialisme français se distingue par quelque caractère bien accusé du matérialisme anglais, c'est par son esprit révolutionnaire, par ses tendances démocratiques, niveleuses, radicales.

On ne dira pas que le baron d'Holbach fût moins révolutionnaire que La Mettrie ou Diderot, lui, qui était à peu près exclu des salons de l'aristocratie parisienne. En outre, il n'a pas fait comme tant d'autres écrivains, comme Voltaire, par exemple, qui, tout en travaillant de toute leur force à jeter bas ce qui restait debout dans l'État et dans la société, se comportaient en aristocrates, méprisaient les paysans et déclaraient tout net qu'il fallait un Dieu pour les gens du commun, sinon que les rustres cesseraient d'apporter au château leurs redevances. D'Holbach, cependant, n'a pas hésité à écrire que « l'athéisme n'est point fait pour le vulgaire, ni même pour le plus grand nombre des hommes. »

C'est que l'athéisme, en tant qu'il repose sur la connaissance des lois et des phénomènes naturels, ne peut être le fait de la grande masse des hommes, qui n'ont ni le loisir ni le goût d'approfondir cette matière.

D'autre part, le *Système de la Nature* n'indique point aux simples la religion comme un succédané de la philosophie. La multitude paraît d'autant plus à plaindre que la doctrine matérialiste n'a point d'idéal esthétique à lui proposer. En effet, ainsi que l'a noté Lange, le matérialisme, par la négation d'un ordre, d'une intelligence, d'une finalité consciente de l'univers, n'est pas seulement l'irréconciliable ennemi de la religion : il est aussi plus ou moins hostile à la poésie et à l'art. S'il n'y a ni ordre ni désordre dans la nature, le beau et le laid n'existent, comme le bien et le mal, que dans notre esprit.

Le vrai, ou ce qui nous paraît le moins éloigné de la réalité, reste seul sur les ruines du beau et du bien considérés comme idéals transcendants ou innés selon les écoles. Dans la critique d'art, le matérialiste insistera sur la vérité de la nature dans l'art; il aura peu de goût pour la recherche de l'idéal et du beau proprement dit. Le baron d'Holbach semble n'avoir eu aucun sentiment de l'art et de la poésie; du moins il n'y paraît pas dans ses écrits. Mais c'est chez Diderot, chez une nature foncièrement idéaliste, qu'il conviendrait d'étudier l'action de la doctrine matérialiste sur les jugements en matière d'art : « Si les causes et les effets nous étaient évidents, a écrit Diderot, nous n'aurions rien de mieux à faire que de représenter les êtres tels qu'ils sont. Plus l'imitation serait parfaite et analogue aux causes, plus nous serions satisfaits. »

L'idéal s'évanouit; le beau est subordonné au vrai. Mais nous estimons que c'est précisément dans cette subordination nécessaire du beau et du bien au vrai qu'est le signe infaillible du triomphe définitif de l'athéisme et du matérialisme. Sans doute, l'idéal du vrai, l'idéal de la science, n'est aussi qu'un mirage; du moins est-il causé par quelque être réel ou objectif, par cet ensemble de choses que nous appelons la nature, et dont notre intelligence étudie curieusement les rapports constants. Mais le bien et le beau sont de pures illusions subjectives, de véritables hallucinations, qui n'apparaissent avec une certaine intensité que chez des êtres d'une organisation élevée.

CHAPITRE XI

LA METTRIE

La Mettrie est presque le seul matérialiste authentique de cette époque. De plus, par une bonne fortune bien rare, il est arrivé à ceux qui s'attendaient à rencontrer un auteur de trouver un homme. Toute une littérature s'et formée autour de ce philosophe, que Diderot appelait si plaisamment : « l'apologiste du vice et le détracteur de la vertu. » S'il eut au dernier siècle quelque célébrité, ce fut celle d'un libertin cynique qui ne croyait à rien, pas même aux médecins et aux philosophes de son temps. Une étude attentive de l'homme et de son œuvre a rendu la postérité plus équitable. Il n'y a qu'une voix en Allemagne et en France sur La Mettrie, et c'est l'estime, c'est l'intérêt, c'est la sympathie qui dominent dans les jugements autorisés de Lange, de Jules Assézat[1], de Nérée Quépat[2] et de Du Bois-Reymond[3].

---

1. V. l'*Introduction* de J. Assézat à l'*Homme machine*. Paris, 1865.
2. *Essai sur La Mettrie, sa vie et ses œuvres.* Paris, 1873.
3. La Mettrie. *Rede in der œffentl. Sitzung der Kœnigl. Preuss. Akademie der Wissenschaften zur Gedaechtnissfeier Friedrich's II.* Berlin, 1875.

Les Français ont réhabilité l'homme et le philosophe; les Allemands, le médecin et le naturaliste. Maupertuis, il est vrai, avait déjà rendu publiquement justice au bon cœur de son compatriote dans une lettre excellente qu'il adressa, comme président de l'Académie de Berlin, au célèbre physiologiste Haller. On sait à quelle occasion Haller, membre de l'Académie, avait cru devoir protester et contre la dédicace que La Mettrie lui avait faite de l'*Homme machine* et contre une brochure où le fantasque Malouin, se piquant au jeu, osait se donner pour l'ami, pour le disciple, pour le compagnon des parties fines du vieux et respectable professeur ! La vérité est que La Mettrie n'avait jamais vu Haller et qu'il n'était jamais allé à Gœttingue. Maupertuis en convient, car son ami le lui avait dit cent fois. Pourquoi donc dédier un livre tel que l'*Homme machine* à un savant dont les principes religieux étaient bien connus? Pourquoi? Maupertuis le dit à Haller : « Il ne vous avait mis dans ses ouvrages que parce que vous étiez célèbre, et que les esprits qui coulaient au hasard dans son cerveau avaient rencontré les syllabes de votre nom. »

J'ai rappelé ce trait, où il y a plus de gaieté que de malice, d'abord parce que c'est peut-être le seul qu'on pourrait être tenté de blâmer dans toute la vie de La Mettrie, ensuite parce que cette piquante facétie nous fait en quelque sorte toucher au vif le point vulnérable de cet esprit où presque rien ne manquait, pas même le grain de folie sans lequel on ne saurait passer grand homme.

Lange a pris le meilleur parti pour rendre à La Mettrie ce qui est à La Mettrie : il a établi par la chronologie que La Mettrie n'est pas plus un disciple de Condillac que du baron d'Holbach, par cette raison bien simple que l'*Histoire naturelle de l'âme* est de 1745, et que le premier ouvrage du célèbre abbé, l'*Essai sur l'origine des connaissances humaines*, parut en 1749. Il faut donc espérer qu'on cessera de répéter que le matérialisme français est sorti du sensualisme de Condillac. Quant à l'autre erreur, elle tombe d'elle-même, dès qu'on connaît, sans parler des dates, l'opinion des encyclopédistes sur La Mettrie. Si l'on excepte Montesquieu et Voltaire, La Mettrie précède dans le temps tous les philosophes du dix-huitième siècle, Rousseau, Diderot, Helvétius, Condillac, d'Alembert, d'Holbach, qui l'ont plus ou moins copié. Buffon commença en 1749 la publication de sa grande *Histoire naturelle* (les trois premiers volumes), mais il ne développa que dans le tome quatrième l'idée de l'unité de plan manifestée dans la diversité des organismes, pensée que l'on retrouve bien dans le *Système de la na-*

ture (1751) de Maupertuis et dans les *Pensées* (1754) de Diderot sur l'interprétation de la nature, mais qui était déjà très clairement exprimée dans l'*Homme plante* (1748), ouvrage que La Mettrie écrivit à l'occasion du livre de Linné, *Classes plantarum*. La Mettrie cite Linné; mais lui, aucun de ceux qui ont écrit après l'avoir lu ne l'a cité. Voilà comment on peut établir solidement la primauté de La Mettrie dans l'histoire de la pensée au dernier siècle.

Lange s'est visiblement complu à étudier l'homme chez le philosophe : il le regarde vivre. Que La Mettrie fût une plus noble nature que Voltaire et Rousseau, cela ne faisait point doute pour l'historien allemand. Aussi bien la tradition sur ce point est vieille en Prusse. « M. La Mettrie, a écrit Frédéric le Grand dans l'*Éloge* qu'il composa pour son ami et qui fut lu en séance publique de l'Académie de Berlin, M. La Mettrie était né avec un fond de gaieté naturelle intarissable; il avait l'esprit vif et l'imagination si féconde, qu'elle faisait croître des fleurs dans le terrain aride de la médecine. La nature l'avait fait orateur et philosophe; mais un présent plus précieux encore qu'il reçut d'elle, fut une âme pure et un cœur serviable. »

Que l'on rapproche ces paroles, qui ne sont pour ceux qui connaissent La Mettrie que l'expression de la plus exacte vérité, des injures et des calomnies haineuses de Voltaire, de Diderot et des encyclopédistes ! Il y avait plus qu'un satirique impitoyable et un franc contempteur des préjugés dans cet Aristippe du matérialisme moderne : il y avait aussi un ami ingénu et sincère de la vérité scientifique. Une âme vulgaire se serait inclinée devant l'orthodoxie de la Faculté de médecine de Paris ; il n'aurait point perdu des années entières à traduire Boerhaave pour les Français, lesquels ne pouvaient qu'être indisposés contre les idées d'un étranger. Mais La Mettrie était un de ces prodigieux entêtés de la race de Maupertuis, de Broussais, de Lamennais, de Chateaubriand ; il allait de l'avant et ne se mettait guère en peine de l'opinion, pourvu qu'il pût suivre en toute liberté les inspirations de sa nature prime-sautière : c'est celle-ci qui de gaieté de cœur lui a fait commettre toutes les fautes imaginables, du moins aux yeux du monde. Jamais on ne fut moins habile homme, moins entendu, plus dédaigneux de l'estime des sots et des Pharisiens, partant du grand nombre.

Malgré tout, et en dépit des peintures un peu crues de ses livres, « on ne connaît pas une seule mauvaise action de La Mettrie, » dit très bien Lange, qui ajoute : « Il n'a pas mis ses enfants aux Enfants trouvés, comme Rousseau ; il n'a pas trahi deux fiancées, comme Swift ; il n'est pas convaincu de concussion, comme Bacon, ni soupçonné d'avoir altéré des actes publics, comme Voltaire. Dans ses écrits, le crime est excusé comme étant le fait d'une maladie; nulle part il n'est conseillé comme dans la *Fable des abeilles* de Mandeville[1]. C'est à bon droit que La Mettrie a combattu la brutale dureté de la législation, et, quant au théologien et au juge, il veut substituer le médecin, s'il se trompe, du moins il ne cherche pas à diminuer l'horreur du crime... Il est en fait bien étonnant qu'en dépit de l'immense colère qui se déchaîna de tous côtés contre La Mettrie, pas une seule accusation positive n'ait été formulée contre sa vie[2]. »

Les écrits de La Mettrie, voilà l'origine des déclamations qui retentissent encore parmi nous sur la corruption de ses mœurs et la perversité de sa nature. La morale de ce philosophe, dont il existe tant de caricatures, renferme déjà dans le *Discours sur le bonheur* tous les principes essentiels de celle qui paraît, ordonnée en système, chez d'Holbach et chez Volney. L'absolu y fait naturellement place au relatif, ainsi que chez Hobbes et chez Locke. Ce qui appartient en propre à La Mettrie, c'est une théorie du plaisir, son art de jouir, devenu chez ses successeurs la doctrine de l'utile et de l'égoïsme bien

---

1. *The fable of the bees, or private vices made public benefits* (London), ouvrage contre lequel Berkeley a écrit dans son *Alciphron*.
2. *Geschichte des Materialismus*, I, 349.

entendu, et l'influence considérable qu'il attribue à l'éducation sur la morale, en particulier touchant la notion du remords.

Ce sont là des opinions personnelles, qui peuvent s'expliquer par le tempérament de l'homme et par les illusions généreuses que le philosophe partageait avec ses compatriotes. Sa théorie du remords, au contraire, me paraît profonde : « Les méchants peuvent être heureux, a écrit La Mettrie dans l'*Anti-Sénèque, ou Discours sur le Bonheur*, s'ils peuvent être méchants sans remords. J'ose dire plus : celui qui n'aura point de remords vivra dans une telle familiarité avec le crime, que les vices seront pour lui des vertus... Tel est le merveilleux empire d'une tranquillité que rien ne peut troubler. O toi qu'on appelle communément malheureux, et qui l'es en effet vis-à-vis de la société, devant toi-même tu peux donc être tranquille. Tu n'as qu'à étouffer les remords par la réflexion (si elle en a la force) ou par des habitudes contraires plus puissantes. Si tu n'avais été élevé dans les idées qui en sont la base, tu n'aurais point eu ces ennemis à combattre. Ce n'est pas tout, il faut que tu méprises la vie autant que l'estime et la haine publiques. Alors en effet, je le soutiens, parricide, incestueux, voleur, scélérat, infâme et juste objet de l'exécration des honnêtes gens, tu seras heureux cependant. »

La Mettrie a voulu prouver, dans cette thèse philosophique, comme il l'a dit lui-même, que « les remords sont des préjugés de l'éducation et que l'homme est une machine qu'un fanatisme absolu gouverne impérieusement. » Il est bien évident qu'il ne s'inquiète pas et qu'il n'a pas à s'inquiéter des conséquences pratiques de pareilles doctrines. Il lui suffit qu'elles soient vraies ou vraisemblables[1] : « Toutes ces questions peuvent être mises dans la classe du *point mathématique*, qui n'existe que dans la tête des géomètres, et de tant de problèmes de géométrie et d'algèbre dont la solution claire et idéale montre toute la force de l'esprit humain, force qui n'est pas ennemie des lois, théorie innocente et de pure curiosité, qui est si peu réversible à la pratique qu'on n'en peut faire plus d'usage que de toutes ces vérités métaphysiques de la plus haute géométrie. »

Dans la pratique, La Mettrie prend la peine d'avertir les gens que les lois civiles et politiques sont infiniment moins faciles que sa philosophie. Quand le malfaiteur échapperait à ses remords, il n'échappe-

1. A ce propos, je me permettrai de reprocher à M. Nérée Quépat, dont l'élégant *Essai* est si instructif, et a été loué en si bons termes par Du Bois-Reymond, je me permettrai de lui reprocher de parler ici de flétrissure et de réprobation des honnêtes gens. Qu'ont de commun les savants et les philosophes avec les « honnêtes gens ? » Que chacun en ce monde cultive son jardin ; cela suffit. « Un livre de physique doit être lu avec l'esprit d'un physicien, » a dit Frédéric dans l'*Éloge* de La Mettrie.

rait pas aux bourreaux et aux gibets : « Crains-les plus que ta conscience et les dieux! » s'écrie La Mettrie, dans un de ces accès d'humour dont il ne peut se défendre. C'est précisément cette fantaisie fougueuse, ce sarcasme acéré, impitoyable à tous, et ce manque de gravité doctrinale, d'hypocrisie professionnelle, qui scandalisaient si fort la coterie des encyclopédistes.

Ce n'est pas que ceux-ci ne partageassent ses idées; on a vu qu'ils avaient appris à penser dans ses livres. Mais, ainsi que tous les partis qui aspirent à s'emparer de l'opinion et qui se sentent surveillés, épiés par des adversaires habiles à profiter de la moindre faute, ils se tenaient bien, prenaient des attitudes correctes et volontiers faisaient étalage d'une morale austère, de mœurs incorruptibles. Du Bois-Reymond a mis le doigt sur le mal avec une habileté de praticien consommé. « On sait, dit-il, quelle importance exagérée le siècle dernier et la philosophie française surtout accordaient à la morale. Chez les peuples les plus divers, la corruption des mœurs a presque toujours été en proportion directe du nombre des discours sur la vertu. C'est dans la France de Louis XV qu'éclatent les hymnes des encyclopédistes à la morale, vides et monotones comme le coassement des grenouilles dans une mare fangeuse. Les prix Monthyon sont un signe du même temps que les *Liaisons dangereuses*[1]. »

Ce qui avait nui si fort à La Mettrie chez ses compatriotes devait le servir à Berlin. Ce n'est donc pas sans raison qu'il jouit en Prusse de la faveur de Frédéric le Grand. « Le titre de philosophe et de malheureux, a dit le royal écrivain de cet honnête homme et de ce savant médecin, comme il l'appelle, le titre de philosophe et de malheureux fut suffisant pour procurer à La Mettrie un asile en Prusse avec une pension du roi. Il se rendit à Berlin au mois de février de l'année 1748; il y fut reçu membre de l'Académie royale des sciences. » Le roi était plus capable d'apprécier la personne que les écrits de La Mettrie; il a rendu justice à son esprit et à son cœur. Après avoir tendu la main à l'homme le plus mal famé de son siècle, il l'a défendu en ami devant la postérité. La verve intarissable, l'imagination charmante et désordonnée, l'enthousiasme et l'éloquence à la Broussais de ce philosophe trop sincère, avaient de suite conquis Frédéric. Il lui permettait tout, comme à un favori. Devant le roi, La Mettrie se couchait sur les canapés, et, lorsqu'il faisait chaud, il ôtait sans façon son col, déboutonnait sa veste et jetait sa perruque sur le parquet.

Si pour être poète il faut naître sous certains

---

1. *Rede*, 27-28.

astres, il a souvent suffi d'un accès de fièvre chaude pour devenir philosophe ; c'est du moins le cas de La Mettrie.

Au siège de Fribourg, où il était en qualité de médecin militaire, il eut une affection de ce genre qui lui permit d'observer sur lui-même l'influence du cours du sang sur la pensée. Il en arriva à se persuader que la matière suffit à tout et que la pensée n'est qu'une suite de l'organisation de notre machine. Il travailla durant sa guérison à expliquer, au moyen de l'anatomie, les fonctions de l'entendement, et publia ses recherches sous le titre d'*Histoire naturelle de l'âme* (1745)[1].

C'est l'œuvre capitale de La Mettrie. Il y prend tout d'abord, vis-à-vis de la philosophie et de la science, l'attitude qu'il a conservée jusqu'à la fin. Il est sceptique, hostile même à l'endroit de celle-là, mais il connaît les limites de celle-ci et ne tombe pas à cet égard dans le réalisme naïf de la plupart de ses confrères. « Ce n'est, dit-il, ni Aristote, ni Platon, ni Descartes, ni Malebranche qui vous apprendront ce que c'est que votre âme. En vain vous vous tourmentez pour connaître sa nature ; n'en déplaise à votre vanité et à votre indocilité, il faut que vous vous soumettiez à l'ignorance et à la foi : *l'essence*

---

1. *OEuvres philosophiques* de La Mettrie (Berlin, 1796), I 65 et suiv.

de l'âme de l'homme et des animaux est et sera toujours aussi inconnue que l'essence de la matière et des corps. Je dis plus, l'âme, dégagée du corps par abstraction, ressemble à la matière considérée sans aucunes formes : on ne peut la concevoir. » Les seuls guides, ou du moins les plus sûrs que doit suivre celui qui veut connaître les propriétés de l'âme, ce sont les sens. « Voilà mes philosophes, » dit La Mettrie. Si nous trouvons dans le corps un principe moteur qui fait battre le cœur, sentir les nerfs et penser le cerveau, c'est à ce principe que nous donnerons le nom d'âme. Jusqu'ici le point de vue de La Mettrie est empirique ; il n'est pas matérialiste.

Touchant la matière, il ne croit pas que l'étendue en soit la seule propriété essentielle ; il y faut joindre, selon lui, deux autres attributs, le mouvement et la faculté de sentir. Ce qui lui importe, comme autrefois à Straton, c'est de pouvoir se passer d'un *primum movens immobile,* du dieu aristotélicien ou chrétien, qui du dehors communique au monde le mouvement. Par la forme, la matière devient telle ou telle substance ; mais d'où lui est venue la forme? D'une autre substance de nature matérielle ; celle-ci vient d'une autre et ainsi à l'infini. Ce qui signifie que nous ne connaissons la forme qu'unie à la matière. Il existe, ainsi que les anciens l'ont reconnu, une énergie intrinsèque, un mouvement spontané au dedans de la substance des corps. Si, avec Descartes, on admet que Dieu est la seule cause efficiente du mouvement des corps, si l'on suppose un agent extérieur capable d'imprimer du mouvement à la matière, La Mettrie demande quel il est, et qu'on lui donne des preuves de son existence : si l'on n'en a pas la moindre idée, ce n'est pas même un être de raison.

Il en faut dire autant de la faculté de sentir dont les cartésiens, avec leur « système absurde » sur l'automatisme des animaux, ont tout fait pour dépouiller la matière. Si les animaux n'ont pas figure humaine, l'anatomie comparée nous montre que les organes des sens, à quelques modifications près, sont absolument les mêmes chez l'homme et chez les animaux. En somme, conclut La Mettrie, « nous ne connaissons dans les corps que de la matière, et nous n'observons la faculté de sentir que dans ces corps[1]. » La matière a-t-elle en soi cette faculté ou n'y parvient-elle que dans les formes organiques? Même en cette hypothèse, la sensation, comme le mouvement, existerait au moins en puissance dans la matière.

Ces prolégomènes sur la philosophie première, ou, comme on disait au dix-huitième siècle, et comme on doit continuer de s'exprimer, sur la mé-

---

1. *Traité de l'Ame*, ch. VI, *De la faculté sensitive de la matière*, I, 84 (*Œuvres*, 1796).

taphysique, paraîtront superflus aux uns et étonneront les autres. Non seulement il est admis aujourd'hui dans le public que le matérialisme peut se passer de métaphysique, mais on est même convenu parmi les philosophes de traiter des sensations et de la conscience sans s'occuper de l'essence et des propriétés de la matière. C'est tout au plus si l'on ne croit pas perdre son temps en accordant quelque attention à la structure et au jeu des organes dont on se propose d'étudier les fonctions.

Les philosophes du dernier siècle, élevés à la forte école des anciens, pensaient tout autrement, et ce n'est qu'après avoir spéculé sur les attributs de la matière dont est formée notre machine que La Mettrie arrive au cœur de son sujet, à l'étude des sens et des sensations. « Lorsque les organes des sens, dit-il, sont frappés par quelque objet, les nerfs qui entrent dans la structure de ces organes sont ébranlés, le mouvement des esprits (qui coulent dans la cavité des nerfs) modifié se transmet au cerveau jusqu'au *sensorium commune*, c'est-à-dire jusqu'à l'endroit même où l'âme sensitive reçoit la sensation à la faveur de ce reflux d'esprits qui par leur mouvement agissent sur elle. » En d'autres termes, toute sensation est liée à des mouvements et peut n'être rien de plus. Quant au rapport du sujet percevant à la chose perçue, La Mettrie sait très bien « que les sensations ne représentent point du tout les choses telles qu'elles sont en elles-mêmes, puisqu'elles dépendent entièrement des parties corporelles qui leur ouvrent passage. »

Ainsi, non seulement les qualités secondes des corps, les couleurs, les goûts, les températures, etc., sont, non des propriétés des corps, mais de pures sensations subjectives ; on ne conçoit pas mieux les qualités premières des corps : « Les idées de grandeur, de dureté, etc., ne sont déterminées que par nos organes. Avec *d'autres sens*, nous aurions des idées différentes des mêmes attributs, comme avec *d'autres idées, nous penserions autrement* que nous ne pensons de tout ce qu'on appelle ouvrage de génie ou de sentiment. » L'âme n'est pas inétendue comme le prétend Descartes. Dans son système, l'âme ne peut agir sur le corps. Or il est impossible de concevoir aucun être sans étendue. Le siège de l'âme, le lieu où elle est répandue est situé dans la « moelle du cerveau. » Ce qui sent et pense en nous est par conséquent matériel.

Mais comment concevoir que la matière puisse sentir et penser? La Mettrie avoue qu'il ne le conçoit pas. Mais si la mémoire, l'imagination, les passions, de même que la volonté, la liberté, la réflexion et le jugement s'expliquent, comme il le fait dans cette *Histoire naturelle de l'âme*, par ce que l'anatomie et la physiologie lui découvrent dans la moelle, qu'ai-je besoin, se demande-t-il, de forger un être idéal, une âme? Une saine philosophie doit avouer qu'elle ne connaît pas « cet être incomparable qu'on décore du beau nom d'âme et d'attributs divins. » La foi seule peut fixer notre croyance sur la nature d'une âme raisonnable et immortelle, qui serait seule capable de s'élever jusqu'aux idées intellectuelles, « quoiqu'elle jouisse peu de cette noble prérogative dans la plupart des hommes [1]. »

Dans le dernier chapitre de l'*Histoire naturelle de l'âme*, La Mettrie a réuni un choix d'observations piquantes à l'appui de sa théorie, comme font les médecins à la suite de leurs traités. Il raconte l'histoire de ce sourd de Chartres, sourd et muet de naissance, qui entendit tout à coup le son des cloches, apprit à parler et répondit aux théologiens qui l'interrogèrent sur Dieu, l'âme, le bien et le mal moral, qu'il ne savait pas ce que c'était. Il assistait depuis son enfance à la messe, faisait le signe de la croix, se mettait à genoux dans l'attitude d'un homme qui prie — mais il n'y avait jamais joint aucune intention. L'aveugle-né auquel Cheselden abattit la cataracte, ne vit immédiatement après l'opération qu'une lumière colorée ; il ne pouvait discerner un globe d'un cube : il n'avait donc aucune idée d'étendue, de distance,

---

1. Ch. XIV, p. 192 et suiv.

de figure, etc. Enfin, La Mettrie emprunte à Arnobe[1] une « belle conjecture » qui confirme sa thèse — conjecture qui a pu servir de modèle à la statue animée qui joue le rôle que l'on sait chez Diderot, chez Buffon et surtout chez Condillac.

Il s'agit d'un enfant qui, élevé depuis sa naissance dans une solitude absolue, isolé à dessein de tous les objets qui pourraient frapper ses sens, plongé dans le silence et dans l'obscurité d'un souterrain, serait tout à coup amené vers vingt, trente ou quarante ans, dans la société des hommes : il sera plus stupide qu'une bête, il se brûlera au feu qu'il n'a jamais vu et ne poussera que des sons inarticulés, *inarticulatum nescio quid ore hiante clamabit.* Où est l'âme immortelle et divine ? Est-ce là cet être si raisonnable et si fort au-dessus des animaux ? Il n'a de l'homme que la forme et l'organisation physique. Que les sensations pénètrent en lui par le canal des sens, qu'elles s'ordonnent et se disposent dans l'entendement selon les principes de l'éducation, et il finira par avoir une « âme. » Certes, il est permis, depuis Cabanis, de laisser de côté cette hypothèse dont la fortune a été si grande, mais elle sera toujours la meilleure réfutation de la doctrine cartésienne des idées innées. L'ouvrage de La Mettrie peut se résumer, comme il l'a fait, en

---

1. *Adversus nationes*, II, 20, sq.

ces propositions : Point de sens, point d'idées. — Moins on a de sens, moins on a d'idées. — Peu d'éducation, peu d'idées. — Point de sensations reçues, point d'idées : l'âme dépend essentiellement des organes du corps avec lesquels elle se forme, croît et décroît.

Ergo participem leti quoque convenit esse.

L'Homme machine (1748) est un tout autre livre que l'*Histoire naturelle de l'âme*. On en parle davantage sans le mieux connaître d'ordinaire; je le regrette un peu pour La Mettrie, car ce dernier écrit est conçu d'une façon beaucoup plus méthodique. Dans l'*Histoire de l'âme*, La Mettrie, pour hardi qu'il fût, s'entourait encore de certaines précautions, avançait avec prudence et ne dédaignait point les distinctions subtiles de la métaphysique aristotélicienne. Ici, ce n'est plus un ouvrage didactique savamment divisé en chapitres et paragraphes : c'est un fleuve, un torrent d'éloquence; c'est une arme de polémique, une machine de siège destinée à faire brèche. Il ne s'agit presque plus d'apporter des preuves physiologiques et d'asseoir la nouvelle théorie sur une large base scientifique. Les faits et les hypothèses, les arguments et les déclamations, tout cela roule pêle-mêle comme les eaux d'un fleuve débordé et ne tend qu'à emporter de haute lutte la conviction. Bref, c'est un livre de vulgarisation. « Il ne suffit pas à un sage d'étudier la nature et la vérité, s'écrie avec emphase La Mettrie ; il doit oser la dire en faveur du petit nombre de ceux qui veulent et peuvent penser. » C'est par ces paroles que s'ouvre le livre.

La Mettrie réduit à deux les systèmes des philosophes sur l'âme humaine. Le premier et le plus ancien est le matérialisme ; le second est le spiritualisme. Locke a eu tort de demander si la matière peut penser ; les Leibniziens, avec leurs monades, ont produit une hypothèse inintelligible. Descartes et Malebranche ont admis chez l'homme l'existence de deux substances distinctes, « comme s'ils les avaient vues et bien comptées. » L'expérience et l'observation, tels doivent être nos seuls guides : « elles se trouvent sans nombre dans les fastes des médecins qui ont été philosophes, et non dans les philosophes qui n'ont pas été médecins... Eux seuls, contemplant tranquillement notre âme, l'ont mille fois surprise et dans sa misère et dans sa grandeur, sans plus la mépriser dans l'un de ces états que l'admirer dans l'autre. »

C'est donc en médecin, ou, pour parler comme Aristote, en physicien, que La Mettrie rappelle comment, dans les maladies, tantôt l'âme s'éclipse, tantôt redouble d'intensité, si bien que la convalescence d'un sot peut faire un homme d'esprit et que l'imbécillité peut succéder au génie. Il disserte sur les illusions des amputés, des paralytiques et des maniaques, et demande : « Que fallait-il à Canus Julius, à Sénèque, à Pétrone, pour changer leur intrépidité en pusillanimité ou en poltronnerie? Une obstruction dans la rate, dans le foie, un embarras dans la veine porte. » Les effets du sommeil et des rêves, de l'opium, du café, de l'alcool, de la grossesse, de la faim, etc., sur l'âme, lui inspirent, entre autres, cette tirade où l'on croirait entendre le joyeux Aristippe du dix-huitième siècle, le futur convive des soupers de Postdam : « Quelle puissance d'un repas ! La joie renaît dans un cœur triste ; elle passe dans l'âme des convives qui l'expriment par d'aimables chansons, où le Français excelle. Le mélancolique seul est accablé, et l'homme d'étude n'y est plus propre. »

Ce qu'il veut prouver et prouve à satiété par de tels exemples, c'est que les états de l'âme correspondent toujours à ceux du corps ; qu'on pense et qu'on agit comme on est gai ou brave, et que tout dépend de la manière dont notre machine est montée. Pour rendre plus sensible cette dépendance et surtout les causes de cette dépendance, il recourt à l'anatomie comparée. La Mettrie, qu'on a si souvent accusé d'ignorance, était l'homme du monde le mieux renseigné sur l'état de la science à son époque : il a étudié dès leur apparition les traités de Willis sur l'anatomie comme ceux de Linné sur la botanique; il connaît l'importance des circonvolutions cérébrales, les différences résultant du développement relatif des diverses parties du cerveau chez les animaux supérieurs et inférieurs, chez les hommes, les quadrupèdes, les oiseaux, les poissons. Après avoir noté les différences de forme et de quantité, il insiste tout particulièrement sur la qualité de la substance cérébrale, et il entre dans des détails d'anatomie pathologique touchant la coloration et le ramollissement des « stries » du cerveau chez les imbéciles, les fous, les paralytiques et les enfants. « Les vices de leur cerveau, dit-il en parlant des fous, ne se dérobent pas toujours à nos recherches. » Il est évident que La Mettrie n'admettait point de trouble fonctionnel de l'intelligence sans lésions matérielles.

Qu'était l'homme quand il ne parlait pas encore? Un animal qui était au singe ce que celui-ci est aux autres animaux. Le langage seul distingue l'homme du singe. Or, comme le mécanisme du langage n'est pas particulier à l'homme, La Mettrie aurait voulu — et c'est là une des idées fixes qui ne l'ont jamais quitté — qu'on essayât d'apprendre à parler à un anthropoïde d'après la méthode alors appliquée par Amman à l'enseignement des sourds-muets[1]. Toute connaissance se laissant ramener à

---

1. « Je prendrais le grand singe, dit La Mettrie, préférablement à tout autre, jusqu'à ce que le hasard nous eût fait décou-

des signes ou symboles comme éléments constitutifs, dès que les signes des choses pénètrent en nous par les sens, le cerveau les compare et observe leurs rapports avec la même nécessité que voit l'œil bien

vrir quelque autre espèce plus semblable à la nôtre, car rien ne répugne qu'il y en ait dans des régions qui nous sont inconnues. Cet animal nous ressemble si fort que les naturalistes l'ont appelé *homme sauvage* ou *homme des bois*. Je le prendrais aux mêmes conditions des écoliers d'Amman, c'est-à-dire que je voudrais qu'il ne fût ni trop jeune ni trop vieux, car ceux qu'on nous apporte en Europe sont communément trop âgés. Je choisirais celui qui aurait la physionomie la plus spirituelle, et qui tiendrait le mieux dans mille petites opérations ce qu'il m'aurait promis. Enfin, ne me trouvant pas digne d'être son gouverneur, je le mettrais à l'école de l'excellent maître que je viens de nommer, ou d'un autre aussi habile, s'il en est...

« Le singe voit et entend ; il comprend ce qu'il entend et ce qu'il voit : il conçoit si parfaitement les signes qu'on lui fait, qu'à tout autre jeu ou tout autre exercice, je ne doute point qu'il ne l'emportât sur les disciples d'Amman (les sourds-muets). Pourquoi donc l'éducation des singes serait-elle impossible ? Pourquoi ne pourrait-il enfin, à force de soins, imiter, à l'exemple des sourds, les mouvements nécessaires pour prononcer ?... La même mécanique qui ouvre le canal d'Eustachi dans les sourds, ne pourrait-elle le déboucher dans les singes ? Une heureuse envie d'imiter la prononciation du maître ne pourrait-elle mettre en liberté les organes de la parole dans des animaux qui imitent tant d'autres signes avec tant d'adresse et d'intelligence ? Non seulement je défie qu'on me cite aucune expérience vraiment concluante qui décide mon projet impossible et ridicule, mais la similitude de la structure et des opérations du singe est telle, que je ne doute presque point, si on exerçait parfaitement cet animal, qu'on ne vînt enfin à bout de lui apprendre à prononcer et par conséquent à savoir une langue. Alors ce ne serait plus ni un homme sauvage ni un homme manqué : *ce serait un homme parfait*, un petit homme de ville, avec autant d'étoffe ou de muscles que nous-mêmes, pour penser et profiter de son éducation. »

organisé. Toutes nos idées sont donc liées aux mots. De là, je le répète, l'infériorité des animaux. A ceux qui soutiennent que l'homme diffère encore des bêtes par la connaissance qu'il possède du bien et du mal moral, La Mettrie objecte que pour décider si les animaux, qui ne parlent point, ont reçu la loi naturelle, il faut s'en rapporter à ces signes sensibles et extérieurs que l'on observe chez les hommes dans des circonstances analogues. Or, le chien qui a mordu son maître qui l'agaçait, paraît bien s'en repentir le moment suivant : on le voit triste, fâché, humilié et rampant. C'est exactement la conduite que tiendrait un enfant dans les mêmes conjonctures. Si l'on admet que l'enfant se repent, il faut nécessairement que l'animal soit dans le même cas. Alors que devient la loi morale?

Cette loi morale subit aussi d'étranges éclipses chez certains malades qui ne peuvent s'empêcher de voler, par exemple, pendant la grossesse, qui égorgent leurs enfants, etc. La boulimie peut éteindre tout sentiment humain : ce n'est, dit La Mettrie, qu'une manie d'estomac qu'on est forcé de satisfaire. Cependant, parmi ces femmes malades, dont il rappelle le cas, l'une a été rouée et brûlée, l'autre enterrée vive. Devant de tels crimes commis au nom de la loi, La Mettrie s'émeut et s'indigne. « Ici encore, a dit Du Bois-Reymond, il devance son siècle en indiquant les rapports étroits qui unissent le crime et la folie, et en ne voyant dans certains criminels que des infortunés qu'il faut empêcher de nuire, mais ne pas rendre responsables[1]. » Aussi souhaitait-il qu'il « n'y eût pour juges que d'excellents médecins. »

Il faut plaindre les « vicieux » sans les haïr : ce n'étaient à ses yeux que des hommes contrefaits. C'est précisément parce que le crime porte avec soi son châtiment, que l'enfer des religions est inutile. La Mettrie n'oublie pourtant pas que la coutume émousse et peut-être étouffe les remords comme les plaisirs. Mais, comme il y a en lui tout le contraire d'un froid théoricien, il s'échappe à dire : « Il y a tant de plaisir à faire du bien, à sentir, à reconnaître celui qu'on reçoit, tant de contentement à pratiquer la vertu, à être doux, humain, tendre, charitable, compatissant et généreux (ce seul mot renferme toutes les vertus), que je tiens pour assez puni quiconque a le malheur de n'être pas né vertueux ! » Le sentiment est plus sincère que chez Rousseau ; mais c'est le même ton. Une autre phrase de l'*Homme machine* rappelle le *Discours* de Rousseau, couronné en 1750 par l'académie de Dijon : « Nous n'avons pas originairement été faits pour être savants ; c'est peut-être par une espèce d'abus de nos facultés organiques que

---

1. *Rede*; 29-30.

nous le sommes devenus…. La nature nous a tous créés uniquement pour être heureux. »

Comment définir la loi morale naturelle? La définition commune (ne point faire à autrui, etc.) est insuffisante. Elle remplace un instinct, c'est-à-dire un raisonnement inconscient, par une maxime de morale. La Mettrie fait cette remarque profonde que ce sentiment n'est sans doute qu'une sorte de crainte ou de frayeur aussi salutaire à *l'espèce* qu'à *l'individu*. Il nous compare à ces « Ixions du christianisme qui n'aiment Dieu et n'embrassent tant de chimériques vertus que parce qu'ils craignent l'enfer. » Le sentiment dont nous parlons est donc un fait d'ordre biologique ; il a ses racines dans les profondeurs de l'organisme et se vérifie chez les polypes et même chez les plantes comme chez l'homme.

La Mettrie, on l'a dit, était frappé de l'uniformité et de l'unité de plan des organismes, — de l'analogie du règne animal et végétal, de l'homme à la plante. « Peut-être même y a-t-il des plantes animales, c'est-à-dire qui, en végétant, ou se battent comme les polypes, ou font d'autres fonctions propres aux animaux. » Il appelle le développement de l'embryon une « végétation frappante. » Du Bois-Reymond, qui admire fort « les connaissances étendues et profondes » que possédait La Mettrie en anatomie, en physiologie et en médecine, et qui estime que la philosophie de l'*Histoire naturelle de l'âme* et de l'*Homme machine* est celle qui se professe tous les jours dans les universités allemandes sous le nom de monisme, Du Bois-Reymond a dit que La Mettrie avait sur la génération des vues, à tout prendre, fort raisonnables. La Mettrie avait tenté, lui aussi, d'écrire une histoire de la création où l'on eût vu que la mer et la terre ont produit des êtres de plus en plus parfaits. Le règne organique était pour lui un tout dont les parties étaient sorties les unes des autres en vertu d'un pur mécanisme.

Voilà pourquoi, après avoir un peu médit de Descartes dans l'*Histoire de l'âme*, il fait une « authentique réparation à ce grand homme » dans l'*Homme machine*. Descartes a connu la nature animale : il a démontré le premier que les animaux, et partant l'homme, étaient de pures machines[1]. Grand aveu! s'écrie La Mettrie, qui s'est persuadé que, quoique Descartes ait « chanté » sur la distinction des deux substances, ce n'était qu'un tour d'adresse « pour faire avaler aux théologiens un poison caché... » Du fait qu'il n'y a dans l'univers qu'une substance diversement modifiée, il suit que la machine humaine ne diffère pas plus essentiel-

---

1. Il semble qu'on comprenait mieux Descartes à cette époque qu'on n'a fait depuis. « Rien n'est plus beau, écrivait Maupertuis, que l'idée de Descartes, qui voulait qu'on expliquât tout en physique par la matière et le mouvement. » *Discours sur les différentes figures des astres*. (Œuvres, I, 118.)

lement de celle du singe que de tout autre organisme : « L'homme est au singe, aux animaux les plus spirituels, ce que le pendule planétaire de Huyghens est à une montre de Julien le Roi, » ou ce que le flûteur de Vaucanson est à son canard. « Le corps n'est qu'une horloge dont le nouveau chyle est l'horloger, » a dit encore La Mettrie.

Il est inutile de rechercher ce que devient, dans ce système, l'hypothèse que l'on considère comme le plus sûr fondement de la morale, la liberté, le libre arbitre. Ces questions d'école n'étaient point faites pour arrêter un médecin instruit. La Mettrie admirait fort qu'on fît tant de bruit sur le prétendu empire de la volonté, car, « pour un ordre qu'elle donne, elle subit cent fois le joug. » Encore faudrait-il reconnaître qu'elle ne donne jamais d'ordre, comme l'ont démontré les belles recherches anatomiques de Luys.

Sur l'existence d'un être suprême, La Mettrie, fidèle aux traditions de l'école matérialiste, incline volontiers à croire que « le plus grand degré de probabilité » est pour cette hypothèse. Ce n'est pas la loi morale qui prouve l'existence de Dieu, car si la religion ne suppose pas l'exacte probité, l'athéisme ne l'exclut pas. La présence de l'homme sur la terre n'est pas plus favorable à cette supposition : La Mettrie compare l'apparition de l'espèce humaine sur cette planète « à ces champignons qui paraissent d'un jour à l'autre, ou à ces fleurs qui bordent les fossés et couvrent les murailles. » Diderot avait dit que, loin qu'il soit besoin du poids de l'univers, il suffit de l'aile d'un papillon ou de l'œil d'un ciron pour écraser un athée : La Mettrie réplique que nous ne connaissons pas assez la nature pour nier que les causes qui agissent en elle aient pu tout produire. Le polype de Trembley contient en soi les causes qui donnent lieu à sa reproduction. Pourquoi ne pas supposer qu'il existe des causes physiques « *dont l'ignorance absolument invincible* nous a fait recourir à un Dieu qui n'est pas même un être de raison ? » Ainsi, montrer l'impuissance et le néant du hasard dans la genèse des choses, ce n'est pas prouver l'existence d'un être suprême, puisqu'il peut y avoir autre chose qui ne soit ni le hasard, ni Dieu, — la nature.

C'est ici que La Mettrie a écrit sur les causes finales une page éloquente, et qui mériterait de devenir classique. « Si nous écoutons les naturalistes, ils nous diront que les mêmes causes qui, dans les mains d'un chimiste et par le hasard de divers mélanges, ont fait le premier miroir, dans celles de la nature ont fait l'eau pure, qui en sert à la simple bergère ; que le mouvement qui conserve le monde a pu le créer ; que chaque corps a pris la place que sa nature lui a assignée ; que l'air a dû entourer la terre, par la même raison que le fer et les autres métaux sont l'ouvrage de ses entrailles; que le soleil est une production aussi naturelle que celle de l'électricité; qu'il n'a pas plus été fait pour échauffer la terre et tous ses habitants, qu'il brûle quelquefois, que la pluie pour faire pousser les grains, qu'elle gâte souvent...; qu'enfin il se pourrait bien faire que Lucrèce, le médecin Lamy et tous les épicuriens anciens et modernes eussent raison, lorsqu'ils avancent que l'œil ne voit que parce qu'il se trouve organisé et placé comme il l'est; que, posées une fois les mêmes règles de mouvement que suit la nature dans la génération et le développement des corps, il n'était pas possible que ce merveilleux organe fût organisé et placé autrement. »

« On le voit, dit Du Bois-Reymond, qui a reproduit tout ce passage dans son *Éloge de La Mettrie*, ce sont les mêmes idées qui agitent si vivement la science de nos jours. Après cent vingt ans des plus profondes recherches, ces idées ont naturellement revêtu une meilleure forme et reposent sur une base expérimentale plus large et plus solide. Le génie de M. Darwin s'est élevé à une synthèse qui écarte le plus sûrement les causes finales en les rendant inutiles. » Dans un autre mémoire sur les *Travaux scientifiques de Leibnitz*, que nous avons déjà cité, ce savant a déclaré aussi que la science moderne proteste contre la conception des causes finales et qu'elle tente de la déraciner des esprits.

La Mettrie rapporte, non sans malice, le pour et le contre, et il affecte de ne point prendre parti. Mais on voit bien quel parti il prend, car il met tout aussitôt cette phrase dans la bouche d'un pyrrhonien de ses amis : « L'univers ne sera jamais heureux, à moins qu'il ne soit athée. » Et les raisons que donne de son opinion cet « abominable » homme composent une sorte d'hymne où tous les bienfaits de l'athéisme sont célébrés. La Mettrie dit de l'immortalité de l'âme ce qu'il pense de l'idée de Dieu.

Où est le principe de la vie? Il n'est pas dans l'âme, vain mot qui ne peut désigner que la conscience matérielle, en d'autres termes le « cerveau » et la « moelle allongée; » il n'est pas davantage dans la totalité de l'organisme : il réside dans chaque partie de la matière animée. La moindre fibrille d'un corps organisé se meut par un principe immanent de mouvement qui ne dépend pas des nerfs. La Mettrie appuie son opinion sur une foule d' « expériences » qu'il a rangées sous dix chefs principaux :

I. Toutes les chairs des animaux palpitent après la mort d'autant plus longtemps que l'animal est plus froid et transpire moins : les tortues, les lézards, les serpents en font foi.

II. Les muscles séparés du corps se retirent lorsqu'on les pique.

III. Les entrailles conservent longtemps leur mouvement péristaltique ou vermiculaire.

IV. Une simple injection d'eau chaude ranime le cœur et les muscles, suivant Cowper.

V. Le cœur de la grenouille, surtout exposé au soleil, encore mieux sur une table ou sur une assiette chaude, se remue pendant une heure et plus, après avoir été arraché du corps. Le mouvement semble-t-il perdu sans ressource ? Il n'y a qu'à piquer le cœur, et ce muscle creux bat encore. Harvey a fait la même observation sur les crapauds.

VI. Bacon de Vérulam parle d'un homme, convaincu de trahison, qu'on ouvrit vivant, et dont le cœur, jeté dans de l'eau chaude, sauta à plusieurs reprises, toujours moins haut, à la distance perpendiculaire de deux pieds.

VII. Prenez un petit poulet encore dans l'œuf, arrachez-lui le cœur ; vous observerez les mêmes phénomènes avec à peu près les mêmes circonstances. La seule chaleur de l'haleine ranime un animal prêt à périr dans la machine pneumatique. Les mêmes expériences que nous devons à Boyle et à Sténon, se font dans les pigeons, dans les chiens, dans les lapins, dont les morceaux de cœur se remuent comme des cœurs entiers. On voit les mêmes mouvements dans les pattes des taupes arrachées.

VIII. La chenille, les vers, l'araignée, la mouche,

l'anguille offrent les mêmes choses à considérer, et le mouvement des parties coupées augmente dans l'eau chaude, à cause du feu qu'elle contient.

IX. Un coq d'Inde, dont un soldat ivre avait emporté la tête d'un coup de sabre, se tint debout, marcha, courut, se détourna d'un mur, battit des ailes et tomba enfin. Étendu par terre, tous les muscles de ce coq remuaient encore : voilà ce que j'ai vu, témoigne La Mettrie, et il est facile de voir à peu près ces phénomènes, ajoute-t-il, dans les petits chats ou chiens dont on a coupé la tête.

X. Enfin, les polypes font plus que de se mouvoir après la section : ils se reproduisent dans huit jours en autant d'animaux qu'il y a eu de parties coupées.

La Mettrie a noté que tous ces mouvements spontanés des parties de l'organisme, loin d'être déréglés, étaient très réguliers, ou, comme nous dirions, rythmiques. Sous le nom de « ressorts de la machine humaine, » il énumérait tous les mouvements automatiques de l'estomac, du cœur, des artères, des poumons, des sphincters, etc., que nous appelons réflexes. « N'est-ce pas machinalement que le corps se retire, frappé de terreur, à l'aspect d'un précipice inattendu? que les paupières s'abaissent à la menace d'un coup, comme on l'a dit? que la pupille s'étrécit au grand jour pour conserver la rétine, et s'élargit pour voir les objets dans l'obscurité? N'est-ce pas machinalement que les pores de la peau se ferment en hiver pour que le froid ne pénètre pas l'intérieur des vaisseaux? que l'estomac se soulève irrité par le poison, par une certaine quantité d'opium, par tous les émétiques, etc.? que le cœur, les artères, les muscles se contractent pendant le sommeil comme pendant la veille? que le poumon fait l'office d'un soufflet continuellement exercé? N'est-ce pas machinalement qu'agissent tous les sphincters de la vessie, du rectum, etc.? »

Ce qui a surtout nui à La Mettrie, c'est sa mort. Il n'est pas seulement parti trop tôt de ce monde (à quarante-trois ans), où il ne fait pas bon de n'appartenir à aucune église, à aucune école, à aucune secte : il a eu le tort, au moins en apparence, de périr d'une indigestion, — car, en réalité, il paraît bien que c'est lui-même qui s'est tué, ou laissé tuer par ses confrères, en se faisant saigner huit fois en trois jours et en prenant des bains pour une indigestion !

C'était peu de réhabiliter le savant et le philosophe dans La Mettrie. Il restait à montrer au grand nombre qu'un matérialiste peut avoir des entrailles de père, qu'un voluptueux sceptique, un commensal de Frédéric le Grand, pouvait à l'occasion pleurer comme une femme sur la perte d'un enfant, d'un fils, à peine venu au monde.

Il existe une longue lettre, tout entière de la main du philosophe, qui est conservée au musée de Saint-Malo [1]; elle a été envoyée de Berlin en France (1749) par La Mettrie à sa sœur, qui lui avait mandé la mort de son enfant. La Mettrie s'était marié en 1746; il avait eu un fils, auquel il adressa même les *Conseils* placés en tête de la *Politique du médecin de Machiavel :* cet enfant venait de mourir, à l'âge de deux ans, d'une pleurésie.

« *Il est à l'extrémité, il n'y a pas d'apparence qu'il en revienne. — Il est aussi bien qu'on puisse l'espérer, écrivez aux médecins une lettre de remerciement. — Il est mort.* Que cela nous apprend bien, ma chère sœur, à attendre la décision d'une si grande affaire, avant que de jouer des parties aussi intéressées pour des apparences incertaines et trompeuses! Vous avez trop compté sur ma philosophie, j'ai le cœur cent fois plus tendre que je n'ai l'esprit philosophe. Baloté, berné en quelque sorte, quelle chute que de tomber de la certitude de la guérison à celle de la mort d'un des plus aimables enfans du monde ! Je suis au désespoir, je n'ai point encore pleuré, je ne peux, j'ai seulement passé la nuit dans une angoisse inexprimable et j'ai plus qu'un poignard dans le cœur. Pourquoi m'avez-vous donc si peu ménagé? Vous aviez ici mademoiselle Lecomte et M. de Maupertuis par qui vous pouviez m'apprendre et non directement une aussi

---

1. C'est à M. Jules Assézat que l'on doit de pouvoir considérer La Mettrie sous cet aspect inattendu.

triste nouvelle, quoique cette honnête fille semble aussi touchée que moi ; elle a vu cet enfant à un certain âge, elle pleure ; elle montre pour lui des entrailles de mère. Pardonnez-moi cette faiblesse, si c'est faiblesse que de sentir la Nature ; vous aviez élevé mes espérances si haut, que je suis accablé de l'énormité de leur chute. Ah ! ma sœur, quelle conduite est la vôtre ! plus je vous trouve d'esprit et d'usage du monde, plus j'ai peine à en revenir ! Il n'y a pas jusqu'au cadavre vainement fouillé de mon fils que vous ne me présentiez comme de joye de cœur, quoique sans doute il fût bien triste en écrivant ; enfin c'est Téramène, ce père affligé, qui ne perd pas une circonstance de la mort de son cher Hippolite. Mais j'ai tort peut-être de vous accuser ; n'avez-vous pas été trompée la première ? N'avez-vous pas cru, qu'éloigné d'un spectacle aussi touchant et plus cent fois que tous les récits, spectacle dont une pauvre mère et vous-même avez essuié toute l'horreur, sa force s'émousserait en chemin ? et qu'un philosophe était un être différent des autres, qui pouvait sans soupirer passer d'une extrémité à l'autre ! Quel abus ! quelle erreur ! Mon affliction est d'autant plus cruelle qu'il m'a fallu l'étouffer en écrivant cette lettre à ma femme pour la consoler. Ma sœur, Dieu a puni ma femme d'être plus attachée à son fils qu'à son mari, et à son égard je n'ai aucuns reproches à me faire ; je l'excuse, elle m'a jugé sur de fausses apparences et ne connaît pas apparemment toute la grandeur de mon âme et la générosité de mon cœur que l'amour ne conduira jamais si une plus belle action vient à s'offrir. Dieu m'a puni aussi de m'être livré à une folle vanité, à cette fumée de réputation dont si peu d'hommes font le mérite, et d'avoir tout sacrifié, femme, enfans, famille, amis, patrie, à une gloire chimérique d'auteur, dont vivant je n'aurai pas la moitié. Peut-être ce cher enfant, ma bonne amie, aurait-il fait pis encore, peut-être aurait-il fait le malheur de sa vie et de la mienne.

On demande tous les jours des enfans, on s'ennuie de sa stérilité, hélas! l'on gémit de nous bercer, et nous ne savons ni ce que nous voulons, ni ce que nous demandons. Le mauvais pli que prennent souvent ceux qui restent prouve avec quelle légèreté on regrette ceux qui s'en vont. Mais enfin, ma chère sœur, combien de rois, jeunes, charmans, faisant les délices de leurs sujets et du genre humain, font place à des princes barbares qui ne vivent que de tyrannie, sangsües sur le trône, qui n'en tombent point pour être pleines de sang. A la place du fils charmant que je perds, il n'en succède point un autre d'un naturel contraire. Je suis donc encore mieux traité que le monde entier, que l'empire romain du moins ne l'a souvent été. Combien peu de Titus, en effet, et quelle foule de Nérons, monstres dont la terre ne se rappelle le souvenir qu'en frémissant! Tout passe, ma sœur, devant nos curieux regards, comme ces objets de la lanterne magique; c'est une scène qui change, une décoration qui se renouvelle, et les pères font place comme leurs enfans : il faut mourir enfin, par cela même qu'on a vécu. Ne réfléchissez sur ces tristes vérités que pour apprendre à savoir un jour mourir par vous-même, après en avoir eû de plus cruelles leçons par tous ceux qui vous sont chers; en attendant, tandis que la main du printems qui renaît vous caresse encore, ne songez pas qu'elle se retire chaque jour et que quand je serai dans cet hyver auquel aucun printems ne succède, vous serez dans une automne après laquelle vous n'aurez qu'un rude et dégoûtant hyver. Les âges de l'homme ne sont que de plus longues saisons. Hélas! puis-je m'en détacher? que la première de mon fils a été courte! et que cette fleur a passé vîte!

Je m'étais repû l'imagination du plaisir d'arroser ce jeune arbre d'une eau salutaire; j'avais formé le projet de me consacrer tout entier à sa culture, de mettre tout en œuvre pour lui faire porter de bons fruits. Hélas! la brûlante haleine de la mort l'a flétri dans un moment ! Ah ! que toute ma philosophie est faible vis-à-vis d'une aussi grande perte ! et le moyen de retenir le torrent de larmes qui coulent enfin de mes yeux ! Si ma femme était venue ici, si elle avait entendu la voix du devoir, il ne serait point mort ; si je ne m'étais point expatrié, il ne serait point mort : autres combinaisons, autre ordre de la nature, autres effets. Quoi ! on ne l'a donc point soigné sans cesse dès le commencement ? jusqu'à ce que la douleur du point de côté disparût ! on n'a pas frotté son point sans cesse, on ne lui a pas appliqué des vessies pleines de lait tiède sans cesse renouvelé ; et le sang arrêté par le froid plus que par toute autre cause, le sang engagé avec tant de douleur a eu le tems de se changer en pus et de faire abcès au poumon. Il n'est point mort de la force de la maladie mais de ses suites, parce qu'il aura été négligé le premier jour. Que je suis à plaindre, ma chère sœur, digne de pitié et de compassion de n'avoir pas été au lit de mon fils ! et quelle si terrible pleurésie peut avoir le plus robuste enfant de deux ans qui a une peau de satin et des vaisseaux encore délicats ! on guérit tous les jours ce mal dans des mulets et des taureaux !

Ce n'était ni sept ni neuf saignées qu'il fallait, c'était deux ou trois de huit ou neuf onces, mais sur-le-champ, coup sur coup, d'heure en heure ; on ne meurt point de faiblesse. Hélas ! pourquoi me suis-je laissé bercer par votre fausse joie, puisque la fièvre n'était que diminuée ! ne devais-je pas voir que la fièvre persistant surtout depuis la cessation du point, il y avait un dépôt. Je suis sûr qu'il aura pris de fort bouillon dès le premier jour, où il ne fallait que du petit lait avec quelque huile ou syrop pour toute nourriture, et des lavements. Rien de plus simple que la médecine quand on la sait ; je n'ai que faire du verbiage de votre M. Gallois à me rappeler mes vives douleurs ; je vois d'un coup d'œil ce qu'il aurait fallu faire et ce qu'on n'a pas fait, et il n'y avait que faire d'ouvrir un enfant mort des suites d'une pleurésie mal traitée, pour voir qu'il y avait morbus mortel ; il m'eût été visible dès le deuxième jour.

Enfin je ne suis pas heureux, ma chère sœur, j'ai perdu la consolation de ma vie. Et que devient cette pauvre mère ! assistez-la de vos conseils et de votre bourse, consolez-la, aimez-la, aimez-moi et me pardonnez tous ces reproches et mes justes douleurs. Les vôtres sur mon retard ne sont pas fondés ! quoi, vous voulez que de trois cents lieues je donne des conseils à mon fils, à une pleurésie ? Vous m'écriviez ou bien le présent ou bien le passé. Je le croyais mort dès la première lettre, et j'avais raison : dès lors il l'était, et la seconde ne devait pas me rassurer. La tête m'a tourné. Adieu ! je vous embrasse de tout mon cœur et vous prie de me donner de vos nouvelles... Je suis tout à vous. OFFRAY. »

Tous ceux qui liront cette épître avec quelque pratique de la langue et des habitudes de style du dernier siècle, discerneront bien vite, sous le pathos et la rhétorique verbeuse de l'époque, l'angoisse, la souffrance poignante, l'accent déchirant d'une douleur véritable. Rien n'est, d'ailleurs, plus naturel, et nous regrettons presque que cette lettre ait fait prendre un instant le ton de l'apologie aux sincères admirateurs de La Mettrie. Quand La Mettrie, au lieu d'être un matérialiste, eût été un ascète et un saint, il n'en aurait pas moins pleuré son fils. Les religions et les philosophies sont trop tard venues dans le monde pour rien changer au vieux fonds de la nature humaine, aux habitudes inconscientes et aux instincts héréditaires de nos plus lointains ancêtres. Pour n'être plus guère que des actions réflexes chez des hommes devenus presque uniquement intelligents, l'amour et la pitié ne laissent pas de se manifester encore d'une manière irrésistible. C'est un vieux rouage qui s'use, mais qui fait toujours partie de la machine.

FIN.

ERRATA

Page 179, *ligne* 4. *Au lieu de :* si l'on n'arrive... *lire :* si l'on arrive.
— 188, *ligne* 28. *Lire :* Grande-Grèce.
— 222, *lignes* 20, 21. *Lire :* à évoquer... à perdre.
— 229, *ligne* 2. *Au lieu de :* sécrétion, *lire :* concrétion.
— 235, *ligne* 20. *Au lieu de :* un acte, *lire :* en acte.
— 243, *ligne* 7. *Au lieu de :* immédiatement, *lire :* médiatement.
— 327, *note*. *Au lieu de :* et si, *lire :* etsi.
— 339, *ligne* 20. *Au lieu de :* ils, *lire :* elles.

TABLE DES MATIÈRES

Préface.. I
Introduction... 1

PREMIÈRE PARTIE

LES ORIGINES DU MONDE ET DES ÊTRES VIVANTS
DANS LES TRADITIONS MATÉRIALISTES DE L'ASIE OCCIDENTALE
ET DE LA GRÈCE.

Chap. Ier... 9
     II... 37
     III.. 73

DEUXIÈME PARTIE

Chap. Ier. — Les physiciens de l'Ionie............... 115
     II. — Démocrite et l'atomisme................ 171
     III. — Les sophistes et les cyrénaïques........ 191
     IV. — L'école d'Athènes....................... 200
     V. — Aristote................................ 217
     VI. — Le matérialisme en Grèce et à Rome. — Les successeurs d'Aristote. — Épicure et Lucrèce. — L'école d'Alexandrie...... 262
     VII. — Les religions monothéistes et le matérialisme. — Les stoïciens. — Celse et Origène............................... 305

TROISIÈME PARTIE

Chap. Ier. — La renaissance des sciences et du matérialisme.....	357
II. — Gassendi.....	371
III. — Hobbes.....	420
IV. — Boyle et Newton.....	432
V. — Leibnitz.....	440
VI. — Locke et Berkeley.....	459
VII. — David Hume.....	497
VIII. — Le matérialisme au dix-huitième siècle...	568
IX. — J.-B. Robinet.....	591
X. — D'Holbach.....	645
XI. — La Mettrie.....	663

FIN DE LA TABLE DES MATIÈRES.

Paris. — Imp. E. Capiomont et V. Renault, rue des Poitevins 6.

Extrait du Catalogue de la BIBLIOTHÈQUE-CHARPENTIER
13, RUE DE GRENELLE-SAINT-GERMAIN, 13, PARIS
à 3 fr. 50 le volume
(Le Catalogue complet est envoyé franco contre demande affranchie.)

L'ANNÉE POLITIQUE
PAR ANDRÉ DANIEL
Chaque année forme un volume
Sept années ont déjà paru : 1874 — 1875 — 1876 — 1877 — 1878 — 1879 — 1880
Sous presse : 1881

PAUL BERT
Professeur à la Sorbonne, député.

La Morale des Jésuites. 14e édition................	1 vol.
Leçons, Discours et Conférences...................	1 vol.
Discours parlementaires...........................	1 vol.

CHARLES BIGOT

Les Classes dirigeantes...........................	1 vol.
La fin de l'Anarchie..............................	1 vol.

ÉMILE CLAIRIN

Le Cléricalisme, de 1789 à 1870...................	1 vol.

ANTONIN DUBOST

Danton et la Politique contemporaine..............	1 vol.

ALFRED DUQUET

Frœschwiller, Châlons, Sedan. 3e édition..........	1 vol.

THÉODORE DURET

Histoire de Quatre ans (1870-1873)................	4 vol.

Tome I. La chute de l'Empire.
Tome II. La Défense nationale.
Tome III. La Présidence de M. Thiers.
Tome IV. *Sous presse.* — Chaque volume se vend séparément.

TH. IUNG

Soury, Jules
Bréviaire de l'histoire du matérialisme

Bonaparte et ... séparément.

Nouvelles Co............ 1 vol.

Paris

www.ingramcontent.com/pod-product-compliance
Lightning Source LLC
Chambersburg PA
CBHW061948300426
44117CB00010B/1255